Schwarzbuch
Markenfirmen

W0233686

Klaus Werner/Hans Weiss

Schwarzbuch Markenfirmen

Die Machenschaften der Weltkonzerne

Deuticke

Wir bedanken uns bei allen, die zur Entstehung dieses Buches beigetragen haben, besonders aber bei Krista Federspiel und Pasquale Rotter.

Inhalt

Vorwort	9
Skrupellos & Co. *Markenmacht & Menschenrechte*	15
Tantalusqualen für Handys *Elektronikindustrie*	45
Menschliche Versuchskaninchen *Medikamente*	79
Schmierige Geschäfte *Erdöl*	117
Fressen und gefressen werden *Lebensmittel*	145
Brot und Spiele *Spielzeug*	175
Für eine Hand voll Dollar *Sport & Bekleidung*	189
Exportierte Probleme *Export- & Finanzwirtschaft*	203

Firmenporträts

Adidas **220** — Agip **222** — Aldi/Hofer **224** — Aventis **226**
Bayer **228** — Boehringer Ingelheim **230** — BP Amoco **232**
Bristol-Myers Squibb **234** — C&A **236** — Chicco **238** — Chiquita **240**
Deichmann **242** — Del Monte **244** — Deutsche Bank **246**
Disney **248** — Dole **250** — Donna Karan **252** — Dresdner Bank **254**
Exxon Mobil **256** — Ford **258** — Gap **260** — General Motors **262**
GlaxoSmithKline **264** — H&M **266** — HypoVereinsbank **268**
Karstadt/Quelle **270** — Knoll (Abbott) **272**
Kraft (Philip Morris) **274** — Levi Strauss **276** — Maisto **278**
McDonald's **280** — Mercedes (DaimlerChrysler) **282**
Mitsubishi **284** — Nestlé **286** — Nike **288** — Novartis **290**
OMV **292** — Otto **294** — Pfizer **296** — Procter & Gamble **298**
Reebok **300** — Samsung **302** — Schering **304** — Shell **306**
Siemens **308** — Tommy Hilfiger **310** — TotalFinaElf **312**
Triumph **314** — Unilever **316** — Wal-Mart **318**

Anhang

Anmerkungen	322
Lektüreliste	345
Firmen- und Produktindex	346

Vorwort

»Nestlé tötet Babys!« »McDonald's zerstört den Regenwald!« »Deine Sportschuhe wurden in Kinderarbeit hergestellt!« Stimmen diese Behauptungen? Wird meine Lieblingsmarke unter unmenschlichen Bedingungen produziert? Kann ich denn überhaupt noch irgendetwas kaufen, ohne damit gleich die Verletzung von Menschenrechten und die Zerstörung der Umwelt »in Kauf« zu nehmen? Oder sind diese Vorwürfe maßlos übertrieben und ohnehin nicht mehr aktuell?

Die großen Markenfirmen sagen: Alles kein Problem. McDonald's zum Beispiel verpackt seine Burger in umweltfreundliche Recycling-Boxen. Nike (»Just Do It!«) tut etwas gegen Kinderarbeit. Und sogar die Erdölfirma Shell bekennt sich zu ihrer sozialen und ökologischen Verantwortung. Was will man mehr?

Wir wollten es genauer wissen und haben die beliebtesten Marken unter die Lupe genommen. Denn solange 12 Millionen Kinder weltweit für die Herstellung billiger Exportware schuften, muss doch irgendwer daran verdienen. Und wenn von Ausbeutung, Waffenhandel, Umweltzerstörung und Tierquälerei durch internationale Konzerne die Rede ist, müssen die doch auch einen Namen haben.

Zahlreiche Menschenrechtsgruppen, Gewerkschaften, kirchliche Organisationen und kritische Journalisten in aller Welt beobachten die Machenschaften skrupelloser Firmen und decken Missstände auf. Wir haben die massivsten Vorwürfe gesammelt, nachrecherchiert und aktualisiert. Im Internet konnten wir bisher wenig beachtete Dokumente aus Hongkong ebenso wie Artikel aus nigerianischen Regionalzeitungen, aber auch die Geschäftsberichte der Konzerne selbst abrufen, die wir anschließend auswerteten und auf ihren Wahrheitsgehalt hin überprüften.

Die Ergebnisse haben wir nach Konsumfeldern geordnet, an denen wir das System der Missachtung elementarer Rechte im internationalen Handel zeigen: Klaus Werner widmet sich im ersten Kapitel den globalen Zusammenhängen der Ausbeutung durch Konzerne und zeigt anhand der Bereiche Lebensmittel, Bekleidung, Elektronikgeräte, Treibstoffe sowie Banken und Großindustrie, welch vielfältige Formen dieses menschenfeindliche Profitdenken annimmt. Hans Weiss nimmt als langjähriger Medikamentenexperte die Missstände in der Pharmaindustrie aufs Korn und weist außerdem nach, dass sogar Kinderspielzeug oft unter unmenschlichen Bedingungen hergestellt wird.

In zwei Ländern – in Ungarn und im Kongo – konnten wir selbst aufdecken, auf welche Art und Weise große und bekannte Unternehmen von Menschenrechtsverletzungen profitieren. Das ist uns nur gelungen, weil wir uns bei unseren Recherchen als skrupellose Geschäftemacher ausgegeben haben: Klaus Werner verwandelte sich in einen »virtuellen« Rohstoffhändler, um herauszufinden, welche Rolle der deutsche Bayer-Konzern bei der Finanzierung eines Krieges spielt, der im Herzen Afrikas bereits 2,5 Millionen Menschenleben gekostet hat. Auf einer Reise ins Kriegsgebiet konnte er sich davon überzeugen, dass viele der Betroffenen sehr wohl wissen, dass sie ihr Elend auch der Profitgier westlicher Firmen »verdanken«. Hans Weiss indessen wurde über Nacht zum Pharmamanager. Von Klinikchefs in Budapest erhielt er per E-Mail die Zusage, dass diese gegen hohe Honorare verbotene Medikamentenversuche an Patienten durchführen. Die Reportage beschreibt, warum internationale Pharmakonzerne neue Medikamente zunehmend in Osteuropa und in Ländern der so genannten Dritten Welt testen lassen, und zeigt unethische Praktiken der Konzerne und die Komplizenschaft der teilnehmenden Ärzte auf.

Der zweite Teil des Buches liefert Geschäftsberichte der besonderen Art über fünfzig ausgewählte Unternehmen, die massiv und mehrfach gegen ethische Werte verstoßen. Wir haben uns auf bekannte Marken konzentriert, die in Deutschland, Österreich und der Schweiz über große Marktanteile verfügen. Ihre Verfehlungen sind so unterschiedlich wie die Produkte, die sie verkaufen: Der Sportartikelhersteller Adidas steht wegen katastrophaler Arbeitsbedingungen in seinen Zulieferbetrieben am Pranger, die Bananenmarke Chiquita wegen der Ausbeutung von Plantagenarbeitern und für den Einsatz extrem gefährlicher Pflanzengifte. Die Dessous-Firma Triumph wird für ihre Kooperation mit dem brutalen Militärregime in Myanmar (ehemals Burma) kritisiert und Siemens wegen seiner Beteiligung an gefährlichen Atomkraftwerken und an Staudammprojekten, in deren Verlauf Millionen von Menschen vertrieben werden und ihre Lebensgrundlagen verlieren.

Die Top Drei unserer »Hitliste der Bösen« sind Bayer, TotalFinaElf und McDonald's. Die Liste der Vorwürfe gegen den deutschen Chemie- und Pharmakonzern (»Aspirin« u. a.) ist schier endlos: Bayer nimmt durch unethische Medikamentenversuche bewusst schwere Gesundheitsschäden von Patienten in Kauf, Bayer bringt gefährliche Gifte in Umlauf, Bayer kämpft gegen billige Aidsmedikamente in den ärmsten Ländern der Welt und Bayer ist letztendlich einer der wichtigsten Geldgeber für den Handel mit Rohstoffen im bürgerkriegsgeschüttelten Kongo.

Der Tankstellen-Multi TotalFinaElf ist fast überall dort aktiv, wo Menschenrechtsverletzungen und Erdölförderung zusammentreffen: in Myanmar, im Sudan, in Angola und in Nigeria. Und McDonald's wird nicht nur wegen der Folgen seines industriellen Fleischverbrauchs für Umwelt und Viehzucht kritisiert: Für die Herstellung von Spielwaren, mit denen der Hamburgerkonzern europäische Kinder in seine Restaurants lockt, wurden auch chinesische Kinder ausgebeutet.

In Europa hat das bisher kaum jemanden interessiert.

Während der Arbeit an diesem Buch machten wir des Öfteren die Erfahrung, dass Tierquälerei und Naturzerstörung heftigere Reaktionen hervorrufen als die Verletzung von Menschenrechten. Ist es nicht eigenartig, dass im Jahr 1995 Millionen von Autofahrern den Ölkonzern Shell wegen seiner Pläne zur Versenkung einer Ölplattform in der Nordsee, nicht aber für seine Verstrickung in Menschenrechtsverletzungen in Nigeria boykottierten? Auch im Internet findet man wesentlich mehr Boykottaufrufe gegen Firmen, die Tierversuche durchführen, als gegen Konzerne, die von der Ausbeutung von Menschen profitieren.

Das Thema Boykott ist ohnehin zweischneidig. Wir halten in den meisten Fällen nichts davon, da Boykotte oft nur Arbeitsplätze gefährden, ohne etwas an der Misere zu ändern. Auf Ausnahmen – etwa wenn die Betroffenen selbst zum Boykott aufrufen – weisen wir in diesem Buch hin. Bei vielen Produkten (vor allem bei Lebensmitteln) gibt es gute und günstige Alternativen aus dem Fairen Handel. Wenn vorhanden, kann man regionalen oder ökologisch hergestellten Gütern den Vorzug geben. Im Bereich der Geldanlage locken zunehmend Ethik-Fonds zum politisch korrekten Reichwerden. Bei Treibstoffen besteht die einzige Alternative darin, sooft wie möglich andere Verkehrsmittel anstelle von Auto und Flugzeug zu wählen.

In erster Linie aber geht es darum, bei den großen Firmen lautstark Veränderungen einzufordern. Die Macht dafür liegt bei den Konsumenten. Ihr Protest wird in den Konzernzentralen sehr wohl wahrgenommen, wie man aus etlichen erfolgreichen Kampagnen weiß. Und je länger und deutlicher der Protest ausfällt, desto eher sehen sich die Verantwortlichen gezwungen, mehr als nur kosmetische Verbesserungen vorzunehmen.

Dieses Buch ist also nicht dazu da, Ihnen den Spaß am Konsum zu verderben. Im Gegenteil: Es soll Ihre Lust wecken, als Konsument aufmerksam und vielleicht sogar aktiv zu werden. Denn immer mehr Menschen verbinden ihren Genuss mit der Forderung nach menschenwürdigen Lebensstandards auch am anderen Ende der Produktionskette.

Wie auch immer diese Forderung im Einzelfall lautet – eines können wir Ihnen jetzt schon sagen: Dieses Buch wird Sie wütend machen.

Klaus Werner und Hans Weiss
Berlin/Wien, August 2001

PS: Natürlich ist unsere Liste nicht vollständig. In manchen Branchen sind Menschenrechtsverletzungen so weit verbreitet, dass man nicht alle Unternehmen aufführen kann. Anderen wiederum kann man ihre Missbräuche (noch) nicht juristisch einwandfrei nachweisen. Wenn Sie eine »böse« Firma vermissen oder uns konkrete Hinweise geben möchten, können Sie das unter der Internetadresse http://www.markenfirmen.com *tun.*

Skrupellos & Co.

Konzerne investieren Unsummen, um das Image ihrer Marken zu pflegen. Gespart wird dafür bei den Produktionsbedingungen. Die Folge sind katastrophale Arbeitsverhältnisse, Armut und die Verletzung von Menschenrechten. Soziales Engagement ist dabei nicht mehr als ein Werbegag.

Die Erdölfirma Shell ist einer der größten Geldgeber für Sozialprojekte im westafrikanischen Nigerdelta. Fast 115 Millionen Mark (60 Mio. Euro) pro Jahr gibt der Konzern in der verarmten Region im Süden Nigerias für Schulen und Gesundheitseinrichtungen aus.[1] In Europa und Japan zählt sich Shell zu den größten Förderern der Sonnenenergie: Der Ölmulti baut dort Solaranlagen. »Wir sind davon überzeugt, dass nur diejenigen Unternehmen erfolgreich sein können, die drei Ziele verfolgen: Wettbewerbsfähigkeit, soziale Verantwortung und ökologische Orientierung«, heißt es in einer Werbebroschüre.

Dabei war der Konzern lange Zeit das Feindbild von Umwelt- und Menschenrechtsgruppen. Als Shell im Jahr 1995 die Ölplattform »Brent Spar« in der Nordsee versenken wollte, boykottierten Millionen Autofahrer die Tankstellen mit dem gelben Muschel-Logo, bis der Konzern einlenkte. Den zweiten Imageschaden erlitt die Firma im selben Jahr in Zusammenhang mit der Ermordung des Dichters Ken Saro Wiwa. Shell wird als wichtigstem Erdölproduzenten Nigerias die Kooperation mit dem ehemaligen nigerianischen Militärregime zur Last gelegt, das den lästigen Kämpfer gegen die Ölindustrie einfach beseitigte.

Mittlerweile weiß man, dass die allzu offenkundige Missachtung humanitärer und ökologischer Interessen dem Geschäft schadet. »Shell bemüht sich sicherzustellen, dass seine Tätigkeit nicht zu Menschenrechtsverletzungen führt«, sagt sogar Arwind Ganesan von der angesehenen Organisation Human Rights Watch. Die vom Konzern veröffentlichten Umwelt- und Menschenrechtsberichte seien sogar ein Vorbild für andere Firmen.[2]

Die Menschen in Nigeria sind da allerdings ganz anderer Meinung: Shell sei nach wie vor verantwortlich für die Zerstörung der Lebensgrundlagen Tausender Familien. Noch immer werden Menschen eingeschüchtert, die gegen den Multi protestieren. Und noch immer weigert sich der Konzern, den Opfern der skrupellosen Ausbeutung der Ressourcen des Landes eine angemessene Entschädigung zu zahlen: Die Betroffenen vom Volk der Ogoni schätzen, dass Shell seit Beginn seiner Tätigkeit in Nigeria Erdöl im Wert von rund 68 Milliarden Mark (35 Mrd. Euro) aus dem Boden geholt hat.[3] Allein die damit verbundenen Umweltschäden wurden schon 1992 mit rund acht Milliarden Mark (4 Mrd. Euro) beziffert.

Da stehen die 115 Millionen, die der Konzern nach eigenen Angaben für soziales Engagement aufwendet, plötzlich in einem anderen Licht da – als ein vergleichsweise kleiner, aber umso effizienterer Posten im Werbebudget. Denn Shells karitatives Wirken wird in den internationalen Medien als Paradebeispiel für unternehmerische Verantwortung gerühmt.

Image ist alles

Die Konzerne haben ihre Lektion gelernt. Etwa ab den siebziger Jahren wurden viele bekannte Firmen zur Zielscheibe von Menschenrechts- und Umweltaktivisten. Boykottaufrufe gegen Nestlé, McDonald's, Siemens und Shell sorgten für Aufsehen. Oft erinnert man sich heute gar nicht mehr, was denn damals die Ursache der Kritik war. Aber irgendwie weiß man dennoch: die haben Dreck am Stecken (siehe Firmenporträts am Ende dieses Buches).

Mittlerweile veröffentlichen fast alle großen Unternehmen regelmäßig dicke Umwelt- und Sozialberichte. Sie beschäftigen Menschenrechtsbeauftragte und haben so genannte »Codes of Conduct« etabliert, Verhaltensnormen, mit denen sich die Konzerne mehr oder weniger strenge Regeln zur Beachtung ökologischer und sozialer Prinzipien auferlegen. Bei Vorstandstagungen und auf den

Schlecht fürs Image, schlecht fürs Geschäft: Solche Bilder bescherten dem Ölkonzern 1995 schwere Umsatzeinbußen

firmeneigenen Internetseiten halten neue Begriffe Einzug. Neben den »Shareholder Value«, den für Aktionäre relevanten Börsenwert eines Unternehmens, tritt der »Stakeholder Value«: Nur wer sich allen von einem Geschäft betroffenen Gruppen gegenüber richtig verhält, wird auch marktwirtschaftlichen Erfolg verbuchen können, so die Philosophie. Zu diesen unterschiedlichen Gruppen zählen Arbeitnehmer und Kunden ebenso wie die Umwelt und die Länder, in denen ein Unternehmen operiert. Das Gleiche wird auch durch die Modewörter »Corporate Responsibility« und »Corporate Citizenship« vermittelt: Das Geschäftsfeld einer Firma beschränkt sich nicht nur auf betriebswirtschaftliche Kriterien, es umfasst auch eine gesellschaftliche Verantwortung, ja, Firmen wollen sogar »gute Bürger« eines Landes oder des ganzen Globus sein.

So betätigten sich etwa 120 leitende Siemens-Angestellte im Oktober 2000 freiwillig und unentgeltlich als Bauarbeiter bei der Errichtung eines Sommercamps für deutsche und tschechische Heimkinder. Sie errichteten sechs Holzhütten, eine Sanitär- und eine Abstellhütte, zwei überdachte Freisitze, zwei Klettergerüste und ein Beach-Volleyball-Feld und schleppten dabei 13 Tonnen Holz, 50 Kubikmeter Sand und eine halbe Tonne Beton, weiß die »Wirtschaftswoche« zu berichten: »24 Kinder und Betreuer können dort nun unbeschwert ihre Ferien verbringen.«[4] Damit sei nicht nur sozial Schwachen geholfen: Die Aktion habe auch den Teamgeist gestärkt. Und nicht zuletzt sei's auch gut fürs Image.

Teamgeist beweist Siemens allerdings nicht nur beim Aufbau von Ferienlagern, sondern auch bei zahlreichen Beteiligungen an mehr als fragwürdigen Bauprojekten: So entstehen mithilfe des Münchner Konzerns zahlreiche Riesenstaudämme in Ländern der »Dritten Welt«, als deren Folge Millionen von Menschen teilweise mit Gewalt zwangsumgesiedelt werden und ihre Lebensgrundlagen verlieren, ohne angemessen entschädigt zu werden. Und Siemens ist noch immer führend im Bau gefährlicher Atomkraftwerke in aller Welt. Viele dieser Reaktoren sind nachweislich unrentabel und belasten das Budget hoch verschuldeter Staaten, während der Konzern satte Profite schreibt.

Soziales Engagement durch Landminen?

Der Wert eines Unternehmens lasse sich steigern, wenn man bereit sei, »auch eine soziale Verantwortung im Unternehmen und in der Gesellschaft zu übernehmen«, verriet auch Mercedes-Boss Jürgen Schrempp der »Wirtschaftswoche«. Ob die Waffenproduktion ebenfalls Teil dieser Verantwortung ist, sagte der Konzernherr allerdings nicht. DaimlerChrysler, oder vielmehr eine Tochterfirma des Autokonzerns, ist an der Entwicklung von Atomwaffen beteiligt. Und nicht nur das: Der Konzern produziert auch Landminen. Vor allem Antipersonenminen sind international wegen ihrer besonders grausamen Folgen geächtet. Häufig sind auch Zivilpersonen von ihrem Einsatz betroffen.

Für die »Panzerabwehrrichtmine« PARM 2 warb die Konzerntochter Deutsche Aerospace in einschlägigen Fachzeitschriften mit Slogans wie »modern und effektiv«. Bundeswehroffiziere lobten die PARM so: »Moderne Minen haben eine vernichtende Wirkung. Sie können den Feind hinter Deckungen und in toten Räumen bekämpfen.«[5] Erst nach massiven Protesten der Initiative »Kritische Aktionäre« verkündete Jürgen Schrempp Ende 1998, die Produktion der PARM-Minen einzustellen.

Noch immer zur Produktpalette gehören nach Angaben der »Kritischen Aktionäre« allerdings die »Mine-Flach-Flach« (MIFF) und die »Mine-Multi-Splitter-Passiv« (MUSPA), die vom Verteidigungsministerium der USA (zum Unterschied von Deutschland) ebenfalls als Antipersonenmine eingestuft wird. Deswegen haben Staaten wie das Nato-Land Italien diese Minenart ausgemustert und die Bestände zerstört.[6]

»Wir können dich vernichten«

Eine Markenfirma mit besonders großem Nachholbedarf in Sachen Imagepflege ist die amerikanische Sportbekleidungsfirma Nike. Seit US-Medien Mitte der neunziger Jahre pakistanische Kinder dabei filmten, wie sie das Nike-Logo, den »Swoosh«, auf Fußbälle nähten, reißt die Welle der Empörung über die Arbeitsbedingungen in den so genannten »Sweatshops«, den Hinterhoffabriken in Asien und Lateinamerika, in denen die Produkte des Konzerns zusammengenäht werden, nicht ab. Und immer wieder kommen neue Fälle von Ausbeutung und Misshandlung ans Tageslicht (siehe Kapitel »Sport und Bekleidung«).

In den USA sind diese Berichte zur ernsthaften Bedrohung für das Image des Konzerns geworden. Nikes berühmter Werbespruch »Just Do It!« wurde zu »Just Boycott It« – »Boykottier es einfach« – umgedichtet. Immer mehr Jugendliche kehren ihrer ehemaligen Lieblingsmarke den Rücken. Für den Konzern ist der Vertrauensverlust in dieser Zielgruppe besonders schmerzlich.

Zu einer regelrechten PR-Katastrophe für Nike kam es im Herbst 1997 in New York. Der Sozialarbeiter Mike Gitelson, der Jugendliche in der Bronx betreute, hatte es, so erzählte er der kanadischen Journalistin Naomi Klein, »satt, die Kids in Turnschuhen herumlaufen zu sehen, die sie sich nicht leisten konnten und die sich ihre Eltern auch nicht leisten konnten«.[7] Gitelson sagte ihnen, dass die Arbeiter in Indonesien nur 2 Dollar pro Tag verdienten und dass es Nike nur 5 Dollar koste, die Schuhe herzustellen, für die sie zwischen 100 und 180 Dollar bezahlen. Er erzählte ihnen auch, dass Nike keinen einzigen Schuh in den USA herstellen lässt. Und dass das einer der Gründe sei, warum ihre Eltern so schwer Arbeit fänden. »Tja, Alter, du wirst verschaukelt. Wenn das hier im Viertel einer mit dir macht, dann weißt du, was Sache ist.« Das saß. Die Jugendlichen schickten zunächst Briefe an Nike-Chef Phil Knight und forderten ihn auf, ihnen das Geld zurückzuzahlen. Der Konzern antwortete mit nichts sagenden Standardbriefen. »Da wurden wir wirklich zornig und machten uns daran, eine Demo zu organisieren«, sagte Gitelson.

In der Folge zogen zweihundert Elf- bis Dreizehnjährige vor die »Nike-Town«, eine Art Erlebnis-Supermarkt des Konzerns in New York. Schreiend und johlend schütteten die Kids den Sicherheitsleuten mehrere Müllsäcke mit stinkenden alten Sportschuhen vor die Füße – unter reger Anteilnahme der Medien. Von den Kameras umschwärmt, wuchsen die vorwiegend schwarzen und lateinamerikanischen Kinder über sich hinaus. Einer der Aktivisten – ein dreizehnjähriger Junge aus der Bronx – schaute direkt in die Kamera einer großen Fernsehstation und richtete eine Botschaft an den Konzern, die den Werbemanagern den Schweiß auf die Stirn trieb:»Nike, wir haben dich gemacht. Und wir können dich auch vernichten.«[8]

Zweifelhafte Verbesserungen

Die Konzernherren wussten, was das bedeutet: Wenn ihre am heftigsten umworbenen Kunden mithilfe der Medien am mühsam und mit Milliardenaufwand gepflegten Image kratzen, ist Feuer am Dach. Eine Bande Halbwüchsiger aus der Bronx schaffte mit einem Schlag, was Hundertschaften von Menschenrechtsorganisationen, die doch nur eine kleine Schicht von»Gutmenschen« ansprechen konnten, nicht gelungen war: Nike ging in die Offensive, gestand viele der vorgeworfenen Missstände ein und gelobte Besserung. Die gab es da und dort tatsächlich: Zahlreiche Sweatshops erhielten endlich Sicherheitseinrichtungen wie Feuerlöscher und Notausgänge, die Arbeitsplätze wurden verschönert und es fanden schärfere Kontrollen gegen Kinderarbeit statt. Doch am Kernproblem hat sich wenig geändert: Weder Nike noch andere Konzerne, die ihre Produkte in ärmeren Ländern herstellen lassen, sind bereit, angemessene Löhne zu bezahlen. Im Gegenteil: Seit die unternehmerisch unabhängigen Zulieferbetriebe die von Nike & Co. geforderten Standards einhalten müssen, bleibt noch weniger Geld für Löhne (siehe Kapitel»Sport & Bekleidung«).

In Europa halten sich die Proteste gegen das ausbeuterische Verhalten großer Markenfirmen noch in Grenzen. Die Konzerne sind gewappnet: Nike-Town Berlin stellt seine Mitarbeiter regelmäßig frei für gemeinnützige Aktivitäten in den sozialen Brennpunkten der Bezirke Kreuzberg, Friedrichshain, Lichtenberg und Neukölln. Gemeinsam mit Streetworkern und Sozialarbeitern werden dort Fußball-, Volleyball- und Basketballspiele mit zugewanderten und deutschen Kindern und Jugendlichen organisiert.[9]

Betreut wird diese Initiative von einer professionellen PR-Agentur, der agens27 – Gesellschaft für Kunst, Medien und Kommunikation. Angeblich will man das soziale Engagement dennoch nicht an die große Glocke hängen. Agenturchef Elmar Kirsch begründet das mit der Mentalität gewisser Gruppen, ohnehin immer ein Haar in der Suppe finden zu wollen: »Sozialverbände unterstellen schnell, dass engagierte Firmen nur ihre Produkte verkaufen wollen.«[10] Aber woher denn!

Auch das schwedische Möbelhaus Ikea fühlt sich bemüßigt, in seinem Katalog darauf hinzuweisen, dass »Kinderarbeit ein nicht zu akzeptierender Teil der heutigen Realität und leider auch in einigen unserer Herstellerländer verbreitet« sei.[11] Immerhin wurde auch Ikea für die Ausbeutung von Kindern in seinen Zulieferbetrieben kritisiert.[12]

Mittlerweile arbeite man mit dem UNO-Kinderhilfswerk Unicef zusammen, um Kinderarbeit zu verhindern. Auf Nachfrage erklärt dazu Dietrich Garlichs, der Geschäftsführer von Unicef Deutschland: »Ja, Ikea finanziert Projekte von Unicef. Das heißt aber nicht automatisch, dass bei der Herstellung von Ikea-Produkten keine Kinder mehr arbeiten.«[13] Das lasse sich nämlich nur schwer kontrollieren. Urban Johnson, der Unicef-Regionaldirektor für Ost- und Südafrika, ist deshalb auch »nicht sehr begeistert«, dass sich der Konzern mit dem Namen des UNO-Kinderhilfswerks schmückt: »Selbst wenn Ikea nicht mehr in Kinderarbeit herstellen sollte – na und? Ich bedanke mich ja auch nicht bei einem Dieb dafür, dass er nicht mehr stiehlt.«[14]

Kinderarbeit

Die Internationale Arbeitsorganisation (International Labour Organization, ILO) schätzt, dass allein in Entwicklungsländern rund 250 Millionen Kinder zwischen fünf und vierzehn Jahren zur Arbeit gezwungen werden. Davon leben 153 Millionen in Asien, 80 Millionen in Afrika und 17 Millionen in Lateinamerika. »Viele von ihnen arbeiten unter Bedingungen, die ihre körperliche, geistige oder emotionale Entwicklung gefährden.«[15] Die schlimmsten Formen der Kinderarbeit sind die sexuelle Ausbeutung und die Sklaverei. Zu Ersterer gehört die Prostitution und die Produktion von Kinderpornographie. Letztere umfasst auch die Schuldknechtschaft,

Weltweit arbeiten rund 12 Millionen Kinder für die Exportwirtschaft

bei der Kinder angebliche oder tatsächliche Schulden ihrer Eltern abarbeiten müssen.

Die Mehrheit der Kinder arbeitet ohne formelle Anstellung: zum Teil in der eigenen Familie, etwa auf dem Feld oder im eigenen Betrieb, aber auch in fremden Haushalten oder auf der Straße, zum Beispiel als Schuhputzer. Der geringere Teil ist in Industrie und Landwirtschaft beschäftigt. Es wird geschätzt, dass insgesamt rund 12 Millionen Kinder unter vierzehn für den Weltmarkt produzieren.

Die ILO definiert Kinderarbeit prinzipiell als Erwerbstätigkeit bis zum Alter von achtzehn Jahren. Doch nur für Kinder bis dreizehn soll, so die Forderung, ein generelles Arbeitsverbot gelten. Im Alter zwischen dreizehn und fünfzehn bzw. bis zur Beendigung der Schulpflicht dürfen Kinder nur in Form leichter Arbeiten beschäftigt werden, die die Ausbildung nicht beeinträchtigen. Bis zum vollendeten 18. Lebensjahr gelten dann strenge Vorschriften hinsichtlich Arbeitszeit und Arbeitsbedingungen – etwa das Verbot von Nachtarbeit.

Infos: http://www.ilo.org

Proteste gegen die Macht der Konzerne

Sozial- und Umweltgruppen weisen zwar schon lange auf die skrupellosen Praktiken einzelner Konzerne wie Nestlé, Shell und Siemens hin. Doch die Proteste gingen bisher von einer relativ überschaubaren Szene engagierter Menschen aus, die vor allem auf nationaler Ebene durchaus ihre Erfolge verbuchen konnten. In Europa müssen Unternehmen heute wesentlich strengere ökologische und soziale Auflagen erfüllen als in Ländern des Südens, aber auch zum Beispiel in den USA. Kritisch betrachtet, hat das jedoch dazu geführt, dass viele Firmen ihre Produktionsstandorte einfach in Gebiete mit niedrigeren Standards verlegt haben. Damit haben wir unsere Umweltprobleme in ärmere Länder exportiert und sehen uns auch mit Massenkündigungen und der Forderung nach Rücknahme sozialer Rechte konfrontiert.

Mit dem Wegfall der Grenzen im internationalen Wirtschaftsverkehr macht sich jedoch eine Gegenbewegung zur wachsenden Macht der Konzerne bemerkbar. Im Dezember 1999 verhinderten Zehntausende Demonstranten eine Tagung der Welthandelsorganisation (WTO) in Seattle. Erstmals verschafften sie damit einer massiven und wütenden Forderung nach ethischen Regeln in der globalen Marktwirtschaft weltweites Gehör.

Im September 2000 fand der »Battle of Seattle« seine Nachahmer in der Alten Welt: Bei einer Konferenz der Weltbank und des Internationalen Währungsfonds (IWF) in der tschechischen Hauptstadt Prag gaben sich die so genannten Globalisierungsgegner, vorwiegend Jugendliche aus ganz Europa, ein Stelldichein mit der Polizei. Ende Januar 2001 demonstrierten in der Schweizer Stadt Davos erneut Tausende beim Weltwirtschaftsforum, einer Versammlung der mächtigsten Firmenmanager des Planeten. Gleichzeitig veranstaltete eine bunte Mischung aus Nichtregierungsorganisationen (Non Governmental Organizations, NGOs), linken Initiativen und Intellektuellen im brasilianischen Porto Alegre unter großer medialer Aufmerksamkeit das erste Weltsozialforum. Und im Juli 2001 wurden Salzburg und Genua zu Schauplätzen wütender Proteste gegen Macht und Kapital. Aus welchen Ländern, Milieus und politischen Lagern auch immer diese unterschiedlichen Gruppierungen kommen, der gemeinsame Feind ist klar: die globalen Konzerne und ihre institutionellen Verbündeten – die WTO, der IWF und die Weltbank. Ihnen wird vorgeworfen, ihre Macht und die immer geringer werdende politische Kontrolle schamlos auszunützen – auf Kosten der sozial Schwächsten in der ganzen Welt.

Die WTO

Die Welthandelsorganisation (World Trade Organization, WTO) mit Sitz in Genf wurde erst 1995 als Folge des Allgemeinen Zoll- und Handelsabkommens (GATT) gegründet. Ihr Ziel ist der möglichst freie internationale Warenverkehr und der Abbau von Handelsbarrieren. Dafür haben sich die 140 Mitgliedsländer Regeln auferlegt, die die WTO zwar nicht selbst durchsetzen kann; sie kann aber Handelssanktionen ihrer Mitglieder genehmigen. Da aber ärmere Länder über kein wirkliches Drohpotenzial verfügen, sind sie letztendlich auf das Wohlwollen der reichen Länder angewiesen. Nicht dabei zu sein, geht natürlich auch nicht, denn das käme einem freiwilligen Ausschluss vom Weltmarkt gleich. Als »Handelsbarrieren« bekämpft die WTO auch den Schutz zahlreicher sozialer und ökologischer Rechte, weswegen sie im Mittelpunkt der Kritik der so genannten »Globalisierungsgegner« steht.
Homepage: http://www.wto.org

Der IWF

Der Internationale Währungsfonds (International Monetary Fund, IMF) arbeitet seit seiner Gründung 1946 eng mit der Weltbank zusammen. Er konstituiert sich aus 183 Mitgliedsstaaten und soll die internationale Währungsstabilität und einen geordneten Ablauf internationaler Devisengeschäfte gewährleisten. Weitere Ziele sind die Förderung des Wirtschaftswachstums und die Verhinderung von Arbeitslosigkeit. Zur Sicherstellung der Währungsstabilität stattet der IWF gefährdete Länder vorübergehend mit Finanzmitteln aus, bindet aber diese Mittelvergabe an strenge Kriterien wie etwa die Senkung der öffentlichen Haushaltsausgaben. Das hat in vielen Fällen zu einer weitgehenden

Zerstörung sozialer Infrastrukturen, etwa im Bildungs- und Gesundheits-
wesen, geführt.
Homepage: http://www.imf.org

Die Weltbank

Die Weltbank wurde 1944 zur Finanzierung des europäischen Wiederauf-
baus nach dem Zweiten Weltkrieg gegründet und hat sich mittlerweile der
Armutsbekämpfung vor allem in Asien, Afrika und Lateinamerika verschrie-
ben. Ihre Eigentümer sind die 182 Mitgliedsstaaten. Das Stimmrecht ist
allerdings nach der Höhe der Anteile gewichtet und damit mehrheitlich in
der Hand reicher Länder – allen voran der USA, Deutschlands, Frankreichs,
Großbritanniens und Japans. Die Weltbank ist der größte Geldgeber der Entwicklungsländer. Im Finanzjahr 2000 wurden Kredite in der Höhe von fast
32 Milliarden Mark (16,3 Mrd. Euro) an über hundert Länder vergeben. Kritiker beanstanden, dass die Kreditvergabe oft an Bedingungen geknüpft
wurde, die das Sozialsystem der Empfängerländer de facto ausbluten.
Außerdem wurde bisher zu wenig Wert auf die soziale und ökologische Verträglichkeit der finanzierten Projekte gelegt. So werden mit dieser »Entwicklungshilfe« noch immer Großprojekte gefördert, die den Lebensraum
der ansässigen Bevölkerung zerstören, während Investoren satte Gewinne
abschöpfen. Mit der Amtsübernahme von Weltbankpräsident James D. Wol-
fensohn im Jahr 1995 soll sich die Vergabepraxis etwas gebessert haben.
Homepage: http://www.worldbank.org

Mit Asterix gegen die Konzernmacht

An vorderster Front der europäischen Antikonzernbewegung
steht der französische Landwirt José Bové. Der 47-jährige Bio-
bauer wurde mit einem Schlag berühmt, nachdem er am 12. August 1999 in der südfranzösischen Kleinstadt Millau zusammen
mit einigen Freunden die Baustelle einer geplanten McDonald's-
Filiale demolierte. Drei Monate verbüßte er dafür in Unter-
suchungshaft, doch die Botschaft des gewitzten Bauern mit Asterix-
Bart ging um die Welt. Die mit Handschellen gefesselten Hände
zum Siegeszeichen erhoben, triumphierte der streitbare Gallier

*Der »streitbare Gallier«
José Bové wurde
zum Symbol der
Globalisierungskritik*

über das Imperium der Weltkonzerne: »Wie das Gericht auch entscheiden wird, wir haben schon gewonnen, weil unsere Stimme
jetzt in der ganzen Welt gehört wird.«[16]

Bové, der schon 1995 mit Greenpeace zum Mururoa-Atoll ge-
segelt war, um gegen französische Atomtests im Pazifik zu demonstrieren, hatte es geschafft, die Macht der Bilder für sein Anliegen
zu nützen. Der Pfeife rauchende Schafzüchter zierte die Titel-
blätter der größten Zeitungen Europas und der USA. Das US-
Wirtschaftsmagazin »Business Week« zählt José Bové zu den fünfzig wichtigsten Europäern.[17] Schon glaubt die Mehrheit der
Franzosen, dass ihr neuer Nationalheld die Interessen der Bauern
besser vertritt als der Landwirtschaftsminister. Premier Lionel
Jospin und Präsident Jacques Chirac luden den Rebellen mittlerweile zum Essen. Die französischen Grünen würden ihn am lieb-
sten als ihren Präsidentschaftskandidaten aufstellen.

Doch Bové will seine Anliegen weiterhin durch zivilen Unge-
horsam unters Volk bringen. Die McDonald's-Attacke war dabei

Mit ihrer McDonald's-Attacke demonstrierten französische Bauern gegen die globale Hegemonie der Konzerne

als symbolischer Protest gegen die WTO gedacht, die unter Androhung von Wirtschaftssanktionen höhere Importquoten für US-Lebensmittel in Europa durchgesetzt hatte. Sie wurde aber auch als eine Art Startsignal an die Konsumenten verstanden: Ab sofort beginnt der Kampf gegen die Arroganz des Kapitals. Bové: »Die Bevölkerung muss die weltwirtschaftlichen Strukturen kontrollieren. Das setzt voraus, dass wir die Funktionsweise von Institutionen wie der Welthandelsorganisation demokratisieren«.[18]

Globalisierung als Chance

Die Forderung der meisten Konzernkritiker konzentriert sich also auf eine demokratische Kontrolle der internationalen Wirtschaft – und nicht auf ihre Zerschlagung, wie häufig unterstellt wird. Immer wieder heißt es, die angeblichen »Globalisierungsgegner« würden einem nationalen Protektionismus, also einem Abschotten in kleinräumige Wirtschaftsenklaven das Wort reden. In der Tat sind manche Gewerkschaftsvertreter in Europa von dieser

Motivation geleitet, weil sie zehntausenden Arbeitsplätzen durch deren Verlagerung in Billiglohnländer nachtrauern. Und auch die nationalistische Rechte versucht die Bewegung zu instrumentalisieren, um möglichst schnell alle Grenzen dichtzumachen.

Eine vernünftige Konzernkritik muss jedoch die Tatsache anerkennen, dass das Zerbröckeln nationalstaatlicher Grenzen seit dem Ende des Kalten Krieges und die Beschleunigung der Weltmärkte durch neue Technologien wie das Internet nicht aufzuhalten sind. Die große Herausforderung ist es nun, Wege zu finden, diese Veränderungen als Chance für weltweite Mindeststandards in Bezug auf Freiheit und Wohlstand der Menschen – aller Menschen – zu nutzen.

Shoppingtour im globalen Supermarkt

»Es ist, als wären beim Schachspiel neue Regeln erfunden worden«, schreibt der Münchner Soziologe Ulrich Beck in einem Essay über die neue Macht der Multis[19]: »Der Bauer – die Wirtschaft – wird unter den Bedingungen der informationstechnologischen Beweglichkeit plötzlich zum Springer und kann nun sogar den König – den Staat – angreifen und schachmatt setzen.«

Das Internet hat die Welt zum »globalen Dorf« gemacht, in dem sich Menschen verschiedener Kontinente zum virtuellen Kaffeetratsch zusammenfinden. Die makroökonomische Entsprechung ist der »globale Supermarkt«: Im Kühlregal lagern billige Rohstoffe aus dem Kongo, in der Wühlkiste gibt's thailändische Arbeitskräfte im Sonderangebot, in der Feinkostabteilung liegen Forscher und Designer aus aller Welt neben originellen Werbefachleuten. Und an der Kasse warten mit leuchtenden Augen die Kunden.

Kein Sportschuh, fast kein Fernseher und nur noch wenige Autos werden heute dort hergestellt, wo die Firmen, die diese Dinge verkaufen, ihren Sitz haben. Rohstoffe kommen schon seit den Kolonialzeiten aus Afrika, Lateinamerika und Asien zu uns. Und während man hierzulande noch diskutiert, indische Computerexperten gnädigerweise nach Europa einreisen zu lassen, lagern vifere Firmen auch ihre Forschungs- und Technologieabteilungen längst in Billiglohnländer aus. Die größten Absatzmärkte sind – einstweilen – noch in den westlichen Industrieländern zu finden.

Diese globale »Aufgabenteilung«, die auch eine Teilung zwischen Arm und Reich ist, ist keine unumstößlich festgeschriebene Weltordnung – auch wenn sich viele damit abgefunden zu haben scheinen. Nicht nur Wirtschaftsvertreter argumentieren, dass gerade dieses Ungleichgewicht eine Dynamik erzeugt, in der Investitionen von reichen Ländern in die ärmeren Länder fließen und dort langfristig Wohlstand erzeugen werden.

Und damit haben sie im Prinzip Recht. Zumindest wenn man davon ausgeht, dass nicht alle Einwohner ärmerer Länder von der Subsistenzwirtschaft, also von der Hand in den Mund leben wollen. »Es gibt nur eines, das schlimmer ist, als von den Multis überrollt zu werden: nicht von den Multis überrollt zu werden«, schreibt Ulrich Beck. Das romantische Bild des Urwaldbewohners, der sich von seiner Biobanane ernährt und fröhlich sein Brauchtum pflegt, ist in den meisten Fällen nicht mehr als eine Projektion westlicher Wohlstandsbürger, die sich als Ökotouristen in den Restplatzparadiesen ein paar Illusionen sichern wollen. In gewisser Weise ist das nichts anderes als eine subtile Form von Kolonialismus. Denn auch Azteken, Massai und Tibeter müssen das Recht haben, auf Internet, moderne Medizin und Konsumgüter zurückgreifen zu können, wenn sie das wünschen. Ob das gleichbedeutend mit Microsoft, Aspirin und Coca-Cola sein muss, hängt davon ab, wie sehr sie die Chance erhalten, über ihre Bedürfnisse selbst zu entscheiden. Tatsache ist, dass viele Länder derzeit ohne internationalen Wirtschaftsverkehr weder über ökonomische Rücklagen verfügen noch über teure Technologien und meist auch nicht über das Know-how, um selbst Strukturen aufzubauen, die ihren Einwohnern einen vergnüglichen Lebensstandard bieten.

Vergnüglicher Lebensstandard

Wir führen hier bewusst augenzwinkernd einen neuen Begriff ein, um den menschlichen Wohlstand nicht allein über die Kaufkraft zu definieren. Der in Cambridge lehrende indische Nobel-

preisträger Amartya Sen schreibt in seinem jüngsten Buch »Ökonomie für den Menschen«[20]: »Eine auf das Einkommen bezogene
Sichtweise ist unbedingt ergänzungsbedürftig, damit wir zu einem
umfassenden Verständnis des Entwicklungsprozesses kommen.«
Damit fordert der angesehene Wirtschaftswissenschaftler eine
Ausweitung des Wohlstandsbegriffs auf Faktoren wie soziale Sicherheit, individuelle Freiheit und das Recht auf Bildung und Ge-
sundheitsversorgung. Im Prinzip heißt das nichts anderes, als dass
die elementaren Menschenrechte nicht nur zur Grundlage, sondern zum Ziel ökonomischen Handelns gemacht werden müssen.

Wenn wir die derzeitigen Entwicklungen auf dem Weltmarkt an
diesem Maßstab messen, kommen wir zu einem nicht sehr er-
munternden Ergebnis. Im Gegenteil: Die Verheißungen jener Pro-
pheten, die den Welthandel in seiner derzeitigen Dimension als
Grundlage für Entwicklung sehen, entpuppen sich größtenteils als
Vorwand für eine Zementierung des sozialen Ungleichgewichts.

Ausbeutung von Arbeitern

Die in den folgenden Kapiteln angeführten Beispiele der großen
Mode-Labels, der Spielzeug- und der Lebensmittelindustrie illustrieren sehr gut, was von den »Investitionen« internationaler Unternehmen in die »Dritte Welt« zu halten ist. Adidas, Chicco, Aldi und
andere beziehen ihre Produkte zu einem großen Teil aus Billiglohnländern. Positiv gesehen könnte das heißen, dass diese Konzerne dort Millionen von Arbeitsplätzen sichern und damit die
Grundlage für Entwicklung und Wohlstand schaffen. Die Realität
sieht jedoch anders aus: Die Bezahlung der Fabriks- und Plantagenarbeiter orientiert sich meist an den Mindestlöhnen der einzelnen Länder oder liegt sogar darunter. Die Mindestlöhne bemes-
sen sich aber nicht – wie in den meisten westlichen Ländern –
daran, was ein Mensch zum Leben, zur Ernährung seiner Familie,
für die Schulbildung seiner Kinder und die Pensionsvorsorge
braucht. Sie richten sich in zahlreichen Ländern in erster Linie
danach, was diesen Ländern von Weltbank und Währungsfonds an
öffentlichen Ausgaben zugestanden wurde.

Woher haben die Weltbank und der IWF die Macht, über souveräne Staaten zu entscheiden? Die Entwicklungsländer sind hoch verschuldet. Das hat verschiedene Ursachen. Viele der Länder waren bis weit ins 20. Jahrhundert hinein europäische Kolonien und wurden von ihren Kolonialherren ausgeblutet. Staatliche Infrastrukturen waren kaum vorhanden, vielen Einheimischen war keine Schulbildung vergönnt. Nach dem Ende der Kolonialzeit rund um 1960 erhielten die neuen Regierungen für ihren Wiederaufbau hohe Kredite der Weltbank. In den siebziger Jahren gewährten internationale Bankinstitute weitere Kredite mit zunächst sehr niedrigen Zinsen, da sie aufgrund der gestiegenen Ölpreise Unmengen von Petrodollars zur Verfügung hatten. Ein Großteil davon wurde für Projekte aufgewendet, die von westlichen Beratern konzipiert worden waren und für die Länder selbst kaum Nutzen hatten. Und viel Geld wanderte in die Taschen korrupter Regierungen. In den achtziger Jahren wurden die Schulden umgeschaufelt: Um die Raten zurückzahlen zu können, gab es neue Kredite der Weltbank. Diese wurden aber mit Bedingungen verknüpft, die von den politischen Anschauungen Ronald Reagans und Margaret Thatchers geprägt waren: Die Folge waren rigorose Sparprogramme, denen vor allem Sozial- und Bildungseinrichtungen zum Opfer fielen.

Noch heute wenden die meisten Entwicklungsländer einen großen Teil ihres Budgets dafür auf, ihre Kreditraten an internationale Finanzinstitutionen und westliche Banken zurückzuzahlen. Darüber wachen Weltbank und IWF; sie entscheiden über neue Finanzspritzen. Und wer zahlt, schafft an. Erst in den letzten Jahren hat sich auch in Washington die Einsicht durchgesetzt, dass es nicht sehr nachhaltig ist, den Schuldnerländern jede Entwicklungsmöglichkeit zu nehmen, indem man ihnen auch noch das letzte Hemd auszieht und damit zum Beispiel die Finanzierung von Schulen und Gesundheitseinrichtungen unmöglich macht. Doch bis es wirklich zu einer Neuorientierung der internationalen Schuldenpolitik kommt, werden noch viele Bilder halb verhungerter Kinder um die Welt und noch viele»Globalisierungsgegner« auf die Straße gehen müssen.

Ausbeutung der Ressourcen

Westliche Firmen beuten nicht nur Millionen von Arbeitskräften aus, sie haben auch die totale Kontrolle über die natürlichen Reichtümer zahlreicher Länder. Verkehrte Welt: Angola, Brasilien, Indonesien, Nigeria und mit ihnen der überwiegende Teil der Entwicklungsländer verfügen über ein nahezu unerschöpfliches Reservoir an natürlichen Schätzen wie Erdöl, Gold, Diamanten, Kupfer, Edelhölzern, Kaffee, Kakao und Bananen. Als »Eigentümer« dieser Ressourcen sind sie objektiv gesehen um vieles reicher als die meisten Industrieländer. Und dennoch hungern dort große Teile der Bevölkerung und haben weder Zugang zu Medikamenten noch zu Schulen.

Den meisten Entwicklungsländern fehlt es an Technologien und Möglichkeiten zur Gewinnung und Vermarktung ihrer Reichtümer. Deswegen ist es vorläufig notwendig und sinnvoll, dass internationale Konzerne dort in Bergbau und Landwirtschaft investieren. Es wäre absurd zu verlangen, dass sie dabei nichts verdienen sollen. Doch wenn man genauer hinsieht, handelt es sich hier in den wenigsten Fällen um faire Deals: Unter dem Druck der internationalen Finanzinstitute dürfen die hoch verschuldeten Staaten nur lächerliche Steuerbeträge auf die Schwindel erregenden Exportgewinne einheben. Außerdem liefern sich viele Regierungen untereinander einen zerstörerischen Konkurrenzkampf um ausländische Investoren. Häufig geht es dabei auch um Schmiergelder, die die lokalen Eliten im Tausch gegen günstige Produktionsbedingungen von internationalen Konzernen einstreichen.[21] Mangels transparenter Kontrollen verschwindet oft mehr Geld in korrupten Kanälen, als in Form von Steuern im Land bleibt. Die Schuld dafür trifft sicherlich beide Seiten, lokale Regierungen und internationale Firmen.

Der internationale Rohstoffhandel ist aber nicht nur unfair, was den tatsächlichen Wert der gewonnenen Güter auf dem Weltmarkt betrifft. Die Gewinnung von Ressourcen und Energie in ärmeren Ländern erfolgt oft unter Bedingungen, die in Westeuropa undenkbar wären. So werden beim Bau von Großkraftwerken Millionen von Menschen vertrieben, ohne eine angemessene Entschädigung zu erhalten. Im Goldbergbau werden Gifte eingesetzt, die zur Zerstörung ganzer Lebensräume führen. Ähnliches passiert bei der Erdölproduktion aufgrund des Einsatzes völlig veralteter Technologien.

Noch schlimmer: In Konfliktgebieten und Diktaturen wie Angola, Myanmar (dem ehemaligen Burma), dem Kongo und dem Sudan tolerieren bekannte internationale Markenfirmen, dass mit ihrem Rohstoffbezug Waffenhandel, Bürgerkriege, Rebellionen und brutale Militärregimes finanziert und aufrechterhalten werden. Das betrifft etwa Teile der Erdöl- und Diamantenindustrie, aber auch Konzerne wie den Pharma- und Chemiemulti Bayer, der aus dem Kongo das wertvolle Metall Tantal importieren lässt (siehe Kapitel »Elektronikindustrie«).

Rohstoff Mensch

Auch Nahrungsmittelfirmen akzeptieren bisweilen stillschweigend, dass auf den Plantagen ihrer Lieferanten Männer, Frauen und Kinder ausgebeutet, durch Pflanzenchemikalien vergiftet oder sogar versklavt werden. Sie sprechen zwar großspurig Verbote gegen die Kinderarbeit aus und führen sogar stichprobenartige Kontrollen durch. Schuld an der katastrophalen Situation ist aber letztendlich der wahnwitzige Preisdruck, dem die Zulieferer von ihren Konzernen unterworfen werden.

An der Elfenbeinküste, wo der Großteil unseres Rohkakaos herkommt, setzt die Mehrheit der Plantagenbesitzer Sklaven ein, sagt der britische Soziologieprofessor Kevin Bales.[22] Das entspringe der Logik einer simplen Kosten-Nutzen-Rechnung: »Die neue Sklaverei löst sich wie die Weltwirtschaft von Besitzständen und konzentriert sich stattdessen auf die Nutzung und Kontrolle von Ressourcen.« Sobald der menschliche Rohstoff verbraucht ist, wird er weggeworfen und durch einen neuen ersetzt: Ein achtjähriges Kind kostet an der Elfenbeinküste nicht einmal 60 Mark (30 Euro). Kaputt ist es oft schon ein paar Jahre später.

Für Bales, der ein Buch über die modernen Formen des Sklavenhandels geschrieben hat[23], hat deshalb »jeder dritte Biss« in Schokolade den Beigeschmack von Sklaverei. Ähnlich drastisch formuliert es der Direktor der Organisation »Save the Children« in Mali, von wo ein Großteil der Kindersklaven an die Elfenbeinküste »exportiert« wird: »Wer Kakao trinkt, trinkt ihr Blut.«[24]

Sklaverei und Zwangsarbeit

Sklaverei gibt es seit der Frühzeit der Menschheitsgeschichte. Aber erst im alten Griechenland wurden Sklaven zu einer Handelsware. Ihren Höhepunkt erlebte die Sklaverei vom 16. bis zum 18. Jahrhundert mit der Verschiffung afrikanischer Sklaven nach Nord- und Südamerika. Geendet hat die Sklaverei, trotz internationaler Menschenrechtskonventionen, nie.

Noch heute wird die Gesamtzahl der Sklaven und Zwangsarbeiter auf weltweit mindestens 27 Millionen Menschen geschätzt. Manche Schätzungen sprechen sogar von 100 Millionen. Neben der klassischen Form, bei der Menschen durch Geburt, Raub oder Kauf als Eigentum betrachtet werden, ist die mit Abstand häufigste Form die Schuldknechtschaft. Dabei muss ein Mensch ohne oder mit nur geringer Entlohnung eine tatsächliche oder behauptete »Schuld« abarbeiten. In manchen Fällen zwingt diese angebliche Schuld sogar nachfolgende Generationen in die Knechtschaft. Am raschesten wächst die so genannte »Contract Slavery«, die sich auf betrügerische Arbeitsverträge gründet. Einen Sonderfall stellt die staatlich erlaubte Sklaverei dar, wie sie in Myanmar anzutreffen ist. Tausende versklavter Männer, Frauen und Kinder wurden dort etwa beim Bau einer Erdgasleitung eingesetzt. Geschäftspartner: die westlichen Erdölkonzerne Unocal und Total.

In Westafrika wurden in den letzten Jahren rund 200.000 Kinder als Sklaven verkauft – sie werden in Haushalten, Werkstätten und auf Plantagen missbraucht. Doch auch bei uns blüht das Geschäft mit der Ware Mensch: Allein in Westeuropa werden 500.000 Frauen als Opfer des Menschenhandels zur Prostitution gezwungen, erklärt Mike Dottridge von der Organisation »Anti-Slavery International«.[25]
Infos: http://www.antislavery.org

Auch die Pharmaindustrie beutet den »Rohstoff Mensch« aus. Der britische Bestsellerautor John Le Carré beschreibt in seinem jüngsten Roman »Der ewige Gärtner«[26], wie internationale Arzneimittelkonzerne afrikanische Patienten als Versuchskaninchen für gefährliche Medikamententests missbrauchen. Dass diese perfide Vorgangsweise keine Fiktion und sogar in Europa traurige Realität ist, konnten wir durch Undercover-Recherchen in Ungarn belegen (siehe Kapitel »Medikamente«). Damit westliche Pharmaunternehmen möglichst schnell zu günstigen Testergebnissen für ihre neuen Medikamente kommen, zahlen sie in Ländern mit weniger strengen Auflagen und Kontrollen viel Geld an Ärzte. Die Gesundheit der Patienten ist dabei meist zweitrangig, denn es geht um Profite in Milliardenhöhe.

Kampf gegen die Ausbeutung

Ist das die Arbeitsplatzsicherung in ärmeren Ländern, von der die Konzerne so gerne sprechen? Müssen Kindersklaven und Hungerlöhner, Bürgerkriegssoldaten und Versuchskaninchen ihren Arbeitgebern und Investoren wirklich dankbar sein für diese Art Entwicklungshilfe? Ist es ein Wunder, dass sich immer mehr Menschen gegen eine Globalisierung auflehnen, die das Wort »Investition« zunehmend als eine andere Bezeichnung für »Ausbeutung« versteht?

Es wird Zeit, die Unternehmen in die Pflicht zu nehmen. Imagepflege ist nicht genug. »Eigentum verpflichtet. Sein Gebrauch soll zugleich dem Wohl der Allgemeinheit dienen«, heißt es im deutschen Grundgesetz.[27] Schöne Worte. Echte, ernsthafte, nachhaltige und transparente Veränderungen sind gefragt. Investitionen in ärmere Länder sind lebensnotwendig, aber sie müssen von unabhängigen zivilgesellschaftlichen Organisationen kontrolliert werden, damit nicht der Profit aus der Armut das Elend fortschreibt. Hier kommt auch den Gewerkschaften eine zentrale Rolle zu: Während sie in Europa selbst an Image eingebüßt haben, indem sich viele altgediente Funktionäre auch gegen sinnvolle Veränderungen auf dem Arbeitsmarkt sträuben, ist die internationale Soli-

Angekettet: Noch immer leben mehr als 27 Millionen Menschen als Sklaven

darität der Gewerkschaften dringend gefragt. An der Seite von
Nichtregierungsorganisationen und Kirchen arbeiten jetzt schon
westliche und lokale Gewerkschaftsvertreter bei der Aufdeckung
der skandalösen Missstände in den Sweatshops und auf den Plantagen zusammen. Sie brauchen die tatkräftige Unterstützung
ihrer Organisationen, um wirklich etwas erreichen zu können.

Die Konzerne müssen gezwungen werden, Verantwortung zu
übernehmen. Multinationale Unternehmen verfügen über immer
mehr Macht. Ihr Jahresumsatz ist in vielen Fällen höher als das
Gesamtbudget einzelner Staaten. Ihr Entscheidungsspielraum
ist oft größer als der jener Länder, in denen sie agieren. »Die
nationalen Regierungen sind bei diesen Entscheidungen allenfalls
Berater«, schreibt der Soziologe Ulrich Beck. »Versucht eine natio-
nalstaatliche Institution den Handlungsspielraum eines Unternehmens einzuschränken, sucht es sich einen anderen Standort.
Die Frage ist demnach nicht mehr, ob etwas geschehen darf, sondern nur noch, wo es geschieht.«

Die Leichtigkeit, mit der zahlreiche Firmen ihre Produktionsorte wechseln können, schafft aber ein weiteres Problem. Denn bei einem solchen Wechsel werden oft immens viele Arbeitslose zurückgelassen. Das ist auch der Grund, warum wir uns in den allermeisten Fällen gegen Boykotte aussprechen. Es geht eben nicht darum, dass Konzerne ihre Investitionen aus ärmeren Ländern zurückziehen. Es geht darum, dass sie ihre Macht nützen müssen, um jenen, denen sie ihre Profite verdanken, einen zumindest würdevollen Lebensstandard zu sichern.

Warum eigentlich Marken?

Auch Produkte ohne Markenimage (»No-Name-Produkte«) werden unter skandalösen Bedingungen hergestellt. Zahlreiche weniger bekannte Firmen und ganze Industriezweige, die nicht direkt mit Kunden zu tun haben, profitieren ebenfalls von der Armut, von Korruption und Menschenrechtsverletzungen. Warum konzentriert sich die Kritik ausgerechnet auf berühmte Markennamen?

Das hat zum einen ganz pragmatische Gründe: Marken gründen ihre Macht auf ein mit Werbemilliarden gepflegtes Image. Genau dort sind sie angreifbar. Wenn sich Marken als besonders modern, sozial, gesund, sportlich fair, kinderlieb, multikulturell oder frauen-, familien- und umweltfreundlich darstellen, ist es nur gerecht, wenn man sie an ihren eigenen Werten misst. So gab sich etwa der italienische Modemulti Benetton mit seinen provokativen Plakatserien mit Bildern von Aidskranken, Kriegsopfern und Neugeborenen sozial engagiert. 1998 sickerte durch, dass der Konzern seine Kleidungsstücke in der Türkei von zwölfjährigen Kindern herstellen ließ.[28]

Marken bieten aber nicht nur ein effektives Angriffsziel für kritische Konsumenten. Sie sind die »Trendsetter« der Weltwirtschaft. Oft näht ein und dieselbe indonesische Arbeiterin nacheinander die Etiketten von Nike, Reebok und eben einer unbekannten Firma auf die jeweiligen Sportschuhe. Es liegt aber in der Macht der großen Labels mit ihren Tausenden Produktionsstandorten, über die Bedingungen zu entscheiden, unter denen das geschieht. Denn die Weltmarktführer – und das sind im Normalfall die bekannten Marken – diktieren die Weltmarktpreise.

Dabei ist der Anteil der Produktionskosten am Endverkaufspreis gerade bei Markenfirmen meist verschwindend gering. Den weitaus überwiegenden Teil bezahlen die Konsumenten dafür, dass sie umworben werden. Mitte der neunziger Jahre steckten allein amerikanische Unternehmen mehr als zwei Billionen Mark (1.000 Milliarden Euro) ins Marketing ihrer Produkte.[29]

Marken-Werte gegen die Sinnkrise

Warum sind sie damit so erfolgreich? Warum ersparen sich – oder uns – die Firmen dieses Geld nicht und verkaufen ihre Produkte, ohne die Welt mit ihrer aufdringlichen Markenwerbung zu belästigen? Weil die Werbebotschaften der Konzerne mithilfe moderner Kommunikationstechniken die Rolle traditioneller Sinnstifter wie Schulen, Kirchen, sozialer Gemeinschaften und kultureller Institutionen übernommen haben, behauptet der amerikanische Ökonom und Buchautor Jeremy Rifkin: »Der Kauf einer Marke versetzt den Käufer, die Käuferin in eine imaginäre Welt; sie haben den Eindruck, sie teilten die von den Designern gelieferten Werte und Bedeutungen tatsächlich mit anderen.«[30]

So handelt eben Nike nicht nur mit Turnschuhen, sondern auch mit einem Gefühl kollektiver »Wellness«. IBM verkauft nicht Computer, sondern »Solutions« – Problemlösungen. »Wir verkaufen kein Produkt«, sagt auch Renzo Rosso, der Eigentümer von Diesel Jeans, »wir verkaufen einen Lebensstil. Ich glaube, wir haben eine Bewegung geschaffen. Das Diesel-Konzept ist alles. Es ist die Art zu leben, die Art, Kleidung zu tragen, die Art, etwas zu tun.«[31]

Mit dem Produkt tritt auch die Tatsache, dass Schuhe, Computerbauteile und Hosen zu Hungerlöhnen hergestellt werden, in den Hintergrund. Für die Journalistin Naomi Klein werden jedoch gerade daran die »Brüche und Risse hinter der Hochglanzfassade« der Marken sichtbar, wie sie in ihrem Buch »No Logo!« schreibt.[32]

Zurückeroberung der Macht

Immer mehr Menschen machen sich daran, diese Hochglanzfassade zu demontieren. Das Internet, das den Weltmarkt beschleunigt hat, ist gleichzeitig die stärkste Waffe der Konzernkritiker. Per E-Mail und auf Tausenden Homepages werden Treffen organisiert, Strategien besprochen und skrupellose Firmen an den Pranger gestellt. Organisationen wie die »Adbusters« (siehe Linkliste gegenüber) kämpfen gegen den Konsumwahnsinn, indem sie bekannte Werbekampagnen ironisieren. Andere wiederum decken mit professioneller Recherche konkrete Missstände auf. Sie wollen mehr Partizipation, mehr Arbeiterrechte, internationale Umwelt- und Sozialstandards, mehr Kontrollmöglichkeiten und einen in jeder Hinsicht fairen Handel.

In einem internen Diskussionspapier beklagt etwa der Bundesverband der Deutschen Industrie bereits den wachsenden Einfluss von Nichtregierungsorganisationen auf die öffentliche Meinung: »Ihre internationale Vernetzung schafft den NGO einen Wissens- und Handlungsvorsprung. Organisationen wie Amnesty International oder der WWF gelten in der breiten Öffentlichkeit als glaubwürdig und haben einen hohen Vertrauensvorschuss.«[33]

Die Konzerne sind alarmiert: Ihr Machtvorsprung, den sie seit dem Fall des Eisernen Vorhangs gegenüber politischen Institutionen errungen haben, ist nur ein Etappensieg. Es beginnt sich eine zivilgesellschaftliche Bewegung zu regen, die auch in Europa zunehmend lauter und wütender wird. Sie fordert nicht das Ende des Marktes, sie fordert ihren gerechten Anteil daran. Diese Forderung wird sich auf lange Sicht mit Milliardeninvestitionen in die Imagebildung nicht mehr beruhigen lassen.

So wie die Macht politischer Vertreter eine vom Volk verliehene Macht ist, ist die Macht der Konzerne nur von den Konsumenten geborgt. Mit jedem Bild von versklavten Kindern, mit jedem Beitrag über geschundene Arbeiter, mit jedem Bericht über missbrauchte Patienten oder zerstörte Naturschönheiten bröckelt ein Stück von ihr ab. Wie sagte der 13-jährige Junge aus der Bronx, der Nike seine alten Sportschuhe vor die Türe knallte? »Wir haben dich gemacht. Wir können dich auch vernichten.«

Links

Hier treffen sich die Konzernkritiker:

http://www.adbusters.org Witzige Persiflagen auf die Werbung großer Marken

http://www.corpwatch.org Die Mutter der Konzernbeobachtung …

http://www.corporatewatch.org.uk … und ihre britische Tochter

http://www.corporations.org Und hier steht, wie's geht: Recherchekurs

http://www.xs4all.nl/~ceo Das »Corporate Europe Observatory«

http://www.essential.org Essenzielle Informationen für potenzielle Aktivisten

http://www.derechos.net/links Linkliste für Menschenrechte

http://www.antenna.nl/aseed Für Solidarität, Entwicklung, Umwelt – und gegen Konzerne

http://www.mcspotlight.org Hier tummeln sich nicht nur McDonald's-Gegner

http://www.cleanclothes.org Gegen die Ausbeutung in der Textil- …

http://www.moles.org … sowie in der Bergbau- und Erdölindustrie

http://www.kritischeaktionaere.de Kritische Aktionäre deutscher Konzerne

http://www.transfair.org Die Alternative heißt Fairer Handel

	Land/Konzern	BIP/Umsatz 1999 (in Mrd. US$)		Land/Konzern	BIP/Umsatz 1999 (in Mrd. US$)
1	USA	8.079	51	Kolumbien	89
2	Japan	4.395	52	AXA	88
3	Deutschland	2.081	53	IBM	88
4	Frankreich	1.510	54	Singapur	85
5	Großbritannien	1.374	55	Irland	85
6	Italien	1.150	56	BP Amoco	84
7	China	1.150	57	Citigroup	82
8	Brasilien	760	58	Volkswagen	80
9	Kanada	612	59	Nippon Life Insurance	79
10	Spanien	562	60	Philippinen	75
11	Mexiko	475	61	Siemens	75
12	Indien	460	62	Malaysia	75
13	Republik Korea	407	63	Allianz	74
14	Australien	390	64	Hitachi	72
15	Niederlande	385	65	Chile	71
16	Russland	375	66	Matsushita Electric	66
17	Argentinien	282	67	Nissho Iwai	65
18	Schweiz	260	68	ING Group	62
19	Belgien	246	69	AT&T	62
20	Schweden	226	70	Philip Morris	62
21	Österreich	209	71	Sony	60
22	Türkei	188	72	Pakistan	60
23	General Motors	177	73	Deutsche Bank	59
24	Dänemark	174	74	Boeing	58
25	Wal-Mart	167	75	Peru	57
26	Exxon-Mobil	164	76	Tschechische Republik	56
27	Ford	163	77	Dai-Ichi Mutual Life Ins.	55
28	DaimlerChrysler	160	78	Honda	55
29	Polen	154	79	Generali Versicherungen	54
30	Norwegen	145	80	Nissan	54
31	Indonesien	141	81	Neuseeland	54
32	Südafrika	131	82	E.On	52
33	Saudi-Arabien	129	83	Toshiba	52
34	Finnland	126	84	Bank of America	51
35	Griechenland	124	85	Fiat	51
36	Thailand	124	86	Nestlé	50
37	Mitsui	119	87	SBC Communications	49
38	Mitsubishi	118	88	Credit Suisse	49
39	Toyota	116	89	Ungarn	48
40	General Electric	112	90	Hewlett-Packard	48
41	Itochu	109	91	Fujitsu	47
42	Portugal	108	92	Algerien	47
43	Royal Dutch/Shell	105	93	Metro	47
44	Venezuela	104	94	Sumitomo Life Insurance	46
45	Iran	101	95	Bangladesch	46
46	Israel	99	96	Tokyo Electric Power	46
47	Sumitomo	96	97	Kroger	45
48	Nippon Tel & Tel	94	98	TotalFinaElf	45
49	Ägypten	92	99	NEC	45
50	Marubeni	92	100	State Farm Insurance	45

Quellen: Fortune/Weltbank

Die 100 größten Wirtschaftsmächte der Welt
(Tabelle links)

Laut Washingtoner Institut für Politik-studien befinden sich unter den hundert größten Wirtschaftsmächten der Welt bereits mehr Unternehmen als Staaten.[34] Die Profite der zweihundert größten Welt-konzerne stiegen von 1983 bis 1999 um 362,4 Prozent. Im selben Zeitraum wuchs die Zahl der Beschäftigten jedoch nur um 14,4 Prozent. Der Anteil dieser zweihundert Firmen am weltweiten Bruttoinlandsprodukt (BIP) beträgt heute 27,5 Prozent, der an der Beschäftigung aber nur 14,4 Prozent.

Die 60 wertvollsten Marken der Welt
(Tabelle unten)

»Bei den Konsumgütern sind viele Produkte austauschbar, da entscheidet der Markenname, ob die Ware gekauft wird oder im Regal herumdümpelt«, sagt der deutsche Unternehmensberater Jürgen Kaeuffer.[35] So kann der Wert einer Marke wie Coca-Cola bis zu 96 Prozent des gesamten Unternehmenswerts ausmachen. Wichtigste Kriterien dafür: Bekanntheitsgrad und Image.

	Marke	Wert 2000 (in Mrd. US$)		Marke	Wert 2000 (in Mrd. US$)
1	Coca-Cola	72,5	31	Volkswagen	7,8
2	Microsoft	70,2	32	Ericsson	7,8
3	IBM	53,2	33	Kellog's	7,4
4	Intel	39,0	34	Louis Vuitton	6,9
5	Nokia	38,5	35	Pepsi Cola	6,6
6	General Electric	38,1	36	Apple	6,6
7	Ford	36,4	37	MTV	6,4
8	Disney	33,6	38	Yahoo!	6,3
9	McDonald's	27,9	39	SAP	6,1
10	AT&T	25,5	40	Ikea	6,0
11	Marlboro	22,1	41	Duracell	5,9
12	Mercedes	21,1	42	Philips	5,5
13	Hewlett-Packard	20,6	43	Samsung	5,2
14	Cisco Systems	20,0	44	Gucci	5,2
15	Toyota	18,9	45	Kleenex	5,1
16	Citibank	18,9	46	Reuters	4,9
17	Gillette	17,4	47	AOL	4,5
18	Sony	16,4	48	Amazon.com	4,5
19	American Express	16,1	49	Motorola	4,4
20	Honda	15,2	50	Colgate	4,4
21	Compaq	14,6	51	Wrigley's	4,3
22	Nescafé	13,7	52	Chanel	4,1
23	BMW	13,0	53	Adidas	3,8
24	Kodak	11,9	54	Panasonic	3,7
25	Heinz	11,8	55	Rolex	3,6
26	Budweiser	10,7	56	Hertz	3,4
27	Xerox	9,7	57	Bacardi	3,2
28	Dell	9,5	58	BP	3,1
29	Gap	9,3	59	Moët & Chandon	2,8
30	Nike	8,0	60	Shell	2,8

Quelle: Interbrand

Tantalusqualen für Handys

Um westliche Elektronikfirmen und den Bayer-Konzern mit einem wertvollen Metall beliefern zu können, schuften in kongolesischen Minen Männer, Frauen und Kinder. Tausende sterben für das Coltanerz, das dazu beiträgt, den »Ersten Weltkrieg Afrikas« zu finanzieren.

Reportage von Klaus Werner

Faida Mugangu[1] starrt regungslos auf die graue Zimmerwand. Doktor Ngabo spricht die ausgemergelte Frau an, berührt vorsichtig ihre Hand. Keine Reaktion. Fest, fast ein bisschen zu fest umklammert die etwa Dreißigjährige das Baby, das neben ihr in Decken gewickelt auf dem Bett liegt. Laut Krankenbericht hat Faida Mugangu Gastritis, erzählt Deogratias Ngabo, Arzt im Krankenhaus »Mütterliche Barmherzigkeit« in der kongolesischen Stadt Goma.

Nachdem wir das Zimmer verlassen haben, sagt Doktor Ngabo auch, was ihr wirklich fehlt: Vor ein paar Wochen hat sie fast ihre ganze Familie verloren. Um vier Uhr morgens musste sie mit ansehen, wie Soldaten ihren Mann erschossen und drei ihrer Kinder mit der Machete hinrichteten. Sie selbst konnte mit dem jüngsten Sohn im Schutz der Dunkelheit in die Bananenstauden flüchten. Die Leiche ihres Mannes und die zerstückelten Körperteile ihrer zwei Töchter und des älteren Sohnes hat Faida Mugangu am nächsten Tag in der weichen Lavaerde verscharrt. Dann konnte sie eine, zwei, drei Wochen, keiner weiß wie lange, nichts essen. Irgendwann stand sie dann, das Baby im Tragetuch um den Rücken gewickelt, vor dem eisernen Tor des Diözesankrankenhauses, körperlich und seelisch am Ende. Seitdem hat sie kein Wort mehr gesprochen. »Niemand weiß, wer die Täter sind«, sagt Doktor Ngabo, dem sie ihre Geschichte damals anvertraute.

Die Täter, das können hier in der Region Kivu im Osten der Demokratischen Republik Kongo eigentlich alle sein. Keiner kann

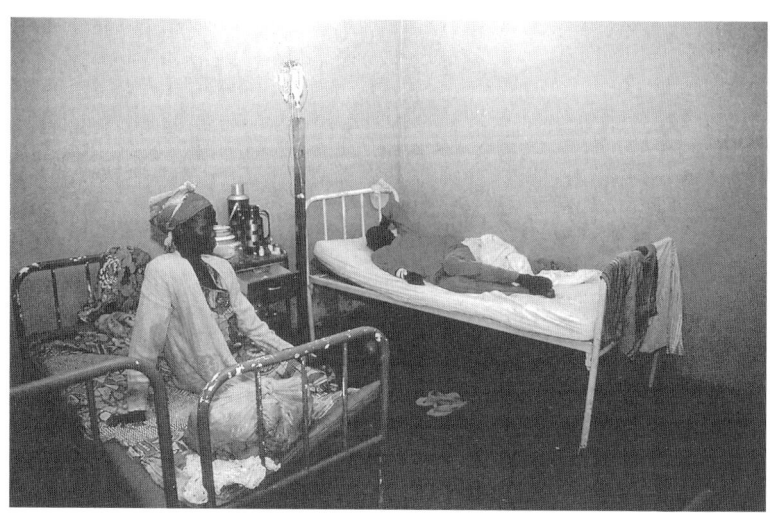

Krankenhaus in Goma: Patienten werden mit einfachsten Mitteln behandelt …

mehr genau sagen, wer hier für wen kämpft. Milizen, Banditen, rivalisierende Volksgruppen, aber auch die Armeen der großen Kriegsparteien selbst foltern, morden, vergewaltigen und plündern im Schutz der Wälder und im Schatten der großen Fronten.

Seit August 1998 tobt hier der »Erste Weltkrieg Afrikas«, ein in Europa fast unbekannter Krieg, der kaum jemanden hinter dem Ofen hervorlockt. Afrika ist weit weg, und die Afrikaner sind bekannt dafür, dass sie früh sterben. 2,5 Millionen Menschenleben hat dieser Krieg bis jetzt allein im Rebellengebiet im östlichen Teil des Landes gefordert.[2] Ein geschätztes Drittel davon waren Kinder. In der Region Kalemie sterben laut »Ärzte ohne Grenzen« drei von vier Kindern, bevor sie ihr zweites Lebensjahr erreichen. Dazu kommen noch einmal weit über zwei Millionen Vertriebene und 16 Millionen Opfer von Hunger und Krankheit. Claude Jibidar, Leiter der Hilfsorganisation »World Food Program« in der ostkongolesischen Stadt Bukavu, erzählt, dass es mittlerweile mehr unterernährte Erwachsene als unterernährte Kinder gibt. »Warum?

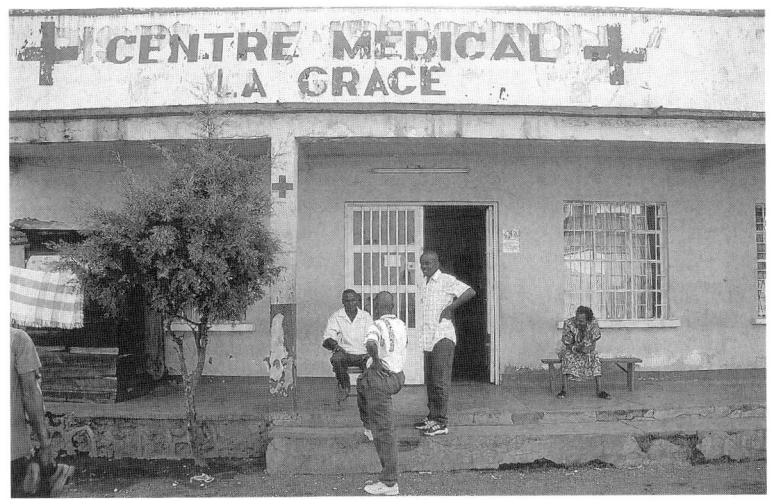

… weil das Geld für die medizinische Versorgung fehlt

Schlicht und einfach weil die Kinder tot sind.«[3] Der Sicherheitsrat der Vereinten Nationen spricht von »einer der schlimmsten humanitären Krisen des Planeten«.[4]

Unvorstellbare Grausamkeiten

Massentötungen, außergerichtliche Hinrichtungen und illegale Verhaftungen seien im Kongo die Regel, liest man in einem aktuellen Bericht von UNO-Generalsekretär Kofi Annan.[5] Als Beispiel wird ein Massaker an mehr als zweihundert Menschen beschrieben: »Die Mehrheit der Opfer waren Zivilisten, unter ihnen Frauen und Kinder. Einige wurden mit Macheten getötet, manche geköpft. Leichen wurden in offene Latrinen geworfen.«

Frauen sind am schlimmsten betroffen: »An ihnen werden alle erdenklichen Grausamkeiten des Krieges begangen. Sie werden von Soldaten gejagt, erniedrigt und vergewaltigt, manchmal vor den Augen ihrer Ehemänner oder Kinder.« Dabei laufen sie »extrem hohes Risiko, sich mit HIV/Aids zu infizieren«.[6]

Sieben afrikanische Nationen haben ihre Truppen im Kongo positioniert. Die Regierungsarmee wird von den Nachbarstaaten Simbabwe, Angola und Namibia unterstützt. Der Norden und Osten des Landes hingegen sind von zwei großen Rebellenbewegungen und Zehntausenden Soldaten der östlichen Nachbarländer Ruanda und Uganda besetzt.

Es gibt aber noch eine weitere Kriegspartei: Westliche Industriekonzerne beuten seit langem die Rohstoffe des zentralafrikanischen Riesenlandes aus und scheuen nicht davor zurück, Rebellen und Armeen zu finanzieren. Manchmal arbeiten sie sogar Hand in Hand mit ihnen zusammen. Denn es geht um viel Geld.

Der Kongo ist, so absurd das klingen mag, eines der reichsten Länder der Erde. Gold, Silber, Diamanten, Erdöl, Kupfer, Kobalt, Zinn und andere begehrte Bodenschätze sind hier zu finden. Die Hauptfront des Krieges verläuft – nicht zufällig – entlang der großen Minen.

Krieg um Bodenschätze

»Der Konflikt im Kongo dreht sich hauptsächlich um die Kontrolle und den Handel mit mineralischen Ressourcen.« Das ist die Kernaussage eines Untersuchungsberichts über die »illegale Ausbeutung der natürlichen Ressourcen der Demokratischen Republik Kongo«, den die UNO am 16. April 2001 in New York veröffentlichte.[7] Der Bericht spricht von der systematischen Ausplünderung von Bodenschätzen vor allem im Rebellengebiet im Osten des Kongo. Ruanda und Uganda hätten dort »kriminellen Kartellen eine einzigartige Gelegenheit verschafft, in dieser hoch sensiblen Region Geschäfte zu machen«. Diese Verbrecherkartelle hätten weltweit Verbindungen und würden ein ernsthaftes Sicherheitsproblem für die Region darstellen.

Dass für Bodenschätze Kriege geführt werden, ist nichts Neues. In Afrika geht es dabei oft um Diamanten. Sie wurden unter dem Begriff »Blut-« oder »Konfliktdiamanten« bekannt, mit deren Verkauf etwa die Rebellenführer von Angola und Sierra Leone ihre so genannten Revolutionen finanzieren. Diese bedienen sich

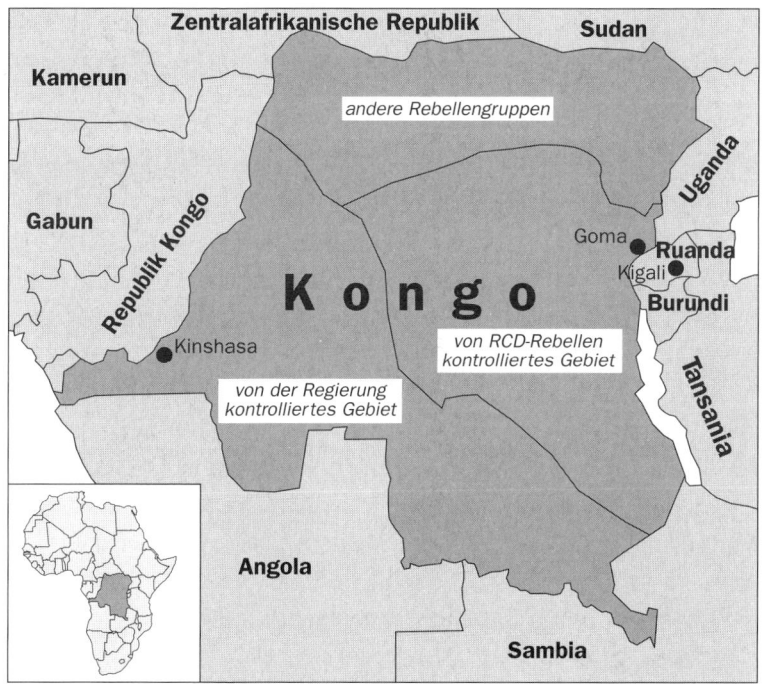

Ein Großteil der Demokratischen Republik Kongo wird von Rebellen kontrolliert

dabei eines internationalen Mafianetzwerks aus Waffen-, Drogen-
und Rohstoffhändlern. Im Juni 1998 verhängte der UNO-Sicher-
heitsrat erstmals ein Handelsverbot gegen »Blutdiamanten« aus
Angola, wo Jonas Savimbi und seine Unita-Rebellen einen grausamen Bürgerkrieg führen. Im Sommer 2000 folgte ein Embargo
gegen Sierra Leone, wo sich Foday Sankoh von der Revolutionären
Vereinigten Front (RUF) nicht nur wegen des Einsatzes von Kindersoldaten einen schlechten Ruf erworben hat, sondern vor allem
wegen seines »Markenzeichens«, Gegnern kurzerhand den Arm
abzuhacken. Seine Einkünfte aus dem Diamantenhandel werden
auf 120 Millionen US-Dollar jährlich geschätzt. Trotz UN-Embar-
gos landen »Blutdiamanten« auf Umwegen noch immer in den
internationalen Handelshäusern von Antwerpen, Genf, New York

und Tel Aviv. Der Weltmarktführer im Diamantenhandel, der südafrikanische Konzern De Beers, der früher auch in Angola einkaufte, versichert heute, nur »weiße« Ware anzubieten. Kontrollieren lässt sich das kaum.

Wertvolles Tantal als Kriegsgrund

Auch im Kongo geht es um Diamanten. Und natürlich auch um Gold, Kupfer und Kobalt. Doch seit diese Metalle durch die sinkenden Weltmarktpreise etwas in den Hintergrund getreten sind, steht ein bislang relativ unbekanntes Material im Zentrum der Auseinandersetzungen: Das Metall Tantal, das einen extrem hohen Siedepunkt und eine hohe Dichte besitzt, gehört zu den weltweit begehrtesten Rohstoffen. Es wird vor allem in Elektrolytkondensatoren eingesetzt, wie sie in Mobiltelefonen oder etwa Pentiumrechnern zu finden sind. Ein kleinerer Teil wird für die Herstellung von Waffen und medizinischen Geräten verwendet.

Der Handyboom und die Weiterentwicklungen auf dem Computermarkt, aber auch der Einsatz etwa in Sonys »Playstation« oder Nintendos »Gameboy« haben die Weltmarktpreise in schwindelnde Höhen katapultiert: An der Londoner Metallbörse stieg der Wert zwischen Februar 2000 und Januar 2001 von 350 auf 1.850 Mark (180 bzw. 950 Euro) pro Kilo Tantal. Das ist mehr als das Fünffache.

Tantal

Tantal ist ein seltenes metallisches Element mit dem chemischen Symbol Ta. In der Natur findet man Tantal zumeist als Tantaloxid (Tantalit, Ta_2O_5) zusammen mit Niob (Columbit, Nb_2O_5). Die größten Reserven liegen in Australien, Brasilien, Kanada und Afrika, dort vor allem in der Demokratischen Republik Kongo (dem ehemaligen Zaïre). In anderen Gegenden wie Malaysia und Nigeria kommt Tantal auch als Abfallprodukt in Zinnschlacken vor.

Im Kongo nennt man die Verbindung Colombo-Tantalit, kurz Coltan. Coltan wird von Hand oder mit einfachen Werkzeugen aus alluvialen und eluvialen (Fluss- und Verwitterungs-)Ablagerungen abgebaut. Es sieht aus wie schmutziggrauer Sand oder Schotter.

Tantal ist sehr hart, hat eine hohe Dichte und ist extrem hitze-, rost- und säurebeständig. Daher eignet es sich wie kein anderes Metall für Superlegierungen, die in chirurgischen Geräten, Hochtechnologiewaffen, Atomreaktoren, Kameralinsen und Nachtsichtgeräten eingesetzt werden. Der überwiegende Teil der Weltproduktion wird aber für elektronische Kondensatoren (winzige Geräte zur Speicherung elektrischer Ladungen) verwendet und findet seinen Einsatz in Mobiltelefonen, Computern, Spielkonsolen, aber auch Rauchmeldern und Kraftfahrzeugen. Infos: http://www.tanb.org

Tantal wurde im Jahr 1802 von einem schwedischen Chemiker namens Eckberg entdeckt. Der verzweifelte fast daran, dass sich die Erforschung des säurebeständigen Metalls so schwierig gestaltete. Deshalb benannte er seine Entdeckung nach dem griechischen Gott Tantalus, der in der Unterwelt zu ewigen Leiden verdammt ist. Ein treffender Name.

Rund ein Fünftel der heutigen Weltproduktion stammt aus dem Kongo, wo das Tantal aus einem Erz namens Coltan gewonnen wird. Im Osten des Landes, also im Zentrum des Krisengebiets, ist es der begehrteste und damit der am meisten umkämpfte Rohstoff. Militärs und Rebellen aller Fraktionen streiten um die Vorherrschaft an den Minen. Dort wird Coltan von der Zivilbevölkerung – zum Teil von Kindern – mit bloßen Händen und einfachsten Werkzeugen geschürft, von hier gelangt es über dubiose Kanäle auf den Weltmarkt, in russischen Antonov-Fliegern, die auf dem Rückweg Waffen für die Rebellen liefern.»Hier liegt der Teufelskreis des Krieges«, analysiert der UNO-Bericht die illegale Rohstoffplünderung.»Coltan ermöglicht es der ruandischen Armee, ihre Anwesenheit im Kongo fortzusetzen. Die Armee beschützt Firmen und Individuen, die das Erz fördern. Diese haben ihre Profite mit der Armee geteilt, die wiederum das nötige Umfeld schafft, um die Ausbeutung fortzusetzen.«

Wer aber sind die Firmen, die von dieser Ausbeutung profitieren?

Coltanmine im Kongo: Gefährlicher Abbau mit einfachsten Mitteln

Aspirin-Hersteller Bayer in der Hauptrolle

Niemand hatte nachgefragt, als der Vorstandschef des Bayer-Konzerns Manfred Schneider im Dezember 2000 den Stein der Weisen gefunden zu haben schien: Mit dem Tantal, das für Mobiltelefone gebraucht wird, erreiche er Wachstumsraten, die der neuen Ökonomie nicht nachstünden. »Wir erzielen damit stetig gute Gewinne, was man sicher nicht von allen Unternehmen der New Economy behaupten kann«, erzählte er dem »Spiegel«.[8] Schneider weiß, wovon er spricht, ist sein Konzern doch Weltmarktführer in Sachen Tantal: Das Bayer-Tochterunternehmen H.C. Starck (Umsatz: 1.300 Mio. Mark/665 Mio. Euro)[9] mit Sitz in Goslar und Dependancen in den USA, Thailand und Japan verarbeitet laut Brancheninsidern weltweit mehr als die Hälfte des edlen Metalls und liefert es weiter an die Elektronikindustrie.

»In jedem elektronischen Gerät befinden sich Tantal-Kondensatoren«, schwärmt Manfred Bütefisch, Sprecher von H.C. Starck. »Für den ersten Pentium brauchte man nur fünfzig dieser Bau-

Aus kongolesischem Coltanerz wird Tantal für Handys gewonnen

teile, mittlerweile sind es schon zwei- oder dreihundert.«[10] Zusammen mit den rasanten Steigerungsraten auf dem Handymarkt habe das dazu geführt, dass der Rohstoffpreis von Tantal enorm gestiegen sei.

Konzern verschweigt Herkunft

Wo das Tantal herkommt, möchte der Konzernsprecher allerdings nicht sagen. »Das sind Erze, die in verschiedenen Kontinenten gefördert werden.« In welchen? »Tut mir Leid, aber da werden Sie von mir keine Auskunft bekommen.« Warum nicht? »Das sind interne Daten.«

Im November 2000 stellte die Berliner »tageszeitung« (taz) erstmals einen Zusammenhang zwischen Konzern und Kongo her – ohne explizit zu behaupten, H. C. Starck beziehe seine Rohstoffe aus dem Kriegsgebiet. Der Autor stellte lediglich fest, dass Tantal im kongolesischen Rebellengebiet abgebaut werde und dass die Bayer-Tochter Weltmarktführer in dessen Verarbeitung sei.[11] Kon-

zernsprecher Bütefisch: »Beides stimmt – für sich genommen.«
Einige Wochen später deckte die taz auf, dass mit dem Coltan-
export über ein mafiöses Handelskonstrukt die gegnerischen
Kriegsparteien finanziert werden.[12]
Daraufhin wollte ich von Manfred Bütefisch wissen, ob sein
Konzern an der Finanzierung des Krieges im Kongo beteiligt sei.[13]
Seine Antwort: »Mit solchen Vorwürfen muss sich jeder herum-
schlagen, der in Entwicklungsländern Rohstoffvorkommen hat.
Das sind wir gewohnt und deshalb sagen wir auch nichts dazu.«
Warum er nicht einfach klarstelle, der Konzern beziehe es *nicht*
aus dem Kongo? »Wenn ich mich auf diese Diskussion einlasse,
stelle ich mich ja selbst auf die Bühne. Und das wollen wir nicht,
das haben wir nicht nötig.« Das heißt, er schließe nicht aus, dass
das Metall aus dem Kongo komme? »Ich werde weder das eine
noch das andere sagen.«[14]

Kein Tantal aus dem Kongo?

Ich suchte nach einem Beweis. Am meisten irritierte mich, dass
alle Rohstoffexperten behaupteten, aus der Region zwischen
Kongo und Ruanda werde so gut wie kein Tantal exportiert. »Es
mag schon sein, dass dort ein paar Kilo – oder meinetwegen hundert Kilogramm – Tantalerz produziert werden, aber das war's
dann auch schon«, teilte mir Manfred Dahlheimer von der Deutschen Bundesanstalt für Geowissenschaften und Rohstoffe mit.[15]
Auch der vermutlich weltweit bedeutendste Tantalexperte, Larry
Cunningham von der US-Forschungsbehörde Geological Survey,
bedauerte: »Aus dem Kongo gibt es keine Daten.« Nachsatz: »Aber
möglich ist alles.«[16]
Ein kongolesischer Journalist hatte mir jedoch erzählt, dass
Monat für Monat 200 Tonnen Erz aus dem Kongo exportiert würden. Das wäre fast ein Fünftel der Weltproduktion.[17] Judy Wickens
vom »Tantalum-Niobium International Study Center«, der Interessensvertretung der Industrie, hatte zwar gerüchteweise auch
von dieser Zahl gehört, wollte aber keine genaueren Angaben
machen: »Wir müssen die Handelsdaten unserer Mitglieder (dazu

gehört auch H. C. Starck, Anm.) vertraulich behandeln. Und andere haben wir nicht.«[18] Außerdem warnte sie mich, dass es ohnehin schwierig sei, die Handelsströme nachzuvollziehen. Die gingen nämlich üblicherweise über Zwischenhändler. Und was an offiziellem Papierkram bei den Zollbehörden existiere, »da glauben Sie doch nicht wirklich, dass das alles ehrlich und korrekt abläuft, oder?«

Verdeckte Ermittlungen

Der Handel mit dem Kongo dürfte also florieren – unter strengster Geheimhaltung. Um Genaueres zu erfahren, beschloss ich, selbst ins Geschäft einzusteigen – und Zwischenhändler zu werden. Natürlich wollte ich nicht wirklich mit Tantal handeln, sondern nur verdeckt recherchieren. Im Internet war ich auf einige Hinweise gestoßen: Es gibt dort virtuelle Handelsbörsen, in denen Einzelpersonen und Firmen internationale Geschäfte anbahnen.[19] Das geht von Kaffee über Goldfische bis hin zu Bodenschätzen.

Auch Tantal wird – dringendst! – nachgefragt. Viele der Rohstoffhändler haben ihren Sitz in Deutschland. Im Handelsregister scheinen nur wenige von ihnen auf. Manche tragen Bezeichnungen, die nicht auf den Handel mit wertvollen Bodenschätzen schließen lassen. So wie die Firma »Equatorial Safaris« aus Tansania, die offiziell Campingtouren in die Serengeti veranstaltet[20], laut Internet-Tauschbörse aber gerade »140 Tonnen Tantalerz auf Lager« hat. Oder die »BTHS Handels- und Seafood GmbH« aus Hamburg, die »15–20 Tonnen Tantalerz aus dem Kongo und aus Ruanda« kauft und »wegen der instabilen politischen Situation in dieser Region immer nach zusätzlichem Material« Ausschau hält.[21] Ein Herr oder eine Dame namens Surojeet Banerjee mit der Adresse *surojeet_b@hotmail.com* sucht »Tantalerz für Deutschland. Langzeitkontakt möglich.«[22]

Das klang verlockend. Doch um ins Geschäft zu kommen, brauchte ich eine neue Identität. Kein Problem: Identitäten gibt es im Internet auch ohne Personalausweis, denn in der virtuellen Welt gilt die E-Mail-Adresse zugleich als Name und Wohnsitz. So

»Instabile politische Situation« in Kongo und Ruanda – deutsche Rohstoffhändler suchen im Internet nach Tantalerz

kann man problemlos als *george.bush@gmx.net* oder *johannes. paul.II@hotmail.com* Briefe und Dokumente versenden und empfangen – vorausgesetzt, niemand hatte vorher schon die Idee.[23]

Nach fünf Minuten war ich ein neuer Mensch.

Name: Robert Mbaye Leman. Wohnort: Arusha, Tansania. Beruf: Rohstoffhändler. Kennzeichen: gute Verbindungen zur kongolesischen Rebellenszene. Auftrag: 40 Tonnen feinstes kongolesisches Coltan nach Deutschland zu verkaufen.

Am Abend des 31. Januar 2001 sandte ich mein Offert in die weite Welt – an ein Dutzend Zwischenhändler. 10.000 US-Dollar wollte ich für die Tonne Rohmaterial. Damit lag ich weit unter dem Weltmarktpreis – eigentlich viel zu weit. Doch der konkurrenzlose Preis sollte auch Aufmerksamkeit erregen.

Schon sechzehn Minuten nach dem Drücken des »Send«-Button kam die erste Antwort: Ein Rashid Remtula wollte wissen, wie hoch der Anteil an Tantal, Niob, Uran und Thorium im angebotenen Erz sei. Gute Frage. Ich hatte, ehrlich gesagt, keine Ahnung, was ich antworten sollte, und beschloss, ab sofort zweigleisig zu fahren. Das heißt: Ich inserierte selbst dringenden Tantalbedarf – als Crashkurs in Mineralogie. Wenn ich nicht auffliegen wollte, musste ich mich schnell mit den marktüblichen Fachtermini vertraut machen. Innerhalb weniger Stunden erhielt ich ein Angebot einer Firma Vitalpharm, aus dem die wichtigsten Zahlen hervorgingen. Nun war ich gerüstet.

Einige Stunden nach meiner ersten E-Mail erreichte mich die Anfrage, auf die ich gehofft hatte: von Surojeet Banerjee, der »Tantalerz für Deutschland« im »Langzeitkontakt« gesucht hatte. Auch er oder sie verlangte detaillierte Angaben über die Qualität des Materials. Außerdem bedingte sich Banerjee eine Kommission von zwei Prozent auf den Deal aus. Dann könne das Material nach Amsterdam verschifft werden.

Im Verlauf von zwei Tagen meldeten sich bei mir – also bei Robert Mbaye Leman – weitere sechs Händler, die alle an einem Kauf des Coltanerzes interessiert waren. Darunter der tansanische Safariveranstalter, die österreichische Firma Treibacher, die selbst Tantal verarbeitet, und der Hamburger Fischhändler von der BTHS Handels- und Seafood GmbH. Der gestand zwei Monate später in einem Interview mit der »taz«, dass er über Uganda kongolesisches Tantal kauft und auch in Deutschland absetzt: »Die Preise sind wahnsinnig.«[24]

Bayer will Coltan aus dem Kongo kaufen

Ermuntert durch das rege Interesse, sandte ich am 1. Februar 2001 mein unmoralisches Angebot an die Einkaufsabteilungen von H.C. Starck in Deutschland, Japan, den USA und Thailand. Auf Englisch fragte ich an, ob der Bayer-Konzern Coltan aus dem kongolesischen Rebellengebiet beziehen möchte: »Ich kann Ihnen eine größere Menge (etwa 40 Tonnen) Tantalerz anbieten, die ich

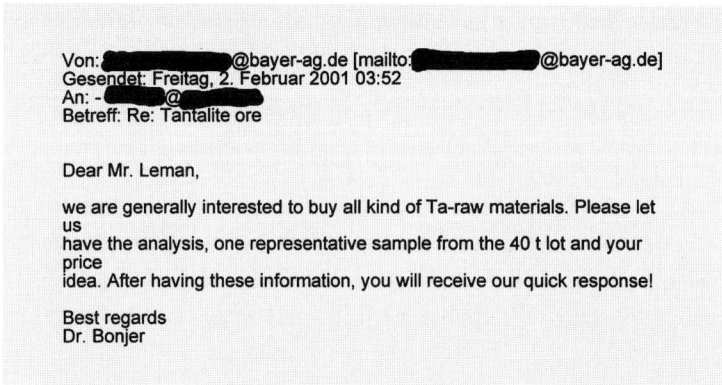

Keine Skrupel: Bayer zeigt Interesse an Rohstoffen aus dem kongolesischen Rebellengebiet

zurzeit in Bukavu (Demokratische Republik Kongo) auf Lager habe. Ich kann es zu einem extrem günstigen Preis verkaufen, wenn das Geschäft so schnell wie möglich abgewickelt wird. Mit freundlichen Grüßen, Robert Mbaye Leman, Arusha, Tansania.« Noch in derselben Nacht erhielt ich eine Antwort. Jürgen Bonjer, Einkäufer des Bayer-Konzerns in Thailand, schrieb (siehe oben abgebildete E-Mail)»Lieber Herr Leman, wir sind generell interessiert, alle Arten von Ta-Rohmaterial zu kaufen. Bitte lassen Sie

uns die Analysen, eine repräsentative Probe der 40 Tonnen und Ihre Preisvorstellung zukommen. Sobald wir diese Informationen haben, werden Sie unsere baldige Antwort erhalten. Mit freundlichen Grüßen, Dr. Bonjer.«
Sofort sandte ich die gewünschten Angaben zurück. Den extrem niedrigen Preis begründete ich mit der »eigentümlichen politischen Situation in der Region«. Daraufhin erhielt ich keine Antwort mehr. War der Preis zu niedrig? Hatte Dr. Bonjer Lunte gerochen? Oder schreckte er gar vor dem schmutzigen Geschäft zurück?

Bayer kauft auch über Zwischenhändler

Um herauszufinden, ob die Zwischenhändler ihr Coltan an den Bayer-Konzern verkauften, bat ich sie, mir die Namen ihrer Kunden zu nennen, um die finanzielle Zuverlässigkeit meiner Abnehmer abschätzen zu können. Ein Dr. Bronsart von »Bvs Ltd. Germany« antwortete mit viel Sprachwitz, der sich nur im englischen Original wiedergeben lässt: »We have no problem proving seriousity and financial capabilities of the contracting BUYER which is a subsidiary of one of the largest chemistry concerns in the world.« Zu Deutsch: Kein Problem – der unter Vertrag stehende KÄUFER (BUYER, phonetisch: BAYER) sei die Tochterfirma eines der größten Chemiekonzerne der Welt. In einem weiteren Mail wurde Bronsart deutlicher: »Der Käufer ist H. C. Starck aus Deutschland mit seiner Einkaufsabteilung für Rohstoffe am Hauptsitz Goslar.« Außerdem wies er mich darauf hin, dass dem Konzern mein extrem billiges Angebot verdächtig vorkäme: »Irgendwas muss da faul sein.«
Ich beschloss, in die Offensive zu gehen. Unter dem Siegel der Verschwiegenheit erzählte ich Bronsart, dass mein Geschäftspartner im Kongo die Firma Somigl sei, die seit November 2000 das Monopol auf den Coltanexport habe. »Die Somigl überlässt jeden Monat eine bestimmte Menge Erz an Händler wie mich, die ihr wiederum helfen, gewisse andere internationale Geschäfte zu tätigen. Wie Sie wissen, ist die Region politisch instabil, und da

Dr. B. an »Coltanhändler« Robert Leman: Kunde ist BAYER-Tochter H. C. Starck

braucht man immer Import-Export-Deals, die nicht auf offiziellem Weg passieren können. Bitte nehmen Sie zur Kenntnis, dass das hier Afrika ist und dass das Business hier ein bisschen anders läuft als in Europa.«

Erzfeinde als Geschäftspartner
Die erwähnte Firma Somigl (Minengesellschaft der Großen Seen) gibt es wirklich. Sie wurde von der größten Rebellengruppe, der von Ruanda unterstützten »Kongolesischen Sammlung für Demokratie« (RCD), ins Leben gerufen, um den Coltanhandel zu monopolisieren und sich damit Steuereinnahmen in der Höhe von einer Million US-Dollar pro Monat zu sichern. Als Geschäftsführerin setzte die RCD eine in der ganzen Region berüchtigte Frau ein: Madame Aziza Gulamali-Kulsum, die schon seit Jahren einen Großteil des Handels mit dem begehrten Erz dominiert. Dieser Dame wird nachgesagt, dass sie eine zentrale Rolle im

Waffenhandel mit verschiedenen Kriegsparteien spiele. So war sie jahrelang die Hauptgeldgeberin der Hutu-Rebellen in Burundi, die inzwischen vom benachbarten Kongo aus operieren. Einem kongolesischen Forschungsinstitut zufolge ist Madame Gulamali »eines der zentralen Glieder eines Netzes aus Waffenhändlern in der Region, wo sie ein gigantisches Schmuggelnetzwerk (Zigaretten, Gold, Elfenbein, Waffen und so weiter)«[25] aufgebaut hat. Sie soll nicht nur mit den Rebellen, sondern auch mit deren Gegnern beste Beziehungen unterhalten. Damit stehen die militärischen Gegner an den verschiedenen Fronten dieses grausamen Krieges über ein mafiaartiges Konstrukt miteinander in Geschäftsbeziehung.

Laut UNO-Bericht dominiert Madame Gulamali nicht nur den Coltanhandel, sondern ist auch für die Fälschung von Banknoten und Zolldeklarationen bekannt, »vor allem für die Produkte, die sie exportiert«. Als sie kürzlich mit falschen Zolldeklarationen konfrontiert wurde, in denen Coltan als Zinnerz angegeben war, antwortete sie: »In diesem Geschäft tut das fast jeder.«[26]

Gewisse Geschäfte

Dr. Bronsart von der »Bvs Ltd. Germany« ließ sich von meinem Hinweis auf »gewisse andere Geschäfte mit der Firma Somigl« nicht abschrecken. Vielmehr bedankte er sich und versicherte mir, dass »Geheimhaltung eines unserer Prinzipien ist«. Er habe die Angelegenheit mit dem Kunden Bayer besprochen, welcher nach wie vor äußerst interessiert an dem Geschäft sei. Lediglich das »Preiswunder« bereite dem Konzern noch immer Kopfzerbrechen. »Während der Chef der Rohstoffabteilung sehr interessiert am Kauf des Materials ist, das Sie anbieten, vor allem in Hinsicht auf reguläre Lieferungen in der Zukunft, und während er glücklich über die Lieferbedingungen ist, die Sie vorschlagen, möchte er bestimmte Angelegenheiten noch klären«, berichtete Bronsart in einer E-Mail vom 6. Februar 2001, beruhigte mich aber: »Sie können auf H.C. Starck als starken und zuverlässigen Partner zählen.«

Um die Preisfrage noch einmal zu klären – ich hatte ja wirklich zu wenig verlangt und ärgerte mich, dass das Geschäft deswegen vielleicht nicht zustande kommen sollte –, versuchte ich meinem Kunden weiszumachen, dass ich die angebotene Menge nur unter der Hand so billig verkaufen könne und außerdem dringend Devisen für »gewisse andere internationale Geschäfte« benötigen würde. Eine schwache Argumentation. Aber mir fiel nichts Besseres ein. Dennoch schrieb Bronsart zurück: »Vielen Dank. Das war sehr hilfreich.« Nun wurde ich dreist und verlangte eine offizielle Absichtserklärung von Bayer mit Logo und Unterschrift. Doch damit war ich offenbar zu weit gegangen. Dr. Bronsart schrieb mir am 7. Februar ohne Angabe weiterer Gründe, dass Bayer nicht mehr an dem Deal interessiert sei: »Das Hindernis war der Preis, den Sie genannt haben.«

Gut genug für die Rebellen

In der Zwischenzeit hatte sich auch mein »Langzeitkontakt« wieder gemeldet. Surojeet Banerjee bat mich, ich möge mich direkt mit dem Kunden in Verbindung setzen. Dieser war allerdings wieder nur ein Zwischenhändler: das »Born International Sourcing Service« mit Sitz in Deutschland. Als Geschäftsführer fungiert der Rohstoffhändler Ralf Born. Auch ihm teilte ich mit, dass ich das Coltan nur aufgrund eines Spezialdeals mit der Firma Somigl so billig anbieten könne. Und dass ich dafür eine Sondergenehmigung der Rebellen benötigen würde, zu denen ich besonders gute Kontakte hätte. Dazu bräuchte ich aber Name und Adresse des potenziellen Endkunden.

»Unsere Vertragsfabriken repräsentieren zwei der größten Verarbeiter«, antwortete Born vage. Dafür zeigte er sich als Insider. Ohne dass ich den Namen der Somigl-Geschäftsführerin Aziza Gulamali-Kulsum erwähnt hätte, schrieb er: »Wir können eine Bankgarantie einer deutschen Bank abgeben, die Ihnen gut genug sein sollte. Immerhin ist sie das auch für Aziza Kulsum. Bitte nehmen Sie zur Kenntnis, dass wir eingehend mit der vergangenen und derzeitigen bizarren Situation im Kongo vertraut sind, wo

Kriegsfeinde gleichzeitig Geschäftspartner sind.« Exakter hätte man es nicht ausdrücken können. Hatte Born bereits mit Madame Gulamali gedealt?

Ich verlangte noch einmal die Namen seiner Kunden. Born schickte mir stattdessen einen Vertragsentwurf und bot mir ein günstiges Gegengeschäft mit Bergbaugeräten an – samt einer detaillierten Preisliste von Geräten, die ich doch auch der Somigl anbieten möge.[27] Nach insgesamt zwei Dutzend Mails voller Andeutungen ging ich in die Offensive und wollte wissen, ob Born bereit wäre, direkt an H. C. Starck zu liefern. Das sei nämlich der Wunschpartner der Machthaber im Rebellengebiet. Er zeigte sich verwundert und machte mich darauf aufmerksam, dass »die Einkaufspolitik von Firmen wie Starck ein Problem darstellen könnte, da das Bild der Somigl in der deutschen Presse ein bisschen unerfreulich« sei. Doch wenn ich mich ein wenig bemühen würde, zwischen den Zeilen zu lesen, dann würde ich sehen, dass er bereits einen Standort des Konzerns in Asien als Abnehmer genannt habe: »Lieber Herr Leman, das ist Starck dort.« Am 8. Februar teilte mir Ralf Born schließlich mit, dass der Kunde in einem Telefonat sein Interesse kundgetan habe, das Material zu kaufen. »Wie immer«, fügte er hinzu.

Der »tageszeitung« gegenüber gab sich Ralf Born zwei Monate später als Unschuldslamm: Er kaufe kein Coltan im Kongo, wurde der Rohstoffhändler zitiert. »Da habe ich Bauchschmerzen. Es ist halt eine Rebellenregierung. Es ist grauenhaft, das Land wird ausgeblutet.«[28] Von meiner »Langzeitbeziehung« mit Born wusste die taz zu diesem Zeitpunkt nichts.

Am 9. Februar brach ich alle Kundenkontakte ab: »Wegen heraufziehender Probleme muss ich dringend nach Arusha. Robert Mbaye Leman.« Ich flog indes nicht nach Arusha, sondern nach Kigali, die Hauptstadt von Ruanda. Dort zwängte ich mich gemeinsam mit zwölf Einheimischen und einigen Bündeln Bananen in einen Kleinbus und fuhr durch die ruandische Hügellandschaft bis über die kongolesische Grenze. Dort, gleich nach der Grenze, liegt Goma, die Hauptstadt der Rebellen.

Rebellenchef im Anzug: Adolphe Onosumba mit Leibwächter

Coltan, Kalaschnikows und Kindersoldaten

Doktor Ngabo eilt von Raum zu Raum und öffnet alle Schrank- und Zimmertüren, als wolle er den Mangel im Innenhof zum Appell versammeln: im Medikamentenschrank ein paar halb leere Packungen. Im Operationssaal eine Art Klappsessel mit ein paar Lampen darüber, sonst nichts. Zwei Toiletten, zwei Duschen in einem Holzverschlag. Keine Desinfektionsapparate, nicht einmal eine Waschmaschine gibt es im Krankenhaus Charité Maternelle in Goma, in dem Doktor Ngabo gemeinsam mit zwei weiteren Ärzten hundert Patienten versorgt. In einem dunklen Zimmer sitzt Faida Mugangu, die vor ein paar Wochen ihre Familie verloren hat, und starrt auf die Wand.

Auch Adolphe Onosumba Yemba ist Arzt. Er führte einst eine gut gehende Praxis in Johannesburg. Doch seit November 2000 hat Onosumba einen anderen Beruf: Er ist der Anführer der RCD-Rebellen im Osten des Kongo, deren Einflussgebiet sich über eine Region von der Größe Mitteleuropas erstreckt. Dabei hat der

Vor allem Kindersoldaten kämpfen im Krieg um die Rohstoffe des Kongo

34-Jährige so gar nichts von einem Buschkämpfer an sich, wie ich bei meinem Besuch in seiner schwer bewachten, weitläufigen Residenz am Stadtrand von Goma feststelle. »Ich glaube nicht, dass Sie hier außer uns noch andere Rebellen mit Krawatte und Laptop finden werden«, lächelt der höfliche junge Mann und zieht die Gardinen zu, als wir sein Büro betreten. Aus Sicherheitsgründen. Schließlich gäben wir bei offenen Vorhängen ein gutes Ziel für Scharfschützen ab.[29]

Keine fünfhundert Meter weiter leben die meisten Menschen in Wellblechhütten und unter Plastikplanen. An den Häusern im Stadtzentrum bröckelt der Putz, die meisten Geschäfte stehen leer, ihre Türen sind verbarrikadiert und die Fenster zerbrochen. In den staubigen Straßen patrouillieren von den Rebellen rekrutierte Kindersoldaten. Im Radio werden die »Watoto« (»Kinder«) aufgerufen, für die RCD zu kämpfen. Doch die meisten kommen nicht freiwillig, sagt die Hilfsorganisation »Refugees International«, die im April 2001 mit einem von ihnen sprach: »Mark ist fünfzehn und er wurde vor zwei Monaten zusammen mit fünf seiner Klassenkollegen auf dem Heimweg von der Schule von vier Soldaten der RCD entführt. Er und seine Freunde wurden zum Flughafen gebracht, in ein Flugzeug gesteckt und in ein militärisches Trainingslager geflogen.« Dort starben drei von ihnen. Mark wusste nicht, wie sie starben. Vielleicht, weil sie gezwungen worden waren, draußen im Regen zu schlafen. Oder wegen der Misshandlungen und Prügel. Oder am Hunger.»Wir wurden gezwungen zu arbeiten wie Sklaven«, erzählt Mark, dem es gelungen ist, aus dem Militärlager zu fliehen.[30]

Viele dieser Kinder werden mit Drogen für den Krieg gefügig gemacht. Am Abend nach meiner Ankunft in Goma kommen drei uniformierte Halbwüchsige auf mich zu. Einer, vielleicht vierzehn Jahre alt, richtet den Lauf seiner Kalaschnikow gegen meine Brust und bittet mich höflich um ein paar Dollar und Zigaretten. Seine Augen glänzen gelblich, die Pupillen sind geweitet. Ich frage mich, wie lange er den Finger am Abzug ruhig halten kann. Als ich am nächsten Abend wieder vorbeikomme, grüßt er mich freudig, als wären wir alte Bekannte.

»Unsere Kinder sterben für eure Profite«

Wen immer man in der Straßen der Stadt fragt, jeder gibt den Rebellen und ihren ruandischen Unterstützern die Hauptschuld an der verzweifelten Lage. Doch nicht nur die seien verantwortlich für das Unglück, sagt ein arbeitsloser Lehrer, der am Hauptplatz von Goma traditionelle Masken an die wenigen Ausländer verkauft, die hier vor allem in Hilfsorganisationen und bei der UNO tätig sind:»Es sind die Europäer und die Amerikaner, die das Coltan kaufen und die Waffen bringen. Sie beuten die Reichtümer unseres Landes aus und lassen unsere Kinder in den Minen für ihre Profite sterben.« Er deutet zum Horizont. Dort ragen die Masisi-Berge in den Himmel, wo die größten Vorkommen liegen:»Dort schicken sie unsere Kinder in den Tod.«

Der Junge neben ihm hat selbst einmal sein Glück in den Minen versucht:»Du sitzt im Dreck und hast dauernd Angst, dass das Erdreich über dir zusammenbricht. Ständig wird irgendwo geschossen. Du wirst von Soldaten oder von Buschmilizen bewacht, je nachdem. Die einen vertreiben die anderen, aber für uns war das egal. Sie nehmen dir das Zeug ab. Wenn du Glück hast, kriegst du dafür ein paar hundert kongolesische Francs. In Goma kriegt man das Zehnfache, aber wenn sie dich hier mit Coltan erwischen, dann …« Er setzt mir Zeigefinger und Mittelfinger an die Stirn: »Peng!«

Drei Wochen nach diesem Gespräch, am 11. März 2001, starben fünfzig Kilometer nordwestlich von Goma fast hundert Menschen in einer Coltanmine, als der Eingang eines Tunnels einstürzte.

Töten, um zu überleben

Fast alle meine Gesprächspartner bestehen darauf, dass ich ihre Namen nicht nenne. Zu viele sind schon verhaftet worden oder gar für immer verschwunden, nachdem sie mit Ausländern gesprochen hatten. Die Angst vor den Rebellen ist groß.

Eine Frau erzählt mir, dass in den Minen vor allem ruandische Hutus arbeiten. Laut dem UNO-Bericht über die illegale Plünderung der Rohstoffe des Kongo sind die meisten von ihnen Gefangene aus Ruanda. Als mutmaßliche Täter des Völkermordes von 1994 schürfen sie zu Tausenden das Coltan, das sie an die ruandische Armee abliefern. »Außerdem arbeiten dort kongolesische Zivilisten, die man unter großen Versprechungen in die Abbaugebiete gelockt hat«, sagt die Leiterin einer Fraueninitiative. »Wie Sklaven werden sie von den Rebellensoldaten bewacht, die ihnen das Erz für einen lächerlichen Preis abknöpfen. Wenn einer nicht pariert, wird er erschossen.«

Rebellenchef Onosumba weiß, dass es in seiner Armee zu Übergriffen kommt. Aber das sei eine Ausnahme, die unnachgiebig bekämpft werde. »Leider haben viele, die zum Heer gehen, keine Moralvorstellungen«, bedauert er. »Sie betrachten die Armee als einen Ort, wo sie ihr schlechtes Verhalten ausleben können. Deshalb überreden wir heute bei der Rekrutierung die Eltern, uns ihre am besten erzogenen Kinder zu geben.« Das sei der einzige Weg, wie man Menschenrechtsverletzungen bekämpfen könne.[31]

Jugendliche vor einem Coltanlager in Goma

Dabei geht es meist weniger um Moral als vielmehr ums nackte Überleben: »Dieser Mischmasch aus Kriegen führt zu einer sehr großen Zahl hungriger Menschen, die für Essen und Munition kämpfen und plündern«, berichtet die UNO. Dadurch herrsche ein »erschreckendes Ausmaß der Gewalt« inklusive »der systematischen Vergewaltigung von Mädchen im Schulalter, dem Bürger durch ruandische Truppen ausgesetzt sind«.[32]

»Auch unser Militär muss essen«

Geht es nach den Rebellenchefs, soll ausgerechnet der Coltanhandel helfen, die Situation zu verbessern: »Mit dem Coltanexport finanzieren wir unseren Sozialplan«, behauptet Onosumba. Die Steuereinnahmen aus dem Export der Bodenschätze sollen erstmals stabile Löhne garantieren. »Die Firma Somigl ist eine unserer wichtigsten Einnahmequellen«, präzisiert sein Pressesprecher, ein gut situierter Mann mit dunkler Sonnenbrille, goldener Rolex und Anzug von Armani. »Das Coltanmonopol der Somigl bringt

uns eine Million US-Dollar im Monat. 300.000 davon zahlen wir
den Zivilbeamten, der Rest geht in Sozialprojekte. Aber auch unser
Militär muss etwas essen.«[33]

»Niemand hier hat jemals auch nur einen kongolesischen Franc
davon gesehen«, beklagt sich der Leiter einer sozialen Einrichtung.
»Alle Krankenhäuser, Schulen und Hilfsprojekte werden hier von
der Bevölkerung, von den Kirchen und Hilfsorganisationen bezahlt. Oder gar nicht. Mit dem Coltan bereichern sich nur die Eliten. Da geht alles in die Kanäle einer Mafiawirtschaft.«

Außerdem konnte Madame Gulamali die in sie gesetzten Er-
wartungen nicht erfüllen. Zuletzt lieferte die Somigl nur noch
einen Bruchteil der erhofften Million Dollar an die Rebellen ab.
Eine Woche nach meinem Besuch in Goma, am 28. Februar 2001,
hoben die Rebellen das Coltanmonopol daher wieder auf.

Seitdem ist der Export wieder in privater Hand. In Goma erfuhr
ich, wer der wichtigste private Händler des begehrten Materials
sei: der Deutsche Karl-Heinz Albers, ein Geologe aus der Nähe von
Nürnberg. Albers leitet die kongolesische Firma Somikivu, die zu
70 Prozent der Nürnberger »Gesellschaft für Elektrometallurgie«
gehört.[34] Die Somikivu besitzt die Rechte an der Lueshe-Mine im
Norden von Goma, deren Betrieb 1993 eingestellt und im Sommer
2000 von Albers wieder aufgenommen wurde.[35] Gewonnen wird
dort Niob, ein dem Tantal verwandtes Metall. Die Somikivu liefert
nach Angaben der RCD jeden Monat 300.000 US-Dollar an die
Rebellen, die ihrerseits die Mine beschützen.

Karl-Heinz Albers, Hauptlieferant von H.C. Starck

Sofort nach meiner Rückkehr nach Deutschland rief ich Karl-
Heinz Albers in Nürnberg an. Nach allem, was ich gehört hatte,
erwartete ich, dass er ähnlich zugeknöpft reagieren würde wie der
Konzernsprecher von H.C. Starck. Doch der Geologe gab mir in
mehrstündigen Gesprächen bereitwillig Auskunft über seine umfangreiche Geschäftstätigkeit im weltweiten Rohstoffhandel, vor
allem aber über sein Engagement im Kongo.[36]

Karl-Heinz Albers ist der mit Abstand wichtigste private Coltanexporteur, wie er mir selber stolz erzählte. Vier der größten regionalen Handelslager würden ihr Material ausschließlich an ihn liefern. Abgewickelt wird der Coltanhandel über Albers' Firma Masingiro[37], die im UNO-Bericht über die illegale Ausbeutung der Rohstoffe im Kongo als Beispiel für den »Profitrausch einiger ausländischer Firmen, die bereit waren, trotz Gesetzwidrigkeiten und Unregelmäßigkeiten Geschäfte zu machen«, genannt wird.

»Insgesamt werden aus der Region etwa 200 Tonnen Erz im Monat exportiert«[38], erzählte mir Albers am Telefon. Das war dieselbe Zahl, die mir bereits am Beginn meiner Recherchen genannt wurde.[39] Bei einem – laut UNO-Bericht – durchschnittlichen Preis von 200 Dollar pro Kilo Rohmaterial im Jahr 2000[40] käme man damit auf mehr als eine Milliarde Mark (520 Mio. Euro) im Jahr.

Und wie viel ging auf das Konto des Deutschen? »Wir liefern 100 bis 150 Tonnen Konzentrat pro Monat.« Also die Hälfte bis drei Viertel der Gesamtexporte!

Und an wen?

»Den Großteil davon liefern wir an H. C. Starck.«

An dieser Stelle schluckte ich erst einmal. Natürlich wusste ich bereits aus meinen verdeckten Ermittlungen im Internet, dass der Konzern keine Skrupel hat, mit seinen Tantaleinkäufen den Krieg im Kongo mit zu finanzieren. Etwas später, im April 2001, beschuldigte auch der UNO-Bericht über die illegale Plünderung der Rohstoffe des Kongo H. C. Starck, zu den Kunden der ehemaligen Waffen- und jetzigen Coltanhändlerin Aziza Gulamali zu zählen. Aber was der renommierte deutsche Geologe mir da ohne jede Regung erzählte, bedeutet nichts anderes, als dass die Bayer-Tochter der führende Aufkäufer des umstrittensten Rohstoffs der Krisenregion ist.[41]

Wie lange ginge das schon so?

»Die haben immer schon kleinere Mengen gekauft«, vermutete Albers, »aber im großen Stil seit sechs bis sieben Jahren, seit wir da aktiv sind und die Versorgung sicherstellen können.«[42]

»Was sind Menschenrechtsverletzungen?«

All das erzählte mir der Deutsche in der ungeduldigen, leicht überheblichen Art, die manchen Fachexperten und vielen weit gereisten Menschen eigen ist. Albers ist beides, und das ließ er mich auch spüren, als ich ihn fragte, wie das denn sei, im Krieg und so.

»Ich bin ja oft im Kongo«, sagte er. Und er stelle generell die Frage, ob dort Krieg herrsche.

Aha. Ich versuchte, mein »Aha« so glaubwürdig wie möglich in den Hörer zu hauchen. Albers wusste ja nicht, dass ich selbst erst eine Woche zuvor im Kongo gewesen war.

Und wie sei sein Verhältnis zu dieser Rebellenregierung, von der man in der Zeitung liest?

»Ob das nun eine Rebellenregierung ist oder nicht, weiß ich nicht«, meinte Albers über seine wichtigsten lokalen Geschäftspartner: »Das geht mich nichts an.«

Stattdessen sprach er über die »Wildwestmethoden«, mit denen andere, kleinere Firmen im Coltanbusiness arbeiteten.

Käme es da nicht auch zu Menschenrechtsverletzungen?

»Menschenrechtsverletzungen?« Diese Frage erstaunte ihn offenbar völlig. »Ja, was sind denn bei Ihnen Menschenrechtsverletzungen? Das müssen wir mal definieren!«

Na ja, Zwangsarbeit, Ausbeutung, Kinderarbeit …

»Also passen Sie mal auf, Kinderarbeit: Das ist in Afrika eine gaaanz andere Geschichte. Kinderarbeit. In. Afrika. Grundsätzlich.« Das buchstabierte er fast. Weil Kinder würden ja auch auf den Feldern arbeiten.

Aha. Und im Coltanabbau, arbeiten da Kinder?

»Also jedenfalls nicht, dass ich welche gesehen hätte. Ausschließen möchte ich das nicht. Obwohl … Kinder sind zu schwach für die Arbeit. Das bringt nix.« Das habe ich nicht bezweifelt. Und wohl auch jene Menschen in Goma nicht, die mir von Jungen und Mädchen im Alter von acht, neun Jahren berichtet haben, die in den Abbaugebieten schuften.

Immerhin sichere der Bergbau dort Arbeitsplätze, sagt Albers: »Zehntausende von Menschen arbeiten dort im Coltanabbau. Den

Leuten geht's gut! Glauben Sie mir!«, bittet er mich. »Ich meine, die arbeiten alle auf eigene Rechnung.«

Und wie viel verdienen sie da?

Beim Thema Geld sieht sich der deutsche Industrielle genötigt, weiter auszuholen.

»Bei den Afrikanern ist das nicht wie bei uns. Der Afrikaner kann kein Geld behalten, der gibt das sofort aus. Keine Ahnung wohin. Wenn Sie einem Afrikaner hunderttausend Dollar in die Hand geben, verschleudert er das in ein paar Tagen. Dann ist er wieder arm wie eine Kirchenmaus. Aber ich habe den Eindruck, dann fühlt er sich ohnehin wohler. Wenn die ihr Bierchen und ein bisschen Musik zum Tanzen haben, dann sind die bestens zufrieden.«

In seinem Kern erklärt dieses Weltbild ein System, das an vielen Stellen dieses Buches vorkommt. Ein System, das den Menschen als Standortfaktor und ethische Standards als Anmaßung sieht. Das seine Opfer zu zweitrangigen Wesen erklärt, deren Bedürfnisse an völlig anderen Kriterien zu messen seien als die unsrigen: Der Afrikaner lässt sich gerne ausbeuten, der Afrikaner ist mit ein bisschen Hüftwackeln bestens zufrieden und vermutlich stirbt der Afrikaner auch gerne. Diese Denkschule gelangt in Goma zu höchster Intensität, wo ein Karl-Heinz Albers einer Faida Mugangu gegenübersteht, der Frau, die ihre Familie an den Krieg verloren hat. Einen Krieg, dessen schiere Existenz Albers infrage stellt, obwohl er selbst ein Springer auf dem Schachbrett dieses Konfliktes ist. Die Schachspieler aber sitzen in Goslar, Deutschland, und an allen anderen Orten der Welt, in denen es leichter fällt, Faida Mugangus Blick auf die graue Spitalswand auszuweichen.

Elektronikkonzerne haben Coltanboom verursacht

H. C. Starck ist nicht der Einzige, der in diesem grausigen Spiel auf der Gewinnerseite steht. Und nicht der Bayer-Konzern hat den Tantalboom verursacht, der vor allem gegen Ende des Jahres 2000 die Märkte durcheinander gewirbelt hat. Gleichlautend mit anderen Bergbauexperten erzählte mir Karl-Heinz Albers, dass die Handy- und Computerkonzerne zunehmend versuchen würden, ihre Tantalrohstoffe direkt zu kaufen, womit sie die Markthysterie erst ausgelöst hätten:»Dadurch ist der Eindruck entstanden, dass der Bedarf immens gestiegen ist und dass die Versorgung durch die klassischen Produzenten nicht mehr sichergestellt werden kann.«

Die Fachblätter der Bergbauindustrie, die von einer »Schwindel erregenden Tantalnachfrage aufgrund des Handybooms« sprechen, spiegeln diesen Eindruck wider. Knapp 70 Prozent der Tantalproduktion gingen in den Elektroniksektor, sagt Lee Sallade, Marketingchef von H.C. Starck in den USA.[43] Allein die Zahl der Mobiltelefone soll nach unabhängigen Prognosen von weltweit 400 Millionen im Jahr 2000 auf eine Milliarde im Jahr 2004 steigen.

Telefonhersteller suchen Partner im Kongo

Im Januar 2001 suchte der Hersteller von Satellitentelefonen Erkis USA einen Partner zur Ausbeutung eines Tantallagers im östlichen Kongo. Wegen der politischen und wirtschaftlichen Instabilität sei das aber gar nicht so leicht, berichtete ein Fachmagazin der Metallindustrie.[44] »Durch den Bedarf an neuen Materialquellen wird sich das Risiko bald auszahlen«, hofft ein Sprecher des Industriekonzerns Metallurg International[45] dennoch. Der hohe Tantalpreis bringe viele in Versuchung, auch die Ausbeutung instabiler Regionen ins Auge zu fassen, hieß es da. Und auch die Rohstoffproduzenten wollen näher an die Endverbraucher heran, statt den Weg über Verarbeiter wie H.C. Starck zu nehmen. Denn »jeder Produktionsschritt in Richtung Konsumenten bringt größere Gewinnspannen«, so ein Sprecher des Telefonherstellers Erkis.

Auch Albers bestätigte, dass die Elektronikkonzerne versuchen, Tantal direkt aufzukaufen, um ihre Rohstoffversorgung zu sichern. Welche das seien? »Da können Sie die ganze Palette durchgehen. Von Mitsui über Sony über was weiß ich, wie sie alle heißen.« Nokia, Siemens, Ericsson, Motorola? »Von Nokia selbst hab ich nie gehört.« Aber von Mitsui und Sony habe er gehört? »Ja, unter anderem. Samsung hat sich interessiert und … ach Gott, es sind furchtbar viele Namen kursiert, und ob die nun wirklich alle da gekauft haben, weiß man nicht, ist auch wurscht.«

Mir war es nicht wurscht und ich fragte direkt bei den Konzernen an. Die Sprecherin von Nokia als Handy-Marktführer sagte nur, dass sie nichts sage. Die Nummer zwei auf dem Mobiltelefonmarkt ist Siemens. Von der Siemens-Tochter Epcos weiß man, dass die Firma einer der wichtigsten Abnehmer von H. C. Starcks Tantalpulver ist. Die meisten anderen Elektronikkonzerne gaben sich zugeknöpft.

Ein Fall für unseren Mann in Tansania: Robert Mbaye Leman, der virtuelle Coltanhändler, formulierte noch einmal günstige Angebote und sandte sie per E-Mail an ein knappes Dutzend Elektronikhersteller. Tantalerz aus der Region Kivu in der Demokratischen Republik Kongo sei günstig abzugeben, 40 Tonnen, Langzeitkontakt erwünscht, bitte um rasche Antwort.

Marktführer Samsung beißt an

Diesmal musste ich mehrere Tage warten, bis am 5. März 2001 die erste Antwort eintraf: Ein höflicher Herr aus Korea drückte seine Hoffnung aus, dass Mr. Leman und seine Familie sich bei bester Gesundheit befänden und die Geschäfte vorangingen. Dann berichtete er, dass er meine Anfrage an das zuständige Büro in England weitergeleitet habe. Aus der Adresse ging die Samsung Corporation als Absender hervor.

Samsung ist einer der bekanntesten Hersteller von Mobiltelefonen, Computerzubehör, Unterhaltungselektronik sowie Haushalts- und Bürogeräten. In mehreren Bereichen, etwa bei Monitoren und Faxgeräten, befindet sich der Mischkonzern unter den Weltmarktführern. Allein der Umsatz von Samsung Deutschland beträgt rund 475 Millionen Euro.

Aus England meldete sich der Samsung-Handelsmanager für Metalle, Claude Bittermann, um die Transaktion des angebotenen

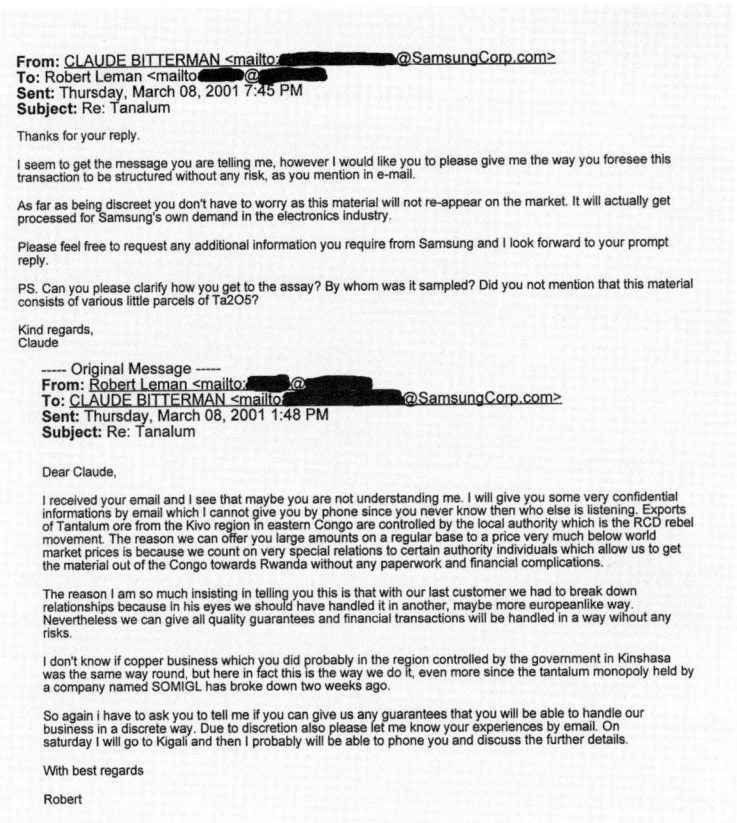

From: CLAUDE BITTERMAN <mailto:████████@SamsungCorp.com>
To: Robert Leman <mailto:████@
Sent: Thursday, March 08, 2001 7:45 PM
Subject: Re: Tanalum

Thanks for your reply.

I seem to get the message you are telling me, however I would like you to please give me the way you foresee this transaction to be structured without any risk, as you mention in e-mail.

As far as being discreet you don't have to worry as this material will not re-appear on the market. It will actually get processed for Samsung's own demand in the electronics industry.

Please feel free to request any additional information you require from Samsung and I look forward to your prompt reply.

PS. Can you please clarify how you get to the assay? By whom was it sampled? Did you not mention that this material consists of various little parcels of Ta2O5?

Kind regards,
Claude

----- Original Message -----
From: Robert Leman <mailto:████@
To: CLAUDE BITTERMAN <mailto:████████@SamsungCorp.com>
Sent: Thursday, March 08, 2001 1:48 PM
Subject: Re: Tanalum

Dear Claude,

I received your email and I see that maybe you are not understanding me. I will give you some very confidential informations by email which I cannot give you by phone since you never know then who else is listening. Exports of Tantalum ore from the Kivo region in eastern Congo are controlled by the local authority which is the RCD rebel movement. The reason we can offer you large amounts on a regular base to a price very much below world market prices is because we count on very special relations to certain authority individuals which allow us to get the material out of the Congo towards Rwanda without any paperwork and financial complications.

The reason I am so much insisting in telling you this is that with our last customer we had to break down relationships because in his eyes we should have handled it in another, maybe more europeanlike way. Nevertheless we can give all quality guarantees and financial transactions will be handled in a way wihout any risks.

I don't know if copper business which you did probably in the region controlled by the government in Kinshasa was the same way round, but here in fact this is the way we do it, even more since the tantalum monopoly held by a company named SOMIGL has broke down two weeks ago.

So again i have to ask you to tell me if you can give us any guarantees that you will be able to handle our business in a discrete way. Due to discretion also please let me know your experiences by email. On saturday I will go to Kigali and then I probably will be able to phone you and discuss the further details.

With best regards

Robert

Trotz Hinweis auf Exportkontrolle durch Rebellen: »Keine Sorge, das Material ist für Samsung.«

Materials nach Europa zu fixieren. Ich spielte wieder mein Spiel: Da der Coltanexport unter Kontrolle der RCD-Rebellen keine herkömmlichen Geschäftsbeziehungen zulasse, wollte ich wissen, ob Samsung bereits Erfahrung mit dem Handel in der Region habe. Bittermann erzählte, dass er bereits Kupfer aus dem Kongo bezogen habe und mit der regionalen Infrastruktur und ihren Hürden vertraut sei. Auch der Hinweis, dass das Geschäft mit den Rebellen nach besonderer Diskretion verlange, da ich das Erz »ohne Papierkram und finanzielle Komplikationen aus dem Kongo schaffen« würde, rief keine Irritationen hervor: »Keine Sorge, das Material wird auf dem Markt nicht wieder auftauchen. Es wird direkt für den Eigenbedarf von Samsung in der Elektronikindustrie verarbeitet.«

Mehr wollte ich dazu nicht wissen.

Auch Sabena profitiert vom Coltankrieg

Einen weiteren Gewinner des Coltanhandels im Rebellengebiet nennt der UNO-Bericht über die illegale Ausbeutung der Rohstoffe im Kongo: Die belgische Fluggesellschaft Sabena zähle zu den »Schlüsselfirmen in der Kette aus Rohstoffausbeutung und der Fortführung des Krieges«, heißt es da. »Sabena Cargo transportiert illegale natürliche Ressourcen, die in der Demokratischen Republik Kongo gewonnen werden. Sabena Cargo wird nachgesagt, im Kongo gefördertes Coltan vom Flughafen von Kigali (Hauptstadt von Ruanda, Anm.) an europäische Destinationen zu liefern.« Als die UNO-Berichterstatter das Brüsseler Management der Fluglinie mit diesen Vorwürfen konfrontieren wollten, »erklärte sich niemand bereit, mit den Kommissionsmitgliedern zu sprechen«.[46]

Konzerne im Coltanrausch

Der UNO-Bericht lässt keine Zweifel offen: »Die Verbindung zwischen der Fortsetzung des Konfliktes und der Ausbeutung der natürlichen Ressourcen wäre nicht möglich gewesen, wenn nicht einige, die selbst nicht zu den Konfliktparteien zählen, eine Schlüsselrolle gespielt hätten, willentlich oder nicht.« Private Unternehmen und Individuen hätten dabei eine entscheidende Rolle übernommen. Und sie sind dafür verantwortlich zu machen: »Die importierenden Firmen und ihre Handlanger sind sich der wahren Herkunft des Coltans jedenfalls bewusst.«

Selten sieht man so deutlich wie hier, wie die schlichte Verweigerung wirtschaftlicher Verantwortung einen humanitären Flächenbrand auslösen kann. Natürlich tragen die internationalen Konzerne nicht die Alleinschuld an diesem Krieg. Es sind lokale

Militärs und Staatenlenker, die diesen Konflikt entzündet haben. Doch die westlichen Konzerne gießen Öl ins Feuer und wärmen sich daran die Hände. »Niemand hätte etwas dagegen, dass internationale Firmen ihr Kapital in eine politische Lösung im Kongo investieren«, sagt ein Universitätslehrer aus Goma. »Es hätte auch niemand etwas dagegen, dass sie von diesen Investitionen auf lange Sicht profitieren. Doch da wird nichts investiert. Da wird kassiert und weggeschaut.«

Nachtrag: Sabena verkündet Coltan-Embargo

Nach Redaktionsschluss für das »Schwarzbuch Markenfirmen« erreichte uns eine Meldung der UNO, wonach die belgische Fluglinie Sabena gemeinsam mit der Swissair am 15. Juni 2001 ein Embargo gegen den Transport von »Coltan und allen verwandten Bodenschätzen« ostafrikanischer Herkunft angekündigt habe.[47]

Menschliche Versuchskaninchen

Beim Testen neuer Medikamente sind manche Pharmafirmen nicht zimperlich: Ergebnisse werden verfälscht, Nebenwirkungen verschwiegen. Patienten mit lebensbedrohlichen Erkrankungen erhalten keine wirksamen Medikamente. Ärzte werden zu Komplizen.

Eine Reportage von Hans Weiss

Über Nacht habe ich meinen Beruf gewechselt. Gestern war ich noch Buchautor, heute bin ich Pharma-Consultant. Ich habe diese Berufsbezeichnung erfunden. Bis vor kurzem hatte ich noch keine Ahnung von meinem neuen Job. Heute verhandle ich mit Klinikchefs darüber, wie viel es kostet, fragwürdige Medikamentenversuche durchzuführen.

Für diese Tätigkeit musste ich keine einzige Mark, keinen einzigen Schilling investieren. Ich benötigte nur ein wenig Hintergrundwissen über Medikamentenversuche, Einfühlungsvermögen und einen Computer mit Internetanschluss.

Als Pharma-Consultant wollte ich testen, ob Ärzte sich an die ethischen Regeln halten, die der Weltärztebund in der Deklaration von Helsinki im Oktober 2000 festgelegt hat.[1]

Diese Deklaration verbietet es, schwere Erkrankungen nur mit einem Placebo, einem Scheinmedikament, zu behandeln, wenn es bereits eine erprobte Behandlung gibt. Das gilt ausdrücklich auch für Patienten, die an Medikamentenversuchen teilnehmen.

Erlaubt sind nur Versuche, bei denen eine Gruppe von Patienten das Testmedikament erhält und die andere Gruppe ein Standardmedikament.

Ich hatte Hinweise, dass Mediziner im Auftrag bekannter Pharmakonzerne diese Regeln verletzen. Dem wollte ich nachgehen.

Mein Plan war es, Ärzte zu fragen, ob sie bereit seien, einen Medikamentenversuch durchzuführen, bei dem schwer kranke Patienten nur ein unwirksames Medikament – also ein Placebo –

erhalten. Das hieße, dass Ärzte ihre Patienten bewusst unnötig leiden lassen. Als Köder wollte ich ein hohes Honorar anbieten.

Die Praktiken der Pharmaindustrie

Ein Vorteil war, dass ich schon einmal aus journalistischen Gründen in der Pharmaindustrie gearbeitet habe. Anfang der achtziger Jahre ließ ich mich als Ärzteberater bei den Firmen Bayer und Sandoz einschulen – nicht um Geld zu verdienen, sondern um aufzudecken, wie die großen Pharmakonzerne Ärzte bestechen und Patienten als Versuchskaninchen benützen.[2]

Damals hatte ich bei meinen Recherchen unwahrscheinliches Glück. Sowohl in der Firma Sandoz als auch in der Firma Bayer wurde ich jeweils in dem Raum eingeschult, der gleichzeitig das Archiv der Firma darstellte. Alle Ordner mit geheimen Unterlagen waren in meiner Griffweite, und jeden Abend »lieh« ich einige davon aus und kopierte den Inhalt. Am Ende, nach einem Jahr Recherche, hatte ich 40.000 Seiten vertraulicher Dokumente gesammelt und veröffentlichte gemeinsam mit drei Kollegen das Buch »Gesunde Geschäfte – Die Praktiken der Pharma-Industrie«.[3]

Das Beispiel »Trasylol« von Bayer

Ein Kapitel des Buches war überschrieben mit dem Titel »Forschungsergebnisse manipuliert! – Das Beispiel Trasylol«.[4] Als ich es jetzt wieder las, Anfang des Jahres 2001, packte mich die Neugier und ich erkundigte mich, ob dieses Medikament immer noch verwendet wird.

Ja! Zu meiner Überraschung stieß ich sogar auf eine eigene Website für *Trasylol*.[5] Das angeblich blutstillende Medikament scheint immer noch eine Goldgrube für Bayer zu sein.

Während meiner Ausbildung bei Bayer erzählte mir ein Marketingmanager von »ethisch sehr heiklen« Untersuchungen mit diesem Medikament, das aus Rinderlunge hergestellt wird. Ärzte in Deutschland, Österreich, Italien und den USA hatten damals schwer verletzten Patienten ohne deren Wissen und Einverständnis zu Versuchszwecken Gewebe aus dem Oberschenkel oder der

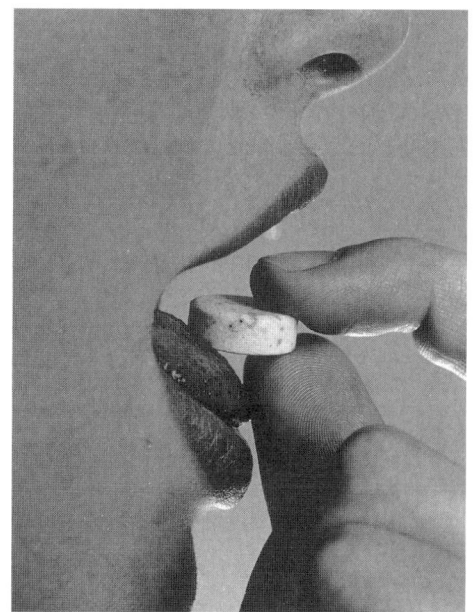

Bittere Pillen für die Patienten, süße Gewinne für die Pharmakonzerne

Lunge herausgeschnitten, um herauszufinden, wie Trasylol im Muskelgewebe wirkt. Der Marketingmanager von Bayer sagte damals: »Ich wundere mich, dass Ärzte bereit sind, so etwas zu machen.«[6]

Einige dieser Untersuchungen wurden sogar veröffentlicht. Da heißt es: »Die Lungenpunktion ist sicher nicht ganz gefahrlos (…). Wir hatten zwei schwerere Blutungen beobachtet, die jedoch durch zu tiefe Punktion und einmal infolge zu großer Spreizung der Nadelenden bedingt waren.«

Auf einem Symposium, bei dem über solche Versuche berichtet wurde, wurden die Teilnehmer mit folgenden Worten begrüßt: »Medizinwissenschaftliche Forschung ohne das Mäzenatentum großer pharmazeutischer Firmen ist in der heutigen Zeit undenkbar. Die praktizierenden Ärzte, die experimentellen und klinischen Forscher und die pharmazeutische Industrie sitzen im gleichen Boot.«

Verfälschte Todesraten

Die Hinweise des Bayer-Marketingleiters brachten mich damals dazu, mich ausführlicher mit dem Medikament Trasylol zu beschäftigen. Ich stieß auf eine von Bayer finanzierte Studie, die bereits Anfang der 70er Jahre in Deutschland an drei Universitätskliniken, 16 Schwerpunktkrankenhäusern und 12 Kreiskrankenhäusern durchgeführt worden war. Insgesamt mehr als 4.000 schwer verletzte Patienten, die dort eingeliefert wurden, erhielten nach dem Zufallsprinzip zusätzlich zur üblichen Therapie entweder Trasylol oder ein Placebo. Der Vergleich der Todesraten sollte zu einem überzeugenden Beweis für die Wirkung von Trasylol führen – das erwartete sich Bayer.

Das Ergebnis war jedoch ein Schock für die Firmenmanager. In der Patientengruppe, die mit Trasylol behandelt worden war, starben sehr viel mehr Patienten als in jener, die nur ein Placebo bekommen hatten.

Mit anderen Worten: Die Behandlung mit Trasylol hatte den Tod vieler Patienten verursacht. Normalerweise würde man daraus den logischen Schluss ziehen: Trasylol muss sofort verboten werden. Normalerweise.

Aber die für die Studie Verantwortlichen wussten sich zu helfen. Sie schüttelten die Zahlen kreuz und quer durcheinander und präsentierten der Öffentlichkeit schließlich ein Ergebnis, das den gegenteiligen Eindruck erweckte. Trasylol wurde nun als lebensrettendes Medikament präsentiert und weiterhin in deutschen und österreichischen Krankenhäusern verwendet.

Kein Verbot

Das Schockierendste an der Sache aber war, dass selbst dann nichts passierte, nachdem wir diese Manipulationen im Jahr 1981 aufgedeckt hatten. Es gab keinen Aufschrei in der Medizin. Weder die deutsche noch die österreichische Zulassungsbehörde reagierte. Trasylol – einer der wichtigsten Umsatzträger des Bayer-Konzerns – wurde weiterhin massenhaft verwendet. Seit Beginn der Vermarktung hat der Konzern damit vermutlich Gewinne in

Milliardenhöhe erzielt. Bayer hat inzwischen zahlreiche weitere Studien über Trasylol finanziert, in denen der Nutzen des Medikaments untersucht wurde.

Das Mittel ist weltweit nach wie vor in Verwendung und wurde 1993 sogar in den USA zugelassen – allerdings nur zur Verwendung bei Bypass-Operationen, um Blutverlusten vorzubeugen. Auch in der Schweiz darf es für diesen Zweck – nur für diesen Zweck – verwendet werden.

In Deutschland und Österreich hingegen wird Trasylol auch bei Blutungen nach Operationen und Unfällen, in der Geburtshilfe und Gynäkologie sowie bei Komplikationen im Zusammenhang mit Thrombosetherapien eingesetzt. Offenbar gilt hier das Prinzip: einmal zugelassen, immer zugelassen. Egal, ob damit Menschenleben aufs Spiel gesetzt werden.

Aus Dreck Gold machen

Obwohl der Medikamentenverbrauch der Deutschen seit einigen Jahren tendenziell gleich bleibt oder sogar leicht sinkt (von 1,588 Milliarden verkauften Packungen 1997 auf 1,574 Milliarden Packungen im Jahr 2000), sind die dadurch erzielten Gewinne jährlich um rund acht Prozent gestiegen: Auf 30,6 Milliarden DM (15,65 Milliarden Euro) im Jahr 2000. Das ist – neben der zunehmenden Überalterung der Gesellschaft – eine der wesentlichen Ursachen der Finanzkrise der Krankenkassen. Verursacht werden die hohen Kosten durch eine Flut von neu zugelassenen und extrem teuren Medikamenten. Viele davon sind zwar nicht wirksamer oder verträglicher als die bereits bewährten Mittel, doch die Marketing-Maschinerie der Pharmaindustrie sorgt mit Druck und vielen kleinen Aufmerksamkeiten dafür, dass Ärzte die neuen Medikamente verschreiben.

Für die Pharmaindustrie in Deutschland kann man mit Fug und Recht behaupten, dass sie es schafft, aus Dreck Gold zu machen. Denn hier sind nach wie vor Tausende von Medikamenten im Handel, für die es weder einen Nachweis der Wirksamkeit noch der Unbedenklichkeit gibt. Das steht zwar im Widerspruch zum geltenden EU-Recht und ist illegal, aber der deutschen Regierung scheint das egal zu sein.[7] Sie erlaubt den Firmen großzügigerweise einen Abverkauf solcher Mittel bis zum Jahr 2003 – Verbraucherschutz hin oder her. Die Interessen der Pharmalobby haben hier offenbar größeres Gewicht als die Interessen der Konsumenten.

Schöne Ergebnisse

Das Bayer-Medikament Trasylol ist kein Einzelfall. Es gibt in der medizinischen Fachliteratur Dutzende von gut dokumentierten Fällen, in denen Pharmakonzerne die Versuchsergebnisse massiv beeinflussten. Angesehene Mediziner behaupten sogar, dass die Kontrolle der Firmen über die gesamte Medikamentenforschung bereits so weit geht, dass es zu einer systematischen Verzerrung von Ergebnissen kommt. Deshalb seien Angaben über Wirksamkeit und Nebenwirkungen generell mit Vorsicht zu genießen.[8] Wo immer möglich, wird geschönt und manipuliert, was das Zeug hält.[9]

Es steht eben viel Geld auf dem Spiel. Denn die Entwicklung

Jedes neue Medikament wird in Tierversuchen und am Menschen getestet

eines neuen Medikaments ist mit hohen Kosten und beträchtlichen Risiken verbunden. Nur jedes fünfte Medikament schafft es, von der Gesundheitsbehörde genehmigt zu werden.[10] Nichts fürchten die Firmen mehr als ein negatives Ergebnis bei einem Medikamentenversuch. Denn dann wäre die Marktzulassung in Frage gestellt und alle Investitionen wären umsonst gewesen. Um das zu vermeiden, streben sie die totale Kontrolle über Forschung und Forscher an.

Wenn eine Firma einen neuen pharmazeutischen Wirkstoff beim Patentamt anmeldet, erhält sie einen zwanzig Jahre andauernden Schutz vor Konkurrenten. Das bringt allerdings noch kein Geld. Denn schon ab dem Zeitpunkt der Anmeldung läuft die Patentuhr – obwohl die Firma jetzt erst mit Versuchen beginnen kann und herausfinden muss, ob das Medikament tatsächlich wirkt und keine schwerwiegenden Nebenwirkungen hat. Das dauert meist viele Jahre. Je schneller die Firma es schafft, die notwendigen Wirksamkeits- und Verträglichkeitsbeweise zu liefern und die Zulassung der Gesundheitsbehörden zu erhalten, umso mehr Zeit bleibt bis zum Ablauf der Patentfrist.

Erst ab dem Zeitpunkt der Zulassung sprudeln acht bis zwölf Jahre lang sagenhafte Gewinne, denn für ein neues Medikament kann jeder beliebige Preis verlangt werden. Nach Ablauf der Patentfrist ist es damit vorbei. Andere Pharmafirmen können das Medikament nachahmen und über einen billigeren Preis versuchen, ebenfalls ein Geschäft zu machen. Damit sinken automatisch die Gewinne.

Als Pharma-Consultant

Bevor ich Anfang 2001 mit meinem Test beginnen konnte – ob Ärzte ohne weiteres bereit sind, im Auftrag von Pharmafirmen unethische Medikamentenversuche durchzuführen –, musste ich eine Reihe von entscheidenden Fragen klären:

Welche Ärzte sollte ich fragen? Sollte ich persönlich auftreten, als Mitarbeiter eines real existierenden Pharmakonzerns? Oder sollte ich meine Versuchung per E-Mail abschicken? Welche schwere Krankheit sollte behandelt werden? Welches Medikament getestet werden? Und wie viel Geld sollte ich den Ärzten anbieten?

Welche Krankheit?

Ich entschied mich für eine schwere oder mittelschwere Depression. Wenn diese Krankheit unbehandelt bleibt, besteht stark erhöhte Selbstmordgefahr. Es gilt deshalb als Standardtherapie, mit einem Antidepressivum zu behandeln.

Welches Medikament?

Wenn ich mich nicht verdächtig machen wollte, musste ich genau festlegen, welche Wirkungen und Nebenwirkungen das Testmedikament haben sollte.

Ein Psychiater in München half mir beim »Erfinden« eines neuen Arzneimittels. Ich legte mich auf ein Antidepressivum vom Typ der Serotonin-Wiederaufnahmehemmer (SSRI) fest. Solche

Mittel verstärken die Wirkung bestimmter Botenstoffe an den Nervenzellen des Gehirns und führen zu einer Aufhellung der Stimmung, zum Abbau von Spannung und Angst und zu einer Steigerung des Antriebs.

Bekannte Antidepressiva vom Typ der SSRI sind zum Beispiel *Cipramil, Fluctin* oder *Seroxat*. Solche Mittel wurden in den letzten Jahren mit großem Erfolg weltweit vermarktet.

Welche Ärzte?

Mein erster Gedanke war, Klinikärzte in Deutschland oder Österreich auf die Probe zu stellen.

Aber dann fiel mir ein Satz ein, der mir bei der Firma Bayer vor zwanzig Jahren während meiner Ausbildung zum Ärzteberater eingebläut worden war: »Geldsachen sind Vertrauenssachen, besonders dann, wenn es um Bestechung geht. Sie müssen einen Arzt gut kennen, bevor Sie ihm Geld anbieten.«

Es ging in diesem Fall zwar nicht um Bestechung, aber es ging um viel Geld, und zwar um eine Summe zwischen 100.000 und 500.000 Mark (50.000–250.000 Euro). Ich hatte natürlich nicht vor, für meinen Test so viel Geld auszugeben – ich wollte nur herausfinden, ob Ärzte auf mein Angebot eingehen würden.

Bei einem deutschen oder österreichischen Arzt konnte ich nicht einfach mit der Tür ins Haus fallen oder eine E-Mail schicken, in der ich für die Durchführung eines Medikamentenversuchs ein hohes Honorar anbot. Geschäfte dieser Art werden hier entweder persönlich über die Pharmaberater der Firmen angebahnt oder die Konzernzentrale selbst setzt sich mit den Ärzten in Verbindung.

Ich überlegte, ob ich die zweite Möglichkeit wählen und mich als Mitarbeiter einer Konzernzentrale ausgeben sollte, etwa von Bayer oder Boehringer Ingelheim.

Diese Idee ließ ich jedoch wieder fallen, aus Furcht vor Klagen der betroffenen Firmen.

Mir blieb also nur die Möglichkeit, ins Ausland auszuweichen. Da würde es auch keine Rolle spielen, wenn ich meinen richtigen

Namen verwendete. Außerdem war es vielleicht gar nicht notwendig, persönlich aufzutreten. Ich konnte versuchen, per E-Mail mit Ärzten ins Geschäft zu kommen.

Jetzt fehlte nur noch eine unverdächtige Berufsangabe. Ich kreierte den neuen Beruf »Pharma-Consultant«. Das wirkte so hochtrabend, dass ich es wagen konnte, direkt einen Klinikchef anzusprechen.

Nach Ungarn

Während ich diese Überlegungen anstellte, kam mir ein Zufall zu Hilfe. In amerikanischen Medien fand ich Hinweise, dass US-Konzerne ihre Medikamentenversuche zunehmend in Entwicklungsländer und nach Osteuropa verlagern.[11]

Es gibt dafür viele Gründe, vor allem die laxere oder überhaupt fehlende Kontrolle durch Gesundheitsbehörden. Zudem ist das »Kopfgeld«, das Mediziner pro Versuchspatient erhalten, viel geringer als in den USA oder Westeuropa und die Versuche können rascher durchgeführt werden. Die Firmen sparen damit also dreifach und können auf diese Art und Weise ihre üppigen Gewinne weiter steigern.

In einem Artikel stach mir der Satz eines ungarischen Psychiaters ins Auge: »Die Pharmafirmen machen uns finanzielle Angebote, die uns den Kopf verdrehen.«[12]

Damit war meine Entscheidung gefallen: Ich wollte den Direktor eines Budapester Krankenhauses auf die Probe stellen. War er einverstanden damit, einen unethischen Medikamentenversuch an depressiven Patienten durchzuführen?

Mithilfe der Internet-Suchmaschine Google[13] fand ich Name und E-Mail-Adresse von Dr. Ákos Kassai-Farkas heraus, dem Klinikchef des Nyirő Gyula Krankenhauses in Budapest.

Ein erster Versuch

Die erste E-Mail war die schwierigste. Ich mühte mich ab, den richtigen Ton zu finden. Dr. Ákos Kassai-Farkas durfte keinen Verdacht schöpfen.

Die psychiatrische Abteilung am Nyirő Gyula Krankenhaus in Budapest

Mein Angebot formulierte ich auf Englisch. Um Vertrauen zu erwecken, verwies ich auf einen der weltweit größten Pharmakonzerne: Ein Kollege von Novartis habe mir empfohlen, mich an ihn zu wenden.

Ich sei – im Auftrag eines großen Konzerns – auf der Suche nach Möglichkeiten für einen Medikamentenversuch mit einem sehr erfolgversprechenden neuen Antidepressivum.

Für September 2001 sei eine internationale Studie an mehreren Orten geplant: in Deutschland, in England und in den Vereinigten Staaten. Die Firma wolle zunächst die Zulassung bei der US-Gesundheitsbehörde und kurz darauf auch bei der zentralen europäischen Behörde in London erreichen. Um die Sache zu beschleunigen, seien zusätzliche vierzig bis achtzig Versuchspatienten vorgesehen. Ob er an seiner Klinik eine so große Zahl zur Verfügung stellen könne?

Die notwendigen Voruntersuchungen seien schon fast abgeschlossen. Das Medikament solle mit dem bekannten Antidepressivum Sertralin (enthalten z. B. im Boehringer-Ingelheim-Medikament *Gladem* oder im Pfizer-Medikament *Zoloft*) und mit einem Placebo verglichen werden. Das bedeutete: Wenn an dem Versuch sechzig Patienten teilnahmen, erhielten nach dem Zufallsprinzip zwanzig das neue Antidepressivum, zwanzig das bewährte Antidepressivum Sertralin und zwanzig das Placebo-Präparat. Nach einigen Monaten Behandlung könnte man auf diese Weise die Wirksamkeit des neuen Antidepressivums ermitteln.

Ich gab mich unerfahren, was die gesetzlichen Vorschriften zur Durchführung von Versuchen in Ungarn betrifft, und brachte einige weitere Fragen unter, die mich interessierten. Zum Beispiel:

– Müssen wir vor Beginn der Studie bei einer staatlichen Behörde oder bei der Krankenhausverwaltung um Erlaubnis ansuchen?

– Gibt es ein Ethik-Komitee, das unseren Versuchsplan überprüft und genehmigt?

– Falls es nicht möglich sein sollte, an seinem Krankenhaus genügend Patienten aufzutreiben – könnte er mir dann weitere ungarische Krankenhäuser nennen?

Für die Mitwirkung an der Studie bot ich 3.500 Dollar pro Patient (7.440 Mark/3.800 Euro) und zusätzliche finanzielle Belohnungen an, je nachdem, wie schnell die Studie durchgeführt werde. Das lag beträchtlich über dem, was osteuropäischen Ärzten normalerweise angeboten wird und ist vergleichbar mit den Honoraren, die amerikanische Ärzte erhalten.

Ein weiterer Anreiz: Die finanziellen Transaktionen würden wir ganz nach seinen Wünschen gestalten. Ich hatte ein Schweizer oder Liechtensteiner Konto im Hinterkopf.

Vertraulich

Wenn man eine E-Mail abschickt, erwartet man sich eine schnelle Antwort. Ein Tag verstrich, ein zweiter, ein dritter. Ich wurde unruhig. Hatte ich einen Fehler gemacht?

Am vierten Tag kam die Antwort von Dr. Kassai-Farkas, auf

Englisch[14]: »Ich freue mich, dass Sie uns kontaktiert haben. Natürlich würden wir gerne an der Studie teilnehmen, um dieses viel versprechende Antidepressivum zu testen. Wir sind in Kontakt mit anderen Krankenhäusern, die Versuchserfahrungen haben. Selbstverständlich behandeln wir alle Details vertraulich.« Am Ende des Briefes fügte er die Bemerkung an, dass er lieber auf Deutsch schreiben würde, das falle ihm leichter – mein Name lasse darauf schließen, dass ich Deutscher oder Österreicher sei.

Fragen

Ich gab zunächst ein erfundenes privates Detail von mir preis, um die Vertraulichkeit zu erhöhen: Ich sei das Produkt eines privaten »Joint Venture« zwischen einer Amerikanerin und einem Österreicher.

Dann kam ich schnell zum Wesentlichen und stellte eine Reihe von Fragen:

Wie viele Patienten mit einer mittelschweren bis schweren Depression an der klinischen Studie teilnehmen könnten?

Welche Regeln einzuhalten seien?

Ob wir ein schriftliches Einverständnis der Patienten benötigten?

Ob das Testen mit einem Placebo ein Problem sei?

Um von Dr. Kassai-Farkas nicht in einen Dialog über medizinische Details des Versuchs verwickelt zu werden, erklärte ich, dass für Fachfragen der wissenschaftliche Leiter der Firma zuständig sei.

Ich gab Dr. Kassai-Farkas noch einige Hintergrundinformationen zum angeblichen Auftraggeber der Studie: Es handle sich um einen großen deutschen Pharmakonzern, der vor kurzem die Forschungsabteilung einer renommierten deutschen Universität aufgekauft habe, um sich die Rechte an einem neuen Wirkstoff zu sichern, der von Experten als bahnbrechend eingestuft werde. Geld spiele keine Rolle.

Genaue Firmeninformationen erhalte er im Falle einer konkreten Vereinbarung.

Von:	"Kafakos" <██████@r███████>
An:	"Hans Weiss" <██████@████>
Gesendet:	Donnerstag, 1. März 2001 19:49
Betreff:	Re: clinical study

Sehr geehrter Herr Dr. Weiss,
144 Betten sind in meiner Abteilung und 49 Betten in "Day Hospital" . Ich habe
"outpatient services" .
255 000 Einwohner gehören zu meinem Umkreis. Pro Jahr behandeln wir 500-700
Patienten mit Depressio. Die verschiedene Kriterien entschieden sich wieviele Patienten
sind fa"hig für diese Studie.
Wir brauchen von dem Institute für Medikamente, Ethik Kommitee, Wissentschaftliches
Komitte und unseres Krankenhaus offiziellen Regeln.
Natürlich brauchen wir ein schriftliches Einversta"ndnis der Patienten, die daran
teilnehmen. Gegen Placebo testing habe ich eigentlich kein Problem, aber das Ethik
Komitee macht es manchmal schwer.
Die Finanzielle Abwicklung ha"ngt von CRF.
Meine Abteilung hat ein eigenes "Website", dort können Sie na"here Informationen
über uns finden.
Wenn Sie dort sind, bitte wa"hlen Sie "Érdeklodok figyelmébe" und " A szponzorok
és CRO-k figyelmébe", weil dort können Sie über unsere frühere Studie etwas lesen.

Mit freundlichen Grüssen

Akos Kassai-Farkas MD Dipl.Phil.
email:██████@███████
short email:███@███████
fax:██████
mobil:██████

E-Mail von Dr. Ákos Kassai-Farkas an Hans Weiss (1. März 2001)

Kein Problem

»Sehr geehrter Herr Dr. Weiss, 144 Betten sind in meiner Abteilung und 49 Betten im ›Day Hospital‹. Pro Jahr behandeln wir 500–700 Patienten mit Depression.« Es folgte eine Reihe weiterer Details und dann der Hinweis: »Natürlich brauchen wir ein schriftliches Einverständnis der Patienten, die daran teilnehmen. Mit Placebotests habe ich eigentlich kein Problem, aber das Ethik-Komitee macht es manchmal schwer.«

Dr. Kassai-Farkas wies darauf hin, dass seine Abteilung eine eigene Website habe,[15] dort könne ich auch Informationen über frühere Studien nachlesen, unter »Érdeklődők figyelmébe« und

Hans Weiss

Von: "Kafakos" ████ @ ████
An: "Hans Weiss" ████ @ ████
Gesendet: Sonntag, 11. März 2001 11:46
Betreff: Re: clinical study

Sehr geehrrter Herr Doktor Weiss!

Was Sie von dem Study erzählten, finde ich ganz toll.
Ich warte schon auf unsere Treffung.
Ich vorschlage als andere Untersuchungsärzte (Principal
investigator)

Prof.Dr. Faludi Gábor (Budapest) email: ████ @ ████

Prof.dr. Ostorharics Horváth György (Gyor) email:
████ @ ████

Über die finanziellen Sachen:
Bei uns geht das Folgende:
Sie zahlen für mich ein bestimmtes Summe. Und plus zahlen
Sie noch für unseres Krankenhaus 10-20% von dem gesammten
Summe. Zum Beispiel: 3500 Dollar zahlen Sie für mich pro
Patienten und noch 350 Dollar für unseres Krankenhaus.

Wenn ich forschlagen darf, dann würde ich sagen, es wäre
ganz nett, wenn das Investigator Meeting irgendwo in Irland
oder in Sizilien stattfinden würde.

Mit freundlichen Grüssen

Akos Kassai-Farkas MD Dipl.Phil.
email: ████ @ ████
short email: ████ @ ████
fax: ████
mobil: ████
web: www.tebolyda.hu

E-Mail von Dr. Ákos Kassai-Farkas an Hans Weiss (11. März 2001)

»A szponzorok és CRO-k figyelmébe«. Übersetzt heißt das: »Für
Interessierte« beziehungsweise »Für Sponsoren«.

Érdeklődők figyelmébe

Beim Anklicken dieser beiden ungarischen Wörter landete ich
einen Volltreffer: in englischer Sprache eine Liste mit achtzehn
Medikamentenstudien, die an der Abteilung durchgeführt wurden
oder werden. Unter anderem:

- drei Studien des Schweizer Konzerns Novartis, darunter eine Placebostudie an Schizophrenen mit einem neuen Wirkstoff namens Iloperidone. Nach den Regeln der Helsinki-Deklaration des Weltärztebundes wären solche und die im folgenden aufgezählten Placeboversuche verboten;
- zwei Placebostudien bei akut manischen Patienten, die vom englischen Pharmakonzern Glaxo-Wellcome finanziert wurden;
- eine Placebostudie des deutsch-französischen Konzerns Hoechst Marion Roussell (inzwischen unter dem Namen Aventis bekannt) an Schizophrenen mit der Testsubstanz M100907;
- zwei vom dänischen Pharmakonzern Lundbeck finanzierte Studien, darunter eine Placebostudie mit der Testsubstanz Lu-26-054 an Patienten mit mittelschwerer bis schwerer Depression;
- und zwei Studien über das neue Schizophrenie-Medikament *Aripiprazol*, die von den amerikanischen Pharmakonzernen Bristol-Myers Squibb und Otsuka America Pharmaceutical finanziert wurden.

Ich war mit meinem Angebot in guter Gesellschaft und fing an, im Internet herumzusurfen, um weitere Informationen über die angegebenen Medikamente zu finden.

Milliarden von Dollar

In Deutschland und Österreich wird über Geld meist nur hinter vorgehaltener Hand geredet. Das gilt auch für den Bereich der Medikamentenforschung.[16] Amerikanische Ärzte aber sind stolz auf das, was sie tun, und darauf, wie viel Geld sie damit verdienen. Im Internet erfährt man, welche US-Ärzte und -Kliniken Versuche mit einem bestimmten Medikament gemacht haben – und wie viel ihnen die entsprechende Firma dafür bezahlt hat.

Versuche zum Beispiel mit Aripiprazol. Am Budapester Krankenhaus wurde es von Dr. Kassai-Farkas gleich zweimal getestet.

Für diesen neuen Wirkstoff zur Behandlung von Schizophrenie will der US-Konzern Bristol-Myers Squibb im Herbst 2001 bei der amerikanischen Gesundheitsbehörde die Zulassung erreichen. Die Firma organisierte in den vergangenen Jahren Dutzende von Medikamentenversuchen in der ganzen Welt, unter anderem in Ungarn und den USA.

Mithilfe der Suchmaschine Google stößt man im Internet auf unzählige Hinweise zu Aripiprazol-Versuchen in Kliniken.[17] Allein in den USA sind es mindestens 35.[18]

Der US-Konzern Bristol-Myers Squibb hat große Pläne mit diesem Wirkstoff. Er soll ein »Blockbuster« werden. Das ist die amerikanische Bezeichnung für ein erfolgreiches Produkt, das alle Konkurrenz aus dem Weg räumt.

Am 28. November 2000, während einer Konferenz vor Hunderten von Investmentspezialisten in New York, berichteten die Firmenchefs über die Erfolgsgeschichte und die Zukunftsstrategien des Konzerns, der weltweit zu den größten im Pharmabereich zählt.[19]

Ohne größere Schrammen hatte die Firma in den neunziger Jahren das juristische und finanzielle Desaster in Zusammenhang mit Silikonimplantaten zur Brustvergrößerung überstanden. Derzeit kann Bristol-Myers Squibb an seine Aktienbesitzer jährlich Gewinne von zwei Milliarden Dollar ausschütten (4,4 Mrd. DM/ 2,17 Mrd. Euro) – bei einem Umsatz von 15 Milliarden Dollar (32 Mrd. DM/16 Mrd. Euro).

Vorstandsvorsitzender Charles A. Heimbold erklärte während der Konferenz:»Ich bin stolz darauf, dass wir im Zeitraum von Januar 1994 bis Dezember 2000 das von mir gesetzte Ziel erreichen werden, Umsatz und Gewinne zu verdoppeln.«

Und der Präsident der Firma, Peter R. Dolan, versicherte den Anwesenden:»Wir werden das Wachstum unserer Firma noch einmal enorm beschleunigen und innerhalb der nächsten fünf Jahre doppelt so groß werden.« Die Begeisterung in seiner Stimme war unüberhörbar:»Wir werden Mega-Blockbuster-Produkte schaffen, die uns Milliarden von Dollar einbringen.«

Bristol-Myers Squibb macht seine Gewinne vor allem beim Vermarkten neuer Medikamente und demonstriert damit, dass dies ein extrem profitables Geschäft ist. Die an die Aktionäre ausgeschütteten Dividenden sind seit 28 Jahren immer nur gestiegen, kein einziges Mal gefallen. »Ein Rekord!«, stellt Finanzchef Michael Mee befriedigt fest.[20]

Bewährte Vordrucke

Nach diesem kurzen Internetausflug in die USA versuchte ich vorsichtig, von Dr. Kassai-Farkas Unterlagen über die Versuche zu erhalten, die auf der Homepage seiner Abteilung aufgezählt waren.

»Wenn es Ihnen keine allzu große Mühe macht, wäre ich Ihnen natürlich dankbar, wenn Sie mir eventuell einige Einreichungs-Unterlagen über eine bereits abgeschlossene Studie zukommen lassen könnten, damit ich das möglichst effizient vorbereiten kann«, bat ich in meiner nächsten E-Mail und fügte hinzu: »Ich nehme an, die schriftliche Einverständniserklärung der Patienten muss mindestens zweisprachig sein. Gibt es hier bereits bewährte Vordrucke von Ihrer Seite?«

Gegenfragen

Dr. Kassai-Farkas ging darauf nicht ein und begann nun selbst, viele Fragen zu stellen. Einige davon brachten mich ganz schön ins Schwitzen:
- Wie viele und welche Medikamentenversuche haben Sie schon organisiert?
- Sind außer den Versuchen in Deutschland, England und den USA noch weitere geplant?
- Wie viele Patienten unseres Krankenhauses sollen teilnehmen?
- Wie viele Patienten nehmen an den anderen Krankenhäusern teil?
- Wann wollen Sie anfangen?
- Wie lange dauern das Screening und die Studie?
- Wollen Sie ein Zentrallabor oder ein lokales Labor?

- Was für Untersuchungen möchten Sie (psychologische Tests)?
- Was für eine konkomitante Medikation ist erlaubt?
- Wo planen Sie das Investigator Meeting?

Leichte Antworten

Die erste Frage war einfach zu beantworten, weil ich vorausschauend in einer der ersten E-Mails schon darauf hingewiesen hatte, dass die medizinischen Details der Studie mit dem wissenschaftlichen Leiter der Firma abgestimmt werden müssten.

Nein, ich habe selbst noch keine Studie gemacht. Ich besäße kein medizinisches Doktorat, sondern nur ein Doktorat in Medizin-Soziologie (das war ein klein wenig geschwindelt) und einen »Masters of Art« in Betriebswirtschaft von der New York University (das war total geschwindelt). Ich sei nur dafür zuständig, im Voraus Krankenhäuser auszuwählen, an denen Versuche durchgeführt werden können, und einige grundlegende organisatorische und finanzielle Fragen abzuklären. Das klinische Projektmanagement – die Leitung und begleitende Kontrolle der Studie – würde in der Hand von Dr. med. K. Werner liegen, der langjährige internationale Erfahrung auf diesem Gebiet habe. Damit hatte ich meinen Kollegen Klaus Werner kurzerhand zum Arzt und zum Projektleiter ernannt.

Die zweite Frage machte mir ebenfalls keine Schwierigkeiten. Ich antwortete:

»Wir planen die Einbeziehung von weiteren Untersuchungsplätzen – einen in Österreich, zwei in Italien und möglicherweise noch zwei in Ungarn – mit insgesamt etwa 150 weiteren Patienten.«

Schwere Antworten

Ab der dritten Frage begann es schwierig zu werden.

Es war mir ein Rätsel, welche Zahl von Patienten ich für sein Krankenhaus angeben sollte, und es war mir ein Rätsel, wie viele Patienten ich für die anderen Krankenhäuser angeben sollte.

Ich zerbrach mir den Kopf darüber, was in diesem Zusammenhang »Screening« bedeutete und wie lange so etwas dauerte. Ich hatte keine Ahnung, wie lange die Studie dauern sollte. Ich wusste auch nicht, ob ich ein zentrales oder ein lokales Labor haben wollte.

Bei der Frage zu den psychologischen Tests war ich genauso ratlos wie bei der »konkomitanten Medikation«. Das sollte wohl bedeuten:»begleitende Behandlung«.

Und ich wusste nicht, was ein »Investigator Meeting« war und für wann und wo so etwas üblicherweise geplant wurde.

Es kostete mich zwei Surf-Tage im Internet, um alle diese Fragen auf überzeugende Art und Weise beantworten zu können.

Einmal hin, einmal her

Meine Antwort an Dr. Kassai-Farkas war gespickt mit Fachausdrücken und schnell angelesenem Insiderwissen: ICD-10 Diagnosen F.32.1 oder F.32.2, HAM-D score von 18 oder mehr, Clinical Global Rating, konkomitante psychotrope Medikation usw.

Ich bat Herrn Dr. Kassai-Farkas um einen Vorschlag für den Ort des Investigator Meetings. Ich vermutete, dass es bei diesem Treffen in erster Linie darum ging, vor dem Start des Medikamentenversuchs die beteiligten Ärzte für ein paar Tage an einen Urlaubsort zu entführen. Ein Motivationstrip auf Kosten der Firma mit ein paar schönen Tagen unter Sonne und Palmen, abseits von Patienten und Krankenhausalltag.

Am Schluss schob ich noch einige Fragen nach:

- Wie viele Patienten könnten Ihrer Meinung nach an der Studie teilnehmen?
- Ist es möglich, dass auch Patienten teilnehmen, die zwangsweise in Ihrem Krankenhaus angehalten werden?
- Sollen die Patienten eine finanzielle Vergütung für die Teilnahme an der Studie erhalten?
- Geht das gesamte Studienbudget an eine zentrale Klinik-Verwaltungsstelle oder ist eine individuelle Zuteilung vorgesehen?

Außerdem bat ich Dr. Kassai-Farkas erneut, mir noch andere Krankenhäuser in Ungarn zu nennen, die ich für mögliche Versuche ansprechen könnte.

»Ganz toll«

Dr. Kassai-Farkas schien von der Antwort beeindruckt zu sein.
»Was Sie von der Studie erzählen, finde ich ganz toll. Ich warte schon auf unser Treffen und schlage als andere Untersuchungsärzte Prof. Dr. Faludi Gábor (Budapest) und Prof. Dr. Ostorharics Horváth György (Győr) vor.

Zum Finanziellen:
Sie zahlen an mich eine bestimmte Summe. Und dazu zahlen Sie noch für unser Krankenhaus 10–20 Prozent der Gesamtsumme. Zum Beispiel: 3.500 Dollar zahlen Sie an mich pro Patient und noch 350 Dollar für unser Krankenhaus.«

Am Schluss seiner E-Mail brachte Dr. Kassai-Farkas das Investigator Meeting zur Sprache:
»Es wäre nett, wenn das Meeting irgendwo in Irland oder auf Sizilien stattfinden würde.«

Die Pharmakonzerne verbuchen solche Ausgaben wahrscheinlich unter dem Budgetposten »Forschung«. Am Ende müssen das sowieso die Patienten über die Medikamentenpreise bezahlen.

Kein Problem

»Sehr geehrter Herr Doktor Kassai-Farkas, danke für die Antwort. Ich sehe, wir nähern uns einem Vertragsabschluss.

Darf ich Sie noch einmal darum bitten, mir eine relativ genaue Zahl von Patienten zu nennen, mit denen wir für unseren Test rechnen können? Sind da auch ambulante Patienten und zwangsangehaltene Patienten mit eingeschlossen? Von unserer Seite wäre das kein Problem – wie sehen Sie das?

Gerne nehme ich Ihre Anregung für das Investigator Meeting auf – Sizilien oder Irland. Ich werde Ihnen demnächst einen konkreten Vorschlag machen.

Zur finanziellen Seite: Ihr Vorschlag scheint mir kein Problem zu sein.«

Dr. Kassai-Farkas' Antwort:»Unsere Patienten nehmen immer freiwillig an einer Studie teil. Egal, ob sie ambulante, ›inpatiente‹ oder Tagesversorgung bekommen.«

Medikamentenversuche an zwangsangehaltenen Patienten

In der Zeit, in der ich mit Dr. Kassai-Farkas E-Mails austauschte, begann in Österreich eine Diskussion über unethische Medikamentenversuche an psychiatrischen Krankenhäusern in Salzburg und Linz.

Die Tageszeitung»Der Standard« hatte über Ermittlungen von Patientenanwälten berichtet.[21] In mehreren Fällen hatten Ärzte Medikamentenversuche an zwangsangehaltenen oder entmündigten Psychiatrie-Patienten durchgeführt. Das steht eindeutig im Widerspruch zur Deklaration von Helsinki und auch zu Entscheidungen des Obersten Gerichtshofes in Wien. Aber kurioserweise erlaubt es das österreichische Arzneimittelgesetz.

In der psychiatrischen Abteilung der Landesnervenklinik Salzburg wurden unter anderem die Neuroleptika *Zyprexa* des US-Konzerns Eli Lilly und *Risperdal* des belgischen Konzerns Janssen-Cilag getestet. Aus einer wissenschaftlichen Veröffentlichung des Studienleiters, Primarius Dr. Christian Stuppäck, geht hervor, dass insgesamt 260 stationäre und ambulante Patienten in den Medikamentenversuch mit *Risperdal* eingebunden waren.[22]

Außerdem wurden zahlreiche weitere Versuche an der Klinik in Salzburg und anderen Krankenhäusern durchgeführt. Zum Beispiel mit dem Wirkstoff Milnacipran, der von der österreichischen Firma Germania Pharmazeutika vertrieben wird. In diesen Versuch waren zwischen März 1999 und Februar 2000 insgesamt 519 depressive Patienten eingebunden.[23]

Ich versuchte, über das Internet mehr herauszufinden. Ohne Erfolg. Denn die österreichischen Psychiater stellen ihre Informationen nicht so offenherzig zur Verfügung wie ihre ungarischen Kollegen.

Professor Faludi

Ich wandte mich also wieder nach Ungarn und schrieb E-Mails an die beiden Psychiatrie-Professoren, die mir von Dr. Kassai-Farkas als weitere Untersuchungsärzte empfohlen worden waren: Professor Gábor Faludi von der Semmelweis-Universität in Budapest und Professor Horváth György Ostorharics von einem Krankenhaus in der westungarischen Stadt Győr.

Es dauerte eine ganze Woche, bis mir Professor Faludi von der Semmelweis-Universität, Kutvolgyi Clinical Center, Department of Psychiatry, antwortete:

»Wir sind bereit, an dieser Studie teilzunehmen.

Ich kann Ihnen mitteilen, dass unser Personal viel Erfahrung mit klinischen Versuchen bei Depressionen, Schizophrenie und Angststörungen hat. Wir verfügen über ambulante und stationäre Behandlungsmöglichkeiten. Es könnten 15–20 Patienten an dem Versuch teilnehmen.«

Von Professor Ostorharics in Győr hingegen erhielt ich nie eine Antwort.

Pepsi Cola

Bevor ich meine nächsten E-Mails an Dr. Kassai-Farkas und Professor Faludi abschickte, fuhr ich nach Budapest, um Gábor Gombos zu treffen, den Leiter der psychiatrischen Selbsthilfeorganisation »Voice of Souls«. Gombos hatte zugesagt, mir Kontakt zu einigen Patienten zu verschaffen, die an Medikamentenversuchen teilgenommen hatten.

Ich war seit zehn Jahren nicht mehr in Budapest gewesen und hatte eine deprimierende Erinnerung an diese Stadt: heruntergekommen und bedrückend.

Jetzt, bei der Einfahrt mit dem Auto, hatte ich das Gefühl, eine westeuropäische Metropole vor mir zu haben. Links und rechts der Straße riesige Werbeschilder von bekannten westlichen Marken. VW. Mazda. Ikea. McDonald's. Holiday Inn. Und viele andere.

Das Treffen mit Gábor Gombos wurde zunächst eine Enttäu-

S E M M E L W E I S   U N I V E R S I T Y
Kutvolgyi Clinical Centre
Department of Psychiatry
Head: Gabor Faludi, MD., PhD., DSc., Professor of Psychiatry

Budapest, 20 March, 2001

Dr. Hans Weiss
Pharma Consulting

████████ Wien

Dear Dr. Weiss,

Thank you very much for your letter about clinical trial with a promising new SSRI compound. We are ready to take part this study from September 2001.
Answering your request, I can tell you that our clinical staff has a relatively big experience with clinical trials phase II and III (IV as well) in depressive disorder, schizophrenia and anxiety disorders. We have outpatient and inpaatient clinic too.
As to your recommended trial we could be enrolled 15-20 depressed patients in 12 month.

Waiting for hearing from you,

With best regards,

Gabor Faludi

Per E-Mail geschickte Briefdatei von Dr. Gábor Faludi an Hans Weiss (20. März 2001)

schung. Niemand öffnete, als ich an der angegebenen Türe läutete. Niemand antwortete, als ich anrief.

Um mir die Zeit zu vertreiben, fuhr ich zum Krankenhaus von Dr. Kassai-Farkas. Es lag außerhalb des Stadtzentrums an einer mehrspurigen Straße. Am Eingang flatterte die ungarische Fahne. Ein freundlicher Polizist regelte die Ein- und Ausfahrt.

Die psychiatrische Abteilung war im neuesten Gebäude des Geländes untergebracht, in einer entlegenen Ecke. Pepsi Cola,

Semmelweis-Universität in Budapest, deren psychiatrische Abteilung von Prof. Gábor Faludi geleitet wird

Pepsi Cola – einige Fenster im Erdgeschoss waren mit riesigen Werbeaufschriften verklebt, die den Eindruck erweckten, hier handle es sich um einen Standort des Getränkekonzerns. Es war ein Bau aus hellgrauen Steinziegeln mit verspiegelten Fensterscheiben, kalt und abweisend und unheimlich. Ich ging am Portier vorbei, nickte ihm zu und sah mich um. Die Eingangshalle und die vielen Gänge erweckten den Eindruck eines ganz normalen Krankenhausbetriebs. Menschen in ziviler Kleidung kamen und gingen, standen herum.

Ich überlegte mir, zu Dr. Kassai-Farkas zu gehen und ihm zu sagen: »Guten Tag, ich bin kein Pharma-Consultant, ich schreibe ein Buch, bei dem es auch darum geht, ob die ethischen Regeln des Weltärztebundes eingehalten werden.«

Aber es kam nicht so weit. Ich wählte noch einmal die Nummer von Gábor Gombos. Er war inzwischen zu Hause eingetroffen.

Gombos war ein freundlicher, höflicher, zuvorkommender Mann, der Englisch sprach und sehr gut informiert war über die

Situation der Psychiatrie in Ungarn. Er habe es leider nicht geschafft, Patienten aufzutreiben, die bereit wären, mit mir über ihre Erfahrungen in Medikamentenversuchen zu reden.

Gombos:»Natürlich holen sich die Ärzte das schriftliche Einverständnis von den Patienten oder den Angehörigen. Aber freiwillig … was ist schon freiwillig? Würden Sie nein sagen, wenn Sie in einer geschlossenen Abteilung sind und der Arzt Ihnen anbietet, in die offene Abteilung verlegt zu werden – unter der Voraussetzung, dass Sie an einem Medikamentenversuch teilnehmen? Genau das passiert nämlich.«

Gombos kämpft für einen besseren Schutz der Patienten vor riskanten Medikamentenversuchen. Er will erreichen, dass das Einverständnis von Patienten zur Teilnahme nur im Beisein von Patientenanwälten eingeholt werden darf.

Glatte Lügen

Ich benützte meine nächste E-Mail an Professor Faludi, um ihm eine Reaktion zu den in amerikanischen Medien erschienenen Berichten über Medikamentenversuche in Osteuropa zu entlocken. Gábor Gombos hatte mir erzählt, dass diese in Ungarn unerwartetes Aufsehen erregt hatten und Professor Faludi sogar öffentlich Stellung dazu genommen hatte.

Zunächst bedankte ich mich für seine Bereitschaft, einen Versuch durchzuführen. Aber wäre es nicht möglich, fragte ich, die Zahl der Patienten von fünfzehn bis zwanzig auf zumindest dreißig zu erhöhen? – Selbstverständlich würde sich dieses Entgegenkommen finanziell auswirken, mit zusätzlichen Honoraren.

Außerdem interessierte mich, ob ich über die angebotenen 3.500 Dollar pro Patient hinaus mit Zahlungen zu rechnen hätte. Und: Wie würde dieses Geld geteilt: Wie viel werde er erhalten, wie viel die Universität?

Dann stellte ich die Frage, die mir am Herzen lag:

Ein Kollege vom schweizerischen Pharmakonzern Novartis habe mir erzählt, es gäbe neuerdings Probleme damit, Medikamentenversuche in Ungarn durchzuführen. Ursache dafür seien gewisse Artikel in amerikanischen Medien. Um ihn aus der Reserve zu locken, schrieb ich: »Ich nehme an, es handelt sich um das übliche Werk von Journalisten, die über alles schreiben, aber von nichts eine Ahnung haben. Gibt es aufgrund dieses Artikels Probleme mit Placeboversuchen? Gibt es Probleme damit, das Einverständnis von Patienten zu erhalten?

Entschuldigen Sie, wenn ich Sie so offen darauf anspreche, aber es ist besser, man klärt Probleme, bevor sie auftreten.«

Professor Faludi ließ sich drei Wochen Zeit für seine Antwort. Ich hatte schon befürchtet, meine Fragen hätten ihn abgeschreckt.

»Mit Placebostudien«, schrieb er schließlich, »gab es immer schon gewisse Probleme. Zumindest im Fall von schizophrenen oder manischen Patienten schlage ich vor, dass man die Studie im Krankenhaus beginnt. In allen anderen Fällen sehe ich keine Schwierigkeiten.

Was die Artikel über Medikamentenversuche in Ungarn betrifft: Das waren glatte Lügen. Aber keine Sorge – es hat sich deswegen nichts geändert.«

Unerwartete Nebenwirkungen

Mit Dr. Kassai-Farkas hatte ich inzwischen ein Treffen in Budapest vereinbart. Der medizinische Leiter meines Auftraggebers – Dr. Klaus Werner – würde dabei sein und wir könnten dann alle offenen Fragen besprechen.

Aber so weit wollte ich es nicht kommen lassen.

Einige Tage vor dem Termin teilte ich Dr. Kassai-Farkas und Professor Faludi mit, dass aufgrund einer unerwarteten Nebenwirkung der Beginn unseres Medikamentenversuchs verschoben werden müsse. Alle Fakten würden neu geprüft. Unser Zeitplan könne nicht eingehalten werden. Sie würden wieder von mir hören, sobald der Sachverhalt geklärt sei.

Ich hatte alle Informationen erhalten, die ich haben wollte, und verlagerte meine Recherchen nach Südafrika.

Multis hier, Multis da

Das war Anfang April 2001. Vor den Augen der Weltöffentlichkeit sollte vor dem höchsten Gericht in Pretoria ein Verfahren beginnen, das 39 internationale Pharmafirmen gegen die südafrikanische Regierung angestrengt hatten: Es ging um Aids-Medikamente, um Millionen Aidstote – und um viel Geld.

Ich war nicht überrascht, dass in Südafrika auch jene Pharmakonzerne als Kläger am Werk waren, die bereits auf der Liste der Medikamentenstudien von Dr. Kassai-Farkas aufgeschienen waren: Bristol-Myers Squibb, Glaxo Wellcome, Hoechst Marion Roussel (diese Firma ist inzwischen Teil des Aventis-Konzerns), Janssen-Cilag, Lundbeck, Novartis.

Ganz vorne mit dabei waren auch dreizehn deutsche oder von dort stammende Konzerne und deren Tochterfirmen, darunter Bayer, Boehringer Ingelheim, Merck und Schering.

Aids in Südafrika

Jeden Tag sterben in Afrika mindestens 5.000 Menschen an Aids.[24] Im Jahr 2005 wird diese Krankheit dort mehr Todesopfer gefordert haben als der 1. und der 2. Weltkrieg zusammen.[25]

Besonders bedrohlich ist die Situation in Südafrika. Es gibt dort mehr als 4,7 Millionen Infizierte. Täglich stecken sich 1.700 Personen mit dem tödlichen Virus an – davon zweihundert Neugeborene. Es gibt zu wenige Krankenhäuser, zu wenige Ärzte und fast keine Medikamente.

Wer ist schuld an dieser menschlichen und medizinischen Tragödie?

Für Aids-Aktivisten und für die südafrikanische Regierung ist die Sache klar: Es sind die Pharmakonzerne, die obszön hohe Preise für ihre Medikamente verlangen und damit verhindern, dass die Armen in Afrika behandelt werden. Auf den ersten Blick haben sie damit Recht.

Wie soll jemand, der weniger als 50 Mark im Monat verdient, Medikamente bezahlen, die in Deutschland monatlich 1.600 Mark und mehr kosten?

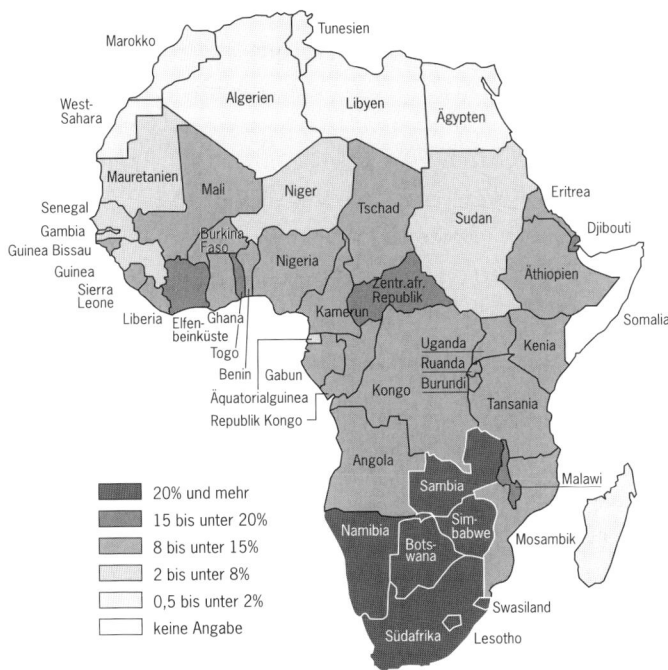

Legende:
- 20% und mehr
- 15 bis unter 20%
- 8 bis unter 15%
- 2 bis unter 8%
- 0,5 bis unter 2%
- keine Angabe

HIV in Afrika

Weltweit waren Ende 1999 mehr als 34,3 Millionen Menschen mit dem HI-Virus infiziert, davon 24,6 Millionen in Afrika.
SÜDAFRIKA: 39,8 Millionen Einwohner (davon 20,6 Millionen Erwachsene)
Südafrika ist das Land mit der weltweit höchsten Zahl von Infizierten: 4,2 Millionen (rund 20 Prozent aller Erwachsenen).
UGANDA: 21,2 Millionen Einwohner (davon 9,2 Millionen Erwachsene)
In Uganda sind 820.000 Personen infiziert (8,3 Prozent aller Erwachsenen). 1990 waren noch 14 Prozent aller Erwachsenen infiziert. Durch eine konsequente Aufklärung und Vorbeugung konnte diese Rate fast halbiert werden.

DEUTSCHLAND: 82,2 Millionen Einwohner (davon 40,4 Millionen Erwachsene)
In Deutschland waren Ende 1999 insgesamt 37.000 Menschen mit HIV infiziert.
Das entspricht einer Erwachsenenrate von 0,1 Prozent.
ÖSTERREICH: 8,2 Millionen Einwohner (davon 4,2 Millionen Erwachsene)
In Österreich waren Ende 1999 insgesamt 9.000 Menschen infiziert. Das entspricht einer Erwachsenenrate von 0,23 Prozent.

Alle Daten stammen von Ende 1999. Erwachsene sind definiert als Frauen und Männer im Alter zwischen 15 und 49.
Quelle: http://www.unaids.org/hivaidsinfo/statistics/june00/fact_sheets/index.html

Arm gegen Reich

Die südafrikanische Regierung ist zum Symbol für den Widerstand gegen die Praktiken der Pharmakonzerne geworden, um jeden Preis ihre Gewinne zu verteidigen.

Im Jahr 1997 erließ die Regierung unter dem damaligen Präsidenten Nelson Mandela ein Gesetz, das die Möglichkeit schuf, lebenswichtige Medikamente nachzuahmen und selbst billig herzustellen oder zu importieren. Damit sollten die großzügigen, zwanzig Jahre geltenden Patentrechte der Pharmakonzerne ein wenig beschnitten werden.

Die Firmen versuchten mit allen Mitteln, das Gesetz zu Fall zu bringen. Hoch bezahlte Lobbyisten in Washington brachten die Clinton-Administration und in erster Linie Vizepräsident Al Gore dazu, hinter den Kulissen Druck auf Südafrika auszuüben. Die Amerikaner drohten mit scharfen Handelssanktionen.

Aber David blieb standhaft und erhielt Unterstützung von zahlreichen Aids-Gruppen, die das unfaire Vorgehen Goliaths in Gestalt der Multis und der amerikanischen Regierung anprangerten.

Wo immer Al Gore auftrat, um für seine Präsidentschaftskandidatur zu werben, bekam er Ärger mit Leuten, die ihm vorhielten, für den Tod von Aids-Patienten in Afrika mit verantwortlich zu sein. Gegen Ende des Jahres 1999 stellte der Vizepräsident seine Unterstützung für die Konzerne entnervt ein. Südafrika konnte einen kleinen Sieg feiern.

Aber nicht lange. Gemeinsam mit dem südafrikanischen Pharmaverband verklagten Anfang 2001 besagte 39 Firmen die Regierung wegen Verletzung des Patentrechts.

Pharmaindustrie gegen Dritte Welt

Was die Pharmakonzerne empört, sind die weitreichenden Möglichkeiten zur Einschränkung des zwanzig Jahre während Patentrechts, die sich die südafrikanische Regierung schaffen will.

Denn es geht in dieser Auseinandersetzung nicht nur um Aids und billige Aidsmedikamente, sondern auch darum, dass ein Entwicklungsland wie Südafrika sich das Recht sichern will, jedes

Medikament im Land so billig herzustellen, dass es sich auch arme Patienten leisten können. Kaum ein Südafrikaner kann westliche Preise dafür bezahlen.

Zwar gibt es schon jetzt Ausnahmebestimmungen im internationalen Handelsabkommen zum Schutz geistigen Eigentums (TRIPS), die es erlauben, Patentrechte zu kürzen und billige Nachahmerpräparate herzustellen.[26] Um diese Ausnahmebedingungen in Kraft zu setzen, müsste Südafrika aber den medizinischen Notstand erklären. Präsident Thabo Mbeki verweigert diesen Schritt mit dem Argument, die Schwarzen hätten lange genug unter den Notstandsgesetzen der Weißen gelitten.

Das klingt nicht sehr überzeugend. Es ist verwunderlich, dass die südafrikanische Regierung nicht offen sagt, was sie wirklich will: nämlich nichts Geringeres als die Durchsetzung eines globalen Menschenrechts auf Medikamente, die sich auch Arme leisten können.

Warum sich die Pharmakonzerne erbittert dagegen wehren, ist klar: Eine Aushöhlung der Patentrechte könnte die phantastischen Gewinne einschränken, die bei der Vermarktung neuer Medikamente erzielt werden.

Goliath hat Geld, Macht, internationale Handelsverträge und Patentrechte auf seiner Seite, David wird unterstützt von internationalen Hilfsorganisationen wie »Ärzte ohne Grenzen«, der englischen Gruppe »Oxfam« und einer Vereinigung von Menschenrechtsgruppen und Betroffenen, die sich in der »Treatment Action Campaign« (TAC) zusammengeschlossen haben.

Weil es in dieser Auseinandersetzung um mehr geht als um verbilligte Aidsmedikamente, sehen andere Entwicklungsländer gebannt zu.

Tatsächlich ist es ja nicht so, dass die armen Länder des Südens nichts zum medizinischen Fortschritt beitragen. Im Gegenteil: Ohne die vielen klinischen Versuche, die dort stattfinden, würde es sehr viel länger dauern, bis die Pharmafirmen die notwendigen Unterlagen für die Zulassung in Europa oder in den USA erhalten. Eine schnellere Zulassung aber bedeutet für die Pharmakonzerne eine Erhöhung der Gewinne. Deshalb wäre es das Mindeste, wenn alle armen Länder das Recht erhielten, lebenswichtige Medikamente billig herzustellen oder billiger zu importieren.

Dass es für die Pharmaindustrie lebensnotwendig ist, ihre Patente zu schützen, um die Forschung zu finanzieren, wird niemand bestreiten. Denn trotz aller Kritik an den Pharmamultis ist klar: Sie sind der Motor aller Neuentwicklungen im Bereich der Arzneimittel. Mit wenigen Ausnahmen wurden alle Aidstherapien und Aidstests von der verteufelten Pharmaindustrie entwickelt. Ohne den Anreiz, damit auch Gewinne zu machen, würde die Forschung versiegen. Es wäre unklug, die Kuh zu schlachten, die man melken will.

Die Guten und die Bösen

Je näher man sich mit dem Thema Aids in Südafrika beschäftigt, umso mehr gewinnt man den Eindruck, dass die Rollen von Gut und Böse sich da und dort verwischen.

Wird Aids durch ein ansteckendes Virus verursacht, wie heutzutage fast alle Mediziner sagen, oder sind dafür andere Faktoren verantwortlich – etwa Armut, Unterernährung oder ausgerechnet jene Medikamente, die zur Behandlung von Aids verwendet werden? Das behaupten einige kalifornische Forscher, die im offiziellen Medizinbetrieb niemand ernst nimmt. Aufmerksamkeit verschafft ihnen allerdings die Tatsache, dass sie einen sehr prominenten Anhänger haben: den südafrikanischen Präsidenten Thabo Mbeki.[27]

Der Präsident wäre nicht Präsident, wenn er nicht dafür sorgen würde, dass sich seine Ansichten auch durchsetzen – mit der Folge, dass Zehntausende südafrikanische Babys unnötigerweise mit HIV angesteckt wurden und dem Tod geweiht sind.

1998 entdeckten Mediziner in Thailand, dass eine einwöchige Behandlung mit einem Aidsmedikament das Risiko halbiert, dass HIV von Schwangeren auf das Baby übertragen wird. Diese Therapie wird seither weltweit bei allen schwangeren Frauen angewendet, die mit HIV infiziert sind. In Südafrika war dies bis zum

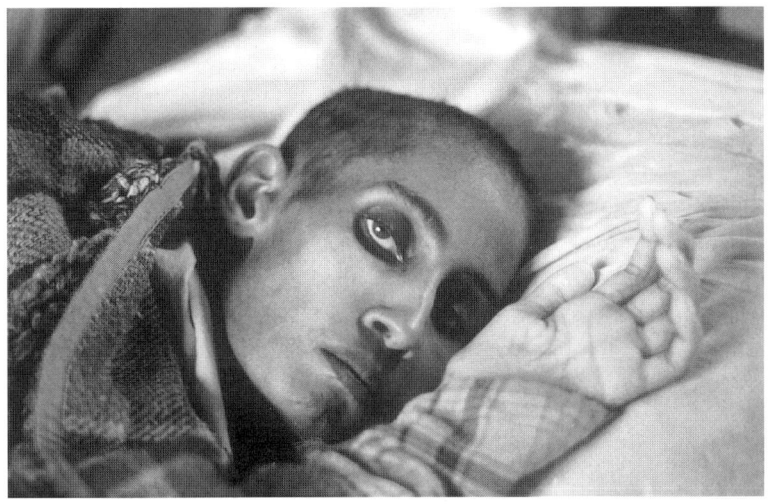

Aids-Kranker in Afrika

Frühjahr 2001 verboten. Begründung: Die Behandlung sei unwirksam und schade nur.[28] Inzwischen ist diese Therapie aber erlaubt.

Ein kleiner Sieg

Die gerichtliche Auseinandersetzung zwischen der südafrikanischen Regierung und den Pharmakonzernen wurde inzwischen abgeblasen. Die Firmen haben ihre Klage Mitte April 2001 zurückgezogen, denn der weltweite Imageschaden wurde für sie von Tag zu Tag größer. Sie werden Südafrika billige Aidsmedikamente in ausreichender Menge zur Verfügung stellen. Als einziges Zugeständnis erhielten sie eine Zusage Südafrikas, in die Umsetzung des Gesetzes zur Herstellung kostengünstiger Medikamente eingebunden zu werden.

Das Geld, das die Firmen dabei möglicherweise verlieren, können sie leicht verschmerzen. Denn ihre Gewinne erzielen sie ohnedies nur auf den drei entscheidenden Pharmamärkten USA,

111

Westeuropa und Japan. Alle anderen Länder fallen nicht ins Gewicht.

Der Sieg der südafrikanischen Regierung enthält aber einen Wermutstropfen: Er hat keine globale Geltung und die internationalen Handelsverträge werden nicht zugunsten von armen Ländern geändert. Diese werden weiterhin von der Gnade der Mächtigen abhängig sein.

Die südafrikanische Regierung hat diese Auseinandersetzung wohl nur deshalb gewonnen, weil es um das Thema Aids ging und sie die Unterstützung zahlreicher Aids-Gruppen in den Industrieländern erhielt. Krankheiten wie Tuberkulose, Cholera, Diarrhöe, Schlafkrankheit, Billharziose oder Malaria hingegen, die in Afrika ebenfalls schreckliche Folgen haben, sind keine Themen, die die Welt bewegen. Sie sind einfach nicht trendy. Außerdem wird da kaum nach neuen Arzneimitteln geforscht, weil keine großen Gewinne zu erwarten sind.

Die Auseinandersetzung um billige Medikamente, die sich auch die Armen leisten können, wird mit Sicherheit weitergehen. Zu befürchten ist jedoch, dass sich der Kampf hinter verschlossene Türen verlagern wird. Dort können die reichen Industrieländer ihre Interessen sehr viel wirkungsvoller durchsetzen – mit Drohungen, mit Sanktionen, mit Investitionsvorgaben und all den anderen Möglichkeiten der Einflussnahme.

Schon sind Kenia, Indien, Thailand und andere Entwicklungsländer ins Visier der Amerikaner geraten.[29]

Zu giftig

»Nun hat die südafrikanische Regierung keine Ausreden mehr, wenn es darum geht, die Aidsepidemie wirkungsvoll zu bekämpfen«, sagt Zackie Achmat, der Kopf der Aktivistengruppe TAC, die die südafrikanische Regierung gegen die Pharmakonzerne unterstützte.[30]

Denn mit der Bereitstellung billiger oder kostenloser Aidsmedikamente ist es nicht getan. Ohne rasche Umstellung des gesamten Gesundheitswesens nützen die Medikamente wenig. Sie müssen sachgerecht gelagert werden und ihre Einnahme erfordert regelmäßige Kontrolluntersuchungen, um unerwünschte Nebenwirkungen zu verhindern. Eine falsche oder unterbrochene Einnahme erhöht außerdem das Risiko, dass sich resistente HIV-Stämme bilden und die Medikamente überhaupt nicht mehr wirken.

Bis jetzt wurde von der südafrikanischen Regierung vor allem auch die Vorbeugung sträflich vernachlässigt.[31] HIV-Tests zum Nachweis der Infektion werden nur in seltenen Ausnahmefällen durchgeführt.

Die Chancen auf eine Eindämmung der Aidsepidemie in Südafrika stehen derzeit nicht allzu gut – trotz des Siegs der Regierung über die Pharmaindustrie.

Am 24. April 2001 erklärte Präsident Thabo Mbeki in einem Interview mit der privaten südafrikanischen Fernsehanstalt e-tv, es sei fraglich, ob Aidstests überhaupt einen Nutzen hätten. Antivirenmittel zur Behandlung von Aids lehne er ebenfalls ab – sie seien zu giftig und ihre Verträglichkeit sei nicht erwiesen.[32]

Einige Aids-Aktivisten haben bereits erklärt, das nächste Ziel der Kampagne könnte die südafrikanische Regierung sein.[33]

Das Beispiel Uganda

Dass es möglich ist, mit Aufklärungs- und Behandlungskampagnen und durch Bereitstellung billiger Aidsmedikamente die Ansteckungsraten massiv zu senken, demonstriert der zentralafrikanische Staat Uganda. 1990 waren bereits 14 Prozent aller Erwachsenen HIV-infiziert. Bis zum Jahr 2000 konnte diese Rate auf 8,3 Prozent oder 820.000 Infizierte gesenkt werden.[34]

Unethische Medikamentenversuche in der medizinischen Fachliteratur

HIV (Aids)[35]

HIV ist vor allem ein Problem in Afrika und Ostasien. Bereits 1994 wurde eindeutig nachgewiesen, dass eine Behandlung mit Medikamenten die Übertragung des HI-Virus von der Mutter auf das ungeborene Kind verhindern kann. Trotzdem wurden seither von Medizinern in Asien und Afrika mindestens fünfzehn Studien durchgeführt, in denen Tausende von Müttern nur Placebos anstelle von wirksamen Medikamenten erhielten. Die Forscher nahmen damit bewusst in Kauf, dass Babys mit HIV angesteckt wurden. Diese Versuche wurden nicht von der Pharmaindustrie finanziert, sondern von öffentlichen Stellen: neun von Behörden der amerikanischen Regierung, fünf von anderen Regierungen und eine vom Aids-Programm der Vereinten Nationen.

Es gibt zahlreiche weitere Studien über die Behandlung von Aids, bei denen Pharmafirmen und Mediziner Patienten bewusst eine wirksame Behandlung vorenthielten.

Tuberkulose[36]

Im ostafrikanischen Staat Uganda wurde Mitte der neunziger Jahre eine Studie durchgeführt, bei der Mediziner HIV-Kranken Antibiotika zur Vorbeugung gegen Tuberkulose vorenthielten. Diese Studie wurde von der US-Regierungsbehörde »Center for Disease Control« finanziert. In den USA oder in Westeuropa wäre eine solche Studie nicht erlaubt worden. Es gilt als medizinischer Standard, dass HIV-Patienten, die Tuberkulose-gefährdet sind, zur Vorbeugung Antibiotika erhalten.

Die Studie wurde im September 1997 in der weltweit angesehensten medizinischen Fachzeitschrift »New England Journal of Medicine« veröffentlicht und löste eine heftige Ethikdiskussion unter Medizinern aus.

Malaria[37]

In China infizierten Mediziner Mitte der neunziger Jahre HIV-Patienten absichtlich mit Malaria, um die Auswirkungen auf die HIV-Erkrankung zu studieren. Diese Experimente wurden von der privaten US-Wohltätigkeitsorganisation »Eleanor Dana Charitable Trust« finanziert. In den USA und in Mexiko waren solche Studien von den zuständigen Ethik-Komitees verboten worden.

Experimente mit Kindern

Der amerikanische Arzt Peter R. Breggin deckte 1998 auf, dass die US-Gesundheitsbehörde FDA die Erlaubnis erteilt hatte, mit dem bereits verbotenen Medikament Fenfluramin Experimente an New Yorker Kindern durchzuführen.[38] Im September 1997 hatte dieselbe Behörde die weitere Vermarktung dieses Medikaments in den USA verboten, weil als Nebenwirkung lebensbedrohliche Herzklappenschäden auftreten und Gehirnzellen zerstört werden. Fenfluramin wurde daraufhin weltweit aus dem Handel gezogen – auch in Deutschland, wo es unter dem Namen *Ponderax* von der Münchner Pharmavertriebsfirma Itherapie als Schlankheitsmittel verkauft wurde.

Es waren nicht irgendwelche Kinder, die Forschern der New Yorker Colleges Columbia und Queens als Versuchskaninchen dienten. Es waren Kinder aus armen schwarzen und lateinamerikanischen Familien, von denen man annehmen konnte, dass keiner der Angehörigen unangenehme Fragen stellen würde. Die Versuche wurden von staatlichen Behörden finanziell unterstützt.

Bluthochdruck[39]

In den neunziger Jahren wurden mehrere Tausend Patienten in Westeuropa, Osteuropa, Nord- und Südamerika und in China dazu überredet, an Studien über die Wirksamkeit von Bluthochdruckmedikamenten teilzunehmen. Auch deutsche Kliniken waren daran beteiligt. Zum damaligen Zeitpunkt war bereits eindeutig nachgewiesen, dass durch eine Behandlung mit Medikamenten die Zahl von Schlaganfällen und Herzinfarkten sinkt. Trotzdem erhielt die Hälfte aller Patienten jahrelang kein wirksames Medikament, sondern nur ein Placebo. Die beteiligten Pharmafirmen und Ärzte nahmen dadurch bewusst in Kauf, dass zahlreiche Patienten Schlaganfälle oder Herzinfarkte erlitten.

Zwei dieser Studien (Syst-Eur und Syst-China) wurden mit finanzieller Unterstützung der Firma Bayer durchgeführt. Getestet wurde der Kalzium-Antagonist Nitrendepin, der im Bayer-Medikament *Bayotensin* enthalten ist.

Eine weitere Studie mit dem Namen HOPE wurde vom deutsch-französischen Konzern Hoechst Marion Roussel (inzwischen Teil des Aventis-Konzerns) und vom englisch-schwedischen Konzern AstraZeneca mit finanziert. Getestet wurde der ACE-Hemmer Ramipiril, der im Hoechst-Marion-Roussel-Medikament *Delix* und im AstraZeneca-Medikament *Vesdil* enthalten ist. Eine Reihe von Patienten, die an der HOPE-Studie teilnahmen, erhielten keine sachgerechte Hochdruck-Behandlung.[40] Ihr Risiko, einen Schlaganfall oder eine schwere Herzerkrankung zu erleiden, war dadurch höher als das anderer Patienten.[41]

Schmierige Geschäfte

In keiner Branche werden Menschenrechte so mit Füßen getreten wie im Erdölbusiness. Für ihre Profite aus dem schwarzen Gold finanzieren einige unserer Treibstofffirmen Kriege, bezahlen Killertruppen und machen ganze Landstriche unbewohnbar.

Die Gegend muss einmal herrlich gewesen sein: weiße Sandstränge und Lagunen am Meer, mit Palmen und Mangrovenbäumen. Im Hinterland ein System verzweigter Flüsse inmitten dichter Wälder. Fischreiche Gewässer, die den Anwohnern Nahrung und Trinkwasser boten und das fruchtbare Ackerland nährten. Freundliche Einwohner, lebendige Städte, unberührte Natur und seltene Tierarten wie Stumpfkrokodil, Zwergflusspferd und Leopard. Ein Urlaubsparadies.

Doch kein Tourist verirrt sich ins Nigerdelta im Süden von Nigeria. Die Österreicherin Susanne Geissler, die die Region im Januar 2001 im Rahmen eines EU-Projekts besucht hat, beschreibt die Situation wie in einem Zombiefilm: »Du kannst kaum atmen. Die Landschaft siehst du nur durch einen grauen Nebel. Die Luft ist von Industrieanlagen und Verkehr verpestet. Und durch den Grauschleier schimmern überall meterhoch brennende Gasfackeln.«[1] Schuld an der gespenstischen Szenerie, die eine blühende Region von der Größe halb Bayerns in eine Industriewüste verwandelt hat, ist vor allem einer, und den kennt hier jeder: Shell.

Shell in Nigeria
Seit 1958, als das Land noch eine Kolonie der englischen Krone war, fördert und produziert der holländisch-britische Ölmulti Royal Dutch Shell im Nigerdelta Erdöl. Die nigerianische Tochtergesellschaft des Konzerns, die Shell Petroleum Development Corporation (SPDC), ist der größte Ölförderer Nigerias. Fast die

Hälfte der nigerianischen Produktion von mehr als zwei Millionen Barrels[2] pro Tag geht auf ihr Konto. Über eine gemeinsame Dachgesellschaft arbeitet Shell eng mit der nationalen nigerianischen Petroleum Corporation (NNPC), der französischen Ölgesellschaft Elf und der italienischen Agip zusammen.[3]

Doch seit dem 10. November 1995 hängt der Haussegen schief. An diesem Tag ließ der ehemalige nigerianische Diktator Sani Abacha den Schriftsteller und Menschenrechtsaktivisten Ken Saro Wiwa ermorden. Der hatte jahrelang gegen Shell protestiert. Die Hinterbliebenen behaupten, dass er deswegen aus dem Weg geräumt werden sollte. Mit dem Mord gerieten sowohl das Regime als auch der Konzern international massiv unter Druck.

Gemeinsame Sache mit der Militärdiktatur

Nigeria wurde von 1966 bis 1999 fast ununterbrochen von Militärdiktaturen regiert, die zum großen Teil eng mit dem europäischen Konzern kooperierten. Das unbestritten brutalste dieser Regime war die Schreckensherrschaft von General Abacha, die am 12. Juni 1993 begann und bis zu seinem Tod im Juni 1998 dauerte. Seine Amtszeit war gekennzeichnet von der Verfolgung Tausender Oppositioneller, von Massenverhaftungen und Exekutionen, Plünderungen und Vergewaltigungen durch hohe Militärführer und vor allem von einem massiven Ansteigen der Korruption und der persönlichen Bereicherung der politischen Spitzen. Drei Milliarden US-Dollar sollen Abacha und seine Familie auf insgesamt neunzehn Konten bei Schweizer und französischen Banken deponiert haben,[4] während ein Großteil der 120 Millionen Nigerianer nicht einmal Zugang zu Nahrung, Gesundheitseinrichtungen und Bildung hat. Im Jahr der Unabhängigkeit Nigerias 1960 lebten dreißig Prozent der Bevölkerung unter der Armutsgrenze. Bis 1999 stieg der Anteil auf siebzig Prozent.

Von der Korruption und der Ausbeutung des Landes profitierten vor allem auch die internationalen Erdölkonzerne, denen nachgesagt wird, den Aufstieg der Militärs erst ermöglicht zu haben. Im Gegenzug konnten sie ungestört die Bodenschätze der

Gespenstische Szenen: Ölaustritt im nigerianischen Nigerdelta

Region ausbeuten. Damit wurden nicht nur die Reichtümer außer Landes geschafft und der Bevölkerung Entwicklungsmöglichkeiten entzogen: Die Industrialisierung des Nigerdeltas und die steinzeitlichen Fördermethoden und Anlagen des weltweit führenden Erdölkonzerns haben die Region auf Jahrzehnte hinaus unfruchtbar gemacht, Fischfang und Landwirtschaft zerstört, Trinkwasser und Luft vergiftet und die potenzielle touristische Nutzung zu einem absurden Ansinnen degradiert.

Im Oktober 1990 kam es zu einem Massaker, als die Einwohner des Dorfes Umuechem zu Protesten gegen Shell aufriefen. Angesichts drohender Demonstrationen rief der Konzern die berüchtigte Mobile Polizeieinheit zu Hilfe. Achtzig Menschen wurden getötet, 495 Häuser zerstört.[5]

Kampf der Ogoni

1993 gelang es dem »Movement for the Survival of the Ogoni People« (Bewegung für das Überleben der Ogoni, Mosop) unter der Leitung von Ken Saro Wiwa, Zehntausende Menschen gegen den Shell-Konzern zu mobilisieren. Der Widerstand erregte endlich die Aufmerksamkeit der Weltöffentlichkeit, unter deren Druck der mächtigste Erdölproduzent der Welt seine Förderung in Nigeria sogar kurzfristig einstellen musste. Um diese wieder in Gang zu setzen, entschloss sich die Regierung Abachas zu brutalen Repressionsmaßnahmen. Immerhin stammen knapp neunzig Prozent der nigerianischen Exporteinnahmen aus der Erdölindustrie. Hunderte Ogoni wurden verhaftet und willkürlich hingerichtet. Insgesamt 2.000 Menschen wurden getötet, geschätzte 80.000 verloren in den Folgejahren ihre Häuser.[6] Zwei Jahre später wurde der 53-jährige Ken Saro Wiwa gemeinsam mit acht seiner Kollegen trotz weltweiter Proteste gehenkt. Das Regime behauptete, die Ogoni seien für Morde an rivalisierenden Stammeschefs verantwortlich und verurteilte die neun Männer zum Tod durch den Strang.

Das Urteil, dem kein ordentliches Gerichtsverfahren vorangegangen war, wurde in Port Harcourt, der Hauptstadt des nigerianischen Bundesstaates River State, vollstreckt. »Meine intellektuelle Kraft und alle verfügbaren Mittel, ja mein Leben habe ich einer Aufgabe gewidmet, an die ich fest glaube und die ich weder unter Erpressung noch durch Einschüchterung aufgebe«, erklärte der international geachtete Träger des alternativen Nobelpreises vor dem Militärtribunal.[7] Da sich im gesamten Nigerdelta niemand fand, der die Exekution vornehmen wollte, musste der Henker eigens aus der rund tausend Kilometer entfernten Wüstenstadt Sokolo eingeflogen werden.

»Der Galgen steht immer noch da. Der Strick mit der Schlinge schaukelt noch immer, wenn sich ein Luftzug in die stickigen Gefängnisbauten von Port Harcourt verirrt«, schreibt ein afrikanischer Journalist.[8] Auch das Unrechtsurteil wurde bis heute nicht revidiert, ja nicht einmal die sterblichen Überreste von Ken Saro Wiwa wurden für ein Begräbnis freigegeben, obwohl auch die Vereinten Nationen die Rechtmäßigkeit des Urteils angezweifelt haben.[9]

Gerichtsverfahren gegen Shell

In Nigeria war an eine juristisch korrekte Behandlung der Geschehnisse nicht zu denken. In den USA gibt es jedoch ein Gesetz, das die Anklage von Menschenrechtsverletzungen auch dann erlaubt, wenn diese irgendwo anders auf der Welt verübt wurden. Im Jahr 1996 wandten sich daher einige in den USA lebende Familienmitglieder Saro Wiwas, darunter dessen Sohn Ken Wiwa und der Bruder, Dr. Owens Wiwa, an ein New Yorker Gericht, um eine Wiedergutmachung durch Shell und seine nigerianische Tochtergesellschaft zu erreichen.

Ihre Vorwürfe:

Shell habe

- die nigerianische Militärregierung zur Folter und Ermordung Ken Saro Wiwas und anderer Ogoni angestiftet;
- geholfen, den Mordvorwurf gegen diese zu lancieren und zu diesem Zweck Zeugen bestochen;
- Land zur Ölförderung genommen, ohne dafür adäquate Kompensation zu zahlen;
- dort Luft und Wasser verschmutzt und den Ogoni damit die Lebensgrundlage genommen;
- Polizei und Militär rekrutiert, um lokale Dörfer zu attackieren. Bei solchen Attacken seien Menschen getötet und verletzt worden;
- dem Militär Geld, Waffen und logistische Hilfe zur Verfügung gestellt, um die Bevölkerung zu bekämpfen, die gegen die Umweltverschmutzung durch den Konzern protestierte.[10]

Inzwischen hat die Firma eingeräumt, man habe 1993 nigerianische Sicherheitskräfte »gezwungenermaßen« bei mindestens einer Gelegenheit direkt bezahlt.[11] Dennoch wies Shell die Vorwürfe zurück und versuchte jahrelang, die Klage zu verhindern, da die Opfer keine amerikanischen Staatsbürger seien.

Im Jahr 1998 wies deshalb ein US-Bundesrichter die Klage zurück, doch das Berufungsgericht nahm den Fall im September

2000, zwei Monate vor dem fünften Jahrestag der Hinrichtung, wieder auf und verwies ihn an den Obersten Gerichtshof in New York.[12] In einem Brief protestierte der Anwalt des Konzerns, dass »mit dieser Entscheidung praktisch jeder US-börsennotierte multinationale Konzern riskiert, vor den New Yorker Gerichtshof geladen zu werden, um sich dort für Vorwürfe zu verantworten, die keine Verbindung mit den Vereinigten Staaten haben und gegen kein Bundesrecht verstoßen.«[13]

Dennoch verkündete der Oberste Gerichtshof in New York am 26. März 2001 die Aufnahme des Verfahrens der Familie Ken Saro Wiwas gegen Shell. Damit besteht erstmals die reale Möglichkeit, dass ein international agierendes Unternehmen für seine Handlungen in einem repressiven Staat zur Verantwortung gezogen wird. »Außerhalb Nigerias ist unsere Chance auf Gerechtigkeit viel höher«, begrüßte Deeka Menegbon, der Generalsekretär der Ogonibewegung Mosop, die New Yorker Entscheidung.[14] Das Verfahren wird erst nach Ende der Recherchen für dieses Buch aufgenommen.

Für Shell geht es dabei um mehr als um einige Millionen Dollar, die die Familie als Wiedergutmachung für die dem Konzern zur Last gelegte »Begünstigung der Exekution Saro Wiwas« fordert. Shell hat vor allem einen Ruf zu verlieren. Und da macht sich ein vor einem amerikanischen Gericht geführter Prozess gar nicht gut.

Imageverlust durch Ken Saro Wiwa und Brent Spar

Das Image des Konzerns wurde nicht nur durch die Ermordung des Nigerianers Ken Saro Wiwa, sondern auch durch die Vorfälle rund um die Ölplattform Brent Spar gestört. Die Bohrinsel, die 190 Kilometer nordöstlich der Shetlandinseln im Meer verankert war, diente von 1976 bis 1991 als Rohöl-Zwischenlager. Um sich das teure und aufwändige Abwracken zu ersparen, wollte Shell den Stahlkoloss mit rund 130 Tonnen Ölschlämmen, Schwermetallen und radioaktiven Abfällen einfach in der Nordsee versenken.

Ken Saro Wiwa:
Die Verantwortung des
Shell-Konzerns für seine
Hinrichtung ist nach
wie vor ungeklärt

Die Umweltorganisation Greenpeace hatte die drohende Umweltkatastrophe aufgedeckt und an die Öffentlichkeit gebracht. In einer beispiellosen Kampagne schafften es die Regenbogenkämpfer, das Image des drittgrößten Ölkonzerns der Welt so anzuschlagen, dass dieser schließlich freiwillig aufgab. Zuvor hatte Shell durch gefährliche Attacken wie Wasserwerfer-Einsätze gegen Aktivisten die Konfrontation noch angeheizt und erntete dafür massive Medienschelte. Auch den Umweltschützern unterlief eine Panne, für die sie sich später entschuldigen mussten: Aufgrund eines Messfehlers wurden die in der Brent Spar verbliebenen Ölmengen als zu hoch eingeschätzt. Doch der Druck der Öffentlichkeit war zu diesem Zeitpunkt bereits so groß, dass Shell sich im Juni 1995 bereit erklärte, die Brent Spar ordnungsgemäß abzuwracken. 1998 folgte ein generelles Verbot der Versenkung von Ölplattformen im Meer durch die Umweltminister der fünfzehn Anrainerstaaten des Nordost-Atlantiks.[15]

Shell-Boykotte

74 Prozent der deutschen Bundesbürger waren 1995 laut einer Umfrage bereit, Shell-Tankstellen aus Protest gegen die geplante Versenkung zu boykottieren. Die Ächtung durch die Konsumenten ließ die Konzernumsätze kurzfristig um bis zu achtzig Prozent einbrechen.[16] Noch Monate später mieden zahlreiche Autofahrer die Zapfsäulen mit dem Muschel-Logo, klagte der damalige Sprecher von Shell Österreich.[17]

Eine englische Wirtschaftsdetektei, die von ehemaligen Mitarbeitern des britischen Geheimdienstes MI6 gegründet wurde und Verbindungen zu hochrangigen Mitarbeitern von Shell und BP pflegt, schmuggelte daraufhin sogar einen Spion unter die Umweltschützer. Seine Aufgabe war es, deren Strategien gegen die Ölmultis schon im Vorfeld aufzuspüren, damit die Konzerne rechtzeitig darauf würden reagieren können. Als Greenpeace etwa 1997 plante, gegen Ölbohrungen im Atlantik zu protestieren, deckte BP die Umweltaktivisten mit Klagen ein, noch bevor die Kampagne richtig angelaufen war.[18]

Vorreiter in Sachen Menschenrechte?

Mittlerweile bemühen sich die Konzerne, sich als Vorreiter in Sachen Umweltschutz und Menschenrechte darzustellen. In großflächigen Anzeigen und mit Bildern blühender Urwälder bewirbt Shell seine »grüne« Unternehmenspolitik: »Wenn wir Öl- und Gasreserven in sensiblen Gegenden der Welt erforschen, beraten wir uns ausgiebig mit den verschiedenen lokalen und globalen Interessensgruppen. Unser Ziel ist es, mit dieser Zusammenarbeit die Artenvielfalt an jedem Standort zu schützen. (…) Wir sehen das als wichtige Investition in unser Ziel einer nachhaltigen Entwicklung und eines ausgewogenen Verhältnisses zwischen wirtschaftlichem Fortschritt, Umweltschutz und sozialer Verantwortung.«[19]

Ein anderes Sujet zeigt ein hübsches afrikanisches Frauengesicht mit dem Text: »Nicht unser Business? Oder das Herz unseres Business: Menschenrechte. Normalerweise ist das keine geschäftliche Priorität. Aber wir bei Shell fühlen uns verpflichtet, die fundamentalen Menschenrechte zu unterstützen.«

»Wenn Shell sagt, dass es die Menschenrechte respektiert, glaube ich ihnen nicht«, meint dazu Ike Okonta von der nigerianischen Umweltorganisation »Environmental Rights Action«. »Shell arbeitet noch immer mit der nigerianischen Regierung zusammen, um sicherzustellen, dass die lokale Bevölkerung, die ihr Ackerland wieder nutzbar machen will, nicht aufsteht und protestiert.«[20]

Konzern weist Schuld von sich

Auf der Homepage der Shell-Tochter SPDC in Nigeria[21] erfährt man die firmeneigene Version des Konflikts mit den Ogoni. »Die Meldungen über den Tod der berühmten Ogoni, die Hinrichtung von Ken Saro Wiwa und acht anderen lösten bei der SPDC Schock und Traurigkeit aus«, heißt es da, aber: »Wir weisen jeden Vorwurf von Menschenrechtsverletzungen gänzlich von uns.«

Der Konzern gibt sich bereit zum Dialog mit der Bevölkerung. Dies habe jedoch bislang wenig gefruchtet, »wahrscheinlich wegen der Vielfalt der Meinungen innerhalb der Ogoni«.

Überhaupt kann Shell wenig Schuld im eigenen Verhalten erkennen. So schreibt der Konzern über die »angeblichen Umweltschäden« im Nigerdelta, dass diese zum größten Teil auf Sabotagen und Vandalismus zurückzuführen seien: »Das allein hat unserer Ansicht nach mehr Ölaustritte verursacht, als sonst passiert wären. Die Behauptung der Umweltverwüstung scheint daher übertrieben und dient offenbar dazu, die Aufmerksamkeit auf andere Themen im Kampf der Ogoni und im Nigerdelta zu lenken.«

Sabotagevorwürfe

Auch Susanne Geissler vom Österreichischen Ökologie-Institut hat von den Sabotagevorwürfen gehört. »Nur, mit wem immer man dort redet, keiner glaubt diese Vorwürfe. Shell hat mit den Zerstörungen eine immense Jugendarbeitslosigkeit verursacht. Nun macht man die arbeitslosen Jugendlichen zu Sündenböcken, indem man ihnen die Zerstörung der Pipelines und damit die Schuld an der Umweltzerstörung unterstellt.«[22]

Ein Bewohner der Region Warri berichtet:»Ich lebe neben dieser Pipeline, seit ich denken kann. Sie wurde in den letzten vierzig Jahren nicht getauscht und nicht gewartet. Jetzt ist sie einfach gebrochen. Ich habe es gesehen: Das war kein Akt der Zerstörung durch Jugendliche, die war einfach alt.«[23]

Bereits im Dezember 1998 protestierten Aktivisten vom Volk der Iljaw gegen das Sabotagemärchen:»Wir haben die Gasfackeln, die Ölaustritte und Explosionen satt. Wir haben es aber auch satt, Saboteure und Terroristen genannt zu werden.« Der Deklaration folgte prompt ein Schlag des Militärregimes, bei dem mehr als zweihundert Menschen getötet und weit mehr gefoltert und verhaftet wurden. Sogar zwölfjährige Mädchen wurden von den Militärs gefoltert und vergewaltigt, berichtet die Menschenrechtsorganisation»Human Rights Watch«.[24]

Massive Umweltschäden

In den vergangenen 35 Jahren produzierte die Ölindustrie in Nigeria sieben Millionen Kubikmeter Bohrrückstände, die in der unmittelbaren Nachbarschaft der Produktionsstandorte deponiert wurden. Nach offiziellen Zahlen kommt es jährlich zu etwa dreihundert Ölverschmutzungen, bei denen 2.300 Kubikmeter Öl verschüttet werden. Die Weltbank schätzt diese Menge sogar auf das Zehnfache.

»Die Unfälle wurden vor allem durch schlechte Wartung verursacht, denn viele Pipelines sind nach zwanzig Jahren in der feuchten Sumpflandschaft stark verrostet«, weiß eine Studie[25], die im Auftrag von Greenpeace erstellt wurde.

Die Folge davon sind so genannte»Oil Spills« – Ölaustritte, die oft in unmittelbarer Nähe der Dörfer stattfinden.

Die Erde spuckt Öl

Eine Amateurvideo[26] zeigt eines dieser in der Region fast schon zum Alltag gehörenden Ereignisse: Juli 2000 im Dorf Ugbomron im nigerianischen Delta State. Über den Mangrovenbäumen unmittelbar hinter den Häusern steigt eine riesige schwarze Rauchwolke auf und verdunkelt den Himmel. Eine unterirdische Pipeline hat ein Leck bekommen, das Öl ist an die Oberfläche gelangt und hat sich entzündet. Frauen und Kinder packen das Nötigste zusammen und verlassen das Dorf auf der schmalen Straße, die durch den Busch führt. Die Männer versammeln sich in sicherer Entfernung vom Brandherd und können nur noch zusehen, wie das Feuer den gesamten Wald erfasst. Ein Löschfahrzeug mit dem gelben Shell-Logo trifft ein. Stundenlang sprühen die Feuerwehrleute Löschmittel über den Brand. Zurück bleibt ein schmieriger schwarzer Ölteppich, der sich über Landschaft und Bäume legt. Und ein kleiner See aus Wasser, Löschmittel und Öl, aus dessen Mitte es wie aus dem Krater eines Vulkans unablässig herausblubbert. Dennoch bricht Jubel aus, als der erste Sonnenstrahl durch die abziehende Rauchwolke dringt. Doch die Freude weicht bald dem Zorn. Dauernd gehe das so, immer wieder, schimpft einer nach dem anderen in die Kamera:»Shell lässt die Rohrleitungen einfach veralten, das Öl dringt an die Oberfläche und zerstört alles, was wir haben.«

Viele der Pipelines stammen noch aus den späten fünfziger Jahren. »Shell wurde auf Lecks hingewiesen, doch es wird nichts gemacht«, sagt Susanne Geissler. Auch die Produktionsanlagen seien völlig veraltet, so die Ökologin:»In den Raffinerien wird das Gas, das dort als Abfallprodukt entsteht, einfach verbrannt. Früher hat man das bei uns auch gemacht, doch mittlerweile gibt es Technologien, dieses Gas zu nutzen. Die kosten natürlich etwas, aber warum soll ein Weltkonzern in Afrika nur rausholen, was geht, und nichts investieren?«

»Das Abfackeln des Gases findet an etwa sechzig Standorten statt, fast überall in Bodenhöhe, nur geschützt durch einen einfachen Erdwall«, so die Greenpeace-Studie.»Einige Anlagen verbrennen nun seit dreißig Jahren 24 Stunden täglich in unmittelbarer Nachbarschaft der Häuser Erdgas.«

Zwanzig Milliarden Kubikmeter davon werden in Nigeria jedes Jahr abgefackelt. Sie stellen weltweit eine der größten Emissionsquellen für Treibhausgas dar und leisten damit einen wesentlichen Beitrag zur Erderwärmung. »Wegen der extrem unvollständigen Verbrennung dieses Erdgases gelangen jährlich zwölf Millionen Tonnen Methan in die Atmosphäre. Das ist das Elffache der gesamten Methanemission der Niederlande«, so die Greenpeace-Studie.

Die kurze Krankheit und der Tod

Die sauren Niederschläge, die durch die Gasfackeln und Ölbrände entstehen, haben nicht nur das Land unfruchtbar gemacht. Sie könnten auch verantwortlich sein für eine Krankheit, die in der Gegend weit verbreitet ist: die so genannte »Brief Illness«, die »Kurze Krankheit«. »Fast jeder hat hier jemanden in der Familie, der daran gestorben ist«, erzählt Geissler. »Das fängt mit Kopfschmerzen und Atemnot an, dann kommt hohes Fieber. Innerhalb von drei Tagen sind die meisten tot.« Die Zahl der Opfer geht in die Tausende. Nachgewiesen ist der Zusammenhang mit den Öl- und Gasbränden nicht, da es keine offiziellen Untersuchungen gibt. Umweltmediziner haben einen hohen Bleigehalt in den Haaren der Opfer festgestellt, der mit Sicherheit von der Umweltbelastung herrührt. Auch die Fische – einst wichtiges Nahrungsmittel und Einkommensquelle – seien hoch belastet.

Shell hingegen sieht sich selbst als Segen für die Region. Rund 115 Millionen Mark (60 Mio. Euro) im Jahr gibt der Konzern nach eigenen Angaben jährlich für Sozialprojekte aus und ist damit einer der größten Geldgeber der Region. »Womit wir es hier zu tun haben, ist eine von der Armut verfolgte Bevölkerung, die einen Weg gefunden hat, vom Ölgeschäft zu profitieren«, sagt Dierdre Lapin von der Shell-Tochtergesellschaft SPDC.[27]

Lächerliche Summen für Hilfsprojekte

»115 Millionen? Das ist doch lächerlich! Was kostet es denn, wenn Flüsse und Landschaft so verschmutzt sind, dass man damit die Lebensgrundlagen der Bevölkerung auf Jahrzehnte vernichtet hat?«, wendet Geissler ein. »Vielleicht spekuliert man damit, dass die Leute hier ohnehin irgendwann aussterben, und dann kann man in Ruhe Öl fördern.« Insgesamt rund 21 Milliarden Mark (11 Mrd. Euro) forderte die Ogonibewegung Mosop im Jahr 1992 von Shell als Wiedergutmachung allein für die auf ihrem Gebiet seit 1958 entstandenen Schäden – 13 Milliarden davon als Anteil an den Erdölexporten, acht Milliarden für das durch Umweltschäden vernichtete Land.

Die Mosop schätzt, dass Shell seit Beginn der Ölförderung Erdöl im Wert von insgesamt rund 68 Milliarden Mark (35 Mrd. Euro) aus dem Boden geholt hat.[28]

In anderen Gegenden, in denen die jeweilige ethnische Gruppe keine so starke Interessensvertretung hat wie die Ogoni, sei von einem Beitrag zur sozialen Entwicklung nichts zu spüren, so Geissler. Es gebe keine Müll- und Abwasserentsorgung, die Jahresgebühr zum Besuch einer Schule koste den dreifachen Monatslohn, wenn man vom Mindestverdienst ausgeht. »Das ist noch optimistisch, denn die meisten sind arbeitslos.« Und die Erdölindustrie beschäftige in ganz Nigeria gerade einmal 10.000 Menschen, die noch dazu zu einem großen Teil aus dem Ausland kämen.

Vergangenheitsbewältigung

Seit 1999, seit Nigeria von einem gewählten Präsidenten, dem zum Demokraten geläuterten ehemaligen Militärherrscher Olusegun Obasanjo, regiert wird, hat sich dennoch vieles geändert. Der Staat versucht zögerlich, die Folgen der Diktatur aufzuarbeiten. Und das betrifft auch die Machenschaften von Shell.

So verurteilte ein Gerichtshof in Port Harcourt die SPDC im Juni 2000 zu einer Strafzahlung von 4 Milliarden Naira (80 Mio. Mark bzw. 41 Mio. Euro) für die Folgen eines Erdölaustritts im Jahr 1970. Das Urteil ist nicht rechtskräftig, da Shell in die Berufung ging. »Shells Strategie ist es, den Prozess hinauszuzögern«, sagt der gewählte Führer der Ogonibewegung Mosop, der Rechtsanwalt Ledum Mitee. »Das kann noch zehn oder zwanzig Jahre dauern. Bis das Geld ausgezahlt wird, sind die Betroffenen tot.«[29]

Shell argumentiert, dass die Firma von 1967 bis 1970 gar nicht im Lande war, da zu dieser Zeit der Biafra-Krieg stattfand. Doch der Austritt von Tausenden Litern Öl, die Agrarland und Flüsse bis heute unnutzbar machen und viele Meter tief in die Erde eingedrungen sind, ist auf eine verrostete Pipeline zurückzuführen, die schon vor 1967 Shell gehörte und nie gewartet wurde, erzählen die betroffenen Fischer und Landwirte.

Im Oktober 2000 forderten zwei weitere Opfer von Ölaustritten eine Wiedergutmachung von Shell. Seit 38 Jahren seien ihre Ackerböden der stetigen Verschmutzung durch schlecht gewartete Förderanlagen ausgesetzt. Außerdem hätten zwei Ölexplosionen, die letzte am 8. August 2000, das Trinkwasser vergiftet sowie Fischfang und Ernte komplett vernichtet. Eines der Opfer, der Landwirt Bariseru Nsenu, klagte darüber hinaus über Gesundheitsbeschwerden, die seit der Explosion ihn selbst und sein damals zwei Monate altes Kind plagen. Die Forderung nach Wiedergutmachung sei vom Konzern mit Verachtung gestraft worden. Nicht nur das, Shell habe sogar seine Agenten losgeschickt, um ihn einzuschüchtern.[30]

Solche Meldungen liest man in nigerianischen Medien heute fast täglich.[31] Noch mehr Licht ins Dunkel bringen soll allerdings eine Kommission, die Hintergründe und Motive der zahlreichen Menschenrechtsverletzungen während der verschiedenen Militärdiktaturen seit 1966 untersucht. Die »Human Rights Violations Investigation Commission« wurde unter dem Vorsitz des pensionierten Richters Chukwudifu Oputa am 14. Juni 1999 gegründet und versucht vor allem einmal die Opfer zu Wort kommen zu lassen. Richterliche Gewalt hat die Oputa-Kommission nicht. Sie kann lediglich Empfehlungen geben.

Für Shell ist die Kommission, die im Januar 2001 zum Thema Ölförderung tagte, dennoch bedrohlich, da sie ein Forum für die öffentliche Aufarbeitung der Vorwürfe gegen den Konzern schafft. So musste dieser erstmals zugeben, dass er im Jahr 1983 Handfeuerwaffen für die Polizeitruppen des Regimes gekauft hatte.

Shell gesteht Waffenkäufe

Der Vizedirektor der Shell-Tochter SPDC, Egbert Imomoh, gestand vor dem Tribunal, dass Pistolen und Munition dazu gedient hätten, den Konzern vor den »häufigen Attacken« gegen Anlagen und Personal zu schützen. Die Waffen, die Shell gekauft habe, seien aber seines Wissens nicht benutzt worden, »außer um in die Luft zu schießen«.[32]

Mosop-Präsident Ledum Mitee führte dagegen ein Beispiel an, als zum Schutz der Shell-Anlagen abgestellte Polizisten einen behinderten Jungen erschossen, der sich zufällig in diesem Bereich bewegte. »In Großbritannien oder den Niederlanden, wo Shell auch Anlagen besitzt, würde man eine solche Situation nicht tolerieren«, meinte der Rechtsanwalt über das Verhältnis zwischen Konzern und Militär.[33]

Als Mitee im Frühjahr 2000 Shell International zur Zahlung einer Wiedergutmachung an die Ogoni aufforderte, wurde kurze Zeit später sein Haus niedergebrannt, und zwei Mordanschläge wurden gegen ihn verübt.

Die Gewalt geht weiter

Die Ogoni fordern eine Verringerung der Erdölförderung. Der ehemalige US-Präsident Bill Clinton hingegen setzte Nigeria bei einem Besuch im August 2000 unter Druck, die Ölproduktion noch weiter anzukurbeln.[34]

Im Oktober 2000 wurden zehn nigerianische Aktivisten vom Volk der Iljaw getötet, die gegen die italienische Ölfirma Agip protestiert hatten.[35] Im Januar 2001 wurden bei Kämpfen zwischen lokalen Milizen um die Kontrolle zweier Shell-Pumpstationen mindestens zwanzig Menschen umgebracht. Zur selben Zeit wurden in einem anderen Landesteil nach einer Pipeline-Explosion vier Quadratkilometer Land mit Erdöl überschwemmt.[36]

Vor der Oputa-Kommission für Menschenrechte in Port Harcourt wurde auch eines deutlich: Es wird keine Versöhnung geben. Denn weder die Vertreter des ehemaligen Militärregimes noch die Konzernherren zeigten auch nur das leiseste Anzeichen von Reue.

Den greisen Vater von Ken Saro Wiwa, den die Kommissions-mitglieder in seinem Haus im Ogoniland besuchten, kümmert das nicht mehr: »Was wollen Sie von mir«, sagte Jim Wiwa zu den Richtern. »Mein Sohn ist tot und ich bin traurig.«[37]

Angola und der Krieg ums Öl

Noch ist Nigeria der wichtigste Erdöllieferant in Afrika. Doch schon bald wird es von Angola überholt werden, vor dessen Küste erst vor kurzem riesige Offshorevorkommen entdeckt wurden, also Öllagerstätten, die tief auf dem Meeresgrund liegen. Schon heute produziert Angola täglich eine Million Barrel Rohöl. In den vergangenen zehn Jahren hat die angolanische Regierung jährlich zwischen zwei und drei Milliarden Dollar aus Erdölexporten eingenommen. Das sind rund neunzig Prozent des gesamten Staatshaushalts.

Mit diesen Einnahmen finanziert die Regierung des angolanischen Präsidenten José Eduardo dos Santos einen Bürgerkrieg, der seit mehr als 25 Jahren das Land verwüstet.

Angola erhielt am 11. November 1975 die Unabhängigkeit von Portugal und war bis dahin eine der letzten Kolonien Afrikas. Seit damals regiert in der angolanischen Hauptstadt Luanda die ehemals kommunistische Partei Movimento Popular de Libertação de Angola (MPLA), deren Führer dos Santos 1991 dem Marxismus-Leninismus abschwor und sich zum Kapitalismus bekannte.

Bis zum Ende des Kalten Krieges wurde die MPLA von der Sowjetunion und von Kuba unterstützt. Bekämpft wurde die Regierungspartei von den Rebellen der Unita, deren Führer Jonas Savimbi ab 1985 mit der Unterstützung der Vereinigten Staaten rechnen durfte. Anfangs geschah dies noch heimlich, doch bereits im Jahr darauf erhielt Savimbi als »antikommunistischer Freiheitskämpfer« offiziell 15 Millionen Dollar von Ronald Reagans Regierung.

Elend trotz Reichtums

Die offizielle Geschichtsschreibung des Landes spricht von vier Kriegen: 1974–76, 1985–88, 1992–94 und 1998 bis heute. Doch genau genommen wird in Angola seit der Unabhängigkeit fast ununterbrochen gekämpft. Und das mit den hinterhältigsten Mitteln: Landminen machen weite Teile des eineinviertel Millionen

Quadratmeter großen Staates im Südwesten Afrikas unbewohnbar. Und überall begegnen einem die Opfer, meist Zivilisten: »Wie ungelenke Krebse krabbeln Menschen mit verkrüppelten oder amputierten Beinen durch die Gegend, gestützt auf in Lumpen gewickelte Fäuste«, beschreibt der amerikanische Journalist Jon Lee Anderson die Situation.[38] Mehr als 100.000 Menschen leben mit Amputationen, weil sie auf Landminen getreten sind oder eine davon in ihrer Nähe explodiert ist.

Dabei ist Angola ein reiches Land. Es besitzt neben dem Erdöl riesige Kupfervorkommen, Diamanten, Gold, Eisen, Baumwolle, Zucker, Reis, Tabak und Fisch. Einst war es der drittgrößte Kaffeeproduzent der Welt. Doch »außer Fabriken für Prothesen« (Anderson) gibt es heute keine produzierende Industrie mehr. Mehr als achtzig Prozent der zwölf Millionen Angolaner leben in Armut. Drei von zehn Kindern sterben vor dem fünften Lebensjahr. Die Zahl der Bürgerkriegstoten geht in die Hunderttausende. 2,5 Millionen Menschen sind Flüchtlinge.

Schuld daran ist der Krieg, in dem es im Wesentlichen um die persönliche Bereicherung der Eliten des Landes geht.

Erdölförderung dient dem Waffenhandel

Geführt wird dieser Krieg mit Waffen, die mit westlichen Geldern bezahlt wurden. Rebellenführer Jonas Savimbi kontrolliert die großen Diamantenminen des Landes. Seit die UNO im Juni 1998 ein Importverbot verhängt hat, gelangen die edlen Steine nur noch auf Umwegen in die Juwelierläden des Westens (siehe auch Seite 49).

Auf Regierungsseite wird der Krieg mit den Einnahmen aus der Erdölförderung finanziert. Das von den USA lange Zeit gemiedene Regime suchte sein Glück vor allem in Frankreich. Dort schlug sich Anfang der neunziger Jahre der erzkonservative Innenminister Charles Pasqua auf die Seite von Präsident dos Santos. Und mit ihm die französische Erdölgesellschaft Elf.

Angolagate

Eine Vermittlerrolle spielte dabei der Sohn des mittlerweile verstorbenen französischen Präsidenten François Mitterrand, Jean-Christophe. »Angolagate« nennen die Franzosen die Vorfälle, die nach der Verhaftung von Jean-Christophe Mitterrand im Dezember 2000 ans Tageslicht kamen: Frankreich kämpfte mithilfe von Waffenhändlern um Einfluss in Afrika, die Kriegsgerät im Wert von mehr als einer halben Milliarde Dollar an den angolanischen Präsidenten dos Santos geliefert hatten, während die USA noch Rebellenführer Savimbi unterstützten.

Mitterrand junior erhielt dabei für Vermittlertätigkeiten 1,8 Millionen Dollar – auf ein Schweizer Konto. »Die Vereinten Nationen sind inzwischen aus Angola vertrieben worden, doch wen schert das schon«, schreibt der Journalist Ulrich Wickert in der Zeitung »Die Woche«[39]: »Dank französischer Hilfe hat dos Santos jetzt die besseren Karten. Die Länder des Westens drängen sich plötzlich dem Chef der Öl-Diktatur auf. Denn die Ölvorkommen, die US-Firmen vor der Küste Angolas entdeckt haben, versprechen unglaubliche Profite. So ist der Kampf zwischen Frankreich und Amerika eigentlich der zwischen zwei Ölfirmen – der französischen Elf und der amerikanischen Chevron. Es geht um Milliarden.«

Ausgetragen wird dieser Kampf auf dem Rücken der angolanischen Bevölkerung. Auch die USA, die über acht Prozent ihrer Ölimporte aus Angola beziehen, haben sich mittlerweile auf die Seite der angolanischen Regierung geschlagen. Etwa zwanzig Erdölkonzerne tummeln sich in dem bürgerkriegsgeschüttelten Land und planen in den kommenden Jahren Investitionen in Milliardenhöhe. Neben Chevron und dem Konsortium TotalFinaElf sind das unter anderem BP/Amoco, Texaco, Shell, Agip und Exxon Mobil, der Mutterkonzern von Esso und Mobil.

Korruption

Sie alle tragen zur Finanzierung des Krieges bei. Von den mehreren hundert Millionen Dollar, die internationale Mineralölfirmen für Förderrechte bezahlen, soll mehr als die Hälfte für Militäroffensiven gegen die Unita verwendet worden sein. Ein Teil wird offiziell für Waffenkäufe verbucht. Der Rest versickert in den dunklen Kanälen der Korruption – für »Provisionen« und illegalen Waffenhandel.

Die englische Umwelt- und Menschenrechtsgruppe »Global Witness« beschuldigt hoch gestellte angolanische Militärs, mit den Tantiemen aus dem Erdölgeschäft Waffen von der russischen Unterwelt zu kaufen und diese dann über Tarnfirmen an die Regierung zu verschachern. »Ein erheblicher Teil von Angolas Petrodollars dient zur persönlichen Bereicherung und Bedürfnisbefriedigung der Führungselite.« Die Erdölmultis machten sich damit, so der Vorwurf, zu Komplizen einer humanitären Katastrophe. Sie werden daher aufgefordert, ihre Produktionsdaten und alle Zahlungen an angolanische Behörden transparent zu machen sowie Geschäftsverbindungen zu allen Gruppen, die im Verdacht des Waffenhandels stehen, zu unterlassen. Als einziger Konzern hat laut »Global Witness« bisher BP/Amoco eine solche Transparenzerklärung abgegeben.[40]

Blut für Öl im Sudan

Seit der Unabhängigkeit 1956 betreibt das Militärregime im Sudan den systematischen Völkermord gegen die schwarzafrikanische Bevölkerung im Süden des Landes. Nahezu 2,5 Millionen Menschen starben durch Massaker, Krieg, Hunger und Massenvertreibungen. Ganze Dörfer wurden ausgelöscht, Angehörige christlicher Gemeinden in ihren Kirchen eingesperrt und verbrannt und unzählige Menschen versklavt oder zu Tode gefoltert.

Im Jahr 1992 erklärte die in der Hauptstadt Khartum regierende fundamentalistisch islamische Militärjunta den Genozid an den Südsudanesen zum »Heiligen Krieg«. Dieser Krieg wird zum Teil mit Kindersoldaten geführt, die die Regierungsarmee unter anderem in Khartums Straßen rekrutiert und ohne Wissen der Eltern an die Front verschleppt.

Im Südsudan bergen Ölquellen bis zu drei Milliarden Barrel Rohöl. Seit August 1999 wird in der Region Öl gefördert. Dort stehen sich Truppen des Militärregimes, Einheiten der »Sudanesischen Volksbefreiungsarmee« (SPLA) und verschiedene kleinere Milizen gegenüber. »Alle führen zugleich einen Krieg gegen die Zivilbevölkerung«, schreibt Sarah Reinke von der Gesellschaft für bedrohte Völker.[41] »Eigentlich könnten die Völker der Dinka und Nuer, auf deren Land das Öl gefunden wurde, reich sein. Stattdessen herrscht Hunger und Tod.«

Die Einnahmen aus dem Ölexport dienen der Stabilisierung des Militärregimes, das damit seinen Krieg finanziert. Hassan Al Turabi, der Führer der regierenden Nationalen Islamischen Front (NIF), erklärte im April 1999 öffentlich, dass die Erdölgewinne für Waffenkäufe eingesetzt werden.[42] Die Regierung gibt etwa die Hälfte ihres Staatshaushalts, eine Million Dollar pro Tag, für den Krieg gegen den Südsudan aus. Die Einnahmen aus den Ölexporten werden auf 400 Millionen Dollar im Jahr geschätzt.

Betrieben wird die Förderung von Erdölkonzernen aus Kanada, Schweden, China, Frankreich und Österreich. Diese Firmen seien »Komplizen in der systematischen Entvölkerung großer Teile des

Landes sowie in Gräueltaten gegen Zivilisten, von denen Zehntausende getötet oder von den Gebieten rund um die Ölfelder vertrieben wurden«, behauptet die britische Hilfsorganisation »Christian Aid« und fordert deren Rückzug aus dem Sudan.[43]

Laut dem Bericht, der am 15. März 2001 der Öffentlichkeit präsentiert wurde, seien die Ölkonzerne in den Krieg, den die Regierung gegen die Südsudanesen führt, grundlegend involviert. Die Firmen würden mit dem Militärregime kollaborieren. Im Gegenzug würden die Militärs die Anlagen der Konzerne beschützen und dabei weitere Menschenrechtsverletzungen begehen.

»Mit der Ölförderung begann der Krieg«, wird ein Führer des Nuervolkes zitiert. »Alle unsere Farmen, alles rund um die Ölfelder wurde zerstört.«

»Alle Dörfer entlang der Straße wurden verbrannt«, sagt ein anderer. »Die Regierung will keine Menschen in der Nähe des Öls.«

Auch ein Report von Amnesty International klagt die Komplizenschaft westlicher Mineralölkonzerne bei den Gräueltaten im Sudan an: »Ausländische Unternehmen sehen einfach weg, wenn die Regierungstruppen im Namen der Sicherheitsinteressen in den Ölfördergebieten Menschenrechte verletzen.«[44]

»Die Zivilbevölkerung, die rund um die Ölfelder lebt, wurde zum wohl überlegten Ziel humanitärer Missbräuche«, sagt Maina Kiai, der Afrika-Direktor von Amnesty International. Seine Liste an dokumentierten Übergriffen liest sich wie ein Bericht aus der Hölle.

So »säuberten« Regierungstruppen das Gebiet rund um die Stadt Bentiu mitten in der Ölregion mit Maschinengewehrsalven aus dem Hubschrauber und gezielten Bombardements aus russischen Antonov-Maschinen. Dazu jagten Bodentruppen die Menschen aus ihren Häusern. Männer wurden in Massenexekutionen hingerichtet, Frauen und Kinder mit Eisenstiften an die Bäume genagelt. In anderen Dörfern schlitzten die Soldaten den Kindern die Gurgel auf und töteten männliche Zivilisten, indem sie ihnen Nägel in die Stirn schlugen.

Auch die Rebellentruppen, die für einen unabhängigen Südsudan kämpfen, versuchen die Kontrolle über die erdölreichen Gebiete zu erlangen. Ein ehemaliger Rebellenchef gestand, dass seine Kämpfer in großer Zahl Zivilisten exekutiert, Frauen vergewaltigt und entführt und ganze Dörfer niedergebrannt hätten.

Um Personal und Anlagen der Unternehmen zu schützen, die die Erdölpipelines verlegen, wurden sogar Kämpfer der radikalislamischen Mudschaheddin aus Afghanistan und Malaysia rekrutiert. Auch ihnen wird vorgeworfen, Gräueltaten gegen Zivilisten begangen zu haben. Eine der Firmen, die an den Sudan mehr als 500 Kilometer solcher Erdölleitungen geliefert hat, ist die deutsche Mannesmann AG.

Auch die Verbindung zwischen Waffenkäufen und Ölexporten ist laut Amnesty International offenkundig: So seien sogar an jenem Tag, als die ersten Ölfässer den Sudan verlassen haben, ebendort polnische Waffenladungen gelandet. Weitere Waffenlieferungen aus China und Bulgarien sind dokumentiert.

Der Amnesty-Bericht beschreibt auch, wer die Firmen sind, die in die Erdölförderung im Südsudan involviert sind. Darunter findet sich das französische Konsortium TotalFinaElf ebenso wie die italienische Agip und die Österreichische Mineralölverwertungsgesellschaft OMV, deren frühere Bezeichnung ÖMV einst als Abkürzung für »Österreicher mit Verantwortung« gepriesen wurde (siehe auch die Stellungnahme der OMV auf Seite 292 f.).

Die Konzerne BP/Amoco und Shell, denen von »Christian Aid« Anteile an im Sudan operierenden Erdölfirmen vorgeworfen werden, bestreiten diese Beteiligungen. Dafür gestand der britische Konzern Rolls-Royce, Dieselmotoren in den Sudan geliefert zu haben, mit denen das Erdöl zu den Exportterminals am Roten Meer gepumpt wird. Immerhin deutete Rolls-Royce-Sprecher Martin Brody gegenüber der britischen Zeitung »The Guardian« an, dass man die Geschäftsbeziehungen zum Sudan anlässlich der Kritik durch die Menschenrechtsgruppen noch einmal überdenken werde.[45]

Weitere kritische Erdölprojekte

Tschad und Kamerun

Amnesty International befürchtet, dass ein geplantes Erdölprojekt in den afrikanischen Ländern Tschad und Kamerun »eine große menschliche Tragödie auslösen könnte«.[46] Die Konzerne Esso, Chevron und Petronas bereiten im Süden des Tschad die Ausbeutung eines großen Erdölvorkommens vor. Ab 2003 sollen dort etwa 300 Bohrlöcher entstehen. Das Öl soll dann durch eine 1.050 Kilometer lange unterirdische Pipeline quer durch Kamerun zur Hafenstadt Kribi geleitet werden. »Wir befürchten, dass das Projekt zur Verarmung der Bevölkerung, zur Zerstörung der sozialen Strukturen bei der Umsiedlung der Bewohner sowie zu einer massiven Umweltzerstörung im Fördergebiet und entlang der Pipeline führen wird«, meint Günter Schönegg von der deutschen AG Erdölprojekt Tschad/Kamerun.

»Die Erdölförderregion ist seit vielen Jahren Schauplatz eines bewaffneten Konflikts zwischen dem tschadischen Militär und verschiedenen bewaffneten Oppositionsgruppen«, ergänzt Barbara Lochbichler, Generalsekretärin von Amnesty Deutschland. »Durch das Ölförderprojekt könnte der Konflikt erneut angeheizt werden. Außerdem werden schon jetzt Menschenrechtler, Politiker und Journalisten, die das Projekt kritisieren, verfolgt und sind in ihrer Existenz bedroht.«

Hundertfünfzig Familien, die auf dem Erdölfeld leben, und Tausende Familien im Umfeld der geplanten Pipeline sollen zwangsumgesiedelt werden. Ackerböden und Trinkwasser würden der Verschmutzung durch das Öl zum Opfer fallen. In der Küstenregion, die ein Naturschutzgebiet und einen der schönsten Strände Kameruns beherbergt und wo die Menschen von Fischfang und Tourismus leben, würden diese Einkommensquellen zerstört. Entschädigungszahlungen seien nicht vorgesehen oder skandalös niedrig. Damit droht der Großregion eine ähnliche Situation wie jene in Nigeria.

Russland

Das größte Land der Erde verfügt über riesige Erdöl- und Erdgasreserven. Der Großteil davon befindet sich in Sibirien. Dort laufen Jahr für Jahr 15 Millionen Tonnen Erdöl durch kaputte Pipelines aus, hat die Umweltschutzorganisation Greenpeace berechnet.[47] Böden und Gewässer sind weitgehend verseucht. Riesige Ölseen zerstören den Lebensraum von Menschen, Tieren und Pflanzen. Professor Veniamin Khudoley, Arzt und Krebsexperte aus Sankt Petersburg, berichtet über die Ölförderregion Komi im Nordosten des europäischen Russland: »Von 1995 bis 1997 waren neunzig Prozent aller Einwohner in Komi krank. Die Dauerbelastung mit Öl im Trinkwasser und in der Nahrung gefährdet die Gesundheit der Bevölkerung. Viele Menschen leiden an Krebs, Lungen- und Bluterkrankungen sowie Schäden am Immun- und Nervensystem.« Greenpeace wurden offizielle russische Berichte zugespielt, denen zufolge allein in der Region Komi insgesamt rund 220.000 Tonnen Erdöl die Fördergebiete verseuchen.

Ein Drittel der Pipelines ist über dreißig Jahre alt und wird nicht gewartet. Für eine Tankfüllung von fünfzig Litern Benzin oder Diesel laufen in Russland zehn Liter Rohöl aus kaputten Ölleitungen aus. Greenpeace macht dafür neben der russischen Regierung auch westliche Erdölkonzerne verantwortlich. Deutschland bezieht rund dreißig Prozent seines Rohöls aus Russland. Ein großer Teil davon fließt durch die mit 4.000 Kilometern längste Ölleitung der Welt, die Druschba-Pipeline, zu den ostdeutschen Raffinerien Schwedt und Leuna.

Schwedt gehört der Veba-Tochter Ruhroel, der RWE-Tochter DEA sowie Agip, Elf und Total.

Die Raffinerie Leuna gehört dem Elf-Konzern.

Greenpeace fordert, dass die westlichen Firmen, die Öl und Gas aus Russland beziehen, nicht nur die Gewinne aus der Treibstoffproduktion abschöpfen, sondern sich auch an der Wartung der Druschba-Pipeline beteiligen. Das russische Wort »Druschba« heißt übrigens »Freundschaft«.

Indonesien

Das Wirtschaftsmagazin »Business Week« warf dem Erdölkonzern Mobil Oil 1998 »Komplizenschaft« mit den Streitkräften unter der Herrschaft des ehemaligen indonesischen Diktators General Suharto vor.[48] 1980 starteten indonesische Separatisten Angriffe auf Produktionsanlagen von Mobil. Im selben Jahr wurde das Kriegsrecht verhängt. In der Folge kam es zu Massenexekutionen, viele Menschen verschwanden. Einige der Massaker wurden in unmittelbarer Nähe der Mobil-Anlagen in der Provinz Aceh begangen. Nach dem Sturz von General Suharto informierte ein indonesisches Menschenrechtskomitee im Jahr 1999 die Öffentlichkeit über die Existenz zahlreicher Massengräber mit den Leichen Hunderter Menschen, von denen viele gefoltert worden waren.

Mobil bestritt jegliche Verbindung mit den Morden. Dafür gestand der Konzern, dass man den Soldaten, die mit dem Schutz der Mobil-Anlagen betraut waren, Lebensmittel, Treibstoff und Ausrüstung geliefert habe. Nach Auskunft indonesischer Menschenrechtsorganisationen sei ein Teil dieser Ausrüstungen zum Ausheben der Massengräber benützt worden.

Myanmar

Die französische Erdölgesellschaft Total und ihr amerikanischer Partner Unocal erschließen seit 1996 in Assoziation mit der staatlichen Myanmar Oil & Gas Enterprise (MOGE) Erdgasvorkommen in Myanmar, dem ehemaligen Burma. Die »Internationale Liga für Menschenrechte« (FIDH) wirft den beiden Konzernen vor, von Menschenrechtsverletzungen durch die burmesischen Militärs profitiert zu haben, die während der Bauarbeiten einer Pipeline in mehreren Dörfern begangen wurden. Im Fördergebiet seien Zwangsumsiedlungen mit Waffengewalt vorgenommen worden, außerdem wird von Zwangsarbeit und willkürlichen Hinrichtungen berichtet. Beide Firmen bestreiten, dass sie mit den Gräueltaten unmittelbar zu tun hätten. Sowohl Total als auch Unocal sehen ihre Präsenz in Myanmar als Segen für die Bevölkerung.

»Angesichts der wahren Verhältnisse im Land klingt diese Schutzbehauptung wenig überzeugend«, schreibt der französische Journalist Roland-Pierre Paringaux.[49]

Die seit 1988 regierende Militärjunta wurde von den USA, der EU und den Vereinten Nationen wiederholt kritisiert. Folter und Sklaverei sind in dem südostasiatischen Land an der Tagesordnung. Viele internationale Konzerne haben sich deshalb unter Hinweis auf die untragbare Situation aus Myanmar zurückgezogen, darunter bekannte Firmen wie Heineken, Pepsi Cola, Levi Strauss, Motorola und der Ölkonzern Texaco.

Nach Aussage der Oppositionsführerin und Friedensnobelpreisträgerin Aung San Suu Kyi ist Total mittlerweile zur »besten Stütze« des Militärregimes geworden.

Fressen und gefressen werden

Damit wir in Europa billige Nahrungsmittel konsumieren können, nehmen viele Konzerne Kinderarbeit, Sklaverei, Ausbeutung, Tierquälerei und Umweltzerstörung in Kauf. Firmen wie Nestlé gefährden mit ihren Marketingmethoden sogar das Leben von Säuglingen. Dabei gibt es eine Alternative: den Fairen Handel.

Rund 50 Mark (25 Euro) kostete das Stück. Das ist nicht so viel, also nahm der Kakaofarmer Amadou Bamba gleich zwei davon. Das erste Kaufobjekt trägt den Namen Abou, das zweite nennt sich Adama. Abou und Adama sind heute zehn Jahre alt. Seit sie vor drei Jahren von ihrem nunmehrigen Besitzer käuflich erworben wurden, schuften die beiden Jungen gemeinsam mit zwanzig anderen Kindern im Alter von acht bis vierzehn Jahren auf dessen Plantagen. Sieben Tage in der Woche, von sechs Uhr morgens bis neun Uhr abends, ohne Pause.

Vor drei Jahren wurden die beiden Jungen auf dem Busbahnhof von Sikasso in der Nähe ihres Heimatdorfes im Süden von Mali von einem unbekannten Mann angesprochen. »Er bot uns Arbeit und Geld«, erzählten Abou und Adama dem französischen Journalisten Sönke Giard.[1] Und weil die damals Siebenjährigen arm, hungrig und unerfahren waren, nahmen sie das Angebot an. Der Händler brachte sie ins achthundert Kilometer entfernte Dorf Toulé im Zentrum der westafrikanischen Elfenbeinküste und verkaufte sie dort an Amadou Bamba, der sie auf sein Kakaofeld schickte. Ohne Bezahlung.

Von Hunden bewacht und gehetzt, mit Peitsche und Machete bedroht, rackern die Kinder dort in der glühenden Hitze. Barfuß treiben sie den Handpflug in die Erde, wer sich verletzt, dem wird kurz auf die Wunde gespuckt. Dann geht die Plackerei weiter. »Sie keuchen wie alte, asthmakranke Männer, ihre Augen sind leblos, ihre Köpfe hängen schlaff zwischen den gesenkten Schultern«, erzählt Giard. Als Abou zu fliehen versucht, muss er zur Strafe den ganzen Tag lang nackt und mit auf den Rücken gebundenen Händen in der Sonne sitzen. Nach der Arbeit müssen die anderen Jungen mit ansehen, wie ihn Bamba mit der »Chicotte«, der Gerte, auspeitscht.

Kindersklaven auf Kakaoplantagen

Etwa 20.000 Kinder aus Mali wurden bis jetzt auf die großen Plantagen der Elfenbeinküste verschleppt, hat die Menschenrechtsorganisation »Terre des Hommes« ermittelt.[2] Sie werden geschlagen, misshandelt und ausgebeutet. »Was dort geschieht, ist definitiv Sklaverei«, sagt Pierre Poupard, der das UNO-Kinderhilfswerk Unicef in Mali leitet: »Die meisten wissen nicht einmal, woher sie stammen, geschweige denn wo sie sind. Wer dem Terror zu entfliehen versucht, läuft Gefahr, von seinem Besitzer verprügelt, ja getötet zu werden.«[3]

Von 1441 bis 1880 wurden bis zu 60 Millionen Afrikaner von den verschiedenen europäischen Kolonialherren als Sklaven nach Übersee verschifft, viele davon über die Elfenbeinküste. Seit 1960 ist die ehemalige französische Kolonie unabhängig. Doch mit dem Kinderhandel – insgesamt werden in Westafrika geschätzte 200.000 Kinder als billige Arbeitskräfte gehalten – hat sich eine neue Form von Sklaverei entwickelt. Schuld daran ist, so skurril das klingt, der Reichtum des Landes. Denn die Elfenbeinküste ist der größte Kakaoproduzent der Welt.

Hungrig nach Schokolade

Seit Christoph Kolumbus im Jahr 1502 einen Sack Kakaobohnen auf dem spanischen Königshof ablud, ist Schokolade die beliebteste Süßspeise Europas. Fast die Hälfte aller Süßwaren sind Schokoprodukte. Neun bis zehn Kilogramm reine Schokolade werden in Mitteleuropa pro Jahr und Kopf verzehrt, das entspricht wöchentlich fast zwei 100-Gramm-Tafeln pro Person.[4] Da sind Brotaufstriche und kakaohaltige Getränke noch nicht einmal mitgerechnet.

Westafrikanische Kakaopflückerin: Für die Ernte werden oft Sklaven eingesetzt

Das Fertigprodukt wird überwiegend in den Vereinigten Staaten und in Europa hergestellt. Nach Holland und den USA steht Deutschland mit 260.000 Tonnen verarbeitetem Rohkakao weltweit an dritter Stelle. Daraus wurden im Jahr 1998 mehr als 700.000 Tonnen Schokowaren im Wert von fast 7 Milliarden Mark (3,5 Mrd. Euro) produziert.

Achtzig Prozent der deutschen Kakaoimporte stammen aus Westafrika. Die Elfenbeinküste, Ghana, Kamerun und Nigeria liefern mehr als die Hälfte der weltweit verarbeiteten Menge von fast drei Millionen Tonnen Rohkakao.[5]

Bewirtschaftet werden die Agrarflächen mit der Hilfe von Gastarbeitern aus den nördlichen Nachbarländern. Etwa zwei Millionen Malier arbeiten an der Elfenbeinküste. In ganz Westafrika leben etwa 1,2 Millionen Kleinbauernfamilien und insgesamt 11 Millionen Plantagenarbeiter von der Kakaoproduktion.

Doch die Gewinnspannen für die Kleinbauern sind extrem niedrig. So verdient ein mittlerer Kakaobetrieb mit der gesamten

Jahresernte rund 665 Mark (340 Euro).[6] Die Hauptsache dafür sind die niedrigen Weltmarktpreise: Die schwankten in den letzten zwanzig Jahren zwischen rund 1.700 und 7.900 Mark (870–4.000 Euro) pro Tonne, Tendenz stark sinkend. Das zwingt die Bauern, so billig wie möglich zu produzieren. Und da kommen die Kindersklaven, die nichts kosten außer einer Schale Maisbrei am Tag, wie gerufen.

Lebensmittelkonzerne drücken die Preise

Die niedrigen Preise gehen auf das Konto einer Hand voll europäischer und nordamerikanischer Lebensmittelkonzerne, die den Kakao vor allem zu Schokolade verarbeiten. »Die weltweite Kakaoproduktion wird von wenigen Unternehmen beherrscht, die in der ganzen Welt ein Netz von landwirtschaftlichen Betrieben, Plantagen, Fabriken und Handelseinrichtungen besitzen«, weiß Gerhard Riess von der österreichischen Gewerkschaft Agrar/Nahrung/Genuss: »Diese Unternehmen können dem gesamten Wirtschaftszweig ihren Willen auferlegen.«[7]

Diese beherrschenden Konzerne sind bekannte Markenfirmen (Aufzählung in der Reihenfolge ihres Süßwarenumsatzes):
- Nestlé (Schweiz) mit den Marken After Eight, Baci, KitKat, Lion, Nesquik, Nuts, Smarties etc.
- Mars (USA) mit Balisto, Banjo, Bounty, M&Ms, Mars, Milky Way, Snickers, Twix etc.
- Philip Morris/Kraft Jacobs Suchard (USA) mit Bensdorp, Daim, Finessa, Kaba, Milka, Mirabell Mozartkugeln, Suchard, Toblerone etc.
- Ferrero (Italien) mit Duplo, Ferrero-Roché, Hanuta, »Kinder«-Produkten, Mon Chérie, Nutella etc.[8]

Noch weiter verschlimmert wird die Situation durch eine Regelung der Europäischen Union, die – wieder unter dem Druck der Konzerne – seit März 2000 eine Senkung des Kakaobutteranteils in Schokolade um fünf Prozent des Gesamtgewichts zulässt. Nestlé und Co. wollen Palmöl und andere Fette als Kakaobutterersatz aufbereiten. Das ist billiger als Kakao. Für die Produktionsländer bedeutet die EU-Regelung jedoch einen jährlichen Verlust von 1,13 Milliarden Mark (580 Mio. Euro). Damit wurde vor allem vielen Kleinbauern, die fast 85 Prozent des Marktes abdecken, die Existenzgrundlage entzogen.[9]

Mit Söldnern gegen Landarbeiter

Brasilien ist nach der Elfenbeinküste, Ghana und Indonesien der viertgrößte Kakaoproduzent der Welt. Der größte Teil der riesigen Kakaoplantagen in der Region Bahia gehört außerordentlich reichen Großgrundbesitzern, den »Fazendeiros«. Viele von ihnen wohnen nicht in der Region selbst, sondern in Rio de Janeiro, New York oder Paris. Mehr als 150.000 Menschen arbeiten auf den Kakaofeldern. Viele von ihnen werden nur auf Zeit eingestellt, der Durchschnittslohn beträgt etwa 85 Mark (43 Euro) im Monat.[10] Und weil man damit keine Familie ernähren kann, müssen alle mithelfen, auch Alte und Kinder, die die Arbeit schon für rund 60 Mark (30 Euro) tun. Mitunter auch auf der »Estufa«, dem Trockenofen, wo der sechzig Grad heiße Brei aus Kakaobohnen und Fruchtfleisch klumpenfrei getreten wird.

In den letzten Jahren versuchen Bauern immer wieder, Land zu besetzen und selbst zu bewirtschaften. Sie werden von den Großgrundbesitzern mithilfe der Polizei und eigenen Söldnertruppen, den »Pistoleiros«, vertrieben. Seit 1986 wurden dabei 120 Menschen ermordet oder verletzt.

Die in riesigen Monokulturen angebauten Kakaopflanzen sind sehr anfällig für Ungeziefer. Dagegen werden in großem Umfang hochgiftige Insektizide eingesetzt, die bei Menschen Krebs, Hautkrankheiten, Unfruchtbarkeit und Störungen im Nerven-, Atmungs- und Immunsystem verursachen können. Die meisten Landarbeiter, die die Sprühmaschinen benutzen, sind Analphabeten und verstehen die Gebrauchsanweisungen dieser Chemikalien nicht. Die Herstellerfirmen – unter ihnen BASF, Bayer, Hoechst, Shell und Monsanto – treffen nach Meinung von Kritikern wie dem Nahrungsmittelexperten Gerhard Riess keine ausreichende

Vorsorge gegen die durch ihre Produkte verursachten schweren Gesundheitsgefährdungen.

Giftige Bananen

Ein ähnliches Problem betrifft ein anderes Lebensmittel: die Banane. Im Januar 2001 berichtete die Berliner »tageszeitung« über den Fall des Bananenarbeiters Lucas Barahona in Nicaragua: »Die Ärzte haben mir gesagt, ich soll nach Hause gehen und auf den Tod warten. Ich, meine Kinder, meine ganze Familie.«[11] Der 44-Jährige hat Knochenkrebs. Seine zehnjährige Tochter ist so klein, als wäre sie vier. Und der vierjährige Sohn sieht aus, als wäre er noch ein Baby. Er kann sich nicht einmal alleine aufrichten. Sie zählen zu den rund 22.000 nicaraguanischen Opfern des in den USA produzierten Mittels *Nemagon,* das zumindest bis in die späten siebziger Jahre gegen Wurmbefall bei Bananen eingesetzt wurde. Das Mittel wurde ohne ausreichende Schutzvorkehrungen angewendet und sogar aus dem Flugzeug versprüht. In der Provinzstadt

… und heile Welt beim Weltmarktführer Chiquita

Olanchito im Norden von Honduras schlug im Februar 1998 der Arzt Omar González Alarm: In seinem Krankenhaus kam fast ein Prozent der Kinder ohne Gehirn zur Welt. Den Schaden führte er auf den Einsatz von Nemagon zurück.

Nemagon ist der Markenname der Chemikalie Dibromchlorpropan (DBCP), die von der Weltgesundheitsorganisation WHO als extrem giftig eingestuft wird. DBCP wurde in den fünfziger Jahren durch die Firmen Dow Chemical und Shell Oil als preisgünstiges Pflanzengift auf den Markt gebracht. Dow und Shell lagen bereits 1958 Ergebnisse eigener Untersuchungen vor, denen zufolge DBCP in Tierversuchen bereits in geringen Dosen Sterilität, Hodenschwund, Lungen-, Leber- und Nierenschäden hervorrief. Diese Erkenntnisse wurden jedoch zunächst von beiden Unternehmen geheim gehalten und gegenüber der amerikanischen Zulassungsbehörde als nicht auf den Menschen übertragbar heruntergespielt.[12]

1977 wurde DBCP in den USA verboten. In Lateinamerika soll

es von US-amerikanischen Bananenkonzernen trotzdem noch einige Jahre lang eingesetzt worden sein. Noch 1998 wurden in Honduras unterirdische Lager mit DBCP-Fässern des Bananen-konzerns Standard Fruit (Dole) entdeckt.[13]

Rund 25.000 ehemalige Plantagenarbeiter aus Lateinamerika und Asien haben die Bananenmultis Chiquita, Dole und Del Monte sowie Shell und Dow Chemical auf Schadenersatz geklagt. Während etwa Chiquita sich weigerte, den Opfern eine Entschädigung zu zahlen, strebten die Herstellerfirmen einen Vergleich an, was von den Klägern als Schuldeingeständnis gewertet wird.[14]

Zwei Millionen Tote durch Pflanzenschutzmittel

Nach Schätzungen der Weltgesundheitsorganisation (WHO) sterben Jahr für Jahr über zwei Millionen Menschen an Pestiziden. Auf der philippinischen Insel Mindanao werden Bananenplantagen laut der »Coordination gegen Bayer-Gefahren« zwei- bis dreimal im Monat per Flugzeug mit dem Pflanzengift *Nemacur* des deutschen Chemie- und Pharmakonzerns Bayer besprüht. Auch dieser Wirkstoff wird von der WHO als »extrem gefährlich« (Gefahrenklasse 1a) eingestuft. Nicht einmal in ihren Hütten entkommen die Bewohner der Umgebung den Giften. Als Folgen der Dauerbelastung werden Fieber, brennende Augen, Übelkeit, Schwindelgefühle, chronischer Durchfall, Hautausschläge, Asthma und sogar Krebs genannt.[15]

»Kinder, die auf der Straße gespielt haben, kehren hustend nach Hause zurück und klagen über schmerzende Augen«, erzählt Alona Tabarlong aus dem Dorf Kamukhaan, wo das Bayer-Gift auf Bananenplantagen von Del Monte und Chiquita eingesetzt wird.[16] Babys kommen dort oft krank oder missgebildet zur Welt. Viele haben von Geburt an schwere Hautleiden. Nicht selten sterben Säuglinge bei der Niederkunft oder kurz danach.

Auch die UNO-Menschenrechtskommission beklagt in einem aktuellen Bericht die schweren Erkrankungen durch die Bayer-Pflanzengifte auf Mindanao. Neben Nemacur wird dort auch ein anderes Bayer-Mittel, *Baycor*, erwähnt. Der Report spricht von einer »alarmierenden Situation betreffend den Schwarzhandel mit Pestiziden« und »Schäden für Leben und Gesundheit, die durch den unsachgemäßen Gebrauch dieser Produkte in bestimmten Entwicklungsländern entstehen«. In Kambodscha seien beispielsweise mehr als fünfzig verschiedene Arten von gefährlichen Pflanzenschutzmitteln im Umlauf. »Eines dieser Produkte, *Folidol*, ist ein extrem gefährliches Produkt, das von der Bayer AG hergestellt wurde.«[17]

Sowohl Folidol als auch Nemacur und Baycor werden noch immer auf den verschiedenen Bayer-Homepages angeboten.[18]

Politisches Symbol Banane

Mehr als elf Millionen Tonnen Bananen werden jährlich exportiert – zum Großteil in die USA und nach Europa. Dabei gewährt die EU Staaten der Dritten Welt gewisse Zollvergünstigungen, die jedoch nun – nach einem neunjährigen Streit mit den Vereinigten Staaten und unter dem Druck von Handelssanktionen – aufgegeben werden müssen: US-Konzerne wie Chiquita fühlten sich benachteiligt und wollen wieder mehr Bananen nach Europa liefern.[19] Gewerkschaften fürchten nun einen weiteren »Wettlauf in Richtung Tiefstpreise« und damit eine zusätzliche Verschlechterung der sozialen Situation der Bananenarbeiter.[20]

Schon lange steht die krumme Frucht im Zentrum des politischen Interesses. Den Grundstein für ihre weite Verbreitung in Mitteleuropa legte der deutsche Bundeskanzler Konrad Adenauer bald nach dem Zweiten Weltkrieg, indem er dafür sorgte, dass Bananenimporte vom Zoll befreit wurden. Als Symbol für den wirtschaftlichen Aufschwung galt fürderhin: jedem Bürger seine Banane.

Das setzte sich fort, als 1989 die Berliner Mauer und der Eiserne Vorhang fielen. DDR-Bürger stürmten die Westberliner Supermarktregale und trugen die »Vereinigungsfrucht« in großen Mengen nach Hause. Und österreichische Politiker stellten sich demonstrativ auf den Stadtplatz von Bratislava, um dort eigenhändig Bananen an die slowakische Bevölkerung zu verteilen: Seht her, so süß schmeckt der freie Markt.

Ausbeutung der »Bananenrepubliken«

Doch was für die einen Fortschritt und Wohlstand bedeutet, ist für andere schlichtweg ein Beispiel neokolonialer Ausbeutung. Zu diesem Image haben der gelben Frucht die Strukturen der Weltmärkte verholfen, die den Plantagearbeitern unmenschliche Arbeitsbedingungen und ungerechte Entlohnung bescheren: »Die heutigen Produktionstechniken zwingen die transnationalen Konzerne, ständig neues Anbauland und billigere Arbeitskräfte zu suchen, wobei sie geschädigte Ökosysteme und vernichtetes Leben zurücklassen«, kritisiert die Internationale Union der Lebensmittelgewerkschaften.[21]

Die drei großen Obstkonzerne Chiquita (United Brands), Dole (Standard Fruit) und Del Monte dominieren den Bananenhandel schon seit rund hundert Jahren. Sie erzeugen, kaufen und vertreiben 65–70 Prozent der weltweiten Bananenexporte. Der Aufbau ihrer Vormachtstellung führte schon vor Jahrzehnten zur Degradierung ganzer Länder Lateinamerikas zu so genannten »Bananenrepubliken«, in denen die finanzkräftigen Konzerne politisch oft mehr zu reden hatten als die offiziellen Volksvertreter. Sie eigneten sich dort riesige Ländereien an und verschafften sich die Kontrolle über das Transport- und Kommunikationswesen. Im Zusammenhang mit der von den US-Konzernen dominierten Obstindustrie wurden Beamte bestochen und mehrere lateinamerikanische Regierungen gestürzt, die versuchten, der bäuerlichen Bevölkerung mithilfe von Landreformen ein Grundeinkommen zu sichern.

Bis zuletzt wurden Streiks von Bananenarbeitern brutal niedergeschlagen. So kam es im Jahr 1999 zu Massenentlassungen von Arbeitnehmern auf drei Plantagen einer Del-Monte-Tochterfirma in Guatemala und anschließend zu einem Angriff von zweihundert Schwerbewaffneten gegen die Gewerkschaftsführung, die einen Massenprotest gegen die Entlassungen organisiert hatte. Als Folge des öffentlichen Drucks musste sich Del Monte von den Gewalttätigkeiten distanzieren.[22] Daher setzen die Gewerkschafter nun verstärkt auf Information der Konsumenten: »Öffentliche

Kampagnen zur Durchsetzung von Mindestarbeits- und Umwelt-
normen für die Bananenindustrie finden heute ein großes Echo
und werden immer wirksamer.«

Bittere Orangen

Mithilfe einer solchen Kampagne geriet vor einigen Jahren ein anderes Lebensmittel in den Mittelpunkt der öffentlichen Aufmerksamkeit: die Orange. Genauer gesagt: der Orangensaft. Knapp zehn
Liter pro Jahr trinken die Deutschen davon. In Österreich liegt der
Pro-Kopf-Verbrauch sogar bei rund zwanzig Litern.

Mehr als neunzig Prozent des bei uns konsumierten Getränke-
volumens kommen aus Brasilien. Mit jährlich rund 650.000 Tonnen ist die Europäische Union der Hauptabnehmer des brasilianischen Orangensaftkonzentrats, von dem insgesamt rund eine Million Tonnen pro Jahr hergestellt wird. Und das, obwohl die EU
Probleme hat, ihre eigenen Überschüsse an Orangen (die zum
größten Teil aus Spanien stammen) an den Mann oder die Frau zu
bringen. Der Grund dafür: Brasilianischer Orangensaft ist einfach
billiger.

Warum das so ist, liegt auf der Hand: Während wir für einen
Liter Orangensaft rund zwei Mark (1 Euro) zahlen, bekommt ein
brasilianischer Pflücker im Schnitt lediglich ein Vierhundertstel
davon: einen halben Pfennig also (0,26 Cent). Ein kleiner Teil
geht für Transport und Lagerung drauf, der Löwenanteil mit enormen Gewinnspannen bleibt den großen Fruchtsaft- und Handels-
konzernen.

In Europa stammen von den zehn größten Konzernen allein sieben aus Deutschland. Die bekanntesten Marken werden von der
Eckes AG (Granini, Hohes C, Dr. Koch, Fruchttiger und andere),
von Procter & Gamble (Punica) und Coca-Cola (Minute Maid und
Cappy) hergestellt.

Ein Großteil der Orangen wird in der Region nordwestlich der
brasilianischen Industriemetropole São Paulo geerntet. Dort begann der deutsche Auswanderer Carl Fischer Mitte der sechziger
Jahre den Anbau zu industrialisieren. Mittlerweile herrschen fünf

Familien über mehr als 150 Millionen Orangenbäume und rund 70.000 Pflücker.

Kontrolliert wird die Ernte mit modernster Technologie: Auf den Computerbildschirmen der Presserei »Paraná Citrus« etwa leuchten per Mausklick alle Baumreihen im Umkreis von fünfzig Kilometern auf, die gerade erntereif sind. Von dort werden die Pflücker jeden Tag an ihre Einsatzorte dirigiert.

Der Lohn dieser Arbeiter liegt laut Helmut Adam von TransFair Österreich, einer Organisation, die fair gehandelte Produkte aus den Ländern des Südens verkauft, rund ein Drittel unter dem Existenzminimum.[23] Seit einer Gesetzesänderung im Jahr 1995 sind die Pflücker, die nun den Status »freier Unternehmer« haben, nicht einmal mehr sozialversichert.

Pro Kiste Orangen erhalten die Lohnarbeiter umgerechnet etwa 28 Pfennig (0,15 Euro). Bei einer Spitzenleistung von 80 Kisten am Tag beträgt der Tageslohn weniger als 23 Mark (11,63 Euro). Die Kosten zur Deckung der Grundbedürfnisse sind ähnlich hoch wie in Westeuropa. Die Erntesaison dauert höchstens sechs Monate im Jahr, danach gibt es überhaupt kein Einkommen. Andere Arbeitsmöglichkeiten sind in der Region so gut wie nicht vorhanden.

Niedrige Löhne erzwingen Kinderarbeit

Da kaum ein Erntearbeiter seine Familie ernähren kann, arbeiten auch viele Kinder auf den Plantagen. Zehn- bis Vierzehnjährige tragen dort Säcke mit je 25 Kilogramm Orangen, 14 Stunden am Tag. Nach Schätzungen des gewerkschaftlichen Dachverbandes CUT waren im Jahr 1994 fünfzehn Prozent von São Paulos Orangenpflückern unter vierzehn Jahre alt. Noch 1996 war in der Ernteregion Itápolis jedes dritte Kind aus armen Verhältnissen als Pflücker beschäftigt.[24]

Seit Menschenrechtsverbände und Gewerkschaften diese Situation angeprangert haben, haben die meisten westlichen Fruchtsaftkonzerne die Kinderarbeit bei ihren Lieferanten verboten. Auch der Verband der brasilianischen Exporteure von Zitrusfrüchten Abecitrus hat sich 1999 verpflichtet, das Verbot von Kinderarbeit konsequent einzuhalten und gleichzeitig aus einem speziell geschaffenen Fonds Projekte zugunsten von Kindern aufzubauen.

Daniela Kapellari, Verkaufsleiterin des österreichischen Fruchtsaft-Marktführers Rauch, in einem Interview für das Buch »Prost Mahlzeit! Essen und Trinken mit gutem Gewissen«: »Kinderarbeit war vor fünf, sechs Jahren tatsächlich ein Thema. Doch mittlerweile können wir belegen, dass keine Kinder mehr als Pflücker eingesetzt werden.«[25]

Menschenrechtsgruppen wie die Agentur Südwind halten das allerdings für eine gewagte Behauptung. Auch wenn allerorten bestätigt wird, dass die Kinderarbeit durch den öffentlichen Druck zurückgegangen ist, gibt es immer wieder Studien und Augenzeugenberichte, wonach weiterhin unter 14-Jährige auf den Orangenplantagen schuften.[26]

Das Kernproblem haben die Konzerne mit ihrem Verbot nämlich nicht gelöst: die niedrigen Löhne.

Und werden es ohne Konsumentendruck wohl auch nicht lösen. Auf die Frage, ob sie sich die Einführung von fair gehandeltem Orangensaft vorstellen könne, sagte Daniela Kapellari vom Rauch-Konzern, sie sei solchen Ideen nicht abgeneigt: »Doch letztendlich muss es sich rechnen.«

McDonald's und die Fleischeslust

Ein Konzern, der bereits seit langer Zeit im Mittelpunkt der Kritik von Konsumentenorganisationen steht, ist die Fastfood-Kette McDonald's. Alle vier Stunden wird irgendwo auf dem Globus ein neues McDonald's-Lokal eröffnet. Die rund 30.000 Filialen des Hamburgerimperiums verteilen sich bereits auf 118 Länder. 36 Prozent der Konzerneinkünfte stammen aus Europa.[27]

Die größte Restaurantkette des Erdballs ist gleichzeitig der weltgrößte Einkäufer von Rindfleisch, und in den USA von Fleisch im Allgemeinen.

Schon in den achtziger Jahren wurde McDonald's dafür kritisiert, dass ein großer Teil des Fleisches, das letztlich in Form von dünnen Scheiben zwischen zwei Schnitten Weißbrot in US-amerikanischen Mägen landete, aus Südamerika stammte. Dort fielen riesige Flächen Regenwald dem Bedarf an Weideland für die Rinderherden des amerikanischen Multis zum Opfer.

1997 brachte ein Aufsehen erregender Prozess des Multis gegen zwei seiner Kritiker in London zutage, dass McDonald's noch in den neunziger Jahren brasilianisches Rindfleisch nach Großbritannien und in die Schweiz einführte. Zeugen bestätigten vor Gericht, dass nach wie vor Rindfleisch von Viehfarmen in Brasilien und Costa Rica an den US-Konzern geliefert werde. Diese Farmen befänden sich auf ehemaligen Regenwaldflächen, bei deren Rodung Teile der indigenen Bevölkerung vertrieben worden seien.[28]

Heute kommt das Fleisch, das in den 5.200 Filialen Europas serviert wird, von europäischen Rindern. Mehr als 30.000 Tonnen Rindfleisch im Jahr werden allein für McDonald's Deutschland durch den Fleischwolf gedreht. Das entspricht vierzig Prozent der gesamten bayrischen Rindfleischproduktion. In der EU wird allerdings rund ein Drittel der Futtermittel für die Tierhaltung importiert. Die Hälfte davon stammt aus Ländern der so genannten Dritten Welt, wo für den Anbau dieses Tierfutters riesige landwirtschaftliche Flächen verbraucht werden. Hier handelt es sich meist um die fruchtbarsten und klimatisch begünstigten Böden, die somit der lokalen Nahrungsmittelproduktion vorenthalten werden.

1,3 Milliarden Rinder werden auf der ganzen Welt für die Fleischgewinnung gemästet. Rund die Hälfte der weltweiten Getreideernte wird als Viehfutter verwendet, das sind jährlich 600 Millionen Tonnen. In Brasilien ist bereits ein Fünftel der Ackerfläche für den Anbau von Futtermitteln für die EU-Länder besetzt.[29] Gleichzeitig wächst dort der Hunger: Die Kühe der Reichen fressen das Brot der Armen.

Rinderfurze heizen das Weltklima an

Darüber hinaus ist der massive Fleischkonsum auch ökologisch bedenklich. So trägt die Rinderzucht einen extrem hohen Anteil an der Erderwärmung. Insgesamt entfallen etwa 85 Prozent der Klimabelastung durch die Landwirtschaft auf die Produktion tierischer Nahrungsmittel. Schuld daran ist, ohne Scherz, das Methangas, das den Mägen der Wiederkäuer ab und an entweicht. »Eine durchschnittliche Kuh hat damit das Treibhauspotenzial eines durchschnittlichen Personenkraftwagens«, stellte eine Expertenkommission des Deutschen Bundestages deshalb sehr pointiert fest.[30]

Tierquälerei durch die Fastfood-Industrie

Auch Tierschützer beklagen sich über die Methoden der Fastfood-Konzerne. In der industriellen Massentierhaltung leben die Tiere auf engstem Raum und werden wie Maschinen behandelt. Stiere werden ohne Schmerzmittel kastriert. Meist gibt es weder Auslauf noch frische Luft. Die Nahrung besteht zu einem großen Teil aus Kraftfutter, das nicht selten mit Hormonen und Antibiotika versetzt wird, damit die Tiere möglichst schnell groß und stark werden – und früher zur Schlachtbank geführt werden können. Doch viele der überzüchteten Kreaturen verenden schon vorher oder auf dem Transport in die Schlachthöfe.

Die Tierschutzorganisation PETA (People for the Ethical Treatment of Animals) griff deshalb zu drastischen Methoden, um gegen die Zuchtpraktiken in den Zulieferbetrieben der Fastfood-Ketten zu demonstrieren. Aktivisten verteilten vor McDonald's-Restaurants in 23 Ländern ähnliche Päckchen, wie sie der Konzern für Kinder bereithält. Darin befanden sich jedoch Bilder und Spielzeugimitationen grausam geschlachteter Tiere. Die Wirkung ließ nicht lange auf sich warten: Im August 2000 kündigte McDonald's an, künftig auf tierfreundlichere Herstellungsbedingungen zu achten.[31] Im April 2001 gab auch die zweitgrößte Hamburgerkette der USA, Burger King, dem Druck der Straße nach und versprach Verbesserungen.[32] Mit einer Wende zu artgerechter oder ökologischer Tierhaltung haben diese Ankündigungen allerdings noch lange nichts zu tun.

BSE-Krise setzt Hamburgerkonzerne unter Druck

Dabei stehen die Burgerbuden vor allem seit dem Ausbruch der BSE-Krise in Europa und der rasanten Ausbreitung der Maul- und Klauenseuche in den ersten Monaten des Jahres 2001 unter immensem Druck. Die Rinderseuche BSE hat zunächst in Großbritannien und ab Herbst 2000 auch auf dem europäischen Festland zu Massenschlachtungen von Millionen von Rindern und zu einer Krise der gesamten Landwirtschaft geführt. In England sind bis heute bereits rund hundert Menschen an der Creutzfeld-Jakob-Krankheit gestorben, die mit BSE in Verbindung gebracht wird. Das hat kurzfristig nahezu zu einem Zusammenbruch des Rindfleischmarktes geführt. Einer der am meisten betroffenen Konzerne war der Marktführer McDonald's.

Anfang 2001 gab die Konzernleitung bekannt, dass die Verkaufszahlen in Europa im vorangegangenen Quartal um zehn Prozent gefallen seien. Zumindest teilweise sei dies auf die Angst der Konsumenten vor dem Rinderwahn zurückzuführen.[33] Innerhalb von knapp drei Monaten – von Januar bis Anfang April – rasselte der Wert von McDonald's-Aktien um 22 Prozent hinunter.[34] Am 13. Januar wurde zu allem Übel ein BSE-Verdachtsfall in der italienischen Fleischfabrik »Cremonini« gemeldet, die den Hamburgerkonzern exklusiv beliefert.[35]

»Werden verrückte Kühe den BigMac killen?«, fragte deshalb ein amerikanisches Magazin besorgt.[36] Wenn ja, dann träfe es diesmal nicht den Falschen. Denn erst die Verfütterung von zu Tiermehl verarbeiteten Tierkadavern an Rinder, die sich normalerweise vegetarisch ernähren, hat zur epidemischen Verbreitung der Krankheit in Europa geführt. Dieser pervertierte Auswuchs der industriellen Viehzucht ist nichts anderes als die logische Konsequenz der Philosophie von McDonald's – einer Philosophie der Ertragssteigerung, die keine Grenzen kennt. »Der Rinderwahn wird zur Seuche des globalen Handels«, sagt Harvard-Professor James L. Watson, ein intimer Kenner des Burgerkonzerns. McDonald's und BSE seien dabei Teil desselben Systems.[37]

Zu diesem zählt Watson auch die Gentechnik.

Opfer der industriellen Tierzucht: Entsorgung eines BSE-Rindes

Seit 1996 mischen amerikanische Konzerne auch gentechnisch veränderte Futtermittel in ihre Lieferungen nach Europa. Im Juli 2000 wies die Umweltorganisation Greenpeace nach, dass McDonald's genmanipuliertes Soja an Hühnchen verfüttert, die dann als »Chicken McNuggets« und »McChicken«-Burger verkauft werden. Erst nach massiven Konsumentenprotesten erklärte der Konzern, ab April 2001 keine gentechnisch veränderten Futtermittel mehr einzusetzen.[38]

Wunderwaffe Gentechnik

Eines der immer wieder vorgebrachten Argumente für den Einsatz der Gentechnik in der Landwirtschaft ist die Bekämpfung des Welthungers. Mehr als 800 Millionen Menschen – das sind fast 15 Prozent der Weltbevölkerung – sind nach Angaben der Welternährungsorganisation FAO unmittelbar von Hunger betroffen. Gleichzeitig wächst die Zahl der Erdenbürger: 10 Milliarden sollen es schon im Jahr 2050 sein. Derzeit sind es noch etwas mehr als sechs Milliarden.

Durch gentechnische Manipulation der Erbinformationen von Pflanzen wollen Agrarkonzerne nun die Lebensmittelproduktion so weit steigern, dass, so die einfache Rechnung, niemand mehr hungern müsse. Die Pflanzen sollen mithilfe dieser Manipulationen »lernen«, auch unter schlechten Bedingungen schnell und in großer Zahl zu wachsen und dabei noch dazu immun gegen Schädlinge und Krankheiten werden.

Zu schön, um wahr zu sein. In Wirklichkeit ist der Welthunger nämlich weniger ein Problem mangelnder Agrarproduktion als eines der ungerechten Verteilung dieser Güter. Die bisher genannten Beispiele landwirtschaftlicher Ausbeutung illustrieren diese Tatsache hinlänglich.

»Sklavereiverträge«

Die indische Naturwissenschafterin Vandana Shiva ist der Meinung, dass die Gentechnik die Ausbeutung der ärmeren Länder noch verschlimmert. Die Konzerne lassen sich das von ihnen entwickelte Saatgut patentieren. Sie argumentieren, dass sie für den Forschungsaufwand ja auch entlohnt werden wollen. Wenn ein Landwirt zum Beispiel Sojabohnen der Firma Monsanto verwendet, muss er sich verpflichten, die Samen nach jeder Ernteperiode wieder neu zu kaufen, statt seine Pflanzen wie eh und je selbst weiterzuzüchten.

»In einer Art Sklavereivertrag wird den Bauern verboten, das Saatgut weiter zu verwenden – etwas, was immer zu ihren angestammten Rechten gehörte«, sagt die indische Trägerin des Alternativ-Nobelpreises: »Die eigene Züchtung wird als Verbrechen behandelt. Normale bäuerliche Tätigkeiten werden als kriminell eingestuft, für die man verfolgt, bestraft und verhaftet werden kann. Damit droht eine neue Form industrieller Kolonisation, in der nicht nur die Bauern, sondern ganze Länder ihre Rechte verlieren.«[39]

Den Agrartechnik-Multis geht es also in erster Linie darum, die landwirtschaftliche Produktion zu kommerzialisieren. Eine Hand voll Konzerne, fürchten Kritiker wie Vandana Shiva, käme durch

die Kontrolle eines großen Teils der weltweiten Nahrungsmittel-
reserven zu ungeahnter Macht. An ihrer Spitze steht die Schweizer Syngenta (ein Zusammenschluss von Novartis und Astra
Zeneca). Ihr folgen Monsanto (USA), Aventis (Frankreich), BASF
(Deutschland) und Dupont (USA).

Terminator-Technik: Hasta la vista, Bauer

Nun haben einige von ihnen eine neue gentechnologische Methode entwickelt, die die genannten Knebelverträge überflüssig
macht: die »Terminator«-Technik. Diese Methode ermöglicht das
Ausschalten der Keimfähigkeit aller von einer Pflanze produzier-
ter Samen – und zwingt die Bauern damit zum jährlichen Neu-
kauf. Im Januar 2000 verkündete die amerikanische Delta Pine and
Land Seed Company, der weltweit größte Produzent von Baum-
wollsamen, deren erstmaligen kommerziellen Einsatz.[40]

Vor allem in ärmeren Ländern kann sich das kein Mensch leisten. In den meisten Regionen werden seit Generationen lokal
angepasste Sorten gezüchtet, die auch unter schwierigen klimatischen Verhältnissen gedeihen. Dennoch laufen gerade in diesen
Ländern zurzeit besonders viele Patentanmeldungen. Der nahe
liegende Verdacht: Die Konzerne wollen zuerst versuchen, mit
günstigen Angeboten oder gar Saatgutgeschenken den Markt zu
erobern, um nach der Umstellung der Landwirtschaft die Bauern
von weiteren Gaben abhängig zu machen.

Kleine Geschenke erhalten die Abhängigkeit

Dass dieser Verdacht nicht so abwegig ist, zeigt ein anderes Beispiel aus der Lebensmittelindustrie. In den siebziger Jahren gerieten Nestlé und andere Nahrungsmittelkonzerne unter heftigen
Beschuss von Hilfsorganisationen. Sie versuchten in groß angelegten Werbekampagnen, junge Mütter zum Umstieg auf künstliche Babynahrung zu bewegen. Die Mittel dazu waren perfid:
Unter Hinweis auf angebliche Nachteile des natürlichen Stillens
verschenkten die Konzerne Trockenmilchpulver an Geburtsstatio-
nen, schwangere Frauen und Mütter.[41]

Vor allem in Entwicklungsländern waren die Folgen oft katastrophal: Die Frauen nahmen die Geschenke der westlichen Wohltäter dankbar an und hörten auf, ihren Babys die Brust zu geben. Obwohl die Ernährung mit Milchpulver vor allem in Gegenden ohne Zugang zu sauberem Wasser für Säuglinge äußerst gefährlich ist, behaupteten die Konzerne, dass das Pulver gesünder sei als Muttermilch. Als die großzügigen Gaben versiegten, waren oft auch die Brüste ausgetrocknet. Die Frauen waren also abhängig von der künstlichen Babynahrung. Doch für die mussten sie nun teuer bezahlen.[42]

Im März 1981 verabschiedete die Weltgesundheitsorganisation WHO einen »Internationalen Kodex für die Vermarktung von Muttermilchersatznahrung«. Das Dokument beschränkte die Werbung für Babynahrung und untersagte weitestgehend deren kostenlose oder verbilligte Verbreitung. 1982 veröffentlichte Nestlé eigene Marketingrichtlinien, die angeblich an den Internationalen Kodex angelehnt waren, aber vom UNO-Kinderhilfswerk Unicef und anderen Organisationen als völlig unzureichend kritisiert wurden. Erst unter dem zunehmenden Druck durch die Boykotte, die unter dem Motto »Nestlé tötet Babys« in zahlreichen Ländern durchgeführt wurden, unterzeichnete der Konzern 1984 endlich den WHO-Kodex.

Konzerne verstoßen gegen Kodex

Damit sollte eigentlich alles in Butter sein. Sollte. Denn die Konzerne finden immer wieder Mittel und Wege, die Verbote zu umgehen. Das »International Baby Food Action Network« (IBFAN) dokumentiert auf seiner Homepage zahlreiche aktuelle Verstöße gegen die Werbeverbote der WHO.[43] Neben Nestlé (Produktliste auf Seite 286) werden dort auch Hipp, Milupa, Danone, Abott, Humana, Heinz, Gerber (Novartis), Mead Johnson (Bristol-Myers Squibb) und andere kritisiert.

Im Dezember 1999 warf ein ehemaliger Mitarbeiter von Nestlé in Pakistan dem Konzern schwere Verstöße gegen den WHO-Kodex sowie die systematische Bestechung von Mitgliedern des pakistanischen Gesundheitswesens vor, obwohl gerade dort Tausende Kinder an den Folgen der Ernährung durch Trockenmilch sterben. »Um die Verkaufszahlen zu steigern, haben wir Kinderärzte geschmiert und Mütter von Säuglingen beschwatzt«, erzählte er dem deutschen Magazin »Stern«.[44] Ein angekündigter Fernsehbericht des ZDF über den Skandal wurde nach Interventionen durch den Schweizer Konzern über Nacht zurückge-zogen.[45]

Laut Unicef erhielten in Pakistan zu diesem Zeitpunkt 84 Prozent aller Babys Muttermilch-Ersatzprodukte – bei 130 Millionen Einwohnern ein lukratives Geschäft. Zwar informiert Nestlé im Internet und auf den Verpackungen, dass Muttermilch »die günstigste und gesündeste Nahrung für Ihr Baby« sei. Doch das Problem ist: Nur jede vierte pakistanische Frau kann lesen und schreiben.[46]

Die Babynahrungsfirmen liegen wegen ihrer Verstöße gegen den WHO-Kodex im Dauerclinch nicht nur mit dem UNO-Kinderhilfswerk Unicef und dem IBFAN, sondern auch mit der Internationalen Arbeitsorganisation (ILO), der »World Alliance for Breastfeeding Action« (WABA) und anderen.[47]

Aids als Vermarktungsargument

Nun haben die Firmen einen neuen Anlauf gestartet, um ihre Produkte doch noch an die Frau bringen zu können: Nestlé und Co. argumentieren, dass nur die Gratisabgabe von Säuglingsnahrung die Übertragung des Aids-Virus HIV über die Muttermilch verhindern könne.

Vor allem in Afrika hat die Verbreitung des Virus epidemische Ausmaße erreicht. Durchschnittlich neun Prozent der schwangeren Frauen in den Ländern südlich der Sahara sind nach Angaben der Aids-Agentur der Vereinten Nationen UNAIDS mit dem HI-Virus infiziert. 3,8 Millionen Kinder sind weltweit bereits an Aids gestorben. Schätzungsweise 3,4 Millionen von ihnen wurden durch ihre HIV-positiven Mütter infiziert.

Würde man nun diesen Müttern Babynahrung verabreichen, so könnten viele dieser Kinder überleben, behaupten die Nahrungsmittelkonzerne. Die angesehene amerikanische Wirtschaftszeitung »Wall Street Journal« wirft Unicef sogar vor, den »unbeabsichtigten Tod von Millionen von Kindern« in Kauf zu nehmen, da sich das UNO-Kinderhilfswerk sträube, den Konzernen die Gratisabgabe zu erlauben.[48]

Dabei ist Unicef nicht prinzipiell gegen die Abgabe von Ersatzmilchprodukten an HIV-positive Mütter.[49] Tatsache ist aber, dass nur ein relativ geringer Teil – rund 15 Prozent – der Infektionen über die Muttermilch erfolgt. Seit dem Ausbruch der Aidsseuche vor rund zwanzig Jahren wurden insgesamt zwischen 1,1 und 1,7 Millionen Kinder auf diese Weise infiziert, schätzt Unicef. Der Großteil der Ansteckungen erfolgt bereits während der Schwangerschaft im Mutterleib. Außerdem ist in Afrika der Zugang zu Aidstests eine Ausnahme. Nur etwa 5 Prozent der Infizierten wissen, dass sie HIV-positiv sind.[50]

1,5 Millionen Kinder sterben durch Babynahrung

Wenn das Milchpulver allerdings ohne Tests – auf gut Glück – verabreicht wird, sind vermutlich weit mehr Todesopfer zu beklagen als durch die vergleichsweise geringe Ansteckungsgefahr beim Stillen: Laut WHO sterben nämlich Jahr für Jahr mehr als 1,5 Millionen Kinder, weil sie nicht gestillt wurden. Die häufigste Ursache dafür sind Infektionen mit Diarrhöe und ähnlichen Krankheiten, da in unterentwickelten Regionen der Zugang zu sauberem Trinkwasser eine Ausnahme darstellt. Das künstliche Milchpulver muss meist in bakteriell infiziertem Wasser aufgelöst werden. Flaschenmilch ist daher die Ansteckungs- und Todesursache Nummer eins.

»Ein Kind, das aus der Flasche ernährt wurde, wird mit sechsmal höherer Wahrscheinlichkeit an Diarrhöe sterben als ein Kind, das gestillt wurde«, sagt Urban Jonsson, Unicef-Regionaldirektor für Ost- und Südafrika: »Nestlé weiß das und macht trotzdem Propaganda für seine Muttermilchersatzprodukte.«[51]

Unicef fordert daher, dass die Babynahrung ausschließlich unter kontrollierten Bedingungen abgegeben werden soll: Nur an

Besser als Nestlé: Stillen ist noch immer die gesündeste Babynahrung

nachweislich infizierte Mütter und nur unter strengen hygieni-
schen Auflagen. Die Hilfsorganisation setzt sich daher vor allem
für ein verstärktes Angebot von Möglichkeiten für Aidstests und
Aidsmedikamenten ein.

Außerdem hat Unicef-Direktorin Carol Bellamy Kontakt mit
den Babynahrungskonzernen aufgenommen, um bei nachgewie-
senen HIV-Fällen tatsächlich Milchpulver als Ersatz anbieten zu
können. Doch die Gespräche scheiterten laut Unicef an den ständigen Verletzungen des WHO-Codes und daran, dass die Hersteller die Gratisabgaben erst wieder für Werbezwecke missbrauchen
wollten. Damit bestünde aber die Gefahr, dass auch gesunde Mütter auf Milchersatz umsteigen.

Denn wenn diese Produkte erst einmal als Allheilmittel gegen
die Aidsinfektion von Kindern ins Bewusstsein der Massen ge-
drungen sind, lassen sich sogar in ärmeren Ländern satte Profite
erwirtschaften. Nestlés internationale Präsenz ist – neben der von
Coca-Cola – schon jetzt beklemmend: Wer je in Afrika war, konnte

dort beobachten, dass in vielen Ländern die Läden gerammelt voll mit importierten Nestlé-Erzeugnissen sind, die sich großer Beliebtheit erfreuen – offenbar wegen des »modernen« Images. Gleichzeitig hat die bäuerliche Bevölkerung mangels Vermarktungsmöglichkeiten oft Mühe, die eigene Ernte zu verkaufen.

Ausbeutung in Europa

Auch in Westeuropa verursacht die globalisierte Nahrungsmittelindustrie massive Arbeits- und Menschenrechtsverletzungen. So werden etwa dem deutschen Lebensmittelkonzern Aldi, der zur Rewe-Gruppe gehörenden österreichischen Handelskette Billa sowie McDonald's und anderen prekäre Arbeitsverhältnisse, niedrige Löhne und die Unterdrückung von Gewerkschaftsrechten vorgeworfen. Im Herbst 2000 revoltierten französische Gewerkschaften gegen Aldi, weil der Konzern in Frankreich Angestellte bis zu sechzig Stunden arbeiten ließ, ohne die Überstunden zu bezahlen.[52]

Der Billa-Konzern, der nach dem Fall des Eisernen Vorhangs viele Filialen in Osteuropa errichtet hat, soll dort laut Walter Sauer vom Österreichischen Gewerkschaftsbund (ÖGB) auf subtile Weise die gewerkschaftliche Organisation seiner Angestellten verhindern: »Bei Billa Ungarn wurde vor zwei Jahren das Gerücht verbreitet, dass jeder, der zur Gewerkschaft geht, bei Kündigungen als Erster dran sei und bei Lohnerhöhungen nicht berücksichtigt werde. Als Folge dieses Gerüchts traten mit einem Tag fast alle Angestellten aus der Gewerkschaft aus«, sagt der Auslandsreferent des ÖGB.[53] Der ungarische Generaldirektor von Billa streite zwar – ebenso wie der österreichische Mutterkonzern – ab, auf diese Weise Druck ausgeübt zu haben. Fest steht aber, dass sich viele Angestellte massiv eingeschüchtert fühlten.

Ausländische Erntehelfer als billige Arbeitsmaschinen

Am meisten betroffen von Ausbeutung und Missbrauch sind in Europa Zuwanderer und Saisonarbeiter. So arbeiten ausländische Erntehelfer in Deutschland, Österreich und der Schweiz für niedrigste Löhne. In Österreich haben die solcherart zu Pflückmaschinen degradierten Menschen nicht einmal Anspruch auf Pensions- und Sozialversicherungsleistungen. Nach Ende der Erntesaison droht ihnen die Abschiebung.

Pogrom gegen Nordafrikaner

Noch schlimmer ist die Situation allerdings in Südspanien. Im Februar 2000 erlangte ein an der andalusischen Mittelmeerküste gelegenes Städtchen in der Provinz Almería traurige Berühmtheit: Mehrere Tage lang hetzten zahlreiche Bewohner von El Ejido marokkanische Erntehelfer mit Baseballschlägern durch die Straßen und zerstörten deren ärmliche Behausungen samt dem wenigen Hab und Gut, das die Nordafrikaner besaßen.

Am 5. Februar hatte ein geistig gestörter Marokkaner eine 26-jährige Spanierin ermordet. Die Tat war der Zündstoff für den kollektiven Wahnsinn. Eine von rassistischen Parolen aufgeheizte Menge zog durch die Gegend und schrie nach tödlicher Rache. Einrichtungen von Marokkanern und Menschenrechtsgruppen wurden zerstört und Menschen mit dunkler Hautfarbe bedroht. Die Polizei beobachtete das Treiben, ohne einzugreifen. Banden von Jugendlichen zogen mit Baseballschlägern und Eisenstangen in die Zuwandererviertel, zerstörten Geschäfte und Moscheen und schlugen auf jeden Nordafrikaner ein, der ihnen in die Hände fiel. Unter dem Jubel der Menge zündete der rassistische Mob die aus Holz, Steinen und Plastikplanen zusammengezimmerten Wohnbaracken der Einwanderer an und verfolgte Frauen, Kinder und Männer bis in die Gewächshäuser, in denen diese zu Tausenden Zuflucht suchten. Ein Kommando von dreihundert Polizisten ging indes gegen eine friedliche Demonstration von einigen hundert Marokkanern vor, die mit erhobenen Händen zu einem Ende der Gewalt aufriefen.

Erst nach drei Tagen griffen die Behörden, aufgerüttelt durch internationale Presseberichte, entschlossen ein. Mehr als sechzig Menschen wurden verletzt. Dass es keine Toten gab, grenzt nach Meinung von Augenzeugen an ein Wunder.[54]

Die Provinz Almería ist auf den intensiven Anbau von Obst und Gemüse spezialisiert. Gewächshäuser bedecken hier eine Fläche von 30.000 Hektar. Mehrere tausend kleine Familienbetriebe beschäftigen – meist illegal – Tausende ausländische Arbeiter, in der Mehrheit Marokkaner. Offizielle Schätzungen sprechen von 15.000 bis 25.000 »Illegalen«. Ohne Aufenthaltserlaubnis und Arbeitsvertrag sind sie völlig der Willkür ihrer Arbeitgeber ausgesetzt. Die Behörden wissen das, doch sie schauen zu, denn ohne die Fremdarbeiter würde die reiche Ernte wohl verfaulen. Und an der Ernte hängt schließlich der Wohlstand der gesamten Region.

Seit Juan Enciso Bürgermeister von El Ejido ist, steht die Einschüchterung von Zuwanderern an der Tagesordnung.[55] Schon 1998 wurden ein Landarbeiter von Rechtsextremisten auf grausame Weise hingerichtet und zwei weitere Marokkaner bei lebendigem Leibe verbrannt. Diese und andere Übergriffe wurden nie aufgeklärt. Viele vermuten, dass dahinter eine Miliz der Ernteunternehmer steckt, um die Arbeiter einzuschüchtern. Bürgermeister Enciso entstammt einer Familie, die eine der größten Handelsfirmen für landwirtschaftliche Produkte, die Agroejido, betreibt.

Der Profit geht an mitteleuropäische Konzerne

Achtzig Prozent der gesamten Gemüseexporte Spaniens stammen aus der Provinz Almería. In 32.000 Gewächshäusern erzeugt die Region im Jahr etwa 2,8 Millionen Tonnen Obst und Gemüse, von denen ein Großteil nach Deutschland exportiert wird. Aber auch die zum deutschen Rewe-Konzern gehörende österreichische Supermarktkette Billa bewarb zum Beispiel im Februar 2001 Erdbeeren, Tomaten und Paprika »frisch aus Spanien«: »Aromatische Tomaten aus der Provinz Almería« kosten da etwa nur 19,90 Schilling (2,83 DM/1,45 Euro). Zwei Stück »knackig-frische Paprika«, ebenfalls aus der Gegend rund um El Ejido, sind sogar schon um 10 Schilling (1,42 DM/0,73 Euro) zu haben.[56] Marokkanische Arbeiter erhalten für Anbau und Ernte dieser Produkte zum Teil nur 4.000 Peseten (39 Mark/20 Euro) am Tag,

Spanier zumindest das Doppelte.[57] Dafür schuften sie in der andalusischen Hitze unter den niedrigen Plastikplanen, die Gewächshäuser bedecken, in denen oft eine Temperatur von über 50 Grad herrscht. Außerdem sind sie den Dämpfen durch gefährliche Düngemittel und Pflanzenschutzgifte ausgesetzt, ohne die in der Intensivlandwirtschaft gar nichts geht. Eine Studie aus dem Jahr 1996 hat 506 schwere Vergiftungsfälle durch solche Mittel untersucht, die zum Tod von fünf Prozent der Patienten führten.[58]

»Wir arbeiten und leben unter Plastik«

Die Mehrheit der Zuwanderer vegetiert in Notunterkünften dahin, verfallenen Häusern und Lagerräumen. 55 Prozent von ihnen haben kein Trinkwasser, keine sanitären Einrichtungen oder Toiletten.[59] »Wir arbeiten unter Plastik und wir wohnen unter Plastik«, bringt es einer der Immigranten auf den Punkt.[60]

Diese Verhältnisse haben zu den sozialen Spannungen geführt, die im Pogrom vom Februar 2000 ihren vorläufigen Höhepunkt fanden.

Immerhin: Ein Konzern hat nun auf eine Forderung reagiert, die von 4.000 Kunden unterzeichnet wurde. Die Schweizer Supermarktkette Migros will die Lebens- und Arbeitsbedingungen der nordafrikanischen Landarbeiter in Almería unter die Lupe nehmen. Sollten sich die Vorwürfe bestätigen, wird Migros seine Ware künftig woanders beziehen, kündigte die Geschäftsleitung im Januar 2001 an.[61] Doch nur den Lieferanten zu wechseln, bringt noch keine Änderung. Konsequenter wäre es, die Macht als Großeinkäufer zu nützen, um bessere Bedingungen für die Landarbeiter zu schaffen und zu kontrollieren. Das hieße aber auch: bessere Löhne und damit höhere Preise für die importierten Lebensmittel.

Da sich dazu bisher kein großes Unternehmen aufraffen will, kommt Tobias Müller, der als Mitglied einer Delegation des Europäischen Bürgerforums die Vorfälle in El Ejido untersucht hat, zu einem eindeutigen Schluss: »Eigentlich dürften wir diese Tomaten und Erdbeeren aus Spanien nicht mehr essen. Sie werden unter ethisch nicht zu vertretenden Bedingungen erzeugt.«[62]

Was kann man überhaupt noch essen?

Eigentlich dürfen wir dann gar nichts mehr essen, werden nun manche denken. Stimmt nicht. Denn in keiner Branche ist das Angebot an Alternativen so groß wie im Lebensmittelsektor. Vor allem seit der BSE-Krise scheint hier ein weiterer Umdenkprozess einzusetzen, der sich langsam, aber kontinuierlich bis in die hintersten Regale der Supermärkte auswirkt.

Der größte Zukunftsmarkt ist dabei die biologische Landwirtschaft. Mit der EU-Verordnung Nr. 2092/91[63] ist genau geregelt, was drin sein muss, wenn »Bio« draufsteht. Dazu gehören exakte Bestimmungen für den biologischen Anbau der Rohstoffe, die artgerechte Tierhaltung und die ökologische Verarbeitung. Die Verwendung von Gentechnik und gesundheitsgefährdenden Zusätzen ist verboten.

Bioläden sind nicht für jeden erreichbar und meist relativ teuer. Aber auch immer mehr Supermärkte bieten Bioprodukte an.[64] Nachfragen lohnt sich.

»Bio« heißt nicht automatisch, dass ein Produkt auch sozial verträglich hergestellt wurde. So findet man auch im deutschen Biolandbau zuweilen polnische Erntehelfer, die ohne Sozialversicherung und für sechs Mark (3 Euro) in der Stunde arbeiten.[65] In den meisten Fällen aber schafft die ökologische Landwirtschaft mit ihren kleineren und langfristig angelegten Strukturen zumindest höherwertige Arbeitsplätze als die industrielle Massenproduktion. Und viele Betriebe haben sich selbst hohe Sozialstandards auferlegt und lassen diese auch kontrollieren, weil sie wissen, dass ihre Kunden meist höhere Ansprüche an die Produktionsbedingungen stellen.

Generell sind Produkte regionaler Herkunft Lebensmitteln, die weite Transportstrecken zurückgelegt haben, vorzuziehen. Mitteleuropäisches Obst verursacht zum Beispiel nicht nur – durch die kürzeren Transportwege – weniger Umweltschäden als Früchte aus Südamerika. Es wurde in der Regel auch nicht von Kindern gepflückt, die auf Plantagen fast zu Tode geschunden werden.

*Produkte mit dem
TransFair-Logo
garantieren gerechte
Löhne und kontrollierte
Arbeitsbedingungen*

Fairer Handel

Viele Lebens- und Genussmittel wie Kaffee, Tee, Kakao und Süd-
früchte können aber aufgrund der klimatischen Bedingungen bei
uns nicht angebaut werden. Dafür gibt es Handelsorganisationen
wie TransFair und Max Havelaar[66], die nicht nur faire Löhne und
Arbeitsbedingungen, sondern oft auch ökologischen Anbau und
ökologische Verarbeitung garantieren. Durch ihren Kauf sichert
man den Aufbau nachhaltiger landwirtschaftlicher Strukturen
und damit das Überleben zahlreicher Kleinbauern.

Diese Produkte sind mit speziellen Logos für fairen Handel gekennzeichnet und außer in den so genannten »Weltläden« immer
öfter auch in Supermärkten[67] zu finden. Wie überall gilt auch hier:
Nachfrage(n) und Konsumentendruck zwingen auch die großen
Konzerne zum (fairen) Handeln.

Brot und Spiele

Barbie-Puppen, Pokémon-Monster, Modellautos, Teletubbies,
Micky Maus – von früh bis spät sind unsere Kinder von Spielwaren
umgeben. Manche davon werden von Menschen hergestellt,
die selbst noch Kinder sind. In den Billiglohnländern Asiens.
Unter Blut, Schweiß und Tränen.

Es war einmal ein armes Mädchen namens Xiao Shen. Sie lebte in
dem kleinen Bauerndorf Zhongyuan in der Mitte von China. Ihr
Leben war nicht leicht. Tag für Tag gab es nur Reis zu essen, Fleisch
nur an wenigen Feiertagen. Tag für Tag musste Xiao Shen im knie-
tiefen Wasser stehen und ihrem Vater bei der Reisernte helfen.
Wenn sie die Augen schloss, träumte sie von einem besseren
Leben, vom Kinobesuch in einer fremden Stadt, von schönen Klei-
dern, sogar von einem Auto – und von einem Prinzen, dem sie
eines Tages begegnen würde. Jeden Abend stellte sie eine Kerze ins
Fenster, damit er zu ihr finden konnte. Aber der Prinz kam nicht.
Nicht nach Zhongyuan.

Deshalb beschloss sie eines Tages wegzugehen. Über zehn
Ohren hatte sie von einem besseren Land hinter den Bergen gehört. Sie verabredete sich mit ihren besten Freundinnen, die dasselbe Schicksal hatten und dieselben Träume träumten.

Noch vor Sonnenaufgang schlichen sie von zu Hause weg und
ließen sich von einem LKW-Fahrer in die nächste Stadt mitneh-
men. Und von dort in die nächste Stadt und von dort weiter und
weiter in Richtung Süden, zweitausend Kilometer weit. Weil es
eine lange Reise war und weil sie wenig Geld hatten, waren sie auf
den guten Willen von Autofahrern angewiesen, die sie mitnah-
men. Nachts weinte Xiao Shen, sie machte sich Sorgen um ihre
Eltern. In ihrem Zimmer zu Hause hatte sie einen Zettel hinterlassen, auf dem sie Vater und Mutter beschwor, sich keine Sorgen
zu machen. Sie würde ihnen Nachrichten und Geld schicken.

Endlich gelangte Xiao Shen mit ihren Freundinnen ans Ziel: in die Stadt Shenzhen – eine Freihandelszone im Süden Chinas an der Grenze zu Hongkong. Hier gab es Arbeit, hier gab es Geld, und hier würden vielleicht ihre Träume in Erfüllung gehen.

Ausgebeutet für Chicco-Spielwaren

Es war Anfang 1993, und es war kein Märchen.[1] Xiao Shen machte Bekanntschaft mit zwei Geschäftsleuten namens Huang Guoguang und Lao Zhaoquan, die für ihre »Zhili Handicrafts Factory« Arbeiterinnen suchten. Dort wurden Spielwaren hergestellt, die vom italienischen Konzern Artsana S.p.A./Chicco vertrieben wurden.

Xiao Shen wurde eine von insgesamt 472 Angestellten. Sie hatte den Eindruck, dass es ihr hier sogar schlechter gehe als zu Hause in dem kleinen Dorf bei den Wasserbüffeln. Von früh bis spät schuftete sie in der Zhili-Fabrik, aber so wie die anderen bekam sie gerade so viel Lohn, dass sie überleben konnte. Manchmal waren es 50 Mark, manchmal 80 Mark (26–40 Euro) im Monat.

Weil die beiden Geschäftsführer von der Furcht getrieben waren, ihre Angestellten könnten die Waren stehlen, bauten sie die Fabrik zu einer Art Gefängnis um. Alle Fenster wurden vergittert und alle Notausgänge versperrt. Staatliche Fabrikinspektoren wurden bestochen, damit sie beide Augen zudrückten.

Ein Feuer

Tag und Nacht lebte Xiao Shen nun hinter Gittern, denn so wie die anderen Arbeiterinnen schlief sie auch in der Fabrik. Eines der drei Stockwerke diente zum Wohnen, ein weiteres als Warenlager.

Und dann, am Nachmittag des 19. November 1993, brach ein Feuer aus und verbreitete sich rasend schnell im ganzen Gebäude. Überall befanden sich leicht brennbare Chemikalien. Xiao Shen und die anderen versuchten zu fliehen. Aber wohin? Alle Fenster waren vergittert, alle Türen versperrt.

Zweihundert Menschen, überwiegend junge Frauen, manche nicht älter als sechzehn, wurden vom Feuer erfasst und schrien um ihr Leben. Xiao Shen gelang es, ein vergittertes Fenster im zweiten Stockwerk aufzubrechen. Sie stand vor der Wahl, zu verbrennen oder zu springen. Sie sprang und brach sich beide Knöchel. Einige ihrer Freundinnen aus dem Dorf Zhongyuan entkamen dem Feuer nicht. Insgesamt verbrannten 87 Menschen, 47 überlebten schwer verletzt.

Xiao Shen verbrachte vier Monate im Krankenhaus, bis ihre Füße wieder halbwegs geheilt waren.

Geringe Strafen für die Schuldigen

Einen Monat vor der Katastrophe hatte die örtliche Feuerwehr der Stadt Shenzhen den Besitzer der Fabrik, den Geschäftsmann Lo Chiu-Chuen aus Hongkong, darauf aufmerksam gemacht, dass die Feuersicherungen nicht ausreichten. Nach dem Unglück wurden er sowie seine beiden Geschäftsführer Huang Guoguang und Lao Zhaoquan vor Gericht gestellt. Der Fabrikbesitzer erhielt eine Gefängnisstrafe von zwei Jahren und die Auflage, umgerechnet rund 1,9 Millionen Mark (960.000 Euro) Wiedergutmachung an die chinesische Regierung zu zahlen.[2]

Die beiden Geschäftsleute, die ihre Angestellten in der Fabrik hinter Gitter gesetzt hatten, wurden nur einige Monate eingesperrt. Beide betreiben nun im Ort Dongguan eine neue Fabrik, nur fünfzig Kilometer nördlich der Unglücksstelle.

Sie sind angeblich wieder für den italienischen Spielwarenkonzern Artsana S.p.A./Chicco tätig.[3]

Eine Liste

Das Feuer in der Zhili-Fabrik führte dazu, dass sich 1994 in Hongkong zahlreiche Gewerkschafts- und Menschenrechtsgruppen zur »Toy Coalition« zusammenschlossen, um gegen die schrecklichen Zustände in chinesischen Fabriken vorzugehen. Eine internationale Kampagne wurde gestartet.

Es dauerte drei Jahre, bis der verantwortliche Geschäftsführer von Artsana S.p.A./Chicco, Michele Catelli, bereit war, insgesamt rund 300.000 Mark (155.000 Euro) an die 130 Geschädigten –

Schwerverletzte und Angehörige der Toten – zu zahlen. Das waren 2.330 Mark (1.190 Euro) pro Person.

Die gesamte Summe wurde 1997 auf einem Konto der Caritas Hongkong deponiert und sollte ausbezahlt werden, sobald eine vollständige Liste aller Opfer vorlag. Der Toy Coalition gelang es, Namen und Adressen von fünfzig Opfern zusammenzustellen. Doch Artsana S.p.A./Chicco verweigerte eine Auszahlung mit dem Hinweis, die chinesischen Behörden müssten eine vollständige, autorisierte Liste vorlegen. Das war unmöglich, denn diese lehnten eine Zusammenarbeit in dieser Sache strikt ab, weil sie fürchteten, mit verantwortlich gemacht zu werden für die Katastrophe und damit »das Gesicht zu verlieren«, wie es in China heißt.

Kein Kommentar

Seither sind acht Jahre vergangen und bis jetzt hat noch keines der Opfer auch nur eine einzige Mark vom italienischen Konzern erhalten.

Im Oktober 1999 erklärten Anwälte von Artsana S.p.A./Chicco, dass das Geld längst an drei chinesische Workshops zur Herstellung künstlicher Gliedmaßen und zum Bau dreier Schulen verteilt worden sei. Das sind Sozialprojekte, die in keiner Verbindung zu der Katastrophe stehen. Weil es sich damit eindeutig um einen Missbrauch eines Opferfonds handelt, hat die Toy Coalition in Hongkong eine internationale Boykott-Kampagne gegen Chicco-Spielwaren gestartet, um den italienischen Konzern an seine Verantwortung gegenüber den Opfern zu erinnern.

Fabrizio Goldoni, Geschäftsführer des Chicco-Büros in Hongkong, verweigerte gegenüber der Hongkonger Tageszeitung »South China Morning Post« jeden Kommentar zum missbräuchlich verwendeten Fonds.[4]

»Kader Toy Factory« in Bangkok

Die Tragödie in der Zhili Toy Factory ist kein Einzelfall. Ein halbes Jahr zuvor, im Mai 1993, war in der Nähe von Bangkok ein Feuer in der Fabrik »Kader Toy Factory« ausgebrochen. Hier wurden

Spielwaren der US-Konzerne Mattel (»Barbie«) und Hasbro (»Monopoly«, »Pokémon«, »Teletubbies«) produziert. Obwohl es in der Fabrik vorher bereits zweimal gebrannt hatte und dabei ein Arbeiter getötet und viele schwer verletzt worden waren, gab es nur unzureichende Sicherheitsvorkehrungen.

Das Feueralarmsystem war beschädigt, es gab keine Sprinkler und keine Notausgänge. Das Gebäude hat vier Stockwerke, alle vollgepackt mit leicht entzündlichen Materialien. 1.110 Menschen versuchten dem Feuer zu entkommen. Genauso wie in der Zhili-Fabrik waren sie wie in einem Käfig gefangen: Viele Fenster waren vergittert, die Türen verriegelt.

Wie viele und wie viel?

Nach dem Brand zählte man 188 Tote und 469 Verletzte.

In einer Untersuchung, die danach durchgeführt wurde, stellte sich heraus, dass sogar 13-jährige Mädchen in der Fabrik gearbeitet hatten. Der gesetzlich vorgeschriebene Mindestlohn betrug in Bangkok damals umgerechnet 10 Mark (5,10 Euro) pro Tag, und selbst der wurde in der Kader Toy Factory noch unterschritten: Die Besitzer zahlten nur 4,80 Mark (2,50 Euro). Manchmal wurden die Angestellten gezwungen, durchgehend 19 Stunden zu arbeiten. Für jede Überstunde erhielten sie zusätzlich 1,70 Mark (0,90 Euro).

Globale Ökonomie, regionale Moral

Die Toten und für alle Zeit Behinderten der Kader Toy Factory und der Zhili Toy Factory sind Opfer einer globalen Entwicklung. Die Besitzer solcher Firmen leben von den Aufträgen internationaler Konzerne. Deren Interesse ist es, Markenwaren so billig wie möglich herzustellen. Das erhöht die Gewinne, drückt die Löhne und verringert die Sicherheitsmaßnahmen in den Produktionsbetrieben. Den Letzten beißen die Hunde. Das sind die Menschen, die all die glitzernden Waren herstellen, die wir in den Geschäften kaufen.

Die Investitionen der Konzerne fließen dahin, wo am billigsten produziert wird. An der Spielwarenindustrie lässt sich das ganz deutlich ablesen. In den letzten zwanzig Jahren gab es riesige Investitionswanderungen von Kontinent zu Kontinent. Noch vor 35 Jahren waren die USA der größte Produzent von Spielwaren. Dann, in den siebziger Jahren, verlagerten die US-Konzerne ihre Produktion in die so genannten Tigerstaaten Asiens: nach Hongkong, Taiwan, Südkorea.

Ein Paradies für Konzerne

Als dort nach und nach die Löhne stiegen und sich Gewerkschaften formierten, zog die Investitionskarawane weiter nach Thailand, Indonesien, Malaysia und auf die Philippinen.

Und vor allem nach China. Denn für die multinationalen Konzerne ist China ein Paradies. Es gibt eine stabile politische Ordnung, Gewerkschaften sind verboten, behördliche Auflagen minimal, Behörden bestechlich und die Lebenshaltungskosten gering. Kein Wunder, dass in China derzeit etwa ein Drittel aller Spielwaren hergestellt wird.

Seit einigen Jahren investieren die Konzerne auch in Vietnam. Dort herrschen ähnliche Verhältnisse wie in China.

Der Spielwarenmarkt ist gigantisch. Je weniger Kinder in den entwickelten Industriestaaten geboren werden, umso mehr Geld wird für ihr Spielzeug ausgegeben. Pro Kopf sind das in Deutschland etwa 350–400 Mark (178–204 Euro) im Jahr.[5]

Walt Disney

Die Walt Disney Company gehört zu den ganz Großen im Geschäft mit Spielwaren und Kinderträumen. Im Sommer 1998 stellte der Konzern einen neuen Film mit dem Titel »Mulan« fertig, der auf das chinesische Publikum abzielte. Der Zeichentrickfilm handelt von einer bekannten chinesischen Sage, in der eine junge Frau namens Mulan sich als Mann verkleidet, zur Armee geht und einen großen Sieg für China erkämpft.[6]

»Mulan« sollte dem Disney-Konzern als Vehikel zur Eroberung des chinesischen Filmmarktes dienen.

Manche Spielwaren werden von Arbeitern hergestellt, die selbst noch Kinder sind – in den Billiglohnländern Asiens

Aber zunächst lief es nicht ganz nach Plan. Weil die Walt Disney Company auch den Film »Sieben Tage in Tibet« gesponsert hatte und die chinesische Regierung diesen als Kritik an ihrer Besatzungspolitik in Tibet nicht guthieß, durfte »Mulan« in China nicht gezeigt werden.

Die Walt Disney Company gab jedoch nicht auf und erreichte durch Verhandlungen, dass »Mulan« ab Februar 1999 doch noch in die chinesischen Kinos kam.

Micky Maus in China

Walt Disney zielt bei seinen Geschäften in China nicht nur auf die Konsumenten, sondern lässt dort auch seine berühmten Spielzeugfiguren produzieren: Micky Maus und Donald Duck und Bambi und Cinderella und all die anderen.

Micky Maus hat in China aber ein zweites Gesicht bekommen: »Vorsicht vor Disneys Hinterhoffabriken in Südasien!« warnt die kritische Konsumentengruppe »Hongkong Christian Industrial

Committee« und verbreitet Plakate, auf denen Micky Maus spitze Zähne hat, die kräftig zubeißen können.

Anfang des Jahres 2001 veröffentlichte sie einen Bericht über Missstände in zwölf chinesischen Fabriken, die Produkte der Walt Disney Company herstellen.[7]

Micky Maus ist böse

Die Vorwürfe:[8] Das Personal wurde gezwungen, bis zu achtzehn Stunden täglich zu arbeiten, sieben Tage die Woche, oft monatelang ohne Unterbrechung, unter teilweise gefährlichen Bedingungen. Die meist jungen Frauen, manche von ihnen nicht älter als sechzehn Jahre, arbeiteten für einen Hungerlohn von 74 bis 123 Mark (38–63 Euro) pro Monat. Das liegt unter dem gesetzlich vorgeschriebenen Mindestlohn, wenn man die lange Arbeitsdauer in Betracht zieht. Zum Vergleich: Der geschäftsführende Direktor der Disney Company, Michael Eisner, verdient 12,2 Millionen Mark (6,25 Millionen Euro) – ebenfalls monatlich.[9]

Ein Großteil der Überstunden wurde nicht bezahlt. Mit der Auszahlung des Lohns waren die Firmen oft ein bis zwei Monate im Rückstand.

Die Arbeiterinnen berichteten über schlechtes Kantinenessen und überfüllte Schlafsäle. Bis zu 24 Personen mussten sich einen Raum zum Schlafen teilen. Außerdem gab es schikanöse Strafen.

Obwohl das in China gesetzlich vorgeschrieben ist, wurden die meisten Arbeiterinnen von ihren Arbeitgebern weder kranken- noch sozialversichert.

Kontrollen von offiziellen Inspektoren wurden vorher angekündigt. So hatten die Firmen immer Zeit, alles schön herzurichten. Die Arbeiterinnen wurden gezwungen, falsche Lohnbestätigungen zu unterschreiben. Auch mussten sie üben, auf eventuelle Fragen die »richtigen« Antworten zu geben. Minderjährige Arbeiter mussten für die Dauer der Kontrolle die Fabrik verlassen.

Kein Märchen

Ein Jahr vorher hatte das Hongkong Christian Industrial Committee einen ähnlichen Bericht über Missstände in vier chinesischen Fabriken veröffentlicht, die ebenfalls für Disney produzierten.[10] Die Reaktion des Konzerns: Er stoppte sofort seine Aufträge bei drei der vier Firmen und behielt damit seine weiße Weste. Weil es nun keine Arbeit mehr gab, wurden die Arbeiterinnen gefeuert.

Um zu verhindern, dass die Walt Disney Company erneut einfach die Herstellerfirmen austauscht und die Opfer der Missstände arbeitslos werden, veröffentlichte die Hilfsorganisation in dem neuen Bericht Anfang 2001 nur geschwärzte Firmennamen.[11]

Der amerikanische Konzern wird darin aufgefordert, endlich soziale Verhaltensregeln anzuwenden (»Codes of Conduct«), die er sich selbst auferlegt hat, und dafür zu sorgen, dass die Herstellerfirmen bestimmte Mindeststandards einhalten. Disney soll die Arbeiter über ihre Rechte aufklären und sie in die Kontrolle der Arbeitsbedingungen mit einbeziehen, so die Forderung.

Die Reaktion der Disney Company auf die Vorwürfe: verschweigen, verleugnen, vertuschen. Ein bewährtes Rezept.

Die bittere Schlussfolgerung des Hongkong Christian Industrial Committee:»Disney ist kein isolierter Fall, sondern ein typisches Beispiel für das, was derzeit auf der ganzen Welt stattfindet.«[12] Und:»Ohne Beteiligung der Arbeiter an der Kontrolle bleiben die von den Firmen veröffentlichten ›Codes of Conduct‹ lediglich Propaganda.«

Kein isolierter Fall

Auch auf der Insel Macao, die seit Ende 1999 zu China gehört, und auf der Karibikinsel Haiti wurden Missstände in Fabriken bekannt, die für Disney produzieren.[13]

In der »Megatex Factory« in Port-au-Prince, der Hauptstadt Haitis, erhielten Arbeiter im Oktober 1998 von ihren Vorgesetzten Drohungen, dass man sie feuern und Gewalt gegen sie anwenden würde, falls sie weiterhin versuchten, sich gewerkschaftlich zu organisieren. Der Hinweis auf Gewaltanwendung gilt auf Haiti als verschlüsselte Todesdrohung. Mindestens sieben Arbeiter wurden wegen des Verdachts auf Gewerkschaftsaktivitäten gekündigt.

»Happy Meals« von McDonald's

Das Hongkong Christian Industrial Committee hat nicht nur Fabriken des Walt-Disney-Konzerns untersucht, sondern auch die von McDonald's. Die Fastfood-Kette kooperiert eng mit dem Comic-Konzern. In den Restaurants werden nämlich nicht nur Hamburger verkauft, sondern auch so genannte »Happy Meals« (»glückliche Mahlzeiten«): Die Kinder erhalten beim Bestellen bestimmter Menüs eine Disney-Figur als Zugabe. Besonders beliebt sind Figuren der Sortimente Snoopy, Winnie the Pooh und Hello Kitty.

Im Sommer 2000 veröffentlichte das »Committee« einen Report über die Praktiken in fünf Fabriken der Hongkonger Firma »Pleasure Tech Holdings« in Südchina. Eine davon trägt den Namen »City Toys«.[14] In dem Bericht ist von Kinderarbeit und von gefälschten Ausweisen die Rede, in denen die Arbeiter älter gemacht werden, als sie sind. Während offizieller Inspektionen in der Fabrik werden die Kinder weggesperrt, damit alles seine Ordnung hat.

Als Lohn für einen Achtstundentag erhalten die Arbeiterinnen etwa 2,90 Mark (1,49 Euro). Normalerweise müssen sie fünfzehn Stunden am Tag arbeiten, von sieben Uhr früh bis zehn Uhr abends. Wenn die Auftragsbücher voll sind, dürfen sie keinen einzigen Tag frei nehmen. Es wird durchgearbeitet, von Montag bis Sonntag. Sozialversicherung und Krankenversicherung gibt es nicht.

Die Arbeiter übernachten in Firmenschlafsälen mit bis zu sechzehn Betten pro Zimmer, für die monatlich etwa acht Mark verlangt werden.

Alle diese Praktiken stehen im Widerspruch zu den gesetzlichen Bestimmungen in China.

Aladin und die Wunderlampe

Und was sagt der Auftraggeber McDonald's dazu? Der Konzern wies alle Vorwürfe zurück. Nichts gesehen, nichts gehört. Nein, Kinderarbeit gibt es nicht![15] Das »Committee« konnte allerdings

Pluto als »Happy Meal«-Figur für McDonald's. In einem Zulieferbetrieb des Hamburger-Konzerns arbeiteten mehr als hundert Kinder im Alter zwischen zwölf und dreizehn Jahren

nachweisen, dass im Juli 2000 für kurze Zeit etwa 160 Kinder im Alter zwischen zwölf und dreizehn Jahren in der Fabrik City Toys arbeiteten. In der offiziellen Version der Firma hieß es, sie seien mindestens fünfzehn Jahre alt. Ihre Arbeit bestand darin, den aus Plastik hergestellten Aladin-Figuren farbige Kleider anzuziehen. Die Kinder hatten einen Arbeitstag von zwölf Stunden.

Eines der Kinder mit dem Geburtsjahr 1988 und dem Namen Xiao Fung beklagte sich im Sommer 2000 beim Hongkong Christian Industrial Committee: »Es ist nicht lustig hier. Die Arbeit ist sehr hart. Wir müssen bis neun Uhr abends arbeiten.«

Die Tageszeitung »South China Morning Post« berichtete, dass etwa 400 der 2.000 Beschäftigten der Fabrik City Toys Kinder waren. Sie mussten auf Holzpritschen ohne Matratzen übernachten. Der Direktor der Fabrik erklärte, er wisse nichts von Kinderarbeit, aber er werde versuchen, das herauszufinden.[16]

Als auch überregionale Medien begannen, sich für die Sache zu interessieren, schickte McDonald's sofort ein Untersuchungsteam in die Fabriken.[17] Die Ausweise aller Anwesenden wurden kontrolliert und mehrere hundert der zwei- bis dreitausend Beschäftigten sofort entlassen.

Der Konzern veröffentlichte eine allgemeine Presseerklärung, in der es hieß, dass Kinderarbeit strikt verboten sei. Es gäbe regelmäßige Kontrollen.[18]

Schließlich musste McDonald's aber zugeben, dass es »Probleme mit Löhnen, Arbeitszeiten und Aufzeichnungen« darüber gegeben habe. Alle Aufträge für »City Toy« wurden gestoppt und an andere Firmen vergeben.

Letztlich waren es damit wieder die Arbeiter, die für die Machenschaften des Konzerns büßen mussten.

Methan, Benzen und »Happy Meals«

McDonald's lässt die Spielfiguren für seine »Happy Meals« auch in Vietnam produzieren. »KeyHinge Toys« ist eine Firma mit mehr als 1.000 Beschäftigen. Auch hier arbeiten hauptsächlich junge Frauen.[19]

Zwei Gewerkschaftsgruppen – das »Asia Monitor Resource Center« und die »Toy Coalition« – berichten über eine Massenvergiftung mit Aceton am 21. Februar 1997. 220 Arbeiterinnen erkrankten durch die starken Dämpfe dieses farblosen Lösungsmittels, das beim Einatmen Übelkeit, Schwindel und Bewusstlosigkeit verursachen kann. 25 Arbeiterinnen brachen zusammen, drei wurden ins Krankenhaus gebracht.

Die Fabrik weigerte sich, die Kosten für die Behandlung zu übernehmen, obwohl die Arbeiterinnen nur magere 12 Pfennige pro Stunde (0,06 Euro) verdienten. Und das bei einem durchschnittlichen Arbeitstag von zehn Stunden, an sieben Tagen in der Woche. Einige der Teenager erhielten für eine 70-Stunden-Woche insgesamt nicht mehr als 8,46 Mark (4,32 Euro) an Lohn.[20]

Der damalige Pressesprecher von McDonald's, Walt Riker, nahm die Sache gelassen: »Diese Berichte sind total übertrieben. Es gab gar keine Vergiftungen.«[21] Riker sagte, McDonald's habe die Luftqualität in der Fabrik überprüft: »Da war nichts. Wir haben alles

genau untersucht. Wir haben die Firma unter ein Vergrößerungs-
glas gesetzt.«

Riker wies auch von sich, dass er Kenntnis von Berichten über
weitere schwere Vergiftungsfälle in chinesischen Fabriken habe,
die ebenfalls »Happy-Meals«-Figuren herstellten. Dabei gab es im
Januar 1992 sogar drei Todesopfer durch Vergiftungen mit der
Chemikalie Benzen.[22]

Freie Fahrt für »Die Cast«

Die Arbeitsbedingungen in Thailand haben sich im Vergleich zu
Vietnam oder China da und dort schon ein wenig gebessert. Das
zeigt sich an einem Arbeitskonflikt der Firma Maisto in Thailand,
die Spielzeugautos der Marken Die Cast und Tonka herstellt.
Eigentümer der Marke ist die Firma »May Cheong Toy Products
Factory Ltd.« in Hongkong, die auf der ganzen Welt Niederlassungen hat und für führende US-Supermarktketten wie Wal-
Mart und Spielwarenfirmen wie Hasbro (»Pokémon« u. a.) produziert.

Im Februar 2000 gab die Firmenleitung bekannt, dass eine ihrer
thailändischen Fabriken, die »Maisto Manufactoring«, geschlossen werde und die Arbeiter an einem neuen Standort in der Nähe
wieder eingestellt würden.[23]

Zu diesem Zeitpunkt waren mehr als 400 Personen beschäftigt,
überwiegend Frauen mit einem Tageslohn von 7 Mark (3,60 Euro).
Das lag unter dem gesetzlichen Mindestlohn. Es gab in der Firma
außerdem ein schikanöses System von Strafen, zum Beispiel für
das Tragen von »Schuhen, die nicht zur Arbeitsuniform passen«.

Maisto teilte den Beschäftigten mit, dass sie am neuen Firmen-
standort weniger verdienen würden.

Am 28. März 2000 wurden 174 Beschäftigte zur neuen Fabrik
transportiert. Die erwies sich allerdings als eine halb fertige Produktionsanlage, in der es noch keine funktionierenden Maschinen,
nur desolate Toiletten, keine Notausgänge und keine Schutzkleidung für die Arbeit mit aggressiven Chemikalien gab. Die Beschäftigten weigerten sich, unter diesen Bedingungen zu arbeiten.

Die Reaktion von Maisto: Alle Arbeiter wurden ohne Bezahlung der ausständigen Löhne entlassen.

Aber Thailand ist nicht China. Hier sind Gewerkschaften erlaubt. Es entwickelte sich eine internationale Solidaritätskampagne, und nach vier Monaten gab die Firmenleitung nach. Alle Forderungen der Streikenden wurden erfüllt. Die Arbeiter wurden wieder eingestellt und finanziell entschädigt.

Happy End?

Der größte Spielwarenkonzern der Welt, Mattel aus den USA (»Barbie«), begann bereits im Jahr 1995, Mindeststandards und verbindliche Regeln für seine Herstellerfirmen zu erstellen.[24] 1997 wurden weltweit alle Produktionseinheiten auf diese Regeln eingeschworen. Mattel ging sogar so weit, international angesehene, unabhängige Experten mit der Überwachung zu beauftragen. Diese haben freien Zugang zu allen Firmenunterlagen und die Möglichkeit, alle Beschäftigten zu befragen. 1998 wurde ein erster Bericht der Kontrollgruppe veröffentlicht.

Die Gewerkschaftsgruppe »Asian Labour« urteilt darüber: »Insgesamt kann man feststellen, dass sich alle Herstellerbetriebe im Großen und Ganzen an die Vorschriften halten. Natürlich gibt es noch einiges zu verbessern. Beispielsweise sollten Kontrollbesuche in Fabriken nicht vorher angekündigt werden. Aber die Probleme sind nicht so bedeutend, dass man die Konsumenten zu einem Boykott von Mattel-Produkten aufrufen müsste.«

Achtung!

Nach Redaktionsschluss Ende Mai 2001 erreichte uns die Nachricht, dass 120 Opfer bzw. Angehörige von Toten des Zhili-Factory-Brandes im Juli dieses Jahres von der italienischen Firma Chicco je 1.250 US-Dollar als Spende erhalten werden. (E-Mail der »Hongkong Christian Coalition« vom 12. Juni 2001 an Hans Weiss.)

Dieses Beispiel zeigt die Wirksamkeit von internationalen Kampagnen.

Für eine Hand voll Dollar

Die Mode- und Sportartikelindustrie will sich menschenwürdige Arbeitsbedingungen in ihren Zulieferbetrieben nichts kosten lassen. Um das Image zu retten, haben Nike & Co. Verhaltensregeln eingeführt. Doch das macht die Situation oft noch schlimmer.

Zweiundzwanzigeinhalb Sekunden hat die junge Frau für eine Naht. Ununterbrochen rattert die Nähmaschine, bis zu zwölf Stunden am Tag. Immer wieder die gleichen Handgriffe, immer wieder die gleichen zwei Stück Stoff unter der Nadel vorbeiziehen. Neben der Maschine türmen sich die Ballen. Achtzig T-Shirts pro Stunde sind das Pensum. Wer das nicht schafft, muss nachsitzen, unbezahlt. Sonst ist der ganze Tageslohn dahin.

Julia Esmeralda Pleites arbeitete in der Fabrik »Formosa« in El Salvador. Dort nähte sie Shirts für Nike und Adidas. Für zehn Mark (5,12 Euro) am Tag. Fünf Mark (2,55 Euro) am Tag bezahlen die Näherinnen fürs Kantinenessen: zum Frühstück Bohnen und Kaffee, mittags ein Stück Hühnerfleisch mit Reis. Für die zwölf Quadratmeter große Wohnung, die Julia Pleites gemeinsam mit ihrer Mutter und der dreijährigen Tochter bewohnt, kommen Monat für Monat noch einmal 68 Mark (35 Euro) dazu. Der Bus zum Arbeitsplatz kostet 1,50 DM (0,77 Euro), hin und zurück. Weil ihr eines Tages das Geld dafür fehlte und sie deshalb zu spät kam, wurde die 22-Jährige gefeuert. Auf der Stelle. Und ohne den restlichen Lohn zu erhalten. »Wir müssen uns Geld ausleihen, um zu überleben«[1], sagt die junge Frau, die nicht mehr weiß, wie sie ihre Schulden bezahlen soll. Dabei hätte sie gerne etwas zusammengespart, damit ihre Tochter einmal eine Schule besuchen kann.

So wie Julia Esmeralda Pleites geht es Millionen in der Textilindustrie Beschäftigten – in der Mehrzahl Frauen – in aller Welt. Rund neunzig Prozent der Kleidungsstücke, die hierzulande über den Ladentisch gehen, werden in irgendwelchen Freihandelszonen[2] in China, Südostasien, Mittelamerika und Osteuropa hergestellt. Die großen europäischen und amerikanischen Bekleidungs- und Sportartikelfirmen betreiben keine einzige Produktionsstätte selbst, sondern kaufen ihre gesamte Ware vom jeweils günstigsten Anbieter auf dem globalen Diskontmarkt. Billiger, billiger, billiger: Thailändische Hinterhoffabriken konkurrieren da mit mexikanischen »Maquilas«, wie die Nähbatterien Zentralamerikas genannt werden, um die niedrigsten Kosten. Oft werden auf der gleichen Nähmaschine die verschiedenen Konkurrenzmodelle nacheinander zusammengenäht.

Die Markenfirmen selbst beschränken sich aufs Design und auf die Werbung. Und sind dabei alles andere als knauserig. Mindestens 200 Mark bzw. hundert Euro kostet ein neues Sportschuhmodell von Nike, Adidas oder Reebok. Doch nur rund zwölf Prozent bekommen die Herstellerfirmen, die davon noch Material und Produktionskosten bezahlen müssen. Die Löhne fallen dabei kaum ins Gewicht: Lediglich 0,4 Prozent vom Wert eines verkauften Laufschuhs erhält eine Näherin im Durchschnitt, hat die internationale »Clean-Clothes-Kampagne für faire Arbeitsbedingungen« errechnet. Bei 200 DM (100 Euro) wären das also 80 Pfennig oder 40 Cents.

Die Thailänderin Suthasini Kaewlekai arbeitete elf Jahre lang für die Firma »Par Garment«, auf deren Kundenliste bekannte Namen wie Nike, Adidas und Puma, Asics, Fila, Gap und Timberland standen. Wie die meisten Näherinnen erhielt sie nur den Mindestlohn von 162 Baath am Tag, das sind umgerechnet etwa 9,40 Mark (4,80 Euro), erzählt die zierliche kleine Frau in ihrer Muttersprache Thai.[3] »Leben kann man davon nicht. Und Sozialversicherung gibt es auch keine. Dabei hat uns das Management 300 Baath (17,30 DM bzw. 8,90 Euro) am Tag und elf Tage Urlaub im Jahr zugesichert. Doch monatelang wurde uns nicht einmal der normale Lohn gezahlt.« Einige Arbeiterinnen, unter ihnen Suthasini Kaewleklai, gingen deswegen vor Gericht.

Den Schädel einschlagen und zu Grabe tragen

Die Richter des Arbeitsgerichts von Thanya Buri empfahlen den Näherinnen, sich mit vierzig Prozent der zugesagten Löhne zufrieden zu geben, da das Unternehmen in einer Finanzkrise stecke, erinnert sich die junge Frau. Da die Belegschaftsvertreter dies nicht akzeptieren wollten, sagte einer der Richter:»Ihr seid dickköpfig. Wenn ich euer Arbeitgeber wäre, ich würde euch nicht nur entlassen. Ich würde mir jemanden suchen, der euch den Schädel einschlägt.« Dann fragten die Richter die Arbeiterinnen noch einmal, was sie tun wollten. Als diese weiter auf ihrem Recht auf den zugesagten Lohn bestanden, schlossen die Richter das Verfahren mit den Worten:»Ihr werdet bald in Särgen zu Grabe getragen werden.« Im Mai 1999 wurden Suthasini Kaewlekai und ihre Mitstreiterinnen entlassen.

Menschenrechtsgruppen bestätigen, dass die Rechte von Angestellten vor allem seit der Wirtschaftskrise der so genannten »Tigerstaaten« Südostasiens mehr denn je beschnitten werden. Die Unternehmer nützen die instabile wirtschaftliche und politische Situation, um niedrige Steuern und Sozialstandards auszuhandeln. Sie können dabei auf die Unterstützung durch die Weltbank und den Internationalen Währungsfonds zählen, die in den hoch verschuldeten Ländern der so genannten Dritten Welt vor allem die Interessen der westlichen Geldgeber vertreten. Der enorme Schuldendruck zwingt viele Länder Asiens, Afrikas und Lateinamerikas, aber auch im ehemaligen Ostblock, ihre Mindestlöhne unter dem Existenzminimum zu halten, da sie sonst nicht einmal in der Lage wären, die eigenen Staatsangestellten zu bezahlen. Nutznießer sind die multinationalen Konzerne, die sich zynisch auf die staatlich festgelegten Mindestlöhne berufen.

36 Cents mehr für faire Löhne

»Dabei wäre es ja an sich sinnvoll, wenn man Arbeitsplätze in ärmeren Ländern schafft, indem man die Produktion aus den reichen Ländern auslagert«, meint Christian Mücke von der Clean-Clothes-Kampagne.[4] Damit man aber von Investitionen in diese

Länder sprechen könne, müsse man auch Löhne zahlen, die einen angemessenen Lebensstandard erlauben – und die Möglichkeit, Rücklagen zu bilden. »Und natürlich ist ein menschenwürdiger Lohn in Bangladesch nicht dasselbe wie in Deutschland«, weiß Mücke. »Es wäre auch kontraproduktiv, das zu verlangen. Damit würde man nur soziale Spannungen schaffen. Es muss unter den lokalen Bedingungen ein anständiges Leben ermöglicht werden.« Doch davon sei man weit entfernt.

Würden etwa die 150.000 Textilarbeiter in Indonesien monatlich nur 22 Mark (11 Euro) mehr verdienen, könnten sie davon nicht nur menschenwürdig leben, sondern auch ihren Kindern den Schulbesuch ermöglichen. Der Preis für einen Turnschuh stiege dabei lediglich um 70 Pfennig (0,36 Euro).[5] So sind Kinder aber oft selbst zum Arbeiten gezwungen, weil das Familieneinkommen nicht reicht.

Standortdumping
De facto drücken die Konzerne mit ihrer Preispolitik die Standards in den betroffenen Ländern nämlich noch weiter nach unten. »Die produzieren natürlich dort, wo es am billigsten ist. Es würde für sie gar nicht ins Gewicht fallen, wenn sie ein paar Groschen mehr für die Löhne zahlten«, sagt Mücke, »aber so etwas widerspräche einfach ihrer Marktphilosophie. Wenn ein Standort aufgrund sozialer Verbesserungen auch nur eine Spur teurer wird, ziehen die sofort zum nächsten weiter. Erhöht ein Land die Sozialstandards, riskiert es damit, dass alle Investoren ins Nachbarland abwandern. Die Bekleidungsindustrie braucht ja nur irgendwelche Fabrikhallen anzumieten und Nähmaschinen aufzustellen. So schnell kann man gar nicht schauen, sind die wieder abgebaut.« Zurück bleiben oft Zehntausende Arbeitslose.

Unmenschliche Arbeitsbedingungen
Der von den Konzernen ausgeübte Konkurrenzdruck schlägt sich nicht nur auf die Löhne, sondern auch auf die Zustände am Arbeitsplatz nieder. »In der Fabrik ist es sehr heiß«, beschreibt

Julia Esmeralda Pleites die Situation beim Nike- und Adidaslieferanten Formosa. »Die Belüftung ist schlecht. Man schwitzt und trocknet aus. Der Staub verstopft die Nase. Um Wasser zu trinken oder auf die Toilette zu gehen, braucht man eine Erlaubnis. Dort überprüfen Sicherheitskräfte den Firmenausweis, da man nicht öfter als ein- oder zweimal täglich austreten darf. Die Anlagen sind verschmutzt, es gibt kein Toilettenpapier. Auch das Trinkwasser ist nicht gereinigt. Beim Verlassen der Fabrik mussten wir entwürdigende Durchsuchungen über uns ergehen lassen. Die weiblichen Sicherheitskräfte, die uns Frauen durchsucht haben, fassen dich überall an.«

Wenn eine Frau nach der Probezeit angestellt werde, müsse sie selbst einen Schwangerschaftstest bezahlen. »Ist sie schwanger, fliegt sie raus. Wir bezahlen auch Sozialversicherung, aber man kriegt nicht frei, um in die Klinik zu gehen.«

Gewerkschaften seien bei Formosa nicht erlaubt. »Sobald sie wüssten, dass du einer Gewerkschaft angehörst, würden sie dich rauswerfen. Alle haben Angst.«

Sexuelle Belästigung

Etwa die Hälfte der Arbeiterinnen bei Formosa ist laut »Kampagne für Saubere Kleidung« jünger als achtzehn Jahre. So wie die 15-jährige María, die seit 1997 zwölf Stunden am Tag hinter der Nähmaschine steht. Einmal sei sie von einem Vorarbeiter bedrängt worden, erzählt sie: »Er hat mich am Arm gepackt und mir erzählt, ich würde ihm gut gefallen. Ob ich nicht Lust hätte, ihn zu treffen. Ich habe mich gewehrt und gesagt, er solle mich in Ruhe lassen. Er sagte darauf, ich wüsste ja gar nicht, was für einen großen Fehler ich mache.«[6] So etwas gibt es bei uns natürlich auch. Doch in den Nähbatterien der Textilindustrie scheint der systematische Missbrauch von Frauen – und manchmal auch von Kindern – die Regel zu sein.

Die Näherin Marlene Vega erzählte dem »Stern«[7] die folgende Geschichte: »Zwei Männer packten mich und zerrten mich in Richtung des Wagens von Mr. Sharp«, dem Sohn des Formosa-

Betriebsleiters. »Jimmy will dich. Das ist keine Bitte. Das ist ein Befehl«, sagten die Männer. Das Mädchen schaffte es, sich zu befreien. Am nächsten Morgen wurde es entlassen.

Adidas versprach, die Vorwürfe zu untersuchen und bei Formosa für bessere Arbeitsbedingungen zu sorgen. Den Beschuldigten konnte am Ende jedoch nichts nachgewiesen werden. Die Opfer berichten, dass sie nicht einmal befragt wurden.

Dunkle Wäsche, damit man die Blutflecken nicht sieht

Textilarbeiterinnen sind nicht nur direkten sexuellen Belästigungen ausgesetzt. In Indonesien haben Frauen beispielsweise das verbriefte Recht, während der Menstruation zwei Tage unbezahlt der Arbeit fernzubleiben, da der Zugang zu den Fabriktoiletten beschränkt ist und die meisten Indonesierinnen weder Hygieneartikel noch Schmerzmittel bezahlen können. Nur wenige nehmen dieses Recht in Anspruch, da sie in den Betrieben mit Sanktionen rechnen müssen. »Während ihrer Tage tragen Zehntausende Frauen dunkle Unterwäsche und lange Blusen, damit man die Blutflecken auf der Kleidung nicht sieht«, beschreibt ein Untersuchungsteam die Zustände bei Zulieferern von Gap, Tommy Hilfiger, Polo, Nike, Adidas, Fila und Reebok. Eine Arbeiterin erzählt, dass sie aufgefordert wurde, ihren Slip auszuziehen, um die Blutung zu beweisen. Da sie das verweigerte, wurde sie als Lügnerin abgestempelt.[8]

Der »Stern« berichtet auch vom Schicksal der Chinesin Rong Wu, die von Menschenhändlern auf die Pazifikinsel Saipan verschleppt wurde, um dort Hemden für Tommy Hilfiger, Polo/Ralph Lauren, Gap und Donna Karan zu nähen. Von Prügeln ist dort die Rede und von 14-Stunden-Arbeitstagen für 200 US-Dollar im Monat, von denen die Hälfte als Miete für ein 20-Quadratmeter-Zimmer weggeht, das von zwölf Frauen bewohnt wird. Nach einiger Zeit sieht sich Rong Wu gezwungen, als Prostituierte zu arbeiten, um ihre Schulden zu bezahlen.

Die Kleidungsstücke im Wert von einer Milliarde Dollar, die auf Saipan jährlich produziert werden, sind »Made in USA«. Denn seit

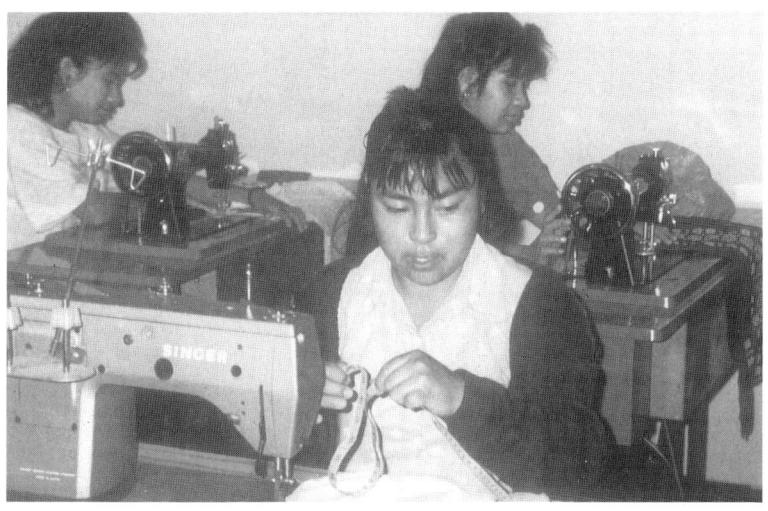

Näherinnen in einer indonesischen Freihandelszone

dem Zweiten Weltkrieg steht die Insel unter der Schirmherrschaft der Vereinigten Staaten. Abgesehen vom Wegfall der Einfuhrzölle bringt das ein gutes Image bei den Konsumenten. Doch es brachte auch Probleme für die Konzerne: Wo »Made in USA« produziert werde, müssten auch US-Gesetze gelten, argumentierte der amerikanische Anwalt Albert Meyerhoff, der 1999 unter anderem die Bekleidungsfirma Tommy Hilfiger beschuldigte, »mithilfe lokaler Fabrikanten (…) bewusst, fahrlässig oder rücksichtslos ein System unfreiwilliger Knechtschaft aufgebaut« zu haben. Im Namen tausender Arbeiterinnen forderte er zurückgehaltene Löhne ein. In den Sammelklagen war von Hormontests und erzwungenen Schwangerschaftsabbrüchen die Rede. Einige der Unternehmen erklärten sich angesichts des öffentlichen Drucks bereit, Schadenersatz zu leisten und – auf Saipan – nicht mehr mit Fabrikanten zusammenzuarbeiten, die den arbeitsrechtlichen Minimalforderungen nicht genügen.

Imageproblem

Spätestens seit das amerikanische Magazin »Life« im Juni 1996 Fotos pakistanischer Kinder veröffentlicht hat, die Fußbälle mit dem Nike-Logo, dem »Swoosh«, nähen, ist in der Branche Feuer am Dach. Zehntausende Kinder produzierten Bälle für Nike, Adidas, Reebok und andere bekannte Firmen. Viele wurden als Sklaven an ihre Arbeitgeber verkauft und wie Vieh gebrandmarkt.[9] Berichte über Kinderarbeit, Ausbeutung, Zwangsarbeit, Gewalt und sexuelle Übergriffe auf junge Arbeiterinnen bedrohen seitdem das Image jener Unternehmen, die sich ihrem vorwiegend jugendlichen Publikum gerne als modern und weltoffen präsentieren. Immer öfter wird dieses Bild gestört – vor allem durch Reportagen über die Produktionsbedingungen in den Sweatshops (»Schweißbuden«), in denen die Konzerne ihre Markenware herstellen lassen. Damit sind jene Hinterhoffabriken in aller Welt gemeint, in denen vorwiegend Frauen zu geringen Löhnen und in zahllosen Überstunden an den Nähmaschinen schuften. »Da arbeiten 15-jährige Mädchen, die nach ein paar Jahren kaputt sind«, sagt der Österreicher Christian Mücke, der selbst einige Sweatshops in Zentralamerika besucht hat.

Um ihr Image aufzupolieren, haben die meisten Markenkonzerne Verhaltensnormen, so genannte Codes of Conduct etabliert, wie sie auch von Anti-Sweatshop-Kampagnen und Gewerkschaften gefordert werden (siehe »Sozialcharta« am Ende des Kapitels). Doch die effektive Umsetzung dieser Normen wird allgemein bezweifelt. »Sehr großzügig betrachtet haben vielleicht zehn Prozent aller westlichen Unternehmen, denen Missbräuche vorgeworfen werden, etwas Sinnvolles zur Verbesserung der Arbeitsbedingungen geleistet«, kritisiert der amerikanische Ökonomieprofessor Prakash Sethi in einem Artikel des Wirtschaftsmagazins »Business Week«.[10]

»Ohne Kontrolle durch unabhängige Organisationen und Gewerkschaften sind die angeblichen Verbesserungen kaum überprüfbar«, beschwert sich auch Christian Mücke von der Clean-Clothes-Kampagne. »Dagegen wehren sich die Konzerne aber nach wie vor.« Oder sie greifen auf Prüfmethoden zurück, die mehr der eigenen Imagepflege als der Aufdeckung von Missständen dienen. So gibt es eine Reihe von Gutachten, die von konzerneigenen Leuten oder von bezahlten Institutionen erstellt werden, die natürlich im Sinne der Auftraggeber ermitteln. Oder die Ergebnisse werden unter Verschluss gehalten. So wie jener Prüfbericht der Consultingfirma Ernst & Young, der im Jahr 1997 katastrophale Zustände bei einem Nike-Lieferanten in Vietnam aufdeckte. Nikes Pech: Das Dokument wurde der »New York Times« zugespielt und sorgte für großen Wirbel in der Öffentlichkeit.[11]

Bei fast allen selbst auferlegten Verhaltensnormen fehlen außerdem zwei wesentliche Kriterien, beklagt Mücke: »Zum Ersten das Recht auf einen menschenwürdigen Lohn. Und zweitens das Recht auf die Bildung freier Betriebsräte und unabhängiger Gewerkschaften.«

Grundrecht der Selbstorganisation

Dieses Recht sei der eigentliche Knackpunkt, meint Mücke. Denn nur die Selbstorganisation der Arbeiter vor Ort biete einen effektiven und dauerhaften Schutz vor Missbräuchen. »Das Thema Gewerkschaft ist so heiß, dass oft nicht einmal Lippenbekenntnisse in die Codizes aufgenommen werden.« Keine Frage: Könnten die Arbeitnehmer ihre Löhne kollektiv verhandeln und notfalls auch in Streik treten, wäre den Unternehmen mit einem Schlag die Möglichkeit genommen, beliebig über die große Masse der Lohnabhängigen zu verfügen. So aber tolerieren viele Markenfirmen nur allzu gerne, dass selbst in Ländern, in denen Gewerkschaften und Betriebsräte vorgeschrieben sind, Arbeiter so eingeschüchtert werden, dass eine ungehinderte Vertretung ihrer Interessen nicht möglich ist. Oder sie verlagern die Produktion gleich in Länder wie China, in denen freie Gewerkschaften verboten sind.

Ohne das garantierte Recht auf Versammlungs- und Organisationsfreiheit, meint auch die thailändische Menschenrechtskoordinatorin Junya Yimprasert, seien alle anderen Zugeständnisse nicht viel wert, da niemand ihre Einhaltung kontrollieren könne. »Die Unternehmer verwenden sogar die lokale Mafia, um gegen Gewerkschaften vorzugehen«, behauptet die Sozialwissenschafterin.[12]

Yimprasert hat eine zweijährige Untersuchung in thailändischen Zulieferbetrieben für internationale Markenartikler durchgeführt. Von Januar bis Mai 1999 wurde sie sogar von Reebok zu einer Überprüfung aller Produktionsstätten eingeladen, ohne dabei allerdings auch nur ein einziges Mal alleine mit den Arbeitern sprechen zu dürfen. Besonders unter die Lupe genommen hat die Wissenschafterin die Auswirkungen der Verhaltenskodizes, auf die die Multis gerne verweisen, wenn sie wieder einmal im Kreuzfeuer der Kritik stehen.

»Diese Codes of Conduct gibt es in Thailand seit 1992. Sie beinhalten unter anderem Bestimmungen zum Mindestalter, zu Arbeitsrechten und über Sicherheits- und Umweltstandards.« Die Angestellten hätten aber meist keine Ahnung von der Existenz der Codes. »Die werden oft nicht einmal in die Landessprache übersetzt oder hängen nur in den Empfangsräumen für Besucher, wo Arbeiter keinen Zutritt haben.« Es gebe zwar gewisse Verbesserungen etwa im Bereich der Sauberkeit und Sicherheit der Arbeitsplätze. Akkordarbeit zum Mindestlohn mit unbezahlten Überstunden sei aber noch immer die Regel.

Verhaltenskodizes bringen Verschlechterungen

»Im Großen und Ganzen habe ich den Eindruck, dass die Verhaltenskodizes nur dazu dienen, dass sich die Konsumenten in Europa und den USA besser fühlen«, so das vernichtende Resümee der Soziologin. Und: »Für die Arbeiter selbst haben sie in erster Linie Verschlechterungen gebracht.«

Wie das?

»Weil die Markenfirmen die Kosten, die etwa durch die zusätzliche Installation von Feuerlöschern oder Sanitäranlagen anfallen, nicht bezahlen.« In einer Firma habe Nike zwar Unsummen für einen künstlichen Wasserfall ausgegeben. »Doch die meisten Verbesserungen, die in den Codes der Konzerne gefordert werden,

Textilfabrik: Meist liegen die Löhne unter dem Existenzminimum

müssen die Zulieferfirmen selbst tragen. Nun sagen die Unternehmer, dass die Arbeiter noch härter arbeiten müssen, um die Kosten dafür wieder reinzukriegen. Die Multinationalen wissen, dass die Codes den Preis steigern, doch sie wollen ihn nicht zahlen. Und wenn eine Betriebsstätte wegen der Codes teurer produziert, verlagern sie ihre Produktion einfach und weichen auf billigere Standorte aus – von Thailand nach China, von China nach Vietnam und so weiter.«

Junya Yimprasert bringt es auf den Punkt: »Statt dass die Markenfirmen versuchen, in den Umgang der Produzenten mit den Arbeitern einzugreifen, verschließen sie ihre Augen. Die Verhaltensregeln dienen nur der eigenen Werbung. Die Arbeiter leiden noch mehr als vorher. Ein Konzern, der Standards verlangt, aber das Geld dafür nicht bezahlt, der stiehlt dieses Geld direkt vom Arbeiter.«

Sozialcharta für den Handel mit Kleidung

Die »Sozialcharta für den Handel mit Kleidung« ist die Verpflichtungs-erklärung, die die Clean-Clothes-Kampagne allen großen Textilkonzernen vorgelegt hat. Sie entspricht den Mindeststandards der Internationalen Arbeitsorganisation (ILO). Bis heute haben nur drei Unternehmen diese zentralen Forderungen unterzeichnet: Migros, Switcher und Veillon. Diese Schweizer Firmen beteiligen sich auch an einem Pilotprojekt zur unab-hängigen Kontrolle der Arbeitsverhältnisse in ihren Zulieferbetrieben.

Die Unternehmen verpflichten sich, folgende Bedingungen hinsichtlich ihrer eigenen Produktion, ihrer Subunternehmen und Zulieferer zu erfül-len sowie eine unabhängige Kontrolle darüber zuzulassen:

Organisationsfreiheit

Arbeiter haben das Recht, sich frei zu organisieren. Sie können sich unab-hängigen Gewerkschaften und anderen Interessensverbänden ihrer Wahl anschließen, ohne dass dafür eine vorherige Genehmigung erforderlich wäre. Ebenso haben sie das Recht, sich bei Tarifverhandlungen von Orga-nisationen ihrer Wahl vertreten zu lassen. Diese Tarifverhandlungen wer-den ohne unzulässige Behinderung der Arbeitnehmer durchgeführt.

Angemessener Lohn

Die Entlohnung von Arbeitern muss wenigstens deren notwendigsten Lebensbedarf (Nahrung, Kleidung, Wohnraum) und den der unmittelbar von ihnen abhängigen Familienmitglieder decken. Diese Entlohnung ge-nügt mindestens dem gesetzlichen Mindestlohn des jeweiligen Landes.

Arbeitszeit

Die Zahl der wöchentlichen Arbeitsstunden und die Regelung hinsichtlich der Bezahlung von Überstunden entsprechen für alle Arbeiter den von der ILO festgelegten Normen von acht Stunden pro Tag bzw. 48 Stunden pro Woche.

Sicherheit

Die Arbeitsbedingungen im Sicherheits- und Gesundheitsbereich genügen den von der ILO festgelegten Normen.

Mindestalter

Arbeitgeber halten sich an das von der ILO festgelegte Mindestalter von 15 Jahren für Arbeitskräfte.

Schutz vor Diskriminierung

Arbeitgeber fördern die Gleichbehandlung hinsichtlich der Ausübung und Entlohnung der Arbeitenden. Das heißt, dass sich Arbeitgeber keiner Diskriminierung aufgrund von Rasse, Hautfarbe, Geschlecht, politischer und religiöser Überzeugung, sozialer Herkunft oder des Herkunftslandes schuldig machen dürfen.

Keine Zwangsarbeit

Es wird nicht auf Zwangsarbeit zurückgegriffen.

Stabile Arbeitsverhältnisse

Arbeits- und sozialrechtliche Bestimmungen für feste Beschäftigungsverhältnisse sollen nicht durch Kontraktarbeit o. Ä. umgangen werden.

Exportierte Probleme

Deutsche Banken und Unternehmen investieren Milliarden in Großprojekte in Afrika, Asien und Lateinamerika. Oft zum Schaden der Menschen und ihrer Lebensgrundlagen. Ganze Kontinente versinken im Schuldensumpf, während die Multis immer mehr Profite machen.

Hermut Kormann ist ein Bild von einem Großindustriellen. Zweireiher, Siegelring, Zigarillos. Wenn man mit ihm spricht, wendet er einem die Schulter zu, als sei es eine Zumutung, seinem Gegenüber ins Gesicht zu blicken. Er sagt dann Sätze wie:»Wir sind unseren Investoren gegenüber verantwortlich.« Und der Gesellschaft?»Die Gesellschaft möchte von uns, dass wir Kraftwerke bauen.« Und wenn diese Kraftwerksbauten Opfer verursachen?»Dafür sind wir nicht zuständig.«[1]

Kormann ist Vorstandsmitglied der Siemens-Tochter Voith. Der deutsche Konzern erzeugt Turbinen und Bauteile für Wasserkraft-Großprojekte. Etwa den Drei-Schluchten-Damm in China. Oder das Projekt Maheshwar in Indien. Dort soll ein Kraftwerk mit einer Leistung von 400 Megawatt entstehen. Doch in dem künftigen Stausee werden bis zu 162 Dörfer einfach versinken. 20.000 Bewohner sollen laut Betreiber aus der fruchtbaren Region am Narmadafluss zwangsumgesiedelt werden. Sie verlieren damit ihre Existenzgrundlage, ohne dafür angemessen entschädigt zu werden.

Das Maheshwar-Projekt ist Teil eines Großvorhabens, das den Bau von 30 großen, 135 mittleren und rund 3.000 kleineren Wasserkraftwerken vorsieht. Ein 36 Meter hoher und einen Kilometer langer Damm soll ein Wasserreservoir von rund 40 Kilometer Länge aufstauen. Das Projekt wurde 1993 von der indischen Regierung an das private Unternehmen S. Kumars übertragen. Siemens erhielt im Gegenzug für eine zeitlich begrenzte Beteiligung von 17 Prozent an der Eigentümergesellschaft den Auftrag, Turbinen und Generatoren für das Kraftwerk zu liefern.

50.000 verlieren Lebensgrundlagen

Hermann Warth von der »Arbeitsgemeinschaft Entwicklungspolitischer Gutachter« hat das Projekt im Jahr 2000 im Auftrag der deutschen Bundesregierung untersucht. Er gibt die Zahl der Menschen, die durch Zwangsumsiedlung ihre Lebensgrundlagen verlieren würden, sogar mit mindestens 35.000 an. Die fruchtbare Region ist aber auch Arbeitgeber für zusätzlich rund 15.000 Menschen. Der Fluss bietet Tausenden Bauern, Fischern, Bootsleuten und im Sandabbau Tätigen Arbeit und Einkommen. »Sie verehren den Narmada als Mutter und Ernährerin«, erzählt Warth.[2]

Nicht nur durch die Umsiedlung werden gewachsene soziale Strukturen zerstört. In Ermangelung von Ersatzland wird versucht, die Landbesitzer – und zwar nur Männer – finanziell zu entschädigen. Bisher habe keine einzige Familie Land als Entschädigung erhalten, sagt Warth. Auf dem freien Markt könne man mit den erhaltenen Beträgen gar kein gleichwertiges Land erwerben. Der Kauf von Neuland werde auch dadurch erschwert, dass die Betreiber Anwälte und Makler einschalten, die bis zu dreißig Prozent Gebühr für die Vermittlung der vorgesehenen Ersatzgrundstücke kassierten.

Die Bevölkerung des Narmadatals wehrte sich daher gegen das Projekt und leistete gewaltfreien Widerstand. Dabei kam es zu brutalen Polizeimaßnahmen gegen friedliche Bauplatzbesetzungen und Versammlungen. Ein alter Mann wurde von berittenen Polizisten zu Tode gehetzt. Tausende wurden zeitweise inhaftiert – darunter 150 Bürgermeister und Kreisräte. Viele von ihnen, auch Frauen und Kinder, wurden misshandelt. 1998 bestätigte auch die »National Commission for Women« der indischen Regierung, dass es im Zusammenhang mit dem Wasserkraftprojekt zu Menschenrechtsverletzungen gekommen sei.

Mindestens sieben investitionsbereite Firmen haben sich wegen der mangelnden sozialen Verträglichkeit aus dem Projekt zurückgezogen, berichtet Hermann Warth. Voith Siemens ist noch immer dabei.

Vorstandsmitglied Hermut Kormann hat damit kein Problem. Die Frage nach unternehmerischer Verantwortung wehrt er ungerührt ab: »Die Gesellschaft hat Unternehmen dazu auserwählt, Wirtschaft zu betreiben, und Regierungen, das zu organisieren.«

Widerstand à la Gandhi

Die indische Regierung macht das offenbar besonders gut. Voith Siemens ist in Indien auch am Kraftwerksprojekt Tehri beteiligt. Mit einer geplanten Höhe von über 260 Metern soll dort der dritthöchste Staudamm Asiens einen Zulauf zum Ganges aufstauen. 107 Dörfer im indischen Himalaya sowie die in unmittelbarer Nähe gelegene Stadt Tehri mit zahlreichen historischen Tempeln und einer Palastanlage aus dem 18. Jahrhundert wären von der Überflutung betroffen. Rund 100.000 Menschen müssten für das Projekt umgesiedelt werden.

Im April 2001 besetzten mehrere tausend Dorfbewohner den Bauplatz, um gegen ihre Vertreibung zu protestieren. Der Protest wurde durch einen brutalen Polizeieinsatz niedergeschlagen. Mehr als fünfzig Demonstranten wurden verhaftet, darunter auch der in ganz Indien angesehene Anführer der Protestbewegung, Sunderlal Bahuguna. Der 75-Jährige ist ein ehemaliger Schüler und Mitstreiter Gandhis. Er hatte bereits 1996 durch einen 74-tägigen Hungerstreik die Regierung gezwungen, die Arbeiten am Tehri-Damm einzustellen und eine Überprüfung des Projekts zu veranlassen. Im Gefängnis von Neu-Tehri trat der Greis gemeinsam mit anderen Verhafteten am 24. April 2001 erneut in unbefristeten Hungerstreik. Um weitere Proteste zu verhindern, hat die indische Regierung nun verfügt, dass jede Ansammlung von mehr als vier Personen polizeilich aufgelöst wird.

Der größte Damm der Welt

In China leitet Siemens ein Konsortium, das für rund 680 Millionen Mark (348 Mio. Euro) Turbinen für den Drei-Schluchten-

Damm liefern soll. Das weltgrößte Projekt dieser Art soll den Jangtse-Fluss auf einer Länge von rund 650 Kilometern aufstauen und 18.000 Megawatt Strom erzeugen. Die Gesamtprojektkosten belaufen sich auf mehr als 90 Milliarden Mark (46,7 Mrd. Euro). Andere Schätzungen sprechen von 160 Milliarden Mark (81,5 Mrd. Euro).

Das Projekt stößt auf große internationale Kritik, da zwischen 1,3 und 1,9 Millionen Menschen zwangsumgesiedelt werden sollen. Der Schweizer Technologiekonzern ABB, auch an dem Projekt beteiligt, bestätigte die Zwangsumsiedelungen zwar, argumentierte aber, dass »die chinesische Regierung die Umsiedlungen nicht als Problem, sondern als Möglichkeit zur Verbesserung der Lebensumstände armer Menschen betrachtet«.[3] Die betroffenen Landwirte hingegen beschweren sich, dass zugesagte Entschädigungszahlungen weitgehend von Regierungsbeamten veruntreut worden seien. Gegenüber einer norwegischen Menschenrechtsgruppe fanden zwei im Exil lebende Chinesen, Goa Di and Guo Yufang, harte Worte für das Engagement westlicher Konzerne: »Man kann das Verhältnis zwischen der chinesischen Regierung und der Wasserkraftmafia als das zwischen einem Tyrannen und seinem Assistenten definieren.«[4]

Versichertes Risiko

Für Großprojekte wie den Drei-Schluchten-Damm sind umfangreiche Finanzierungskredite notwendig. Diese Kredite stellen aber bei Exporten in politisch oder wirtschaftlich instabile Länder ein hohes Risiko dar. Währungskrisen, Kriege, Putsche, Enteignungen, Umweltkatastrophen – das alles kann ein lukratives Projekt zum totalen Fiasko werden lassen. Um die Exportwirtschaft trotz dieser Risiken anzukurbeln und damit heimische Arbeitsplätze zu sichern, existieren in den meisten Ländern staatliche Exportkreditversicherungen, die einen Großteil des Risikos übernehmen. Auf gut Deutsch: Wenn ein Projekt deutscher Unternehmen im Ausland baden geht und es wurde durch die staatliche Kreditversicherung genehmigt, dann zahlt der Steuerzahler einen Großteil der Verluste.

Hoffnungslos: Proteste gegen Siemens-Staudämme in Indien

In Deutschland übernimmt dieses Geschäft die Hermes-Kredit-versicherungs AG, in Österreich die Kontrollbank, in der Schweiz die Exportrisikogarantie (ERG).

Im November 1999 erteilte die deutsche Bundesregierung trotz massiver Proteste durch Umwelt- und Menschenrechtsgruppen dem Siemens-Konsortium die Genehmigung für eine Hermes-Bürgschaft in der Höhe von 97 Millionen Mark (50 Mio. Euro) für die Lieferung von 15 Transformatoren nach China. Dazu kamen 485 Millionen Mark (248 Mio. Euro) in Form provisorischer Garantien durch ein Konsortium aus Dresdner Bank, Deutscher Bank und anderen. Kurz zuvor noch hatte der Deutsche Bundestag eine Resolution verabschiedet, die die chinesische Regierung für ihre Invasion in Tibet verurteilte. »Mit der Hermes-Bürgschaft wollte man dann offenbar die Beziehungen zu China wiederherstellen«, sagt ein Kritiker.[5]

Letztendlich wird die Siemens-Beteiligung an dem Wahnsinnsprojekt von der Commerzbank, der Dresdner Bank, der Kreditanstalt für Wiederaufbau und der Deutschen Genossenschafts-bank finanziert, weiß Heffa Schücking von der deutschen Um-welt- und Menschenrechtsorganisation »Urgewald«. Über die Höhe könne man nur spekulieren.[6] Im Bundeswirtschaftsministe-rium weist der für Exportkredite zuständige Abteilungsleiter Michael Kruse lediglich darauf hin, dass die deutsche Beteiligung so gering sei, »dass wir praktisch keinen Einfluss auf das Gesamt-projekt haben«.[7] Eine Sprecherin der Hermes-Versicherung nennt schließlich »knapp 400 Millionen Mark« (205 Mio. Euro) als die Summe, mit der deutsche Steuerzahler für die Lieferungen an China haften.[8]

Anfang 2001 sollte das staatliche Hermes-System reformiert werden. Auf einer Konferenz der Weltkommission für Stau-dämme[9] in Berlin forderte ein Regierungsvertreter, dass Export-kredite auch auf ihre entwicklungspolitische Tauglichkeit hin untersucht werden sollten. Doch das Staugewerbe stemmt sich mit Händen und Füßen gegen die vermeintliche Flut an ökologischen und menschenrechtlichen Vorschriften. »Dann schwindet alles!«, sah Siemens-Vertreter Kormann offenbar seine Profite davon-schwimmen. »Das wäre eine Vergewaltigung des Systems, immer-hin bezahlen wir das selbst.«

Zwei Monate später schwanden dann lediglich die ambitionier-ten Vorhaben der Regierung. Nur für Atomkraftwerke gibt es künftig keine staatliche Exportgarantie mehr, ansonsten fallen ethische Kriterien nicht ins Gewicht.[10]

Exportierte Monsterprojekte

Dass die Industrie die Hermes-gedeckten Kredite bezahlt, stimmt nur, wenn alles gut geht. Wenn die Investitionen baden gehen, springt der Steuerzahler ein. Die Leidtragenden sind aber ohnehin meist die Einwohner jener Länder, in denen die westliche Groß-industrie das verwirklicht, was sie daheim nicht mehr darf: Mega-staudämme und Atomkraftwerke bauen und ohne lästige Um-weltauflagen und humanitäre Schmonzes nach Bodenschätzen graben.

Weltweit haben 40 bis 80 Millionen Menschen durch den Bau großer Staudämme ihr Land verloren. Während in Mitteleuropa aufgrund der anhaltenden Proteste von Umweltgruppen strenge Vorschriften für Größe und Umweltverträglichkeit von Wasserkraftprojekten gelten, wird in Afrika, Asien und Lateinamerika mit weit niedrigeren Standards drauflosgebaut.

Im Bereich der Kernkraftnutzung wirft die deutsche Atomindustrie nicht erst seit dem beschlossenen Atomausstieg ihren Blick begehrlich nach Osten. Siemens und andere beteiligen sich dort an Reaktorprojekten, die heutzutage aufgrund ihrer niedrigen Sicherheitsstandards in ganz Westeuropa nicht mehr konstruiert werden dürften. In der Slowakei half Siemens von 1996 bis 1998 bei der Fertigstellung des AKW Mochovce. Der Reaktortyp sowjetischer Bauart gilt als einer der gefährlichsten Europas. Hermes bürgte mit 146 Millionen Mark (75 Millionen Euro) für das Exportrisiko. Auch in Argentinien, Brasilien, China, Ungarn, der Tschechischen Republik und anderen Ländern ist Siemens am Bau oder an der Nachrüstung von Schrottreaktoren beteiligt (siehe auch Seite 309).

Auch westliche Großbanken haben bei umstrittenen Projekten in ärmeren Ländern ihre Hände im Spiel. In Indonesien schürft die staatliche Bergbaugesellschaft seit 1994 südwestlich der Hauptstadt Jakarta nach Gold und Silber. 1997 finanzierte die deutsche Hypo Vereinsbank das Projekt mit einem Kredit von rund 30 Millionen Mark (15 Mio. Euro). 1998 wurde ein Goldschürfer von den Sicherheitskräften der indonesischen Gesellschaft getötet. Außerdem wurden ungesicherte Sprengungen durchgeführt, durch die allein 1998 mindestens zwanzig Goldsucher ums Leben kamen. Im Juli 2000 demonstrierten Hunderte Goldschürfer gegen die gewalttätige Behandlung durch Sicherheitskräfte der Mine. Bergarbeiter berichteten, dass sie geschlagen und misshandelt worden seien.[11]

Seit Anfang der neunziger Jahre wurden in mehr als siebzig Entwicklungsländern die gesetzlichen Rahmenbedingungen für den Bergbau verändert, um Investoren anzuziehen. Die Besteuerung des Sektors wurde verringert, hohe Subventionen wurden in Aussicht gestellt. Die sozialen und ökologischen Kosten sind oft hoch: Die Förderung von Brennstoffen und Metallen ist mit immensem Energie- und Wasserverbrauch verbunden, häufig entstehen dabei giftige Abfälle, die ohne ausreichende Absicherung entsorgt werden.

Die 2.400 Tonnen Gold, die 1997 weltweit produziert wurden, haben 725 Millionen Tonnen Abraum verursacht, der mit hoch giftigen Säuren und Lösungsmitteln wie Zyanid versetzt ist. Diese Gifte verschmutzen Flüsse und Meere und entziehen der Bevölkerung so ihre Lebensgrundlagen.

1996 vergab eine Tochter der Dresdner Bank einen Kredit von rund 70 Millionen Mark (35 Mio. Euro) an die australische Bergbaugesellschaft »Aurora Gold«, die damit Gold in Indonesien förderte. Das Unternehmen vertrieb zum Teil gewaltsam etwa 20.000 Angehörige der Völker Dayak Siang, Murung und Bekumpai, die dort seit langem nach Gold schürfen. Außerdem habe die Firma die Flüsse der Umgebung mit Abwässern aus dem Bergbau vergiftet. Im Frühjahr 2000 besetzten Einheimische potenzielle Grubengebiete der »Aurora Gold«. Sie wurden daraufhin von Elitetruppen der indonesischen Polizei unter Anwendung von Gewalt vertrieben.[12]

Exportierte Schulden

Das durch staatliche Bürgschaften gemilderte Investitionsrisiko hat nicht nur dazu geführt, dass der Großindustrie entwicklungspolitisch schädliche Projekte leichter von der Hand gehen. Viele der leichtfertig vergebenen Kredite treiben ärmere Länder in hohe Schulden. Ein Beispiel dafür sind die Kernkraftwerksblöcke Angra 2 und 3, die ausgerechnet in einem Erdbebengebiet an der brasilianischen Küste stehen.

Bei beiden Reaktoren wurde bereits vor mehr als zwanzig Jahren mit dem Bau begonnen. Der Lieferant der Anlagen: die Siemens-Tochter KWU. Doch erst seit Juli 2000 liefert Angra 2

Siemens baut überall auf der Welt gefährliche Atomkraftwerke

tatsächlich Strom. Es wird geschätzt, dass die verschleppte Fertigstellung das Land zehn Milliarden Mark (5,1 Mrd. Euro) gekostet hat. Und ob Angra 3 je ans Netz gehen wird, ist bislang offen. Auch dort wurden Milliarden versenkt. Der Bau hatte sich aus politischen Gründen verzögert, da die Reaktoren Anfang der Achtziger auch für die Produktion von Atomwaffen für die damalige brasilianische Militärdiktatur gedacht waren. Daran hatten die späteren zivilen Regierungen Brasiliens jedoch kein Interesse mehr.

»Die Deutschen haben uns eine Technologie verkauft, die sie selbst nicht betreiben, und wir bezahlen mit Geld, das wir nicht haben«, klagte der ehemalige brasilianische Finanzminister Denim Netto.[13] Denn Brasilien ist hoch verschuldet. Fast 500 Milliarden Mark (250 Mrd. Euro) betrug die Schuldenlast des Landes 1998. Am 31. Dezember 1999 hielten deutsche Banken Forderungen in der Höhe von insgesamt 20,7 Milliarden Mark (10,6 Mrd. Euro) an Brasilien. Auch Angra wurde mithilfe von Krediten deutscher Banken finanziert, die durch Hermes gedeckt waren.

So plante etwa die Dresdner Bank lange Zeit, den Fertigbau von Angra 3 zu finanzieren, obwohl längst offenkundig war, dass sich das Kraftwerk nicht rentiert. Selbst die nationale brasilianische Kommission für Atomenergie räumte ein, dass der Strom aus dem AKW fast doppelt so teuer ist wie der aus Erdgas gewonnene.[14] Nachdem die deutsche Bundesregierung im Sommer 2000 verkündete, für den Fertigbau von Angra 3 entgegen ursprünglicher Vorhaben doch keine Hermes-Garantie zu genehmigen, dürfte die Lust der Dresdner Bank aufs finanzielle Abenteuer jedoch erheblich gesunken sein.

Dafür hat Siemens dank Hermes sein Geld bekommen.[15] Insgesamt 5,7 Milliarden Mark (2,9 Mrd. Euro) kassierte der Konzern für Angra 2, für Block 3 waren es bisher 2,8 Milliarden Mark (1,4 Mrd. Euro).[16]

Siemens und die deutschen Banken, die für ihre Kredite satte Zinsen kassieren, sind somit die einzigen Gewinner des Desasters. Zu den Verlierern zählen auf der einen Seite die deutschen Steuerzahler. Denn wenn die Importländer ihre deutschen Lieferanten nicht mehr bezahlen können, übernimmt die Bundesrepublik dank Hermes zunächst den Schaden der heimischen Unternehmen. Der größte Verlierer ist jedoch Brasilien, das so – wieder einmal – zum Schuldner Deutschlands geworden ist.

Das genannte Beispiel ist nur eines unter vielen. Hier haben deutsche Unternehmen die Atompolitik der ehemaligen brasilianischen Militärmachthaber für ihre Profite genutzt. Investitionen dieser Art haben letztendlich dazu beigetragen, dass zahlreiche hoch verschuldete Länder die öffentlichen Mittel für Bildung und Gesundheit drastisch kürzen mussten.

Im Juli gewann der argentinische Journalist Alejandro Olmos einen spektakulären Prozess, den er über siebzehn Jahre gegen den argentinischen Staat geführt hatte und dessen Ende er selbst nicht mehr erlebte. Olmos belegte, dass große Teile der Auslandsschulden seines Landes unter Bruch der argentinischen Verfassung zustande gekommen waren. Sie sollten daher nicht zurückgezahlt werden. Die Militärdiktatoren, die 1976 bis 1983 das Land beherrschten, hatten sich mithilfe ausländischer Kredite bereichert. Nun lasten die Schulden auf der argentinischen Bevölkerung.[17]

Elend durch Verschuldung

Der Kapitaltransfer von Industrieländern in so genannte Entwicklungsländer addierte sich im letzten Jahrzehnt auf fast drei Billionen Mark (1.500 Mrd. Euro). Das ist eine Zahl mit zwölf Nullen. Ausländische Direktinvestitionen, größtenteils finanziert von Konsortien internationaler Banken, machten mehr als ein Drittel dieser Kapitalzufuhr aus, ein weiteres Viertel waren Kredite einzelner Banken.

Um kein Missverständnis aufkommen zu lassen: Was alle diese Länder dringend benötigen, sind Investitionen. Am meisten gefragt wären Mittel für Bildung, Gesundheit und nachhaltige Wirtschaftsstrukturen. Dass davon auch die Investoren profitieren können, steht dazu nicht im Widerspruch.

Doch viele der ausländischen Investments sind so kurzfristig angelegt, dass Banken und Konzerne die Einzigen sind, die daran verdienen. In den Zielländern hinterlassen sie oft riesige Schuldenberge.

Exportierte Aktienverluste

Vor allem Großbanken und ihre Investmenttöchter versuchen zunehmend, in so genannten »Emerging Markets«, den aufstrebenden Märkten Lateinamerikas und Asiens, mit kurzfristigen Geldanlagen schnelle Gewinne zu machen. Solche Anlagen aus Industrienationen in Entwicklungsländern – zum Beispiel in Form von Aktien und Anleihen – übertrafen nach 1990 sogar das Volumen direkter Investitionen, wie etwa die Gründung von Unternehmen.

Diese flüchtigen Kapitalströme haben im letzten Jahrzehnt zu mehreren Währungskrisen geführt: 1994 zur so genannten Tequila-Krise in Mexiko, 1997 zum totalen ökonomischen Absturz der Tigerstaaten in Südostasien, 1998 zu den Wirtschaftskrisen in Russland und in Brasilien. In den betroffenen Ländern hinterlassen sie eine Spur sozialer Verwüstung. Infolge der Asienkrise ist die Zahl der Arbeitslosen drastisch angestiegen. Die beschleunigte Inflation hat die Kaufkraft verringert, viele Menschen können nicht einmal mehr die Grundnahrungsmittel bezahlen. Der Anteil der in Armut lebenden Bevölkerung in den südostasiatischen »Hoffnungsländern« der achtziger Jahre hat sich infolge der 1997er Krise um 90 Millionen Menschen erhöht.[18] Die wichtigsten Akteure bei der Abwicklung kurzfristiger Finanzgeschäfte sind die Banken. In London, dem weltweit größten Handelszentrum für Fremdwährungsgeschäfte, entfallen 83 Prozent aller Käufe und Verkäufe auf Banken. Sie verwalten zum einen treuhändisch das Vermögen ihrer Kunden, zum anderen handeln sie auf eigene Rechnung mit Wertpapieren.[19]

Mit der Armut spekuliert

Zum Eigenhandel gehören unter anderem Geschäfte mit Fremdwährungen. Diese dienen neben der Finanzierung und Absicherung internationaler Geschäfte auch Spekulationszwecken. Dabei wird eine bestimmte Summe einer Währung zu einem niedrigen Preis eingekauft und später teurer wieder verkauft.

Unter solche Spekulationen fallen auch Termingeschäfte, bei denen der Spekulant – ähnlich wie bei einer Wette – darauf setzt, dass sich der Wert einer »schwachen« Währung wie etwa des brasilianischen Real im Vergleich zu einer »starken« Währung wie dem Dollar bis zu einem bestimmten Datum verändert. Geht die Rechnung auf, fällt die Differenz als Spekulationsgewinn an. Solche Termingeschäfte waren 1999 Thema eines parlamentarischen Untersuchungsausschusses des brasilianischen Bundessenats: Der Deutschen Bank und anderen Großbanken wurde darin vorgeworfen, an der brasilianischen Währungskrise durch illegal erworbene Insiderinformationen Spekulationsgewinne erzielt zu haben.[20]

Die meisten spekulativen Geschäfte werden in Brasilien auf der Waren- und Terminbörse abgewickelt. Hier machten 24 Banken 1999 innerhalb von knapp drei Wochen Gewinne in der Höhe von

10 Milliarden Mark (5 Mrd. Euro). Der größte Anteil entfiel auf die amerikanische Citibank mit 1,6 Milliarden Mark (800 Mio. Euro). Die Deutsche Bank lag mit 400 Millionen Mark (200 Mio. Euro) unter den ersten zehn. Gleichzeitig verlor die brasilianische Staatskasse durch die Spekulationen rund 7 Milliarden Mark (3,5 Mrd. Euro).[21]

Die Schuld deutscher Banken

Hoch verschuldete Länder der so genannten Dritten Welt wenden einen großen Teil ihres Budgets für Zinsen und Rückzahlungen an Industrienationen auf. Mit insgesamt 225 Milliarden Mark (115 Mrd. Euro) sind deutsche Banken die größten privaten Gläubiger der Entwicklungsländer.[22]

Dabei haben die Banken nicht unwesentlich zum Entstehen dieser Schulden beigetragen. Das deutsche Südwind-Institut, das sich seit Jahren mit den Bedingungen des Welthandels beschäftigt, vermutet in dem Buch »Deutsche Großbanken entwicklungspolitisch in der Kreide?«[23] die Ursachen der heutigen Schuldenkrise vor allem in den frühen siebziger Jahren.

Nach dem ersten Erdölpreisschock in den Jahren 1973 und 1974 befanden sich hohe Kapitalüberschüsse aus den erdölproduzierenden Ländern auf dem Finanzmarkt und suchten nach Anlagemöglichkeiten. Insbesondere US-Banken vergaben daraufhin leichtfertig Gelder an Kunden in Entwicklungsländern, ohne deren Kreditwürdigkeit zu überprüfen. Oft waren die Empfänger dieser Gelder korrupte Machthaber, die damit Luxusgüter, Prestigeprojekte und Waffenkäufe finanzierten. Da die Zinsen zu dieser Zeit sehr niedrig waren, wurden auf diese Weise große Mengen »Negativkapital« angehäuft.

Doch zu Beginn der achtziger Jahre änderten sich die wirtschaftlichen Rahmenbedingungen. Die Rüstungsinvestitionen der USA und die Stabilisierungspolitik der Industrieländer führten zu einem Ansteigen der Zinsen. Als 1982 der lateinamerikanische Großschuldner Mexiko seine Zahlungsunfähigkeit erklärte, war Feuer am Dach. Dutzende Länder waren bald so hoch verschuldet, dass an eine Rückzahlung der Kreditraten nicht zu denken war.

Die Folge waren 1989 und noch einmal 1996 »Umschuldungsprogramme«, vorwiegend für afrikanische und einige lateinamerikanische und asiatische Länder. Das hieß im Wesentlichen nichts anderes, als dass für die fälligen Rückzahlungen neue Kredite aufgenommen wurden. Diese neuen Kreditvergaben wurden aber von Weltbank und Währungsfonds an Bedingungen geknüpft: Durch so genannte »Strukturanpassungsprogramme« sollten die Empfängerländer auf eisernes Sparen eingeschworen werden und die öffentlichen Ausgaben senken. In der Realität hieß das nichts anderes, als dass zahlreiche Schulen, Gesundheitseinrichtungen und öffentliche Infrastrukturprogramme nicht mehr finanziert werden konnten. Außerdem wurden in vielen Ländern die Mindestlöhne gesenkt, um die Staatsangestellten bezahlen zu können. Das ist mit ein Grund, warum sich internationale Konzerne so leicht tun, ihre Produkte in Entwicklungsländern herstellen zu lassen, mit Personalkosten, die weit unter dem Existenzminimum liegen (siehe auch die Kapitel »Bekleidung« und »Lebensmittel«).

Die westlichen Großbanken hingegen haben mit der Umschuldung kein großes Problem. Sie profitieren weiter von den Zinsen, während ihre Kredite zu einem guten Teil durch staatliche Exportgarantien wie Hermes abgesichert sind.

Naturkatastrophe Auslandsverschuldung

Zu welchen skurrilen Situationen die Verschuldung in den betroffenen Ländern führen kann, lässt sich am Beispiel Mosambik illustrieren. Im Februar 2000 wurde der Süden des afrikanischen Landes von Wirbelstürmen und katastrophalen Regenfällen zerstört und überflutet. Zwischen sieben- und achthundert Menschen wurden allein in den ersten Tagen des Taifuns getötet. Insgesamt verloren mehr als viereinhalb Millionen Menschen ihre Lebensgrundlagen.[24]

Mosambik zählte schon vor der Katastrophe zu den ärmsten Ländern der Welt. Siebzig Prozent der Menschen leben unter der

Deutsche Bank in Frankfurt: Satte Profite durch Spekulationsgeschäfte

Armutsgrenze, die durchschnittliche Lebenserwartung liegt bei 43 Jahren. Jedes siebente Kind stirbt vor dem fünften Lebensjahr. So ist das in Afrika eben, das sind nur statistische Daten – das regt keinen mehr auf. Doch auf der anderen Seite stehen Entwicklungskennzahlen, die sogar im internationalen Vergleich sensationell sind: Das Bruttonationalprodukt verzeichnete in den letzten Jahren Wachstumsraten von über zehn Prozent per anno. Die Analphabetenrate konnte seit der Unabhängigkeit im Jahr 1975 von mehr als 98 Prozent auf unter 60 Prozent gesenkt werden.

Der finanzielle Schaden durch die Katastrophe wurde auf insgesamt mehr als 1,2 Milliarden Mark (617 Mio. Euro) geschätzt. Von Februar bis August 2000 spendeten 49 Länder und 30 Hilfsorganisationen Güter im Wert von rund 150 Millionen Mark (77 Mio. Euro). Außerdem sagte die Internationale Staatengemeinschaft dem Land fast 330 Millionen Mark (170 Mio. Euro) für den Wiederaufbau zu.

Auf der anderen Seite steht eine Zahl, die keiner Naturkata-strophe bedarf, um wie ein Damoklesschwert über den Mosambi-kanern zu schweben: Mehr als 130 Millionen Mark (67 Mio. Euro) bezahlt das Land Jahr für Jahr, um seine Auslandsschulden in der Höhe von 10,2 Milliarden Mark (5,2 Mrd. Euro) zu tilgen. »Es ist verrückt, dass von der Regierung erwartet wird, Schulden zurück-zuzahlen, die die Höhe der Hilfszahlungen um ein Vielfaches übersteigen«, meint dazu Kate Horn, Leiterin der internationalen Hilfsorganisation »Oxfam« in Mosambik.[25]

Internationales Konkursrecht gefordert

Im »Erlassjahr« 2000 forderten zahlreiche internationale Organi-sationen, die Schuldenlast der ärmsten Länder der Welt zu mil-dern. Dabei solle man ähnlich vorgehen wie beim Insolvenzrecht: Ein internationales Gremium stellt zunächst fest, wie hoch die notwendigen Mittel für die Grundversorgung der Bevölkerung eines Landes sind, also für Gesundheit, Bildung und Infrastruktur. Wenn diese Mittel sichergestellt sind, wird berechnet, welche Beträge das Land an die Gemeinschaft der Gläubiger zahlen kann.

»Hilft die Vergebung der Schulden den Ärmsten der Welt?«, betitelte die Hypo Vereinsbank ein Positionspapier zu diesem Thema fast religiös. Die Antwort darauf blieb die Münchner Bank leider schuldig. Dafür wurde festgestellt, dass jede Beteiligung an einem Schuldenerlass für die ärmsten Länder einer schweren Dis-kriminierung der Banken gleichkäme, die sich trotz hoher Risiken an der Finanzierung von Investitionen in den betroffenen Ländern beteiligt haben.

Die langfristigen Forderungen der Hypo Vereinsbank etwa an Brasilien oder Indonesien sind zu hundert Prozent durch Export-kreditversicherungen gedeckt.[26]

Tobin or not to be

Um die internationalen Kapitalmärkte zu »entschleunigen« und eine höhere Nachhaltigkeit von Auslandsinvestitionen zu bewir-ken, fordern zahlreiche Organisationen neben einer gezielten Ent-

Kinder in Mosambik: Jedes von ihnen ist hoch verschuldet

schuldungspolitik die Einführung der so genannten »Tobin-Steuer«. Sie ist nach dem Nobelpreisträger James Tobin benannt und beinhaltet eine Besteuerung aller Käufe und Verkäufe von Devisen in der Höhe von lediglich 0,05 Prozent. Mit ihrer Hilfe soll der Umfang des sehr kurzfristigen Handels in Fremdwährungen, der den größten Teil des täglichen Umsatzes an den internationalen Börsen ausmacht, verringert werden.

Die Forderung richtet sich in erster Linie an nationale und internationale Gesetzgeber. Die Erträge aus der Tobin-Steuer würden sich nach Schätzungen international auf mehr als 200 Milliarden Mark (100 Mrd. Euro) im Jahr belaufen. Damit könnte man beispielsweise Armut und Arbeitslosigkeit bekämpfen oder Gesundheits- und Bildungseinrichtungen finanzieren.[27]

Denn es ist nicht gesagt, dass die Globalisierung nicht auch im Dienste der Menschen stehen kann.

Adidas-Salomon AG

»The ›best‹ in social and environmental terms«

Produkte, Marken	Sportschuhe, Bekleidung, Sportartikel und Accessoires der Marke Adidas Schi, Schischuhe, Bindungen und Inline-Skates der Marke Salomon Snowboards und Winterbekleidung der Marke Bonfire Fahrradkomponenten der Marke Mavic Golfausrüstungen der Marke Taylormade Sportbekleidung der Marke Erima
Homepage	http://www.adidas.de
Firmendaten	Umsatz (2000): 11,34 Milliarden DM (5,8 Mrd. €) Gewinn vor Steuern (2000): 679 Millionen DM (347 Mio. €)[1] Beschäftigte: 13.000 Sitz: Herzogenaurach
Vorwürfe	**Ausbeutung, Kinderarbeit, sexuelle Belästigung und andere Missstände in Zulieferbetrieben** Adidas ist nach Nike mit 15 Prozent Marktanteil die Nummer zwei auf der Weltrangliste der Sportartikelhersteller. Der deutsche Konzern hat weltweit rund 100 Tochterunternehmen. Ein großer Teil der Firmenaufwendungen im Jahr 2000 entfiel nach eigenen Angaben auf Werbung, etwa um die Marke Adidas bei den Olympischen Spielen in Sydney und bei der Fußball-Europameisterschaft zu positionieren. Für die Lebensbedingungen von Arbeiterinnen in den Zulieferbetrieben gibt der deutsche Konzern wesentlich weniger aus: Rund 40 Pfennig (0,21 €) beträgt der Stundenlohn etwa in der Fabrik »Yue Yuen« in China. Die Arbeitszeit beträgt dort zwischen 60 und 84 Wochenstunden. In der »Tung Tat Garment Factory« (Stundenlohn: 47 Pfennig bzw. 0,24 €) zahlen die Arbeiterinnen Bußgelder für Verspätungen und Ausruhen oder Reden am Arbeitsplatz. Dafür gibt es zwangsweise Morgengymnastik.[2] Arbeiterinnen aus Adidas-Zulieferbetrieben in El Salvador berichteten im Jahr 2000 über zwölfjährige Kinder, die dort Überstunden verrichten und bis zum Arbeitsbeginn am nächsten Morgen auf dem Fußboden der Fabrik schlafen mussten. Die Arbeiterinnen seien zu Überstunden und Schwangerschaftstests gezwungen worden, Krankenstände wurden verboten, die gewerkschaftliche Selbstorganisation wurde unterdrückt.[3] Außerdem wurden dort immer wieder Fälle

von Diskriminierung und sexueller Belästigung bekannt (siehe Seite 193).

Auch in indonesischen Zulieferbetrieben wurden die Arbeiter, darunter auch Jugendliche unter 15 Jahren, zu Überstunden gezwungen. Strafmaßnahmen umfassten Entlassungen, Einsperren, Lohnkürzungen, Kloputzen und demütigendes »Strafestehen« vor der Fabrik. Immer wieder sei es zu sexuellen Belästigungen gekommen, berichtet die indonesische Arbeiter-Hilfsorganisation PMK. Der Lohn liege teilweise sogar unter dem gesetzlichen Mindestlohn. Unabhängige Gewerkschaftsarbeit werde behindert.[4]

Konfrontiert mit diesen Vorwürfen antwortete Adidas, man habe bereits eine Reihe von Maßnahmen eingeleitet, um bessere Arbeitsbedingungen sicherzustellen. Diese müssen jedoch im Einzelnen erst nachgewiesen werden. Ein unabhängiges Kontrollsystem, in das Nicht-Regierungsorganisationen und Gewerkschaften institutionell eingebunden sind, hat Adidas bislang nicht etabliert.

Was Sie tun können

Boykotte machen wenig Sinn, da die Konkurrenz um nichts besser ist. Außerdem gefährden sie Arbeitsplätze. Es geht aber nicht um einen Rückzug aus den Betrieben, sondern um eine Verbesserung der Verhältnisse. Fordern Sie diese bei Adidas-Pressesprecher Oliver Brüggen ein: +49/9132/843100, Fax +49/9132/842138, oliver.brueggen@adidas.de

Weitere Infos

http://www.saubere-kleidung.de Deutscher Ableger der Clean-Clothes-Kampagne mit Infoversand
http://www.fit4fair.de Jugendaktion für bessere Arbeitsbedingungen in der Sportswearindustrie mit Bestellmöglichkeit für Aktionspostkarten
Christoph Bieber: Sneaker-Story. Der Zweikampf von adidas und Nike. Fischer-TB Verlag, Frankfurt 2000

Agip (Eni-Gruppe)

»Mit Agip-Kraftstoffen tanken Sie Qualität und schonen die Umwelt«

Produkte, Marken	Treibstoffe und andere Erdölprodukte sowie Tankstellen der Marke Agip
Homepage	http://www.eni.it
Firmendaten	Umsatz (2000): 89 Milliarden DM (45,6 Mrd. €) Gewinn vor Steuern (2000): 9,7 Milliarden DM (5 Mrd. €)[1] Beschäftigte: 74.600 Sitz: Rom und Mailand
Vorwürfe	***Finanzierung von Bürgerkrieg und Waffenhandel, Zerstörung der Lebensgrundlagen in Ölfördergebieten, Kooperation mit Militärregimes***

Agip gehört zur italienischen Eni-Gruppe und ist dort für die Produktion und den Vertrieb von Erdölprodukten zuständig. Der Konzern produziert mehr als eine Million Barrel Erdöläquivalent (inklusive Erdgasproduktion) am Tag und will diese Produktion bis 2003 auf 1,5 Millionen Fässer steigern. Unter den europäischen Erdgasproduzenten steht Eni an zweiter Stelle.

Im Zusammenhang mit Menschenrechtsverletzungen durch die Erdölindustrie ist Agip ein klassischer Mitläufer. Gemeinsam mit Shell und Elf ist der Konzern im nigerianischen Nigerdelta aktiv, wo die Erdölindustrie eng mit den dort bis 1999 herrschenden verschiedenen Militärregimes kooperierte (siehe Seite 118). Noch heute verursacht die Tätigkeit des Konsortiums schwerste Umweltschäden und zerstört damit die Lebensgrundlagen Tausender Familien.

Seit 1983 ist Agip auch in Angola aktiv und produziert dort 55.000 Fässer Erdöl am Tag. Bis 2004 will der Konzern seine angolanische Erdölförderung auf 100.000 Fass am Tag steigern.[2] Dort tobt seit 25 Jahren ein Bürgerkrieg mit Hunderttausenden Opfern, der auf der einen Seite mit Diamanten und auf der anderen Seite mit Erdöl finanziert wird. Menschenrechtsorganisationen werfen der Erdölindustrie vor, mit dem autokratischen Machthaber José Eduardo dos Santos zu kooperieren und den Waffenhandel und die staatliche Korruption zu finanzieren (Seite 133–136).

Im Sudan wurde schon im Jahr 1959 die AgipSudan Ltd. gegründet, die dort ein Netz von 60 Tankstellen betrieb und 1999 wieder verkauft wurde. Dafür sind die Eni-Töchter Snamprogetti und Saipem an der Konstruktion von Erdölanlagen und Pipelines beteiligt. Im Zusammenhang mit der

Errichtung solcher Anlagen kam es immer wieder zu Gräueltaten, die das sudanesische Militär systematisch an der Bevölkerung des Südsudans verübt. Menschenrechtsorganisationen
werfen der Erdölindustrie im Sudan vor, mit dem Militärregime
zu kooperieren und den Waffenhandel zu finanzieren.

Was Sie tun können Protestnoten können an die Agip Deutschland AG, Sonnen-
str. 23, 80331 München, Tel. +49/89/5907-0,
Fax +49/89/596303 gerichtet oder unter
http://www.agip.de/domino/agip_feedback.nsf/
KONTAKT?openform deponiert werden.
Die beste Alternative: weniger Auto fahren, seltener fliegen.

Weitere Infos http://www.amnesty.ie/news/sud2.shtml Report von Amnesty
International über die Erdölindustrie im Südsudan
http://www.oneworld.org/globalwitness Erdöl und der Krieg in
Angola

Aldi/Hofer

»Aldi informiert ...«

Produkte, Marken	Aldi-Supermärkte (in Österreich: Hofer) mit eigenen Handelsmarken, z. B. Amaroy, Choceur, Gartenkrone, Grandessa, Lomee, Milfina, Rigolta u. a. bei Nahrungsmitteln Almat, Caribic, Kür, Tandil u. a. bei Waschmitteln und Körperpflegeprodukten
Homepage	http://www.aldi.de
Firmendaten	Umsatz (2000, geschätzt): 57 Milliarden DM (29 Mrd. €)[1] Filialen: 5.800 weltweit Sitz: Essen und Mühlheim/Ruhr
Vorwürfe	***Preisdruck auf Zulieferer, Ausbeutung von Angestellten, Verletzung von Gewerkschaftsrechten***

Aldi ist – noch vor Coca-Cola – die beliebteste Marke der Deutschen[2] und mit rund 45 Prozent Anteil am Diskontmarkt der mit Abstand größte Billigverkäufer des Landes. Aldi ist aber kein »Armeleuteladen«, wie das Klischee glauben macht: Nicht einmal 20 Prozent der Kunden sind einkommensschwach.[3]

Der Konzern wurde 1948 als »Albrecht-Discount« von Theo und Karl Albrecht gegründet und 1961 in Aldi Nord und Aldi Süd aufgeteilt. Zu Aldi Süd gehört seit 1963 auch die österreichische Hofer KG. Aldi ist in mehreren europäischen Ländern, in Australien und den USA vertreten. Die Albrecht-Brüder sind die reichste Familie Europas und laut Forbes-Magazin die fünftreichste Familie weltweit mit einem geschätzten Vermögen von mehr als 41 Milliarden Mark (21 Mrd. Euro).

Verdient wurde dieses Geld auf Kosten von Angestellten und Lieferanten aus aller Welt. Denn die billigen Angebote sind keineswegs nur auf die spartanische Einrichtung der Filialen zurückzuführen. Sie gehen auch zulasten fairer Löhne und Arbeitsbedingungen. So liegen die Personalkosten im Handel üblicherweise bei 10 bis 35 Prozent vom Umsatz. Bei Aldi werden sie auf nur rund 2,5 Prozent geschätzt. Dafür gibt der Konzern bei einem geschätzten Marktanteil von 10 bis 15 Prozent rund ein Viertel der Werbegelder des deutschen Lebensmitteleinzelhandels aus.[4]

Betriebliche Mitbestimmung wird weitgehend vermieden, es gibt auch keinen Gesamtbetriebsrat für die Aldi-Gruppe. Im Sommer 2000 beschwerten sich Angestellte des Konzerns in Irland, dass sie zu unbezahlten Überstunden genötigt worden seien. Daraufhin wurden fünf von ihnen entlassen. »De facto wurden wir gekündigt, weil wir Mitglieder einer Gewerkschaft sind und deren offizielle Anerkennung durch das Unternehmen anstreben«, sagt der Betriebsrat der Filiale.[5] Im Herbst revoltierten französische Gewerkschaften, weil Aldi Angestellte bis zu 60 Stunden arbeiten ließ, ohne Überstunden zu bezahlen.[6] Aldi ist einer der größten Kaffee-, Tee- und Schokoladeverkäufer Deutschlands. Der Konzern setzt mit seinen niedrigen Preisen sowohl Zulieferer als auch Mitbewerber unter extremen Druck. Die Folge davon sind katastrophale Arbeitsbedingungen und Löhne weit unter dem Existenzminimum in den Rohstoffländern Asiens, Afrikas und Lateinamerikas. Ähnliches gilt auch für importierte Früchte, aber sogar für Textilien, wo Aldi einen höheren Umsatz hat als z. B. H&M Deutschland. Während Handelsketten wie Edeka, Rewe und Spar zumindest ein begrenztes Angebot an kontrolliert fair gehandelten Gütern führen, fehlt ein solches bei Aldi und Hofer zur Gänze.

Kritisiert wurde Aldi auch für billige Angebote von Garnelen aus dem Pazifik. Die massenhafte Shrimpszucht hat ganze Küstenregionen in Garnelenfarmen verwandelt, denen ökologisch höchst bedeutsame Mangrovenwälder weichen mussten. Der Widerstand gegen diese Farmen wächst, da die Bewohner ihre Lebensgrundlagen gefährdet sehen. Staatliche Organe gehen dagegen oft mit Gewalt vor: In Bangladesch, Malaysia, Indonesien und Indien kam es zu Vertreibungen, Verhaftungen, fingierten Anklagen und Folterungen, um der industriellen Garnelenzucht den Weg zu ebnen.[7]

Was Sie tun können	Kaufen Sie Importprodukte nur aus Fairem Handel. Bezugsquellen auf Seite 333, Anmerkung 67 (für Deutschland) bzw. unter http://www.transfair.or.at/produkte.htm (Österreich, Tel. +43/1/533 09 56) oder http://www.maxhavelaar.ch (Schweiz, Tel. +41/61/271 75 00)
Weitere Infos	Hannes Hintermeier: Die ALDI-Welt. Nachforschungen im Reich der Discount-Milliardäre. Karl Blessing Verlag, München 1998

Aventis

Produkte, Marken	Medikamente: Amaryl, Arelix, Batrafen, D-Fluoretten, Delix, Dematop, Euglucon, Fluoretten, Insuman Comb, Isocillin, Lasix, Novalgin, Rulid, Taxotere, Telfast, Ximovan Impfstoffe der Tochterfirma Behring, zum Beispiel gegen Masern, Mumps, Diphterie, Keuchhusten, Polio, Grippe, Hepatitis Diagnostika: Aidstests, Drogenmissbrauchtests u. a. Wundheilmittel, Plasmaprodukte, Blutgerinnungsmittel, Futterzusätze für die Tierzucht Pflanzengifte wie Liberty, Balance und Insektizide wie Temik, Decis
Homepage	http://www.aventis.com
Firmendaten	Umsatz (1999): 40 Milliarden Mark (20,45 Mrd. €) Gewinn vor Steuern im Jahr 1999: 3,09 Milliarden Mark (1,58 Mrd. €)[1] Beschäftigte: 95.000 Sitz: Straßburg
Vorwürfe	***Finanzierung unethischer Medikamentenversuche, Behinderung eines Entwicklungslandes bei der Herstellung und Vermarktung lebenswichtiger Medikamente*** Aventis wurde 1999 durch Fusion der deutschen Hoechst AG und der französischen Rhône-Poulenc S. A. gegründet. Schwerpunkte der Geschäftstätigkeit sind Gesundheit und Ernährung. Die Anfänge der Hoechst AG liegen im 19. Jahrhundert, in einer Farbfabrik in Höchst am Main. 1925 schloss sich Hoechst mit anderen Chemiefirmen unter dem Namen IG Farben zusammen. Dieser Konzern war auch an den Verbrechen der Nationalsozialisten beteiligt. Zum Beispiel durch die Beschäftigung einer großen Zahl von Zwangsarbeitern, Fremdarbeitern und Kriegsgefangenen und durch die Herstellung des Zyklon-B-Gases zur Vernichtung von Juden in Konzentrationslagern. Nach dem 2. Weltkrieg wurde die IG Farben in drei Einzelkonzerne zerschlagen: Bayer, BASF und Hoechst. Die »Coordination gegen BAYER-Gefahren« wirft den Nachfolgern vor, dass sie nach wie vor keine angemessene Wiedergutmachung leisten. Hoechst Marion Roussel (inzwischen Teil des Aventis-Konzerns) klagte im Frühjahr 2001 gemeinsam mit 38 anderen Pharmafirmen die südafrikanische Regierung wegen Verletzung des

Patentrechts. Das »Vergehen« der Südafrikaner: Sie hatten 1997 ein Gesetz erlassen, das die Behandlung von Aids-Patienten mit billigen Medikamenten ermöglichte. Weil sich die Klage zu einem internationalen PR-Desaster der Pharmafirmen entwickelte, wurde sie am 19. 4. 2001 zurückgezogen. Aids-Aktivisten hatten den Konzernen vorgeworfen,»Profite vor Menschenleben« zu stellen (siehe Seite 111).

Hoechst Marion Roussel finanzierte in den 1990er Jahren gemeinsam mit dem englisch-schwedischen Konzern AstraZeneca einen international angelegten Medikamentenversuch mit dem ACE-Hemmer Ramipiril, der im Aventis-Hochdruckmittel Delix enthalten ist. Kritiker werfen dem Konzern und den beteiligten Ärzten – darunter 31 deutsche Mediziner – vor, dass zahlreichen Patienten eine sachgerechte Behandlung vorenthalten wurde und sie dadurch wahrscheinlich zu Schaden kamen (siehe Seite 116).

Hoechst Marion Roussel finanzierte am Nyirő Gyula Krankenhaus in Budapest eine Studie mit der Testsubstanz M100907/3004, bei der viele schizophrene Patienten kein wirksames Medikament erhielten (siehe Seite 94). Laut der Helsinki-Deklaration des Weltärztebundes ist es verboten, schwere Erkrankungen nur mit einem Placebo zu behandeln, wenn es bereits erprobte Medikamente gibt.[2] Die Entwicklung der Testsubstanz M100907/3004 wurde von Hoechst Marion Roussel im Juli 1999 abgebrochen, weil sich letztendlich herausstellte, dass es bei akuter Schizophrenie nicht wirkt.[3]

Was Sie tun können

Protestieren Sie bei: Dr. Friedmar Nusch, Head of Corporate Communications Aventis S. A., Espace Européen de l'Enterprise, 16 Avenue de l'Europe, F-67300 Schiltigheim. E-Mail: Friedmar.Nusch@aventis.com. Schicken Sie leere Schachteln von Aventis-Medikamenten mit der Aufforderung: Schluss mit unethischen Medikamentenversuchen!

Weitere Infos

http://www.epo.de/bukopharma Die BUKO Pharma-Kampagne beobachtet seit 15 Jahren die Aktivitäten der Pharmaindustrie in der sog. Dritten Welt. Diese Gruppe hat zahlreiche Missstände aufgedeckt und Veränderungen bewirkt.
http://www.arznei-telegramm.de Die kritische Fachzeitschrift arznei-telegramm berichtet laufend über unsaubere Praktiken von Pharmafirmen.

Bayer AG

»Erfolg durch Kompetenz
und Verantwortung«

Produkte, Marken

Medikamente für Menschen: Adalat, Aktren, Alka Seltzer, Aspirin, Canesten, Ciprobay, Glucobay, Glukometer, Lefax, Lipobay, Saroten, Talcid, Trasylol u. a.
Medikamente für Tiere: Baytril (Antibiotikum) u. a.
Pflanzenschutzmittel und Haushaltsinsektizide: Autan, Baysiston, Gaucho, Tamaron u. a.

Homepage

http://www.bayer.de

Firmendaten

Umsatz (2000): 60,57 Milliarden Mark (30,97 Mrd. €)
Gewinn vor Steuern (2000): 5,85 Milliarden Mark
(2,99 Mrd. €)[1]
Beschäftigte: 122.100
Sitz: Leverkusen

Vorwürfe

Import von Rohstoffen aus Kriegsgebieten, Finanzierung unethischer Medikamentenversuche, Behinderung eines Entwicklungslandes bei der Herstellung und Vermarktung lebenswichtiger Medikamente, Vertrieb gefährlicher Pflanzengifte

Bayer ist einer der größten Pharma- und Chemiekonzerne der Welt. 1925 schloss sich Bayer mit anderen Chemiefirmen unter dem Namen IG Farben zusammen. Dieser Konzern war auch an den Verbrechen der Nationalsozialisten beteiligt. Zum Beispiel durch die Beschäftigung einer großen Zahl von Zwangsarbeitern und durch die Herstellung des Zyklon B-Gases zur Vernichtung von Juden in Konzentrationslagern. Nach dem 2. Weltkrieg wurde die IG Farben in drei Einzelkonzerne zerschlagen: Bayer, BASF und Hoechst. Die »Coordination gegen BAYER-Gefahren« wirft den Nachfolgern vor, dass sie nach wie vor keine angemessene Wiedergutmachung leisten. Bayer besitzt auch 30 Prozent aller Aktien am belgischen Fotokonzern Agfa-Gevaert. Anfang der 80er Jahre geriet der Pharma-Bereich von Bayer in die Schlagzeilen, weil aufgedeckt wurde, dass die Bestechung von Ärzten zum Firmenalltag gehörte (siehe Seite 84).
Bayer finanzierte in den 90er Jahren zwei große Medikamentenversuche, in denen das Hochdruckmittel Nitrendepin getestet wurde. Tausende Patienten erhielten jahrelang kein wirksames Medikament, sondern nur ein Placebo. Bayer und die beteiligten Ärzte nahmen damit in Kauf, dass zahlreiche Patienten Schlaganfälle oder Herzinfarkte erlitten (siehe Seite 116).

Der Bayer-Konzern klagte im Frühjahr 2001 gemeinsam mit 38 anderen Pharmafirmen die südafrikanische Regierung wegen Verletzung des Patentrechts. Das »Vergehen« der Südafrikaner: Sie hatten 1997 ein Gesetz erlassen, das die Behandlung von Aids-Patienten mit billigen Medikamenten ermöglichte (vgl. Aventis, S. 226).

H. C. Starck, eine Tochterfirma von Bayer, produziert und handelt mit metallischen und keramischen Pulvern, unter anderem mit Tantal. Dieses Metall spielt eine Schlüsselrolle bei der Herstellung von Mobiltelefonen, Computern und anderen Hightechprodukten. Rund ein Fünftel der Weltvorkommen wird im Kongo aus einem Erz namens Coltan gewonnen – unter zumeist unmenschlichen Bedingungen. Die Bayer-Tochter bezieht (v. a. über Zwischenhändler) rund die Hälfte des kongolesischen Coltanerzes und hat keine Skrupel, damit wesentlich zur Aufrechterhaltung des Krieges beizutragen, der seit 1998 2,5 Millionen Menschenleben gekostet hat (siehe Kapitel »Erdöl«).

Bayer ist einer der größten Hersteller von Tiermedikamenten. Unter anderem wird das Antibiotikum Baytril vermarktet. Als Folge können resistente Krankheitserreger auftreten, die beim Menschen nicht mehr behandelbar sind.[2]

In zahlreichen Fällen verursachten Bayer-Pflanzengifte schwerste Schäden an Menschen oder Tieren, vor allem in der so genannten Dritten Welt, beispielsweise das im Kaffeeanbau eingesetzte Pestizid Baysiston[3], das bei Sonnenblumen verwendete Gaucho[4] oder das extrem gefährliche Wurmmittel Fenamiphos (Nemacur).[5]

Was Sie tun können

Protestieren Sie bei: Bayer AG/Vorstand, Dr. Manfred Schneider, Kaiser-Wilhelm-Allee, D-51373 Leverkusen. Schicken Sie leere Schachteln von Bayer-Medikamenten mit der Aufforderung: Schluss mit unethischen Medikamentenversuchen! Oder: Billige Medikamente für arme Länder!

Weitere Infos

http://www.cbgnetwork.de Coordination gegen BAYER-Gefahren, Postfach 15 04 18, D-40081 Düsseldorf. Dieses internationale Selbsthilfe-Netzwerk gibt die vierteljährlich erscheinende Zeitschrift »STICHWORT BAYER« heraus.

http://www.epo.de/bukopharma Die BUKO Pharma-Kampagne beobachtet seit 15 Jahren die Aktivitäten der Pharmaindustrie in der Dritten Welt. Diese Gruppe hat zahlreiche Missstände aufgedeckt und Veränderungen bewirkt.

Boehringer Ingelheim GmbH

Boehringer Ingelheim

Produkte, Marken	Medikamente für Menschen: Adumbran, Berodual, Bisolvon, Buscopan, Buscopan plus, Dixarit, Dulcolax, Fucidine, Laxoberal, Mucosolvan, Rhinospray, Silomat, Spasmo Mucosolvan, Thomapyrin Medikamente für Tiere: Matacam gegen postoperative Schmerzen und Infektionen bei Hunden, Vetmedin als Herzkreislauf-Mittel für Hunde
Homepage	http://www.boehringer-ingelheim.de
Firmendaten	Umsatz (2000): 12,10 Milliarden DM (6,188 Mrd. €) Nettogewinn (2000): 643 Millionen DM (329 Mio. €)[1] 27.400 Beschäftigte in 60 Ländern Sitz: Ingelheim
Vorwürfe	*Vermarktung unwirksamer Medikamente, Behinderung eines Entwicklungslandes bei der Herstellung und Vermarktung lebenswichtiger Medikamente* Boehringer Ingelheim wurde 1885 in Ingelheim gegründet. Der weltweit tätige Konzern macht sein Geschäft zu 95 Prozent mit Arzneimitteln für Menschen und zu einem geringen Teil mit Arzneimitteln für Haustiere. Das bekannteste Markenprodukt ist Thomapyrin, mit 17,6 Millionen verkauften Packungen im Jahr 2000 das meistverwendete Medikament in Deutschland.[2] Die darin enthaltene Mischung aus drei verschiedenen Wirkstoffen wird im Medikamenten-Ratgeber »Bittere Pillen« als »abzuraten« eingestuft.[3] Boehringer Ingelheim International GmbH und die US-Tochterfirma Ingelheim Pharmaceuticals Proprietary Limited sowie die Tochterfirma Dr. Karl Thomae GmbH klagten im Frühjahr 2001 gemeinsam mit anderen Pharmafirmen die südafrikanische Regierung wegen Verletzung des Patentrechts (vgl. Aventis, S. 226). 1996 wurde bekannt, dass Daten über die positive Wirkung des Boehringer-Ingelheim-Medikaments Asasantin gefälscht wurden.[4] Sie stammten von 438 Patienten, die gar nicht existierten. Boehringer Ingelheim hatte dem verantwortlichen Prüfarzt 1,2 Millionen Mark für seine Arbeit bezahlt, forderte das Geld aber trotz des Betruges nicht zurück. Noch im Jahr 1999 wurde Asasantin in der »Deutschen Ärztezeitung« als wirkungsvolles Medikament angepriesen. Der in Asasantin enthaltene Wirkstoff Dipyridamol – bereits 1951 vermarktet – wird in US-

Lehrbüchern bereits seit Mitte der 80er Jahre als »absolut unwirksam« eingestuft.

Was Sie tun können | Protestieren Sie bei: Professor Rolf Krebs, Vorstandsvorsitzender, Boehringer Ingelheim, Corporate Head Office, Bürgerstr. 173, D-55216 Ingelheim. Schicken Sie leere Schachteln von Boehringer-Medikamenten mit der Aufforderung: Schluss mit der Vermarktung zweifelhafter Medikamente! Oder: Billige Medikamente für arme Länder!

Weitere Infos | http://www.epo.de/bukopharma Die BUKO Pharma-Kampagne beobachtet seit 15 Jahren die Aktivitäten der Pharmaindustrie in der Dritten Welt. Diese Gruppe hat zahlreiche Missstände aufgedeckt und Veränderungen bewirkt.
http://www.arznei-telegramm.de Die kritische Berliner Fachzeitschrift arznei-telegramm berichtet laufend über unsaubere Praktiken von Pharmafirmen.

BP Amoco p.l.c.

»Weit mehr als Erdöl«

Produkte, Marken	Treibstoffe und andere Erdölprodukte sowie Tankstellen der Marke BP und (seit Juli 2001) Aral Online-Shop www.BPExpress.de
Homepage	http://www.bp.com
Firmendaten	Umsatz (2000): 315 Milliarden DM (161 Mrd. €) Gewinn vor Steuern (2000): 36 Milliarden DM (18,4 Mrd. €)[1] 98.000 Beschäftigte Sitz: London
Vorwürfe	***Finanzierung von Bürgerkrieg und Waffenhandel, Zerstörung der Lebensgrundlagen in Ölfördergebieten, Kooperation mit Militärregimes***

Die BP Amoco Holding fördert aus ihren weltweiten Erdöl- und Erdgasreserven im Ausmaß von 19,3 Milliarden Barrels täglich 2,5 Millionen Barrels Rohöl.

BP war ebenso wie andere Erdölkonzerne jahrelang der Kritik durch Umweltschutz- und Menschenrechtsgruppen ausgesetzt und hat als einer der wenigen da und dort Mindeststandards in seiner Ölförderpolitik etabliert. So ist der Konzern der einzige, der wegen seiner Aktivitäten im Bürgerkriegsland Angola ein Transparenzabkommen unterzeichnet hat. Da mit den Einnahmen aus den reichen Ölfeldern vor der angolanischen Küste zu einem großen Teil Waffenkäufe finanziert werden, hat sich BP laut der nichtstaatlichen Organisation Global Witness in einem Brief vom 6. Februar 2001 bereit erklärt, die wichtigsten Förder- und Finanzdaten offen zu legen, um ein Verschwinden der Erdölmilliarden in den dunklen Kanälen der Korruption zu verhindern.[2]

Dennoch ist BP nach wie vor Zielscheibe der Kritik von Menschenrechts- und Umweltgruppen. Der Konzern kaufte Anfang 2000 Anteile im Wert von rund 1,2 Milliarden Mark (628 Mio. €) an der chinesischen Erdölfirma PetroChina. Mit dieser Finanzspritze unterstützte BP indirekt auch die Geschäfte des Mutterkonzerns der PetroChina, der China National Petroleum Corporation (CNPC), kritisieren Menschenrechtsgruppen. Die CNPC ist zum Beispiel im Sudan aktiv, wo das Militärregime systematisch Gräueltaten an der Bevölkerung in und rund um die Erdölfördergebiete verübt (siehe Seite 137–139). So führte der Bau einer im August 1999 in Betrieb genommenen Erdölpipeline zu anhaltenden Menschenrechts-

verletzungen. Zum Schutz der Pipeline wurden nach Angaben von Kirchenvertretern sogar 75.000 Soldaten aus China eingesetzt, die mit Gewalt gegen Zivilisten vorgegangen seien.[3]
Die staatliche chinesische CNPC und die PetroChina sind auch im von China besetzten Tibet aktiv, wo ebenfalls zahlreiche Menschen für den Bau einer Erdölpipeline vertrieben wurden. In Tibet sind unzählige Menschenrechtsverletzungen durch die chinesischen Besatzer dokumentiert. Außerdem bedroht die Ölförderung dort das labile ökologische Gleichgewicht. Menschenrechtsgruppen fordern BP auf, seine Anteile an der PetroChina abzugeben, um die chinesischen Übergriffe im Sudan und in Tibet nicht weiter finanziell zu unterstützen.[4]
1998 rückte BP ins Licht der Öffentlichkeit, da der Konzern mit der kolumbianischen Armee vereinbart hatte, dass diese ihre Anlagen in einem Guerrilla-Gebiet schützen sollte. Kurz darauf wurde die Sicherheitsabteilung des Konzerns von der Menschenrechtsorganisation Human Rights Watch beschuldigt, Waffen importiert und die für ihre Brutalität berüchtigte kolumbianische Polizei ausgebildet zu haben.[5]

Was Sie tun können

Fordern Sie BP auf, seine Bemühungen in Sachen Menschenrechte konsequenter umzusetzen: Deutsche BP Aktiengesellschaft, Überseering 2, D-22297 Hamburg,
Tel. +49/40/63 95-0, Fax +49/40/63 95-22 24

Weitere Infos

http://www.savetibet.org Die Unterstützer des Dalai Lama protestieren gegen BP
http://www.gfbv.de/hilfe/urgent/oel.htm Dossier der Gesellschaft für bedrohte Völker über BP
http://www.corpwatch.org/action/2000/13.html Corporate Watch über BP

Bristol-Myers Squibb Company

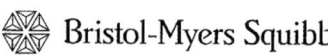

»Für uns gelten die höchsten ethischen und moralischen Standards«

Produkte, Marken	Medikamente: Ampho-Moronal, Fosinorm, Iscover, Lopirin, Multilind Heilsalbe, Pravasin, Sotalex, Volon Amlodipin
Homepage	http://www.bms.com
Firmendaten	Umsatz (2000): 42,88 Milliarden DM (21,9 Mrd. €)
	Gewinn vor Steuern (2000): 11 Milliarden DM (5,64 Mrd. €)[1]
	Beschäftigte: 51.100
	Sitz: New York
Vorwürfe	***Finanzierung unethischer Medikamentenversuche, Behinderung eines Entwicklungslandes bei der Herstellung und Vermarktung lebenswichtiger Medikamente***

1887 investierten William McLaren Bristol und John Ripley Myers ihr Geld in eine heruntergekommene kleine Medikamentenfirma im Bundesstaat New York. Daraus entwickelte sich der Pharmakonzern Bristol-Myers, der sich 1989 mit dem Konzern Squibb zum damals weltweit zweitgrößten Pharmahersteller zusammenschloss. Die Anfänge von Squibb liegen ebenso wie jene Bristol-Myers' im 19. Jahrhundert. Squibb wurde in Brooklyn/New York als pharmazeutische Firma gegründet.
Bristol-Myers Squibb ist seit vielen Jahren einer der profitabelsten Konzerne der USA. Er ist hauptsächlich im Arzneimittelbereich tätig, hat aber auch im Schönheitsbusiness mit der Marke Clairol oder mit Nahrungsmitteln für Allergiker (unter der Marke Mead Johnson) bereits viel Geld verdient. In den letzten Jahren investierte Bristol-Myers Squibb sehr viel in die Entwicklung von so genannten Lifestyle-Produkten im Pharmabereich.
Bristol-Myers Squibb klagte im Frühjahr 2001 gemeinsam mit 38 anderen Pharmafirmen die südafrikanische Regierung wegen Verletzung des Patentrechts (siehe Aventis, S. 226).
Bristol-Myers Squibb finanzierte in den vergangenen Jahren mehrere Versuche an Schizophrenen, bei denen viele Patienten kein wirksames Medikament, sondern nur ein Placebo erhielten (siehe Seite 94 f.). Laut Deklaration von Helsinki des Weltärztebundes ist es verboten, schwere Erkrankungen nur mit einem Placebo zu behandeln, wenn es bereits erprobte Medikamente gibt.[2]

Was Sie tun können	Protestieren Sie bei: Bristol-Myers Squibb. Schicken Sie leere Schachteln von Bristol-Myers-Squibb-Medikamenten an den Geschäftsführer von Bristol-Myers Squibb Deutschland, Ake Wikström, Sapporobogen 6–8, D-80808 München mit der Aufforderung: Schluss mit unethischen Medikamentenversuchen! Oder: Billige Medikamente für arme Länder!
Weitere Infos	http://www.epo.de/bukopharma Die BUKO Pharma-Kampagne beobachtet seit 15 Jahren die Aktivitäten der Pharmaindustrie in der Dritten Welt. Diese Gruppe hat zahlreiche Missstände aufgedeckt und Veränderungen bewirkt. http://www.arznei-telegramm.de Die kritische Berliner Fachzeitschrift arznei-telegramm berichtet laufend über unsaubere Praktiken von Pharmafirmen.

C&A

»Europas führendes Modekaufhaus«

Produkte, Marken	Modekaufhaus mit zehn Eigenmarken wie Clockhouse, Westbury und Your Sixth Sense
Homepage	http://www.c-and-a.com
Firmendaten	Umsatz in Europa (1999): 9,78 Milliarden DM (5 Mrd. €) Beschäftigte: 35.000[1] Sitz: Brüssel
Vorwürfe	

Ausbeutung, sexuelle Belästigung und andere Missstände in Zulieferbetrieben

Der 1841 von Clemens und August Brenninkmeyer gegründete Familienbetrieb besitzt an die 450 Modefilialen in zehn europäischen Ländern. Weltweit zählt C&A auf 1.400 Lieferanten. Werden jedoch Sublieferanten mit einbezogen, dann beläuft sich die Zahl der für den Konzern tätigen Produktionsstätten auf etwa 6.000.[2] Identität und Standort dieser Betriebe unterliegen – wie in der Branche üblich – einem ständigen Wechsel.

Das 1989 erschienene Buch »C&A – Der stumme Gigant«, in dem massive Arbeitsrechtverletzungen aufgedeckt wurden, führte in den Niederlanden zur Gründung der »Kampagne für Saubere Kleidung« (Clean Clothes Campaign). Auf Druck der Konsumenten hat sich der Konzern einen Verhaltenskodex verpasst und lässt seine Zulieferbetriebe durch die 1996 gegründete Organisation »Socam« kontrollieren, die aber von der Familie Brenninkmeyer finanziert wird und somit nicht unabhängig ist.

Obwohl der Kodex alle Produkte und Subunternehmer von C&A mit einbezieht, kritisieren Menschenrechtsorganisationen, dass das Recht auf Organisationsfreiheit nur eingeschränkt garantiert wird.

C&A hat die Geschäftsbeziehungen zu zahlreichen Lieferanten abgebrochen, nachdem die eigene Kontrollinstitution Socam Verfehlungen festgestellt hat. Ob der Konzern seinen sozialen Verpflichtungen gegenüber den Beschäftigten dieser Firmen nachgekommen ist, ist nicht bekannt. Seit Ende 1999 betreibt C&A ein Berufsbildungszentrum für ehemalige Kinderarbeiter in Indien. Die dafür investierten jährlichen Betriebskosten von 80.000 Mark (40.900 €) machen sich jedoch geradezu lächerlich aus, wenn man sieht, wie groß der gesellschaftliche Schaden ist, der an zahlreichen Produktionsstätten bereits angerichtet wurde.

So hat etwa die Kampagne für Saubere Kleidung im Jahr 2000 festgestellt, dass an zwei Standorten in Indonesien Arbeiter mit empfindlichen Geldstrafen zur Ableistung von Überstunden gezwungen wurden. Arbeiterinnen wurden wegen Protestaufrufen eingesperrt, sexuell belästigt, bei Feststellung einer Schwangerschaft entlassen und nach Wiedereintritt schlechter bezahlt. Außerdem gab es Lohnabzüge, wenn sie den (ohnehin unbezahlten) Menstruationsurlaub in Anspruch nahmen, der indonesischen Arbeiterinnen von Gesetzes wegen zusteht.

Es wurde nicht einmal der gesetzliche Mindestlohn bezahlt. Der Bericht spricht von einem Tageslohn von umgerechnet 1,56 Mark (0,80 €) ohne Überstundenentgelt, und das bei Arbeitszeiten von bis zu 80 Stunden pro Woche. Darüber hinaus ist von Kindern unter 15 Jahren die Rede, die dieselbe Arbeitszeit wie die anderen Arbeiter abzuleisten hatten.

Der Konzern behauptete, dass es sich bei den untersuchten Betrieben nicht (mehr) um C&A-Zulieferbetriebe handelt. Die Beziehung während des Untersuchungszeitraumes konnte aber durch C&A-Labels auf den produzierten Kleidungsstücken nachgewiesen werden.[3]

In Kambodscha führten die niedrigen Löhne in 69 Zulieferbetrieben von C&A, Nike, Gap, Ralph Lauren und Calvin Klein im Juni 2000 zu einem tagelangen Streik. Die Arbeiterinnen forderten eine Erhöhung der Mindestlöhne von rund 85 Mark (45 €) auf rund 150 Mark (78 €). Die Produktionskosten würden dabei nur um 2,8 Prozent steigen. Laut der Cambodian Labor Organization liegen die Lebenshaltungskosten für eine Durchschnittsfamilie in der kambodschanischen Hauptstadt Phnom Penh bei rund 415 DM (212 €).

Was Sie tun können

Protestmails können an info@cunda.de (Deutschland), info@cunda.co.at (Österreich) oder ch@c-and-a.com (Schweiz) gesandt werden.

Weitere Infos

http://www.cleanclothes.org/companies/cena.htm
Ingeborg Wick u. a.: Das Kreuz mit dem Faden. Indonesierinnen nähen für deutsche Modemultis. Südwind-Institut, Siegburg 2000

Chicco (Artsana S. p. A)

»Respekt für Werte und Würde«

Produkte, Marken	Kinderspielzeug, Kosmetika und alles rund um Babys und Kinder der Marke Chicco Kinderwagen und Babyausstattungen der Marke Prénatal
Homepage	http://www.artsana.com/
Firmendaten	Umsatz (2000): 2,22 Milliarden DM (1,14 Mrd. €) Gewinn vor Steuern (2000): 82,14 Millionen DM (42 Mio. €)[1] Beschäftigte: 5.500 Sitz: Grandate (Italien)
Vorwürfe	

Lebensgefährliche Missstände und Verweigerung von Entschädigungszahlungen für Brandopfer in Zulieferbetrieben

Chicco ist Teil des italienischen Artsana-Konzerns, der weltweit mit einem Dutzend verschiedener Markennamen tätig ist. In Deutschland bekannt sind die Marken Chicco und Prénatal, die eine unüberschaubare Zahl von Produkten für Schwangere, Babys und Kleinkinder vermarkten. Artsana ist seit mehr als 40 Jahren im Geschäft. Prénatal verfügt europaweit über die größte Zahl von Shops, die nur den Bereich Babyausstattung und Produkte für Schwangere abdecken.

In einer der Chicco-Zulieferfabriken in China, in der »Zhili Handicraft Factory«, brach am 19. November 1993 ein Feuer aus. Die 200 anwesenden Beschäftigten – vorwiegend junge Frauen – versuchten zu fliehen. Aber nur wenige konnten sich retten. Denn aus Furcht, dass die Angestellten Waren stehlen könnten, war die Fabrik wie ein Gefängnis verriegelt worden: die Fenster vergittert, die Notausgänge verschlossen. Weil das Gebäude auch als Warenlager benützt wurde, breitete sich das Feuer rasend schnell aus.

87 Menschen verbrannten, 47 überlebten schwer verletzt. Die beiden Geschäftsführer, die ihre Angestellten in der Fabrik hinter Gitter gesetzt hatten, betreiben angeblich eine neue Fabrik, die ebenfalls Waren für Artsana S. p. A./Chicco herstellt.

Erst Jahre später, 1997, war Artsana S. p. A./Chicco bereit, rund 300.000 DM (155.000 Euro) an die Geschädigten zu zahlen. Bis jetzt hat allerdings noch kein einziges Opfer Geld vom italienischen Konzern erhalten.

Ende 1999 ließ der Konzern über seine Anwälte mitteilen, dass das Geld bereits an Sozialprojekte verteilt worden sei, die in keinem Zusammenhang mit der Brandkatastrophe stehen. Das ist ein eindeutiger Missbrauch eines Opferfonds. Deshalb hat die »Toy Coalition« in Hongkong eine internationale Boykott-Kampagne gegen Chicco-Spielwaren gestartet, um den italienischen Konzern doch noch zu Entschädigungen für die Opfer zu zwingen (siehe Seite 178).

Artsana S. p. A./Chicco (»Wir sind überall dort, wo es ein Baby gibt«) weist auf seiner Homepage stolz darauf hin, dass es seit 1998 einen Firmencodex gibt, der alle Herstellerbetriebe dazu verpflichtet, besonders die Vorschriften zu Arbeitszeiten und Entlohnung, zur Beschäftigung von Minderjährigen und zur Sicherung der Gesundheit aller Beschäftigten zu beachten. »Das Ziel ist die Einhaltung fundamentaler menschlicher und gewerkschaftlicher Rechte.«[2]

Was Sie tun können

Protestieren Sie bei der Chicco Babyausstattung GmbH, Borsigstr. 1, D-63128 Dietzenbach 2 oder schicken Sie eine E-Mail an chicco.marketing@t-online.de

Weitere Infos

http://members.hknet.com/~hkcic/eng-zhili.htm Homepage der »Toy Coalition« in Hongkong, die sich zum Ziel gesetzt hat, den Herstellern von Spielwaren auf die Finger zu schauen.

Achtung!

Nach Redaktionsschluss Ende Mai 2001 erreichte uns die Nachricht, dass 120 Opfer bzw. Angehörige von Toten des Zhili-Factory-Brandes im Juli dieses Jahres von der italienischen Firma Chicco je 1.250 US-Dollar als Spende erhalten werden. (E-Mail der »Hongkong Christian Coalition« vom 12. Juni 2001 an Hans Weiss.)
Dieses Beispiel zeigt die Wirksamkeit von internationalen Kampagnen.

Chiquita Brands International Inc.

»The world's perfect food«

Produkte, Marken	Bananen und Fruchtsäfte der Marke Chiquita
Homepage	http://www.chiquita.com
Firmendaten	Umsatz (2000): 4,9 Milliarden DM (2,5 Mrd. €)[1] Sitz: Cincinnati (Ohio, USA)
Vorwürfe	**Ausbeutung von Plantagearbeitern, Einsatz von** **gefährlichen Pflanzengiften**

Ausbeutung von Plantagearbeitern, Einsatz von gefährlichen Pflanzengiften

Seit ihrer Etablierung als erste »Markenbanane« in den 1960er Jahren (»Sag nie zu einer Chiquita nur Banane!«) liegt die Frucht des US-Multis unangefochten an der Spitze. Der Konzern wurde 1899 unter dem später berüchtigten Namen United Fruit Company gegründet, deren Ziel die möglichst weit gehende Kontrolle des internationalen Bananenhandels war. Dazu war ihr jedes Mittel recht.

Aufgrund ihrer expansiven Politik wurde die United Fruit Co. bald als »el pulpo« (»die Krake«) bezeichnet. Sie wurde der Ausbeutung von Arbeitern, der Bestechung von Beamten, der Einflussnahme auf Regierungen und der brutalen Niederschlagung von Streiks beschuldigt. Wiederholt intervenierten amerikanische Truppen in verschiedenen lateinamerikanischen Ländern, um dort die Interessen der Obstkonzerne mit Waffengewalt durchzusetzen.

So hatte die »Yunai«, wie United Fruits dort auch genannt wurde, 1954 bei einem Putsch durch US-finanzierte Söldnertruppen gegen die guatemaltekische Regierung die Hände im Spiel. Der demokratisch gewählte Präsident Jacobo Arbenz hatte versucht, mithilfe einer Agrarreform ungenutzten Boden an landlose Bauern zu verteilen. Die United Fruit Company, die im Besitz riesiger brachliegender Ländereien war, die gegen Entschädigung enteignet werden sollten, sah damit nicht nur ihre Profite, sondern vor allem ihren politischen Einfluss gefährdet.[2]

1969 verschmolz United Fruits mit dem Fleischkonzern AMK zum Lebensmittelriesen United Brands Co., der außer mit Bananen auch Geschäfte mit Speiseeis, Autorestaurants, Blumen, Immobilien und Rindfleischlieferungen aus Zentralamerika für McDonald's machte. 1990 benannte sich der Konzern nach seinem führenden Produkt, der Chiquita-Banane. Im gleichen Jahr beendete das Militär von Honduras einen Streik der Bananenarbeitergewerkschaft »Sitraterco« gegen ein Tochterunternehmen des Konzerns mit der Begründung, die Streikenden seien eine »Bedrohung der Demokratie in Honduras«.[3]

Im Jahr 2000 entließ ein Chiquita-Vertragsunternehmen in Costa Rica zahlreiche Gewerkschafter mit panamesischer Staatsbürgerschaft und arbeitete mit Polizei und Einwanderungsbeamten zusammen, um diese nicht mehr nach Costa Rica einreisen zu lassen. Der Wochenlohn beträgt dort weniger als 60 DM (30 €).[4]

Eine Folge des monokulturellen Anbaus in Lateinamerika ist der massive Einsatz von Pflanzengiften. Auf costaricanischen Bananenplantagen werden Chemieprodukte verwendet, die in ihren Herkunftsländern verboten sind. Immer wieder kommt es zu tödlichen Vergiftungsfällen. Allein im Jahr 1997 wurden laut der Tageszeitung »La República« 827 Menschen durch Pestizide vergiftet. Darüber hinaus wurden in den letzten Jahrzehnten mehr als 10.000 Männer in Costa Rica durch den Kontakt mit dem Antiwurmmittel DBCP zeugungsunfähig[5] (siehe auch Seite 151).

Auch die politische Einflussnahme des Konzerns geht unvermindert weiter. Am 25. Januar 2001 verklagte der Konzern die EU-Kommission auf einen Schadenersatz von 564 Millionen Euro (1,1 Mrd. DM), da Europa Einfuhren aus Afrika und der Karibik, wo die Bananen noch eher von Kleinbauern produziert werden, steuerlich begünstigte.[6] Unter dem Druck von Sanktionen muss die EU nun höhere Importquoten für US-Firmen ermöglichen.[7]

Was Sie tun können Kaufen Sie Bananen nur aus Fairem Handel. Infos bei BanaFair, Langgasse 41, D-63571 Gelnhausen, Tel. +49/6051/83 66-0, Bezugsquellen in Deutschland unter http://www.banafair.de/banane/bezug.htm

Weitere Infos http://www.banafair.de BanaFair informiert über aktuelle Kampagnen und importiert Bananen von Kleinproduzenten, die ihre Früchte unabhängig von multinationalen Konzernen produzieren.
http://www.bananalink.org.uk Britische Pressuregroup gegen die Ausbeutung im Bananenhandel
http://members.tripod.com/foro_emaus/foro_emaus.html Netzwerk für Menschenrechte und Umweltschutz auf Bananenplantagen in Costa Rica

Heinrich Deichmann-Schuhe GmbH & Co. KG

»Markenschuhe so günstig!«

Produkte, Marken	Deichmann- und Roland-Schuhgeschäfte mit den Marken 5th Avenue, Janet D., Graceland, Medicus, Memphis One, Falcon, Landrover, Bären Schuhe, Victory In der Schweiz: Dosenbach- und Ochsner-Schuhgeschäfte
Homepage	http://www.deichmann.com
Firmendaten	Umsatz (1998): 3,5 Milliarden Mark (1,79 Mrd. €)[1] Beschäftigte: 19.000 Sitz: Essen
Vorwürfe	***Gefährliche Arbeitsbedingungen und Umweltzerstörung in Zulieferbetrieben***

Die Deichmann-Gruppe ist mit weltweit über 1.700 Schuhgeschäften der größte Schuhhändler Europas. Der 75-jährige Firmenchef Heinrich Deichmann ist nach eigenen Angaben überzeugter Christ und lässt sich in der Zeitung seiner Stiftung »Wort und Tat« mit unzähligen Hochglanzbildern als wahrer Wohltäter feiern, der auf seinen zahlreichen »Reisen in Schmutz und Not« indischen Notleidenden hilft. Auf der firmeneigenen Homepage heißt es: »Deichmann ist ein Familienunternehmen, das an traditionelle, christliche Werte glaubt und sie zeitgemäß umsetzt. (…) Die Unternehmensziele spiegeln sich aber auch in dem menschlichen Umgang mit unseren Mitarbeitern wider (…). Deichmann redet nicht nur von sozialem Engagement, sondern führt es auch aus: So unterstützen wir zum Beispiel seit über zwanzig Jahren notleidende Menschen in Indien und Tansania.«[2]

Laut »tageszeitung« werden in Indien 3 Millionen Paar Schuhe für Deichmann hergestellt. Eine Steigerung auf 10 Millionen Paar sei beabsichtigt. »Für ›Markenschuhe so günstig‹ bezahlen auch zwei Millionen indische Gerbereiarbeiter«, heißt es da: »Tag für Tag sind sie 175 verschiedenen Chemikalien, Salzen und Säuren ausgesetzt, ohne ausreichende Schutzkleidung.«[3] Außerdem würden die Gifte große Mengen des Trinkwassers in den Produktionsgebieten verseuchen und damit auch landwirtschaftliche Flächen zerstören.

Das ARD-Magazin »Report Mainz« zeigte am 9. April 2001 Bilder aus der Firma »K. H. Shoes«, die unter anderem Schuhe für Salamander, Sioux und Colehaan (die Straßenschuhmarke von Nike) produziert. Der deutsche Hauptabnehmer ist Deichmann. Während die Fertigung der Schuhe unter annehmbaren Bedingungen geschieht, herrschen in der Gerberei katastrophale Zustände: Arbeiter stehen barfuß und ohne Schutzkleidung in der giftigen Gerbbrühe. Atemmasken gegen den beißenden Gestank gibt es nicht. Außerdem sei die Lagerung der Chemikalien lebensgefährlich, so ein Experte.

Deichmann behauptete nach der Ausstrahlung, die ARD habe die Zuschauer mit falschem Bildmaterial getäuscht. Die gezeigten Innenaufnahmen würden zum überwiegenden Teil nicht vom Deichmann-Lieferanten »K. H. Shoes« stammen. Diese Behauptung muss der Konzern in Hinkunft unterlassen, nachdem der Sender mit rechtlichen Schritten drohte.[4] Nun gibt man sich reuig:»Die bei Report Mainz gezeigten Bilder haben uns betroffen gemacht«, erklärt Karsten Schütt, Geschäftsführer von Deichmann. Deswegen habe man die Arbeiter mittlerweile mit Schutzbekleidung ausgerüstet.[5]

Die meisten Konsumenten erfahren von all dem nichts. Im Gegenteil: Schuhe aus Indien werden sogar als»Made in Italy« oder»Made in Germany« gekennzeichnet – das wirkt nämlich nobler und verkauft sich daher besser. Ein Deichmann-Mitarbeiter erklärte diesen Vorgang im Jahr 1998 so:»Es ist durchaus üblich, dass die Oberteile eines Schuhs in Indien gefertigt werden, nach Italien importiert werden, und ein italienischer Hersteller montiert dann diese unterschiedlichen Komponenten zu einem fertigen Schuh.«[6]

Was Sie tun können | »Wir freuen uns sehr über Anregungen, Fragen oder auch Kritik«, heißt es auf der Homepage: Deichmann-Schuhe, Marketingabteilung, Boehnertweg 9, D-45359 Essen, Tel. +49/201/86 76-00, Fax: +49/201/86 76-120, info@deichmann.com

Weitere Infos | Chromgegerbtes Leder kann auch für den Träger der Schuhe gesundheitsschädlich sein – vor allem für Kinder. Die Alternative ist pflanzlich gegerbtes Leder. Infos unter http://www.naturkost.de/aktuell/sk980103.htm und in der Zeitschrift »Ökotest« vom August 1999

Fresh Del Monte Produce Inc.

»Honestly, ethically and legally«

Produkte, Marken	Bananen, Ananas und andere Früchte
Homepage	http://www.freshdelmonte.com
Firmendaten	Umsatz (2000): 3,95 Milliarden DM (2 Mrd. €) Nettoeinnahmen (2000): 70 Millionen DM (36 Mio. €)[1] Sitz: Coral Gables (Florida, USA)
Vorwürfe	**Ausbeutung von Plantagenarbeitern, Einsatz von gefährlichen Pflanzengiften**

Del Monte (gegründet 1892) ist ein führender Obstproduzent in mehr als 50 Ländern der Welt. In den letzten 20 Jahren hat der Konzern eine bewegte Geschichte durchgemacht. 1979 wurde die Del Monte Corporation vom Zigarettenimperium R. J. Reynolds (Camel, Winston etc.) gekauft und zehn Jahre später wieder verkauft. Damals wurde der Frischobstzweig von der Produktion von Obst- und Gemüsekonserven abgespalten, weshalb die Del Monte Fresh Produce Company heute getrennt von Del Monte Foods operiert. In der Folge hatte Del Monte verschiedene Eigentümer. Seit 1997 ist das Unternehmen an der New Yorker Börse notiert.

Während der 90er Jahre wurde der Name Del Monte mit Gewalttätigkeiten gegen Bananenarbeiter und Gewerkschaftsmitglieder in Guatemala in Verbindung gebracht. Viele von ihnen fielen dem massiven Einsatz von chemischen Spritzmitteln zum Opfer, die langfristige Gesundheitsschäden und bei manchen sogar den Tod hervorriefen. Diese Pflanzengifte wurden aus der Luft auf die Plantagen versprüht, ohne dass den Arbeitern Schutzkleidung zur Verfügung gestellt wurde (siehe Seite 150). Arbeiter in zentralamerikanischen Plantagen erhalten rund 1,34 Mark (0,68 €) in der Stunde bzw. 60 Mark (31 €) pro Woche.[2]

Ende 1999 feuerte die Del-Monte-Tochter Bandegua mehrere Gewerkschaftsmitglieder in Costa Rica. Fast gleichzeitig ging in Guatemala eine Gruppe von 200 schwer bewaffneten Männern gegen Mitglieder der dortigen Gewerkschaft »Sitrabi« vor, die einen Streik gegen die Kündigung von 1.000 Mitarbeitern durch Bandegua geplant hatten. Die Gewerkschaftsführer mussten sogar aus Guatemala flüchten, da ihnen mit ihrer Ermordung gedroht wurde.[3]

Nichtsdestotrotz begann im Februar 2000 ein Streik gegen den neuen Besitzer der von Bandegua verpachteten Plantagen.

Auch dieser liefert seine Produkte an Del Monte. Die Arbeiter forderten höhere Löhne, bessere Arbeitsbedingungen sowie die Anerkennung ihres Rechts auf gewerkschaftliche Selbstorganisation. Als der Pächter 350 Arbeitnehmer entließ und Haftbefehle gegen Gewerkschaftsanhänger und den gesamten Sitrabi-Vorstand bewirkte, reagierten die Arbeitnehmer mit der Besetzung der Plantagen. Auf Intervention der Internationalen Nahrungsmittelgewerkschaft erklärte Del Monte zunächst, es sei nicht dafür zuständig, in einen »Konflikt Dritter« einzugreifen. Erst unter internationalem Druck versprach der Konzern, den Konflikt zu lösen und zu versuchen, einen Käufer zu finden, der die Gewerkschaft anerkennt.[4]

Was Sie tun können

Kaufen Sie Bananen nur aus Fairem Handel. Infos bei BanaFair, Langgasse 41, D-63571 Gelnhausen, Tel. +49/6051/83 66-0, Bezugsquellen in Deutschland unter http://www.banafair.de/banane/bezug.htm

Weitere Infos

http://www.banafair.de BanaFair informiert über aktuelle Kampagnen und importiert Bananen von Kleinproduzenten, die ihre Früchte unabhängig von multinationalen Konzernen produzieren.
http://bananas.agoranet.be European Banana Action Network, eine Kampagne von Gewerkschaften und Entwicklungsorganisationen für bessere Arbeitsbedingungen auf den Bananenplantagen.
http://www.transfair.or.at/Material.htm bzw.
Tel. +43/1/533 09 56: Broschüren und CD-ROMs über den Fairen Handel mit Südfrüchten

Deutsche Bank AG

Deutsche Bank ▨

»*Impulse für die Wirtschaft in
Entwicklungsländern*«

Produkte, Marken	Finanzdienstleistungen von Deutsche Bank und Deutsche Bank 24
Homepage	http://group.deutsche-bank.de
Firmendaten	Bilanzsumme (2000): 1.838 Milliarden Mark (940 Mrd. €) Jahresüberschuss (2000): 9,68 Milliarden Mark (4,95 Mrd. €)[1] Hauptsitz: Frankfurt am Main

Vorwürfe

***Kreditvergabe für unethische Projekte, Spekulations-
geschäfte auf Kosten hoch verschuldeter Länder***
Die Deutsche Bank gehört zu den führenden internationalen
Finanzdienstleistern. Mit mehr als 98.000 Mitarbeitern betreut
die größte deutsche Bank weltweit über 12 Millionen Kunden
in mehr als 70 Ländern. Fast die Hälfte der Mitarbeiter arbeiten
außerhalb Deutschlands. Das internationale Filialnetz umfasst
Italien, Spanien, Frankreich, Belgien und Polen. Dazu kommt
eine Vielzahl von in- und ausländischen Gesellschaften, einschließlich Banken sowie Wertpapier- und Finanzdienst-
leistungsunternehmen. Als Wachstumsbereiche werden das
Investment-Banking und das Firmenkundengeschäft gesehen.
Dort kommt es auch zu ethisch fragwürdigen Praktiken. So
wurde der Deutschen Bank im Jahr 1999 von einem parlamentarischen Untersuchungsausschuss des brasilianischen
Bundessenats vorgeworfen, durch illegal erworbene Insiderinformationen Spekulationsgewinne erzielt zu haben. Die Bank
habe durch profitable Termingeschäfte an der Währungskrise
des hoch verschuldeten Landes verdient (siehe Seite 214 f.).
Abgesichert durch die Hermes-Kreditversicherung des Bundes,
hat die Deutsche Bank zahlreiche Kredite an riskante oder
ethisch fragwürdige Projekte in Entwicklungsländern vergeben,
die letztendlich den Schuldenberg dieser Länder erhöht haben.
Während die deutschen Steuerzahler damit für Ausfälle und
Risiken haften, profitiert die Bank weiterhin von der hohen Verschuldung vieler Länder, in denen aufgrund dieser Verschuldung Sozial- und Bildungsausgaben radikal gekürzt wurden.
In Indonesien trug die Deutsche Bank 1996 zur Finanzierung
einer Kupfer- und Goldmine auf West-Papua bei, bei der es zu
groben Menschenrechtsverletzungen und zur massiven Zerstörung von Ökosystemen durch die Betreiber kam. Es wurden
mehrere Fälle von Misshandlungen bekannt, außerdem hat das
indonesische Militär Zwangsumsiedlungen vorgenommen.

Mindestens 16 Todesfälle wurden in diesem Zusammenhang dokumentiert.[2]

Ein neues Goldgewinnungsprojekt soll auf der griechischen Halbinsel Chalkidiki entstehen. Hauptgeldgeber des 530 Millionen Mark (270 Mio. €) teuren Projekts ist mit etwa 360 Millionen Mark (185 Mio. €) die Deutsche Bank. Dabei soll das gleiche technische Verfahren eingesetzt werden, das im Februar 2000 zur Katastrophe von Baia Mare (Rumänien) geführt hat, die alles Leben in der Theiß, Ungarns zweitgrößtem Fluss, auslöschte (siehe Dresdner Bank, Seite 252). Um eine Tonne Gold zu gewinnen, sollen 50 Tonnen hochgiftiges Natriumzyanid verwendet werden. Hinter einem 100 Meter hohen Damm sollen Tausende Tonnen Zyanidschlamm endgelagert werden. In der erdbebengefährdeten Region droht damit eine Umweltkatastrophe.

Die Bewohner des Dorfes Olympiadas setzen sich deshalb mit Protesten, Blockaden und juristischen Mitteln zur Wehr. Ihr Widerstand wird mit drakonischen Strafmaßnahmen beantwortet. Einwohner berichten, dass gegen die fünfhundert Einwohner 120 Strafverfahren eröffnet worden seien. Dem Bürgermeister Nikos Mitsiou drohen bis zu zwölf Jahre Haft. Zeitweise sei über das Dorf der Ausnahmezustand verhängt worden.[3]

Was Sie tun können

Proteste an: Deutsche Bank AG, Taunusanlage 12, D-60262 Frankfurt am Main, Tel. +49/69/910-00, Fax +49/69/910-34 2 25, E-Mail: deutsche.bank@db.com
Legen Sie Ihr Geld nach ethisch-ökologischen Kriterien an, z. B. bei der GLS Gemeinschaftsbank (Bochum, Filialen in Hamburg und Stuttgart, http://www.gemeinschaftsbank.de) oder der UmweltBank (Nürnberg, http://www.umweltbank.de).

Weitere Infos

Karin Astrid Siegmann: Deutsche Großbanken entwicklungspolitisch in der Kreide? Südwind e.V., Siegburg 2000, zu bestellen unter http://www.suedwind-institut.de oder unter Tel. +49/2241/53 6 17
http://www.fian.de Informationen über den Goldbergbau
http://www.oeko-invest.de Magazin für verantwortungsvolles Investieren
Max Deml/Jörg Weber: Grünes Geld. Jahrbuch für ethisch-ökologische Geldanlagen

The Walt Disney Company

»Unser höchstes Ziel ist die Schaffung von Shareholder-Value«

Produkte, Marken	Comichefte, Bücher, Filme, Spielzeug und Bekleidung mit den Figuren Micky Maus, Donald Duck, Goofy, Bambi, Cinderella, Peter Pan, Pocahontas, Winnie the Pooh, Tarzan Filmstudios wie Miramax Vergnügungsparks und Urlaubsresorts wie Disneyland Paris oder Los Angeles
Homepage	http://disney.go.com
Firmendaten	Umsatz (2000): 51,14 Milliarden DM (26,15 Mrd. €) Gewinn vor Steuern (2000): 5,30 Milliarden DM (2,71 Mrd. €)[1] Sitz: Burbank (Kalifornien, USA)
Vorwürfe	***Ausbeutung und Missstände in Zulieferbetrieben*** Wir alle kennen die berühmten Disney-Figuren, die uns durch unsere Kindheit begleitet haben. Micky Maus, gezeugt vom genialen Grafiker Walt Disney, wurde 1928 geboren, Donald Duck 1934. Heute ist die Walt Disney Company ein riesiger »Kreativitätskonzern«, mit Spielparks wie Disneyland, den Miramax-Filmstudios und der Fernsehstation ABCNews. Schade, dass dieser Konzern, der so viel Vergnügen in unser aller Leben gebracht hat, auch eine Schattenseite hat. Manche Disney-Figuren aus Kunststoff werden in Asien unter Bedingungen produziert, bei denen man sich am liebsten wünschen möchte, es handelte sich nur um einen Disney-Film und gleich käme das Happy End. Die Realität ist leider anders. Anfang 2001 veröffentlichte eine kritische Konsumentengruppe in Hongkong einen Bericht über schlimme Missstände in chinesischen Fabriken, die Produkte der Walt Disney Company herstellen (siehe Seite 182): 18 Stunden Arbeitszeit täglich, durchgehend an sieben Tage in der Woche, viele Monate lang. Sechzehnjährige Frauen erhielten pro Monat zwischen 74 und 123 Mark (38–63 €). Diese Entlohnung liegt unter dem gesetzlich vorgeschriebenen Standard. Schon im Jahr 2000 waren ähnliche Missstände in vier anderen chinesischen Zulieferfabriken von Disney bekannt geworden. Die Reaktion der »Traumfabrik«: Bei drei der vier Fabriken wurden sofort die Aufträge gestoppt. Die Arbeiterinnen wurden arbeitslos und damit doppelt geschädigt. Ähnliche Missstände wurden auch in Fabriken auf der Insel Macao bekannt, die für den Disney-Konzern produzieren (siehe Seite 183).

Im Oktober 1998 wurde Arbeitern eines Disney-Zulieferer-betriebs auf Haiti von ihren Vorgesetzten mit Gewalt gedroht, weil sie sich gewerkschaftlich organisieren wollten. Mindestens sieben Arbeiter wurden wegen des Verdachts auf Gewerkschaftsaktivitäten gekündigt (siehe Seite 183).

Was Sie tun können   Protestieren Sie bei: Mr. Michael Eisner, CEO Walt Disney Company, 500 South Buena Vista St., Burbank, CA 91521, Fax 001-818-846-7319. Sie können einen vorformulierten Brief der Clean Clothes Campaign benützen: www.cleanclothes.org/companies/disney01-01-10.htm

Weitere Infos   www.cleanclothes.org/companies/disney.htm Die Kampagne für »Saubere Kleidung« kritisiert auch die Zustände bei Disney. www.maquilasolidarity.org/campaigns/disney/index.htm Kanadische Kampagne gegen den Disney-Konzern http://membersh.hknet.com »Beware of Mickey« – Disney's Sweatshops in Südchina

Dole Food Company Inc.

»Sustain healthy communities around the globe«

Produkte, Marken	Südfrüchte und Fruchtkonserven
Homepage	http://www.dole.com
Firmendaten	Umsatz (2000): 10 Milliarden DM (5,2 Mrd. €)[1] Sitz: Westlake Village (Kalifornien, USA)
Vorwürfe	***Ausbeutung von Plantagenarbeitern, Einsatz von gefährlichen Pflanzengiften, Kinderarbeit*** Dole ist der Markenname der früheren Standard Fruit Company, die im Jahr 1964 vom Nahrungsmittelkonzern Castle & Cooke gekauft wurde. Dieser übernahm 1991 den erfolgreichen Namen und nennt sich seither Dole Food Company. Der Konzern ist der weltweit größte Produzent und Vermarkter von Frischobst und Gemüse. Dazu kommt der Verkauf von abgepackten Nahrungsmitteln und Blumen. Dole arbeitet in mehr als 90 Ländern und beschäftigt rund 60.000 Vollzeitangestellte. Ein großer Teil der Landarbeiter, die auf riesigen Plantagen für einen Hungerlohn den Anbau und die Ernte der Früchte bewerkstelligen, kann aber von einer Fixanstellung und vor allem von sozialer Sicherheit nur träumen. Im November 1998 kamen in Honduras, Nicaragua und Guatemala Tausende Menschen durch den Hurrican »Mitch« ums Leben. Viele verloren ihre Häuser und Lebensgrundlagen. Zehntausende Bananenarbeiter der Firmen Dole, Chiquita und Del Monte wurden in unbezahlten Zwangsurlaub geschickt und entlassen. Statt eine angemessene Unterstützung zu leisten, nutzten die Plantagenbesitzer die Zwangslage der Arbeiter schamlos aus. So versuchten Subunternehmer und Lieferanten von Dole und Co., für die Arbeitnehmer ungünstigere Bedingungen als vor der Katastrophe auszuhandeln.[2] Eine Folge des monokulturellen Anbaus in Lateinamerika ist der massive Einsatz von Pflanzengiften. Auf den Bananenplantagen werden Chemieprodukte verwendet, die in ihren Herkunftsländern verboten sind. Immer wieder kommt es zu tödlichen Vergiftungen und zu schweren gesundheitlichen Schäden bei den Arbeitern und deren Familien, da die Schutzmaßnahmen gegen die gefährlichen Gifte völlig unzureichend sind (siehe Seite 152). Auch auf Ananasplantagen des Konzerns in Thailand werden Pflanzengifte und Kunstdünger in großem Ausmaß eingesetzt. ArbeiterInnen klagen über Gesundheitsschäden und Hautausschläge. Schon Anfang der neunzi-

ger Jahre wurden dort Vorwürfe erhoben, dass vor allem weibliche Erntehelfer ausgebeutet würden. Die Arbeiterinnen verdienten pro Tag etwa 4 Mark (2 €). Arbeitsverträge waren auf drei Monate befristet, nach der Ernte wurden viele wieder entlassen. Auch in den thailändischen Konservenfabriken des Konzerns wurde über katastrophale Bedingungen am Arbeitsplatz geklagt.[3]

Auf den Philippinen kam es ungefähr zur selben Zeit zu Streitereien zwischen Dole und dem Nationalen Gewerkschaftsbund NFL, der Dole beschuldigte, Kooperativen und lokale Versorger zu zwingen, ihre Produkte mit Verlusten zu verkaufen.[4] Ab 1998 geriet dort das Dole-Tochterunternehmen Stanfilco wegen seiner unfairen Verträge mit den Arbeiterkooperativen unter massiven internationalen Druck durch Konsumenten und Gewerkschaften. Darüber hinaus konnte dokumentiert werden, dass auf den Farmen des Konzerns Kinder arbeiteten.[5]

Was Sie tun können	Kaufen Sie Bananen nur aus Fairem Handel. Infos bei BanaFair, Langgasse 41, D-63571 Gelnhausen, Tel. +49/60 51/83 66-0, Bezugsquellen in Deutschland unter http://www.banafair.de/banane/bezug.htm
Weitere Infos	http://www.banafair.de BanaFair informiert über aktuelle Kampagnen und importiert Bananen von Kleinproduzenten, die ihre Früchte unabhängig von multinationalen Konzernen produzieren. http://www.bananalink.org.uk Britische Pressuregroup gegen die Ausbeutung im Bananenhandel http://members.tripod.com/foro_emaus/foro_emaus.html Netzwerk für Menschenrechte und Umweltschutz auf Bananenplantagen in Costa Rica

Donna Karan International Inc.
(Moët Hennessy Louis Vuitton SA)

»Höchster Standard an Kreativität, Integrität, Qualität und Innovation«

Produkte, Marken

Bekleidung, Schuhe, Jeans, Handtaschen, Accessoires und Parfums unter den Markennamen DKNY oder Donna Karan New York oder DKNY Jeans
Marken von Moët Hennessy Louis Vuitton SA (LVMH): Modemarken wie Fendi, Emilio Pucci, Kenzo, Uhren von TAG Heuer, Parfums von Christian Dior oder Givenchy, Champagner von Veuve Clicquot oder Moët & Chandon

Homepage

http://www.donnakaran.com und http://www.lvmh.com

Firmendaten

Umsatz (2000): 2,42 Milliarden DM (1,24 Mrd. €)
Gewinn vor Steuern (2000): 45 Mio. DM (23 Mio. €)[1]
Sitz: New York

Vorwürfe

Ausbeutung in Herstellerbetrieben
Donna Karan ist eine der bekanntesten Modeschöpferinnen der Welt. Zu ihren Kundinnen zählen Berühmtheiten wie die Schauspielerin Susan Sarandon, die Sängerin Barbra Streisand oder die Politikerin Hillary Clinton. Die Firma wurde 1984 in New York gegründet. Donna Karans Markenzeichen sind schlichte, elegante Kleider für Business-Frauen.
Ende der 90er Jahren geriet die Firma aufgrund von Management-Fehlern ins Trudeln, im April 2001 wurde sie vom internationalen französischen Luxuskonzern LVMH Moët Hennessy Louis Vuitton SA für knapp eine halbe Milliarde Mark (250 Mio. €) aufgekauft. Donna Karan soll jedoch eine eigenständige Marke bleiben.
LVMH vertreibt zahlreiche Luxusmarken mit den Schwerpunkten Mode, Uhren, Parfums, Champagner. Der Jahresumsatz der Firmengruppe betrug im Jahr 2000 23,31 Milliarden DM (11,92 Mrd. €), der Gewinn 3,41 Milliarden DM (1,74 Mrd. €).
Ende der 1990er Jahre wurde Donna Karan New York mehrfach wegen katastrophaler Arbeitsbedingungen in Herstellerbetrieben kritisiert.[2]
Hier ist der Bericht von Kwan Lai, einer der Arbeiterinnen in einer DKNY-Fabrik: »Ich habe 1992 begonnen, DKNY-Kleider zu nähen. Es war wie in einem Gefängnis. Wir mussten während der ganzen Zeit unsere Köpfe geduckt halten. Es gab kein Herumschauen. Niemand durfte sprechen. Können Sie sich das vorstellen? Ein riesiger Saal mit vielen Arbeiterinnen, und alle

mit gesenktem Kopf. Mit drei Überwachungskameras wurde alles kontrolliert. Beim Verlassen des Gebäudes wurden unsere Taschen kontrolliert. Die Toiletten waren meistens verschlossen. Kein Wasser zum Trinken, den ganzen Tag über. Keine Telefonate, auch nicht im Notfall. Ich war vorher schon einiges gewöhnt an schlimmen Zuständen, weil ich aus Hongkong komme, aber das hier in den USA, das war das Schlimmste.«[3]
Im Sommer 2000 geriet Donna Karan in die internationalen Schlagzeilen – aber nicht wegen gewagter Modekreationen, sondern weil chinesische Arbeiterinnen in New Yorker Herstellerbetrieben eine Klage bei Gericht einbrachten.[4] Die Vorwürfe:[5] Wochenarbeitszeiten von 70 bis 80 Stunden, keine Bezahlung von Überstunden. In einer Sammelklage, die ein amerikanischer Anwalt für mehr als 300 Arbeiterinnen einbrachte, geht es um unbezahlte Überstunden im Wert von umgerechnet mindestens sechs Millionen Mark.
Donna Karan rechtfertigte sich damit, dass sie über die Herstellungsbedingungen in ihren eigenen Betrieben nicht Bescheid wisse und diese nicht in ihren Verantwortungsbereich fielen.[6] Der Anwalt, der die Arbeiterinnen vertrat, bezeichnete dies als Ausrede: Für die Qualitätskontrolle ihrer Kleider lasse Donna Karan die Herstellerbetriebe ja auch regelmäßig inspizieren.

Was Sie tun können

Schließen Sie sich Boykott-Aktionen gegen Donna Karan an, zum Beispiel der »National Mobilization Against Sweatshops« in den USA (http://www.nmass.org/Nmass1/htm/fight/girlcott.htm).
Fordern Sie Donna Karan auf, unabhängige Kontrollen in Herstellerbetrieben zuzulassen und Missstände abzustellen.

Weitere Infos

http://www.saubere-kleidung.de Deutscher Ableger der Clean-Clothes-Kampagne mit Infoversand
http://www.cleanclothes.org Die Zentrale in Amsterdam bietet Links und Infos zu einzelnen Marken..
http://www.igc.org/swatch »Sweatshop Watch«, US-Kampagne gegen Missstände in Bekleidungsherstellern

Dresdner Bank AG

Die Beraterbank

Produkte, Marken	Finanzdienstleistungen der Dresdner Bank, Allianz Versicherungen
Homepage	http://www.dresdnerbank.de
Firmendaten	Bilanzsumme (2000, ohne Allianz): 857 Milliarden Mark (483 Mrd. €) Jahresüberschuss (2000, ohne Allianz): 3,4 Milliarden Mark (1,73 Mrd. €)[1] Sitz: Frankfurt am Main
Vorwürfe	*Finanzierung von Projekten mit gravierenden Folgen für Menschen, Umwelt und Schuldenländer* Die Dresdner Bank ist mit rund 1.500 Geschäftsstellen und etwa 49.000 Mitarbeitern in über 70 Ländern der Welt tätig. Ende März 2001 wurde verkündet, dass die Dresdner Bank von der Allianz übernommen werden soll. Damit wollen die beiden Konzerne die Kerngeschäfte Versicherung, Vermögensverwaltung und Bankgeschäfte bündeln und mit über 20 Millionen Kunden in Deutschland ihre Marktposition ausbauen. Inoffiziell hieß es aber auch, die Allianz sei vor allem am Investmentgeschäft der Dresdner interessiert.[2] Gerade der Investmentbereich hat in der Vergangenheit zahlreiche Kritiker auf den Plan gerufen. 1996 vergab eine Tochter der Dresdner Bank einen Kredit von rund 70 Millionen Mark (35 Mio. €) an ein Goldförderprojekt in Indonesien. Dort wurden zum Teil gewaltsam etwa 20.000 Angehörige indigener Völker vertrieben. Außerdem wurden die Flüsse mit Abwässern aus dem Bergbau vergiftet. Noch im Frühjahr 2000 wurden Einheimische von Elitetruppen der indonesischen Polizei unter Gewaltanwendung vertrieben.[3] Am heftigsten kritisiert wurde der Konzern für ein Goldprojekt in Rumänien. Nach dem Dammbruch eines Rückhaltebeckens im rumänischen Baia Mare nahe der ungarischen Grenze traten im Februar 2000 etwa 100.000 Kubikmeter hochgiftige Abwässer aus. Die Flüsse Szamos und Theiß wurden mit Zyanid, Schwermetallen und verendeten Fischkadavern vergiftet. Betroffen war auch die Donau, in die die Theiß mündet. Das schon in geringen Dosen tödliche Zyanid wird weltweit im Bergbau eingesetzt, um winzigste Goldkonzentrationen aus dem Gestein zu lösen. Die 120 Tonnen Zyanide, mit denen nur etwas mehr als ein Zentner Gold in Baia Mare gewonnen

wurde, haben fast zwei Millionen Menschen von ihren Trink-
wasserquellen abgeschnitten. Tausende Familien, Fischer und
Gastwirte wurden um ihre Einkommen gebracht, der Tourismus
um Jahre zurückgeworfen. Die Giftmenge hätte gereicht, um –
gezielt verabreicht – eine Milliarde Menschen zu töten.[4]
Während der ungarische WWF von der »größten Trinkwasser-
vergiftung aller Zeiten in Mittel- und Osteuropa« sprach, wartet
die betroffene Bevölkerung vergeblich auf Entschädigungen.
Die Betreiberfirma der Mine musste für die Verseuchungen
eine lächerliche Summe von 1.700 Mark (870 €) Strafe zahlen. Die Dresdner Bank hatte das Projekt mit rund 18 Millionen
Mark (9 Mio. €) mit finanziert, obwohl ihr die Risiken des
Goldabbaus mit Zyanid bekannt waren, sagt die Menschenrechtsorganisation Fian.[5] Eine von 28 ungarischen Organisationen erhobene Forderung nach Entschädigung für die größte
Umweltkatastrophe in Europa seit Tschernobyl wies die Bank
zurück.[6]
In Brasilien nennt die Bank den Kaffeehandel und den Export
von Orangensaftkonzentrat als Sektoren mit wachsender
Bedeutung.[7] In beiden Bereichen sind massive Menschenrechtsverletzungen die Regel (siehe Kapitel »Lebensmittel«).
Außerdem plante der Konzern dort lange Zeit, den Fertigbau
des Atomreaktors Angra 3 zu finanzieren, obwohl längst offenkundig war, dass sich das Kraftwerk nicht rentiert (siehe Seite
212). Mit solchen Investitionen werden hoch verschuldete Länder noch weiter in den Schuldensumpf gedrängt. Eine Folge
davon sind meist massive Kürzungen der Sozialausgaben auf
Druck der internationalen Finanzinstitutionen.

Was Sie tun können   Proteste unter: Tel. +49/69/263-50 7 50 oder
http://www.dresdnerbank.de/kontakt_und_info_center/
dresdner_bank/index.html
Legen Sie Ihr Geld nach ethisch-ökologischen Kriterien an.
Infos: http://www.oeko-invest.de

Weitere Infos   http://www.bankwatch.org Netzwerk zur Beobachtung internationaler Finanzinstitutionen
Karin Astrid Siegmann: Deutsche Großbanken entwicklungspolitisch in der Kreide? Südwind e.V., Siegburg 2000, zu
bestellen unter http://www.suedwind-institut.de oder unter
Tel. +49/2241/53 6 17.
Informationen über den Goldbergbau unter http://www.fian.de

Exxon Mobil Corporation

»The world's premier petroleum and petrochemical company«

Produkte, Marken	Treibstoffe und andere Erdölprodukte sowie Tankstellen der Marken Esso und Mobil
Homepage	http://www.exxon.mobil.com
Firmendaten	Umsatz (2000): 438 Milliarden DM (224 Mrd. €) Gewinn vor Steuern (2000): 58 Milliarden DM (30 Mrd. €)[1] Sitz: Irving (Texas, USA)
Vorwürfe	***Finanzierung von Bürgerkrieg und Waffenhandel, Zerstörung der Lebensgrundlagen in Ölfördergebieten, Lobbying gegen Klimaschutzmaßnahmen***

Esso und Mobil sind seit Juli 2000 unter dem gemeinsamen Dach von Exxon Mobil vereint. Der größte Erdölkonzern der Welt produziert täglich rund 2,6 Millionen Barrels Rohöl und greift auf Öl- und Gasreserven zurück, die rund 70 Milliarden Fässern entsprechen.

Zu den größten Hoffnungsgebieten gehört nach Eigenangaben[2] die Küste vor Angola, wo das Erdöl aus großen Tiefen unter dem Meeresboden gefördert wird. Dort finanziert das Erdöl, mit dem 90 Prozent der staatlichen Exporteinnahmen erwirtschaftet werden, einen brutalen Bürgerkrieg. Während die Vereinten Nationen 1998 wegen des Bürgerkrieges ein Importverbot für angolanische Diamanten verhängt haben, wird mehr als die Hälfte der Abgaben, die Exxon und Co. für ihre Förderrechte bezahlen, für Militäroffensiven verwendet. Der Rest verschwindet im undurchdringlichen Dickicht der angolanischen Korruption. Der Bevölkerung, die in absoluter Armut lebt, bleibt von den Reichtümern des Landes nur Leid und Elend des Krieges (siehe Seite 135).

Im zentralafrikanischen Tschad leitet Exxon Mobil ein Konsortium, das über einen Zeitraum von 25 bis 30 Jahren eine Milliarde Barrels fördern und über eine 1.050 Kilometer lange Pipeline bis an die Küste Kameruns transportieren will.[3] Amnesty International fürchtet, dass die Ölförderung den Konflikt zwischen dem tschadischen Militär und verschiedenen bewaffneten Oppositionsgruppen neu entflammen lässt. Außerdem sollen Tausende Familien in der Region zwangsumgesiedelt werden, Ackerböden und Trinkwasser der Umweltverschmutzung zum Opfer fallen. Kritiker des Projekts werden verfolgt und eingeschüchtert. So wurden 1998 der prominente oppositionelle Parlamentsabgeordnete Ngarléjv

Yorongar le Moiban und zwei Journalisten zu drei Jahren Haft verurteilt, weil sie das Erdölprojekt öffentlich kritisierten (siehe auch Seite 140).

In Indonesien hat Mobil laut Wirtschaftsmagazin »Business Week« mit den Streitkräften des ehemaligen Diktators General Suharto kooperiert.[4] Diese werden von Menschenrechtsorganisationen für Massenexekutionen und das Verschwindenlassen von Menschen verantwortlich gemacht. In unmittelbarer Nähe der Anlagen des Konzerns, die von indonesischen Militärs geschützt wurden, kam es zu Massakern. Mobil bestreitet jegliche Verbindung mit den Gräueltaten (siehe Seite 142).

Laut der Berliner »tageszeitung« verklagten im Juni 2001 elf Anwohner eines von Exxon Mobil betriebenen Erdgasfeldes in Indonesien den Konzern vor einem Gericht in Washington. Sie werfen ihm Mittäterschaft an extralegalen Hinrichtungen, Verschwindenlassen, Folter und Vergewaltigungen durch indonesische Soldaten in der jüngsten Zeit, also noch nach Ende der Suharto-Diktatur, vor. Der Konzern wies jede Verantwortung für die Menschenrechtsverletzungen von sich.[5]

Umweltschützer werfen dem Konzern vor, sich mit der Hardliner-Industrielobby »Global Climate Coalition«[6] gegen verbindliche Maßnahmen zum Schutz des Weltklimas zu wehren. Die Öllobby ist maßgeblich dafür verantwortlich, dass die USA als größter Energieverbraucher der Welt auf Kosten des gesamten Erdballs den Treibhauseffekt noch weiter vorantreiben. Damit droht nach Ansicht fast aller Experten der Klimakollaps mit unabsehbaren Schäden für Menschen, Tiere und Pflanzen. Auf den eigenen Webseiten polemisieren Esso und Mobil denn auch gegen ökologische Steuern[7] und gegen das Kyoto-Protokoll[8], in dem sich alle Länder der Erde zu einer Verringerung ihrer Treibhausgas-Emissionen verpflichten sollten.

Was Sie tun können

Protestieren Sie – möglichst lautstark – bei der Esso Deutschland GmbH, Vorstandsvorsitzender Jobst D. Siemer, Kapstadtring 2, D-22297 Hamburg, Tel. +49/40/63 93-0

Auch aus Gründen des Umweltschutzes ist die beste Alternative: weniger Auto fahren.

Weitere Infos

http://www.germanwatch.org Die deutsche entwicklungspolitische Organisation kämpft gegen Esso.

Ford Motor Company

»Verwirklichung des
amerikanischen Traums«

Produkte, Marken	Autos der Marken Ford, Volvo, Mazda, Jaguar, Landrover, Aston Martin Autoverleih der Marke Hertz
Homepage	http://www.ford.com
Firmendaten	Umsatz (2000): 342,45 Milliarden DM (175,10 Mrd. €) Gewinn vor Steuern (2000): 16,60 Milliarden DM (8,50 Mrd. €)[1] Beschäftigte: 346.000 Sitz: Dearborn/Michigan (USA)
Vorwürfe	***Verweigerung von Entschädigungszahlungen an ehemalige Zwangsarbeiter der deutschen Ford-Werke zur Zeit des Nationalsozialismus, sexuelle und rassistische Übergriffe in Produktionsbetrieben*** »Die Geschichte von Ford ist die ultimative Geschichte des amerikanischen Traums«, heißt es auf der Homepage des Ford-Konzerns. Henry Ford, ein genialer, zutiefst antisemitischer Mann, gründete 1903 eine kleine Firma, die heute weltweit die Nummer eins bei den LKW-Herstellern und die Nummer zwei ist, wenn man die LKW- und PKW-Produktion zusammenrechnet. Ford erwarb 1979 die Automarke Mazda, 1988 Jaguar, 1999 Volvo und 2000 Landrover. Der amerikanische Journalist Ken Silverstein dokumentierte Anfang 2000 die enge Zusammenarbeit von Ford mit den Nationalsozialisten:[2] Henry Ford, Gründer des Ford-Konzerns, nahm 1938 die höchste Auszeichnung des Nazi-Regimes für Ausländer entgegen, den »Deutschen Adler«. Hitler kannte das berüchtigte Pamphlet des Autokonzern-Gründers, das den Titel trug: »Der internationale Jude: Das drängendste Problem der Welt.« Die gegenseitige Wertschätzung zwischen Adolf Hitler und Henry Ford kommt unter anderem auch in einem Geburtstagsgeschenk zum Ausdruck, das der »Führer« von Ford im April 1939 erhielt: 35.000 Reichsmark. Ford versorgte sogar noch nach der Kriegserklärung der USA im Jahr 1941 die Kriegsmaschinerie der Nazis mit Material, weigerte sich aber lange Zeit, die Produktion zur Unterstützung der Alliierten zu erhöhen. Die Nazi-Regierung nahm das mit Befriedigung zur Kenntnis. Die deutschen »Ford Werke« wurden 1942 zwar beschlagnahmt, aber nie enteignet.

Schon vor der Beschlagnahmung wurden in der Firma Zwangsarbeiter und französische Kriegsgefangene eingesetzt.

1999 weigerte sich Ford, Entschädigungen an Zwangsarbeiter
zu zahlen, die während der Nazizeit in den deutschen Ford-
Werken beschäftigt waren. Die dreiste Begründung von Konzern-
sprecherin Lydia Cisaruk: »Wir haben in Deutschland während
des Krieges keine Geschäfte gemacht.«[3]

In der jüngeren Zeit gibt es mehrere Berichte über rassistische
und sexistische Vorfälle in Ford-Fabriken:[4] Eine US-amerika-
nische Gleichbehandlungskommission kritisierte 1996 wiederholte Vorfälle sexueller Belästigung von Arbeiterinnen am
Arbeitsplatz, gegen die das Management praktisch nichts
unternahm. Im August 1998 wurde Ford wegen anhaltender
sexueller Belästigung von Frauen verklagt. 1999 musste Ford
die Verantwortung für wiederholte rassistische Attacken auf
einen aus Asien stammenden Arbeiter im englischen Ford-
Werk Degenham übernehmen.[5]

Zwischen 1990 und 2000 kommt es in den USA zu einer Serie
schwerer, unerklärlicher Unfälle von Ford-Autos des Typs »Explorer«. 150 Personen sterben. Ford beschuldigt den Reifenkonzern Bridgestone/Firestone, defekte Reifen seien die Ursachen gewesen. Der Reifenkonzern weist alle Schuld von sich
und beschuldigt Ford, Fahrsicherheitsprobleme beim beliebten
»Explorer« nicht zugeben zu wollen. Der Konflikt führt zum
Bruch einer 100-jährigen Geschäftsbeziehung. Nun ermittelt
ein Untersuchungsausschuss des US-Kongresses die Schuld-
frage.[6]

Was Sie tun können | Fordern Sie Ford auf, Entschädigungszahlungen für Zwangs-
arbeiter zu leisten: Ford-Werke AG, Kundenzentrum,
Postfach 710265, D-50742 Köln, Tel. +49/221/903-33 33,
Fax 903-28 69, kunden@ford.com

Weitere Infos | Den Artikel von Ken Silverstein »Ford and the Führer« findet
man in der Zeitung »The Nation« vom 24. 1. 2000 unter
http://www.thenation.com

Gap Inc.

»Factory workers to be treated with dignity and respect«

Produkte, Marken	Gap-Modeartikel in Gap-Stores
Homepage	http://www.gapinc.com
Firmendaten	Umsatz (2000): 29 Milliarden Mark (14,86 Mrd. €) Gewinn vor Steuern (2000): 2,94 Milliarden Mark (1,5 Mrd. €)[1] Beschäftigte: 140.000 Sitz: San Francisco
Vorwürfe	***Ausbeutung von Arbeitern in Zulieferbetrieben*** Der Modekonzern Gap hat weltweit 3.676 Niederlassungen. Der Großteil davon befindet sich in den USA. Seit 1995 versucht der Konzern auch in Deutschland Fuß zu fassen. Gap ist – neben Nike – eine der am meisten kritisierten Bekleidungsfirmen der Welt. Die Kleidungsstücke werden zu einem großen Teil in so genannten Sweatshops hergestellt, Hinterhoffabriken in den Billiglohnländern Asiens und Lateinamerikas. Dort arbeiten unterbezahlte Näherinnen, die oft ohne entsprechende Entlohnung zu Überstunden gezwungen werden. Häufig ist in den Vorwürfen von sexueller Belästigung, Sicherheitsmängeln in den Betrieben und entwürdigender Behandlung der Arbeiterinnen die Rede. Gap hat seine Lektion gelernt und führt bei seinen Lieferanten mittlerweile Kontrollen durch, um die schlimmsten Auswüchse zu verhindern. Doch diese selbst oder durch Auftragsorganisationen durchgeführten Inspektionen werden von vielen als völlig unzureichend oder gar als Farce kritisiert. Was sich vor allem aber kaum geändert hat, ist die extrem niedrige Bezahlung der Näherinnen. In einem Betrieb in Bangladesch erhält eine durchschnittliche Arbeiterin lediglich rund 90 Mark (45,65 €) im Monat.[2] Leben oder gar eine Familie erhalten kann man damit auch in Bangladesch nicht. In El Salvador, wo in den Zulieferbetrieben des Konzerns zwar die Arbeitsbedingungen verbessert wurden – so gibt es mittlerweile Kaffeepausen, Beschwerdemöglichkeiten und saubere Sanitäranlagen – verdient eine Arbeiterin laut »New York Times« trotz extremer Belastung nur 1,28 Mark (0,65 Euro) in der Stunde. Auch mit diesem Gehalt kann man dort nicht menschenwürdig leben.[3]

Was Sie tun können	Teilen Sie Gap im Geschäft oder per E-Mail an custserv@gap.com mit, dass Sie die Verbesserungen in den Betrieben begrüßen, dass Sie aber unabhängige Kontrollen fordern und als Kunde auch bereit wären, ein bis zwei Mark (um so viel geht es in etwa) mehr für Ihre Bekleidung zu zahlen, wenn dadurch eine gerechte Entlohnung der Arbeiter sichergestellt wäre.
Weitere Infos	http://www.globalexchange.org/economy/corporations/gap Gap-Kampagne einer konzernkritischen Organisation aus San Francisco http://www.igc.org/swatch »Sweatshop Watch« ist eine Vereinigung verschiedener Menschenrechtsgruppen, die sich vor allem für gerechte Löhne in der Bekleidungsindustrie einsetzen.

General Motors Corp.

Produkte, Marken	Autos der Marken Cadillac, Chevrolet, Isuzu, Opel, Saab, Vauxhall
Homepage	http://www.gm.com, http://www.opel.de
Firmendaten	Umsatz (2000): 380 Milliarden Mark (194 Mrd. €) Gewinn vor Steuern (2000): 14,55 Milliarden Mark (7,44 Mrd. €)[1] Beschäftigte: 388.000 Sitz: Detroit (USA)
Vorwürfe	**Umweltverschmutzung durch hohe Emissionswerte, Ausbeutung und niedrige Sicherheitsstandards in Zulieferbetrieben** General Motors (gegründet 1908) ist der weltweit größte Automobilkonzern mit mehr als 30.000 Zulieferbetrieben in 50 Ländern. GM hat mehr als 260 größere Tochterunternehmen und Kooperationspartner. Zu Letzteren gehören die Autofirmen Fiat, Isuzu und Suzuki. Die größte Konzerntochter außerhalb Nordamerikas ist die deutsche Adam Opel AG. Sie wurde 1862 gegründet und gehört seit 1929 zu General Motors. General Motors wurde mehrfach wegen der hohen Emissionswerte an giftigen Gasen wie Kohlenmonoxid in seinen Fahrzeugen kritisiert. Im Jahr 1995 musste der Konzern in den USA deshalb sogar eine Strafe von 11 Millionen Dollar für die Verletzung eines Umweltgesetzes, des »Clean Air Act«, bezahlen.[2] GM wurde auch für seine Mitgliedschaft in der »Global Climate Coalition« kritisiert. Das ist jene Wirtschaftslobby, die maßgeblich dafür verantwortlich ist, dass die Vereinigten Staaten die dringend notwendigen Klimaschutzvereinbarungen von Kyoto nicht akzeptieren. General Motors gehört zusammen mit Ford und Chrysler (siehe Firmenporträt auf Seite 282) zu den größten Betreibern von so genannten »Maquiladoras« im Norden von Mexiko. Das sind Produktionsstätten in Freihandelszonen, in denen für extrem niedrige Löhne und unter miserablen sozialen Bedingungen Produkte für Industrieländer gefertigt werden. Oft reichen die Löhne nicht einmal dazu aus, die absoluten Grundbedürfnisse in Bezug auf Ernährung und Wohnen zu decken, geschweige denn mit einer Familie würdevoll zu leben. Außerdem beklagen sich die Arbeiter über extrem viele Überstunden.[3]

Im November 2000 enthüllte das amerikanische Internetmagazin »Multinational Monitor«, dass Arbeiter von GM in Mexiko zwar die gleichen Werkzeuge zur Herstellung von Fensterscheiben benutzten wie in den USA, allerdings ohne die dort vorgeschriebenen Schutzeinrichtungen gegen die Amputation von Gliedmaßen durch die Maschinen. Der Grund: Die Produktion sollte beschleunigt werden.[4]

General Motors spielt auch – so wie Ford – eine unrühmliche Rolle in der Frage der Entschädigung von Zwangsarbeitern in ihren deutschen Tochterunternehmen im Dritten Reich. Beide Unternehmen argumentierten nach dem Zweiten Weltkrieg, sie hätten damals jede Kontrolle über ihre deutschen Filialen verloren gehabt, seien also weder verantwortlich für die Einbeziehung von Ford und Opel in die Kriegswirtschaft noch für die Beschäftigung von Zwangsarbeitern. General Motors setzte sich mit dieser Version in den USA gegenüber kritischen Historikern auch gerichtlich durch.[5]

Was Sie tun können Teilen Sie der Firma Opel mit, dass Sie auf umweltfreundliche Fortbewegung setzen, und verurteilen Sie die Arbeitsbedingungen von GM in Mexiko: Adam Opel AG, Eisenstraße 40, D-65428 Rüsselsheim, Tel. +49/6142/770 bzw. Opel Österreich: +43/1/28 8 77-0, webanfragen@at.opel.com

Weitere Infos http://www.essential.org/monitor »Multinational Monitor«, monatliches Internet-Magazin über Multis
Bücher über die Vergangenheit von Opel im Dritten Reich: Günter Neliba: Die Opel-Werke im Konzern von General Motors (1929–1948) in Rüsselsheim und Brandenburg. Brandes & Apsel Verlag, Frankfurt 2000 sowie Bernd Heyl/Andrea Neugebauer (Hg.): ... ohne Rücksicht auf die Verhältnisse. Brandes & Apsel Verlag, Frankfurt 1997

GlaxoSmithKline

*»Der Gesundheit und dem Wohlbefinden
von Menschen in Entwicklungsländern
verpflichtet«*

Produkte, Marken

Medikamente: Cholecysmon, Flutide, Imigran, Retrovir, Serevent, Sultanol, Twinrix, Viani, Zantic, Zovirax, Zyban, Zyloric
Zahnpflegeprodukte: Odol-Zahnpasta und -Spülmittel, Dr. Best-Zahnbürsten
Vitamin- und Mineralstoffmittel von Abtei

Homepage

http://corp.gsk.com

Firmendaten

Umsatz (2000): 55,36 Milliarden DM (28,31Mrd. €)
Gewinn vor Steuern (2000): 16,31 Milliarden DM (8,34 Mrd. €)[1]
Beschäftigte: 100.000
Sitz: Uxbridge/Middlesex (Großbritannien)

Vorwürfe

Finanzierung unethischer Medikamentenversuche, Behinderung eines Entwicklungslandes bei der Herstellung und Vermarktung lebenswichtiger Medikamente, Vermarktung eines fragwürdigen Medikaments
GlaxoSmithKline ist weltweit einer der größten Pharmakonzerne – entstanden innerhalb eines Zeitraums von etwa 150 Jahren, aus dem Zusammenschluss mehrerer Firmen. Die letzte große Fusion fand im Jahr 2000 statt, zwischen GlaxoWellcome und SmithKline Beecham. Weltweit bekannte Markenprodukte des Konzerns sind Zovirax (ein Medikament gegen Herpes), das Aids-Mittel Retrovir und das Raucherentwöhnungsmittel Zyban. In Deutschland ist Odol für die Zahngesundheit seit 100 Jahren ein gängiger Markenartikel.
Drei inzwischen zum Firmenimperium von GlaxoSmithKline gehörende Firmen (Glaxo Wellcome South Africa, SmithKline Beecham Pharmaceuticals Proprietary Limited und SmithKline Beecham) klagten im Frühjahr 2001 gemeinsam mit anderen Pharma-Firmen die südafrikanische Regierung wegen Verletzung des Patentrechts (siehe Aventis, Seite 226).
Glaxo Wellcome Ltd. (inzwischen zum Firmenimperium von GlaxoSmithKline gehörend) finanzierte am Nyirő Gyula Krankenhaus in Budapest zwei Medikamentenversuche mit dem Wirkstoff Lamotrigin, bei der viele manisch-depressive Patienten während einer akuten Krankheitsphase kein wirksames Medikament erhielten (siehe Seite 94). Laut Deklaration von Helsinki des Weltärztebundes ist es verboten und ethisch verwerflich, schwere Erkrankungen nur mit einem Placebo zu behandeln, wenn es bereits erprobte Medikamente gibt.[2]

Im Jahr 2000 brachte GlaxoWellcome die Anti-Raucher-Pille Zyban auf den Markt. Der darin enthaltene Wirkstoff Bupropion wurde 1985 in den USA vom Markt gezogen – weil er häufig epileptische Krämpfe verursachte. 1989 wurde das Mittel in den USA erneut in den Handel gebracht, als Antidepressivum, und 1997 als Anti-Raucher-Pille vermarktet.[3]

Der Nutzen von Zyban zur Raucherentwöhnung ist sehr umstritten. In einer Untersuchung hat sich gezeigt, dass nach einem Jahr Behandlung etwa jeder fünfte Raucher aufgehört hat zu rauchen. Eine andere Studie kam hingegen zu dem Ergebnis, dass nach einem Jahr Behandlung überhaupt kein Unterschied besteht zwischen Zyban und Placebo.

Die Berliner Fachzeitschrift »arznei-telegramm« berichtet, dass seit der Markteinführung bereits 35 Todesfälle im Zusammenhang mit der Einnahme von Zyban bekannt geworden sind.[4]

Der Konzern verweigerte Auskünfte dazu mit dem Hinweis, dass Daten »grundsätzlich nur den Behörden zur Verfügung gestellt« würden. Laut »arznei-telegramm« verstößt die Firma damit gegen die Informationspflicht und »spielt die potenzielle Bedrohung durch Zyban gezielt herab«. Wegen der schweren Nebenwirkungen rät das »arznei-telegramm« von der Verwendung des Mittels ab.

Was Sie tun können

Protestieren Sie bei GlaxoSmithKline. Schicken Sie leere Schachteln von GlaxoSmithKline-Medikamenten an Jean Pierre Garnier, CEO, GlaxoSmithKline, Stockley Park West, Uxbridge, Middlesex, UB11 1 BT, England mit der Aufforderung: No unethical clinical trials! Oder: Zyban is dangerous!

Weitere Infos

http://www.epo.de/bukopharma Die BUKO Pharma-Kampagne beobachtet seit 15 Jahren die Aktivitäten der Pharmaindustrie in der Dritten Welt. Diese Gruppe hat zahlreiche Missstände aufgedeckt und Veränderungen bewirkt.
http://www.arznei-telegramm.de Die kritische Berliner Fachzeitschrift »arznei-telegramm« berichtet laufend über unsaubere Praktiken von Pharmafirmen.

Hennes & Mauritz AB

H&M

»Fashion and quality at the best price«

Produkte, Marken	Bekleidung, Kosmetik und Accessoires; Eigenmarken: L.O.G.G., Conwell, Rocky, Uptown u. a.
Homepage	www.hm.com
Firmendaten	Umsatz (2000): 8 Milliarden DM (4,1 Mrd. €)[1] Gewinn vor Steuern (2000): 857 Millionen DM (438 Mio. €)[2] Beschäftigte: 30.000 Sitz: Stockholm
Vorwürfe	**Ausbeutung und Missstände in Zulieferbetrieben**

Ausbeutung und Missstände in Zulieferbetrieben

400 Millionen Kleidungsstücke verkauft der schwedische Konzern jedes Jahr in seinen rund 700 Kaufhäusern, die sich in mittlerweile 14 Ländern als Treffpunkt junger Konsumenten etabliert haben. Seinen rasanten Aufstieg verdankt H&M vor allem der Tatsache, dass seine rasch wechselnden, trendigen Kollektionen extrem billig sind. Die Folgen dieser Sparsamkeit, die erstmals breiten Schichten einen Zugang zu herzeigbarer Mode verschafft hat, bekommen jedoch letzten Endes die Textilarbeiter in den Billiglohnländern zu spüren.

H&M betreibt selbst keine einzige Textilfabrik, hat aber weltweit rund 900 Lieferanten unter Vertrag. Die kriegen zwar Post vom Konzern in Form eines Verhaltenskodex, in dem unter anderem die Beschäftigung von Kindern unter 14 Jahren abgelehnt wird. Menschenrechtsorganisationen kritisieren jedoch unter anderem, dass dort nur von Mindestlöhnen, und nicht von Löhnen zur Deckung des Lebensbedarfs die Rede ist. Vor allem aber fehlt ein institutionalisiertes Kontrollverfahren, das die Einhaltung der Regeln in den Betrieben sicherstellt. Denn die Selbstkontrolle durch H&M ist, wie Claus Bauer von der Österreichischen Textilgewerkschaft feststellt, »nicht mehr als ein netter Marketinggag«.[3]

So gibt es Berichte aus Zulieferbetrieben etwa in Indien, Mauritius oder Madagaskar, die unter anderem von zwangsweise angeordneten Überstunden und Sieben-Tage-Woche bei gleichzeitig extrem niedrigen Gehältern sprechen.[4]

In einem Bericht der Clean-Clothes-Kampagne heißt es, die Löhne in rumänischen Zulieferbetrieben hätten zum Zeitpunkt der Untersuchung im März 1998 umgerechnet zwischen rund 135 und 270 Mark (69–138 €) pro Monat betragen. Eine Näherin klagt sogar, dass sie in einem Monat nur rund 48 DM (25 €) erhalten habe. Das Management habe das mit der

schlechten Auftragslage begründet. Dann wieder sei die Lohn-
auszahlung überhaupt ausgefallen. Bei einem Betriebsbesuch
hätten Vertreter von H&M die schlechten Umweltbedingungen
kritisiert und angeregt, man möge doch eine Klimaanlage,
Umkleideräume und Duschen installieren. Der Manager sagte,
das würde er gerne, aber in den nächsten zwei oder drei Jahren reiche das Geld dafür nicht.[5]

In Indien kam es sogar zu einem öffentlichen Streit zwischen
H&M und einem regionalen Vertreter der Exporteure, als H&M
androhte, die Beziehungen mit seinen rund 15 Zulieferfabriken
in der Region wegen dort vorgefundener Fälle von Kinderarbeit
sowie niedrigen Sicherheitsstandards und Löhnen aufzulösen.
Ohne Geld keine Moral, teilte der lokale Exportvertreter dem
Konzern laut einer indischen Zeitungsmeldung mit: Immerhin
sei es »Ihre Firma, die die Praxis verfolgt, die Preise so niedrig
wie möglich zu halten«.[6]

Zum Zeitpunkt unserer Recherchen führte die Firma gemeinsam mit der schwedischen Clean-Clothes-Kampagne ein viel
versprechendes Projekt zur Etablierung glaubwürdiger Beob-
achtungssysteme und Verhaltensnormen durch. Die Ergebnisse
bleiben abzuwarten.

Was Sie tun können H&M gibt sich zwar sehr entschlossen, was etwa die Bekämpfung von Kinderarbeit anbelangt. Aber kosten soll es möglichst
wenig. Konsumentendruck hilft, das Management von der Notwendigkeit institutioneller Prüfverfahren durch unabhängige
Organisationen und Gewerkschaften zu überzeugen:
Tel. +49/40/350 95 50 (Deutschland), +43/1/585 84 00-0
(Österreich), +41/22/317 09 09 (Schweiz), E-Mail
info.de@hm.com

Weitere Infos http://www.cleanclothes.org/companies/henm.htm
Informationen über das schwedische Pilotprojekt bei Renée
Andersson ℅ Fair Trade Center, Malmgårdsvägen 14,
S-11638 Stockholm, renee@renaklader.org,
http://www.renaklader.org

267

Bayerische Hypo- und Vereinsbank AG

 *»Leben Sie. Wir kümmern uns um die Details.«*

Produkte, Marken
Finanzdienstleistungen der Hypo Vereinsbank, der Bank Austria und der Creditanstalt (CA)

Homepage
http://www.hypovereinsbank.de

Firmendaten
Bilanzsumme (2000): 1.400 Milliarden Mark (716,5 Mrd. €)
Jahresüberschuss (2000): 2,32 Milliarden Mark (1,18 Mio. €)[1]
Sitz: München

Vorwürfe

Finanzierung von Projekten mit gravierenden Folgen für Menschen, Umwelt und Schuldnerländer
Die Hypo Vereinsbank ist die zweitgrößte private Geschäftsbank in Deutschland und die drittgrößte Bank Europas. Im Dezember 2000 fusionierte der Konzern mit der mit Abstand größten österreichischen Bank, der Bank Austria Holding AG, zu der auch die österreichische Creditanstalt (CA) gehört. In der gesamten Gruppe arbeiten nun mehr als 72.000 Mitarbeiter, die in rund 2.400 Niederlassungen etwa 8 Millionen Kunden betreuen.
Als einen Schwerpunkt nennt die Hypo Vereinsbank den Bereich »International Markets«. »Kernaufgabe dieses Bereichs ist es, Risiken zu managen«, heißt es auf der Homepage. Allzu oft gehen diese Risiken auf Kosten der Einwohner von Entwicklungsländern. Abgesichert durch die Hermes-Kreditversicherung des Bundes hat die Hypo Vereinsbank Kredite an riskante oder ethisch fragwürdige Projekte in Asien und Lateinamerika vergeben, die letztendlich den Schuldenberg dieser Länder erhöht haben. Während die deutschen Steuerzahler für allfällige Ausfälle haften, profitiert die Bank weiterhin von der hohen Verschuldung vieler Länder, in denen auf Druck der internationalen Finanzinstitutionen Sozial- und Bildungsausgaben radikal gekürzt wurden. Die Forderung, dass sich auch private Banken an einem Schuldenerlass der ärmsten Länder beteiligen sollen, empfindet der Konzern hingegen als »schwere Diskriminierung« (siehe Seite 218).
In Indonesien finanzierte die Hypo Vereinsbank 1997 während der Suharto-Diktatur ein staatliches Goldbergbauprojekt mit einem Kredit von rund 30 Millionen Mark (15 Mio. €). Dort wurden ungesicherte Sprengungen durchgeführt, durch die allein 1998 mindestens 20 Goldsucher ums Leben kamen. Im gleichen Jahr wurde ein Goldschürfer von den Sicherheitskräften der indonesischen Gesellschaft getötet. Noch im Juli 2000

demonstrierten Hunderte Goldschürfer gegen die gewalttätige Behandlung durch Sicherheitskräfte der Mine. Bergarbeiter berichteten, dass sie geschlagen und misshandelt wurden.[2] Am indischen Narmadafluss soll ein Großwasserkraftwerk mit einer Leistung von 400 Megawatt entstehen. Der deutsche Siemens-Konzern liefert die Turbinen. Dafür war ursprünglich ein Kredit der Hypo Vereinsbank in Höhe von rund 370 Millionen Mark (190 Mio. €) vereinbart. In dem künftigen Stausee werden bis zu 162 Dörfer einfach versinken. Rund 50.000 Menschen verlieren durch Zwangsumsiedlung ihre Lebensgrundlagen. Der gewaltfreie Widerstand der Bevölkerung wurde mit brutalen Polizeimaßnahmen beantwortet. Ein alter Mann wurde von berittenen Polizisten zu Tode gehetzt. Tausende wurden zeitweise inhaftiert. Viele, auch Frauen und Kinder, wurden misshandelt (siehe Seite 205).

Im Sommer 2000 zog die deutsche Bundesregierung deshalb ihre Zusage für eine Hermes-Kreditversicherung zurück. Daraufhin wurde die Siemens-Finanzierung von einem indischen Bankenkonsortium übernommen und die Hypo Vereinsbank zog sich zurück.[3] Die Bank ist allerdings noch dem Technologiekonzern ABB Portugal in der Pflicht, dem sie ebenfalls einen Kredit für das umstrittene Projekt zugesagt hat. Weil sich das Geschäft aber ohne Siemens nicht mehr lohne, bemühe man sich, aus dem Vertrag auszusteigen.[4]

Was Sie tun können

Proteste an: Hypo Vereinsbank, Am Tucherpark 16, D-80538 München, Telefon +49/089/378-25 8 01, presse@hypovereinsbank.de
Legen Sie Ihr Geld nach ethischen Kriterien an: Infos unter http://www.oeko-invest.de bzw. im »Jahrbuch für ethisch-ökologische Geldanlagen«: Max Deml/Jörg Weber: Grünes Geld. Altop Verlag, München

Weitere Infos

Karin Astrid Siegmann: Deutsche Großbanken entwicklungspolitisch in der Kreide? Südwind e.V., Siegburg 2000, zu bestellen unter http://www.suedwind-institut.de oder unter Tel. +49/2241/53 6 17
http://www.narmada.org Homepage der »Freunde des Narmada«

KarstadtQuelle AG

KARSTADT QUELLE^{AG}

»Leistung für Mensch und Umwelt«

Produkte, Marken	Kaufhäuser: Karstadt, Hertie, KaDeWe, Wertheim Neckermann Versand Quelle Versand, Foto Quelle, Reise Quelle C&N Touristic
Homepage	http://www.karstadtquelle.com
Firmendaten	Umsatz (2000): 28,56 Milliarden DM (14,6 Mrd. €) Jahresüberschuss (2000): 434 Millionen DM (222 Mio. €)[1] Mitarbeiter: 113.490 Sitz: Essen
Vorwürfe	***Ausbeutung und Missstände in Zulieferbetrieben*** Die KarstadtQuelle AG ist Europas größter Warenhaus- und Versandhandelskonzern. Bei Karstadt ist die Textilsparte der bedeutendste Umsatzträger. Wie alle großen Textilunternehmen hat zwar auch der KarstadtQuelle-Konzern einen Verhaltenskodex. Doch der weist die bekannten Mängel wie das Fehlen unabhängiger Kontrollen und existenzsichernder Löhne auf. In Indien lässt der Multi die Produktion von ehemaligen Militärs überwachen, was der Einkaufsdirektor von Karstadt gegenüber der »Kampagne für Saubere Kleidung« mit den Worten kommentierte,»die Jungs können wenigstens geradeaus laufen«. Es liegen Berichte über Menschenrechtsverletzungen durch Zulieferer aus verschiedenen Ländern vor.[2] So müssen die Arbeiter in asiatischen und osteuropäischen Zulieferbetrieben unbezahlte Überstunden leisten, es kommt zu körperlichen Schikanen und willkürlichen Entlassungen.[3] Bei Quelle erfolgt der Einkauf von Textilprodukten aus dem Ausland über 27 Einkaufsbüros in 24 Ländern, die den Warenbezug aus etwa 60 Ländern koordinieren. Davon entfällt rund ein Drittel auf Südostasien, 50 Prozent kommen aus der EU, der Rest aus anderen europäischen Ländern, aus Amerika und Afrika. Beim indonesischen Zulieferbetrieb »Goldindo Menawan« wurden Arbeiter unter Strafandrohung zu Überstunden gezwungen. Wegen Protestaufrufen wurden manche von ihnen sogar eingesperrt. Auch Lohnabzüge wurden als Strafmaßnahmen eingesetzt. Der Tageslohn von 1,70 DM (0,87 €) liegt zwar geringfügig über dem Mindestlohn, reicht aber bei weitem nicht zur Existenzsicherung. Die Wochenarbeitszeit beträgt bis zu 82 Stunden.[4]

Eine Studie aus dem Jahr 1999 berichtete von fünf bis zehn Jugendlichen im Alter zwischen 14 und 15 Jahren, die die selbe Arbeitszeit wie Erwachsene ableisteten, obwohl sie laut Gesetz nur vier Stunden am Tag arbeiten dürfen. Außerdem liegt ein Verstoß gegen das Nachtarbeitsverbot für Jugendliche vor. Nach eigenen Angaben hat Quelle die Geschäftsbeziehungen zu »Goldindo Menawan« abgebrochen – ein wenig sinnvoller Schritt, der nur Arbeitsplätze gefährdet, statt auf eine Verbesserung der Situation abzuzielen.

Was Sie tun können

Proteste an: KarstadtQuelle AG, Theodor-Althoff-Straße 7, D-45133 Essen, konzernkommunikation@karstadtquelle.com Unter http://www.sauberekleidung.de können Sie gratis die »Kundenkarte Fairkauf bei KarstadtQuelle« bestellen und mit dieser Ihre Forderung nach fairen Produktionsbedingungen in den Kaufhäusern deponieren.
Alternativen: Einkaufen im Fairen Handel, in EZA/Dritte Welt- oder in Secondhand-Läden.

Weitere Infos

Ebenfalls gratis bei der »Kampagne für Saubere Kleidung« erhalten Sie die Aktionszeitung »Todschicke Kleidung – zu welchem Preis?« mit Aktionsvorschlägen und Hintergrundinfos zu KarstadtQuelle. Bestellungen über die Homepage oder Tel. +49/211/43 01-317.
Ingeborg Wick u. a.: Das Kreuz mit dem Faden. Indonesierinnen nähen für deutsche Modemultis. Südwind-Institut, Siegburg 2000

Knoll GmbH (Abbott Laboratories)

»Führend bei sozialer Verantwortung«

Produkte, Marken	Medikamente von Knoll: Isoptin, Kalinor, Paracodin, Reductil Medikamente von Abbott: Flotrin, Klacid Trinknahrung von Abbott: Ensure Plus Drink
Homepage	www.knoll.de, http://abbott.com
Firmendaten	Umsatz von Abbott Laboratories (2000): 27,67 Milliarden DM (14,15 Mrd. €) Gewinn vor Steuern (2000): 5,61 Milliarden DM (2,87 Mrd. €)[1] Beschäftigte: 60.000 Sitz: Chicago
Vorwürfe	***Behinderung eines Entwicklungslandes bei der Herstellung und Vermarktung lebenswichtiger Medikamente, verbotene Praktiken bei der Vermarktung eines Medikaments*** Im Dezember 2000 besiegelte Abbott den Kauf der deutschen Pharmafirma Knoll, bis dahin eine Tochterfirma des weltweit größten Chemiekonzerns BASF. Knoll wurde im Jahr 1886 in Ludwigshafen am Rhein gegründet und ist vor allem durch die Vermarktung des Abmagerungsmittels Reductil bekannt geworden. Knoll veröffentlicht keine eigenen Geschäftsberichte. Abbott wurde 1888 von einem Chicagoer Arzt namens Wallace C. Abbott gegründet und ist vor allem im Gesundheitsbereich tätig. Die Produktpalette umfasst Medikamente, Nahrungsmittel, Medizintechnik und Diagnostika. In Europa ist es gesetzlich verboten, dass Pharmafirmen bei Patienten für verschreibungspflichtige Medikamente werben. Als die Firma Knoll 1999 als damalige Tochter des deutschen Chemiekonzerns BASF das neue Abmagerungsmittel Reductil vermarktete, setzte sie sich skrupellos über dieses Verbot hinweg. Verbraucher erhielten von der Firma Briefe mit der irreführenden Behauptung, es handle sich um ein »wissenschaftlich abgesichertes Medikament für die dauerhafte Gewichtsabnahme«.[2] Sogar firmeneigene Aussagen belegen das Gegenteil: Nach Ende der Behandlung steigt das Körpergewicht rasch wieder an (»Jo-Jo-Effekt«). Wegen der möglichen schweren Nebenwirkungen raten viele Fachleute von der Verwendung ab. Angeschriebene fragten sich, woher die Firma wusste, dass sie übergewichtig sind. Vom behandelnden Arzt? Von Daten des Kleiderversandhandels?[3] Knoll, eine Tochterfirma von Abbott Laboratories, klagte im Frühjahr 2001 gemeinsam mit anderen Pharmafirmen die süd-

afrikanische Regierung wegen Verletzung des Patentrechts
(siehe Aventis, S. 226).

Was Sie tun können

Protestieren Sie bei: Dr. Dieter Wagner, Vorsitzender der Geschäftsleitung, Knoll GmbH, Knollstraße, D-67061 Ludwigs-
hafen, E-Mail: info@knoll.de – schicken Sie leere Schachteln
von Knoll-Medikamenten mit der Aufforderung: Schluss mit der
Vermarktung fragwürdiger Medikamente! Oder: Billige Medikamente für arme Länder!

Weitere Infos

http://www.epo.de/bukopharma Die BUKO Pharma-Kampagne
beobachtet seit 15 Jahren die Aktivitäten der Pharmaindustrie
in der Dritten Welt. Diese Gruppe hat zahlreiche Missstände
aufgedeckt und Veränderungen bewirkt.
http://www.arznei-telegramm.de Die kritische Berliner Fachzeitschrift arznei-telegramm berichtet laufend über unsaubere
Praktiken von Pharmafirmen.

273

Kraft Foods International Inc. (Philip Morris)

*»Wir wollen Marken schaffen,
die täglich Freude bereiten«*

Produkte, Marken

Lebensmittel, Kaffee und Süßwaren der Marken Aladdin,
Altoids, Bensdorp, Carte Noire, Côte d'Or, Daim, Finessa,
Jacobs, Kaffee Hag, Kaba, Kraft, Lila Pause, Marabou, Milka,
Mirabell Mozartkugeln, Miracoli, Nussini, Onko, Oreo,
Philadelphia, Ritz, Suchard, Toblerone u. a.
Philip Morris: Zigaretten der Marken Chesterfield, L&M,
Marlboro, Muratti, Philip Morris u.a.

Homepage

http://www.kraftinternational.com, http://www.philipmorris.com

Firmendaten

Umsatz (2000): 134,5 Milliarden DM (68,8 Mrd. €)
Gewinn vor Steuern (2000): 30 Milliarden DM (15,3 Mrd. €)[1]
Sitz: New York

Vorwürfe

Ausbeutung von Agrararbeitern durch Rohstofflieferanten
Seit Juni 2000 firmiert der bisherige Nahrungsmittelkonzern
Kraft Jacobs Suchard unter dem Namen Kraft Foods International. Der Konzern wurde 1988 vom US-amerikanischen Tabak-
multi Philip Morris Companies Inc. geschluckt, der 1990 auch
den deutschen Kaffee-Marktführer Jacobs Suchard kaufte. Die
bisher letzte Akquisition folgte im Dezember 2000, als Philipp
Morris die Süßwarenfirma Nabisco Holdings Corporation (mit
Produkten wie Altoids, Oreo und Ritz) erwarb.
Auf seiner Deutschland-Homepage (http://www.kraft-foods.de)
wirbt der Konzern damit, dass er die Rohstoffe für seine Scho-
koladeproduktion von der westafrikanischen Elfenbeinküste
erwirbt: »Hier kauft Kraft Foods Deutschland den Kakao für die
berühmte Milka-Schokolade. Rund 14 Millionen Menschen
leben in der Elfenbeinküste. 4–5 Millionen von ihnen sind Einwanderer, die sich im Norden und Nordwesten des Landes
angesiedelt haben. Sie sind überwiegend im Kakaoanbau
beschäftigt und haben in den vergangenen Jahrzehnten einen
wesentlichen Beitrag beim Aufschwung dieses landwirtschaftlichen Sektors geleistet.«
Was der Konzern nicht dazusagt ist, dass ein Teil dieser »Einwanderer« nicht freiwillig dort ist. Nach Schätzungen der Menschenrechtsorganisation »Terre des Hommes« wurden etwa
20.000 Kinder im Alter von etwa 7 bis 14 Jahren aus ihrem
Heimatland Mali an die Elfenbeinküste verschleppt, um dort
ohne Bezahlung auf den Plantagen zu schuften.[2] Sie werden
geschlagen, misshandelt und ausgebeutet. »Was dort geschieht, ist definitiv Sklaverei«, sagt Pierre Poupard, der Leiter

des UNO-Kinderhilfswerks Unicef in Mali. »Wer dem Terror zu entfliehen versucht, läuft Gefahr, von seinem Besitzer verprügelt, ja getötet zu werden.«[3]

Natürlich heißt das nicht automatisch, dass Kraft seine Kakaobohnen von Kindersklaven ernten lässt. Doch der zweitgrößte Lebensmittelkonzern der Welt ist jedenfalls mit verantwortlich für die extrem niedrigen Kakaopreise, die viele Kleinbauern um ihre Existenz bringen. Der hohe Kostendruck schafft erst die Grundlage für Ausbeutung und Sklavenhandel. Während fair gehandelter Kakao mindestens 3.720 Mark (1.900 €) pro Tonne kostet, lag der Weltmarktpreis etwa im Juni 2000 nur bei 1.500 Mark (770 €) pro Tonne.[4]

Der überwiegende Teil dessen, was hier zu Lande für Schokolade bezahlt wird, bleibt bei den Multis, von denen allein Philip Morris/Kraft Jacobs Suchard eine mehr als dreimal so hohe Wirtschaftskraft hat wie die Elfenbeinküste mit ihren 16 Millionen Einwohnern.[5] Auch beim Kaffee garantieren die Fair-Handels-Organisationen gerechte Preise und humane Arbeitsbedingungen. Außerdem wird die Einhaltung ökologischer Anbaukriterien gefördert und zusätzlich honoriert.

Was Sie tun können

Kaufen Sie Kaffee, Schokolade und andere Kakaoprodukte nur aus Fairem Handel. Bezugsquellen auf Seite 333, Anmerkung 67 (für Deutschland) bzw. unter http://www.transfair.or.at/produkte.htm (Österreich, Tel. +43/1/533 09 56) oder http://www.maxhavelaar.ch (Schweiz, Tel. +41/61/271 75 00)

Weitere Infos

»Hintergrundinformationen Schokoladenindustrie«, Broschüre der Gewerkschaft Agrar/Nahrung/Genuss (Wien 2000), zu bestellen unter Tel. +43/1/40149 bzw. E-Mail an ang@ang.oegb.or.at
»Hot Chocolate«, CD-ROM über den Fairen Handel mit Kakao, zu bestellen bei TransFair unter Tel. +43/1/533 09 56 oder unter http://www.transfair.or.at/Material.htm

Levi Strauss & Co.

»Originality – Integrity – Innovation«

Produkte, Marken	Jeans, Bekleidung und Accessoires der Marken Levi's, Dockers und Slates
Homepage	http://www.levistrauss.com
Firmendaten	Umsatz (2000): 9,9 Milliarden DM (5 Mrd. €) Gewinn vor Steuern (2000): 750 Millionen DM (380 Mio. €)[1] Beschäftigte: 17.000 Sitz: San Francisco
Vorwürfe	**Ausbeutung, sexuelle Belästigung und andere Missstände in Zulieferbetrieben**

Unter allen Marken in Deutschland steht Levi's an 14. Stelle.[2] Auf dem Jeansmarkt ist Levi Strauss die unumstrittene Nummer eins. Doch der Konzern hat nur noch 21 eigene Fabriken. Das Gros der Kulthosen wird in mehr als 60 Ländern der Welt in über 600 Zulieferbetrieben genäht.

Levi Strauss war zwar mit seinen »Global Sourcing & Operating Guidelines« einer der ersten Konzerne, der seinen Lieferanten Richtlinien zur Gestaltung der Arbeitsbedingungen verpasste, dennoch kommt es immer wieder zu katastrophalen Missständen.

So berichtet die indonesische Näherin Emilia, dass in den Zulieferbetrieben »Yulinda Duta Fashion« und »Sandrafine« der Tageslohn unter dem gesetzlich vorgeschriebenen Mindestlohn liege. Die Arbeitszeiten würden bis zu 75 Wochenstunden betragen. Keine der jungen Frauen traue sich aber zu protestieren, um nicht entlassen zu werden.[3]

Im September 1999 berichtete die englische Zeitung »Sunday Times«, dass die Frauen in einer bulgarischen Zulieferfabrik von Levi's massiv unter Druck gesetzt und erniedrigt werden. Die 38-jährige Näherin Ruzkhova erzählte, dass sich die rund 150 Angestellten regelmäßig nach Ende ihrer Schicht vor der Firmenleitung nackt ausziehen mussten. Angeblich um damit Diebstähle zu unterbinden. Ruzkhova weigerte sich und wurde prompt gekündigt. Darüber hinaus kam es zu anderen Arbeitsrechtsverletzungen, etwa zu erzwungenen Überstunden. Nach Bekanntwerden dieser Vorfälle schaltete sich der Konzern bei seinem bulgarischen Lieferanten ein. Doch ein transparentes, institutionalisiertes und unabhängiges Kontrollverfahren gibt es bis heute nicht.

Die große Nachfrage nach Jeans ist auch Ursache für enorme

Umweltschäden. Mit 34 Millionen Hektar beansprucht die
Baumwollindustrie fünf Prozent der weltweiten Landfläche vor
allem in Ländern, die dieses Agrarland dringend für die
Lebensmittelversorgung benötigen würden. 25 Prozent der
Weltproduktion an Pestiziden gehen in die Baumwollfelder und
sind dort für jährlich eine Million Vergiftungserkrankungen bei
Erntearbeitern verantwortlich. Nicht zu reden von den Verlusten
an Trinkwasser.[4]

Was Sie tun können

Eine gute Alternative zu Baumwolljeans stellen Hosen aus Hanf
dar, die auch in Geschäften des so genannten Fairen Handels
erhältlich sind.
Protestpostkarten, die man im Handel deponieren kann und
mit denen die Konzerne aufgefordert werden, transparente
Kontrollen zuzulassen, sind bei der Clean-Clothes-Kampagne
erhältlich.

Weitere Infos

Die Broschüre »Jeans – Let's wear fair!« erhält man auf
Deutsch bei der österreichischen Clean-Clothes-Kampagne:
℅ Frauensolidarität, Berggasse 7, A-1090 Wien,
Tel. +43/1/317 40 20, Fax 317 40 20-355, fsoli@magnet.at

Maisto (May Cheong Toy Products Factory Ltd.)

»Wir stehen für hohe Qualität«

Produkte, Marken	Modellautos der Marken Die Cast und Tonka
Homepage	http://www.maisto.com
Firmendaten	Umsatz und andere Finanzdaten: unbekannt Beschäftigte: mindestens 10.000[1] Sitz: Fontana (Kalifornien, USA)
Vorwürfe	***Ausbeutung und katastrophale Arbeitsbedingungen*** Maisto ist ein Firmen- und Markenname, der zu hundert Prozent im Besitz des Hongkonger Konzerns May Cheong Toy Products Factory Ltd. steht. Maisto ist berühmt für seine originalgetreu nachgebauten Modelle berühmter Automarken im Spielzeugformat. Der Konzern hat auf der ganzen Welt Niederlassungen, zeigt seine Produkte auch im Internet und produziert für führende US-Spielwarenkonzerne. Wenn es jedoch um Finanzdaten oder auch nur um die Anzahl der Beschäftigten geht, gibt man sich verschlossen.

Im Februar 2000 gibt die thailändische Maisto-Herstellerfirma »Master Toy Company« ihren Arbeitern bekannt, dass die Fabrik geschlossen und die Produktion an einem neuen Standort wieder aufgenommen wird.[2] Das Management verspricht, die mehr als 400 Beschäftigten dort wieder anzustellen – allerdings zu einem geringeren Lohn. Der liegt zu diesem Zeitpunkt bei 7 Mark (3,60 €) pro Tag und erreicht damit nicht einmal die gesetzlich vorgeschriebene Mindesthöhe. Außerdem leidet das Personal unter einem schikanösen System von Strafen, etwa für das Tragen von »Schuhen, die nicht zur Arbeitsuniform passen«. Gewerkschaftsmitglieder werden entlassen.

Am 28. März 2000 werden 174 Beschäftigte – es sind überwiegend Frauen – zur neuen Fabrik transportiert. Es handelt sich dabei allerdings um eine halb fertige Produktionsanlage, in der keine Maschinen und Schutzkleidungen für die Arbeit mit aggressiven Chemikalien vorhanden sind. Weil es in dem Gebäude außerdem keine Notausgänge gibt und die Toiletten vollkommen desolat sind, weigern sie sich zu arbeiten. Die Firma greift sofort hart durch und entlässt alle Beschäftigten ohne Bezahlung der ausständigen Löhne.

Aber weil Thailand nicht China ist und es hier eine freie Gewerkschaftsbewegung gibt, entwickelt sich eine internationale Solidaritätskampagne. Einige Monate später gibt die

Firmenleitung nach. Die Arbeiter werden wieder eingestellt und erhalten den ausstehenden Lohn.
Die Gewerkschaftsgruppe »Thai Labour Campaign« will weiterhin die Arbeitsbedingungen in der Maisto-Fabrik überwachen.

Was Sie tun können

Stellen Sie dem deutschen Importeur von Maisto Fragen über die Arbeitsbedingungen in Südostasien: Heinrich Bauer Spielwaren GmbH, Hans-Bunte-Straße 2, D-90431 Nürnberg, Fax +49/49 9 11/32 45 2-40, http://www.bauer-spielwaren.de/maisto_eingang.html

Weitere Infos

Thai Labor Campaign, unter http://www.thailabor.org/campaigns/mastertoy

McDonald's Corporation

*»Unser Anspruch: Überall auf der Welt
der beste Arbeitgeber zu sein«*

Produkte, Marken	Hamburger, Cheeseburger, Big Mac, Chicken McNuggets, McChicken, Hamburger Royal u. a.
Homepage	http://www.mcdonalds.com
Firmendaten	Umsatz (2000): 81 Milliarden DM (41,36 Mrd. €) Gewinn (2000): 6,7 Milliarden DM (3,43 Mrd. €)[1] Beschäftigte: 1,5 Millionen Sitz: Oakbrook (Illinois, USA)
Vorwürfe	***Kinderarbeit, Ausbeutung und katastrophale Arbeitsbedingungen in Zulieferbetrieben, exzessiver Fleischverbrauch mit negativen ökologischen und sozialen Folgen*** Alle vier Stunden wird irgendwo auf dem Globus ein neues McDonald's-Lokal eröffnet. Die rund 30.000 Filialen des Hamburgerimperiums verteilen sich bereits auf 118 Länder. Tag für Tag werden dort mehr als 45 Millionen Gäste bedient. 36 Prozent der Konzerneinkünfte stammen aus Europa. Die größte Restaurantkette des Erdballs ist gleichzeitig der weltgrößte Rindfleischkäufer. In Südamerika fielen riesige Flächen Regenwald dem Bedarf an Weideland für die Rinderherden des amerikanischen Multis zum Opfer. Heute kommt das Fleisch, das in den 5.200 Filialen Europas serviert wird, von europäischen Rindern. Dafür wird allerdings tonnenweise Futtermittel aus Ländern importiert, in denen große Teile der Bevölkerung hungern. Dort werden für den Anbau riesige landwirtschaftliche Flächen verbraucht und damit der lokalen Nahrungsmittelproduktion vorenthalten (siehe Seite 158). Im Juli 2000 wies die Umweltorganisation Greenpeace nach, dass McDonald's genmanipuliertes Soja an Hühnchen verfüttert, die als Chicken McNuggets und McChicken Burger verkauft wurden. Erst nach Konsumentenprotesten erklärte der Konzern, ab April 2001 keine gentechnisch veränderten Futtermittel mehr einzusetzen.[2] McDonald's verkauft nicht nur Hamburger, sondern auch so genannte »Happy Meals«. Kinder erhalten zu diesen »glücklichen« Mahlzeiten Disney-Figuren wie Snoopy, Winnie the Pooh oder Hello Kitty. Im Sommer 2000 veröffentlichte eine Konsumentengruppe in Hongkong einen Bericht über die Praktiken in fünf Zulieferbetrieben von McDonald's, die »Happy-Meals«-Figuren herstellen. Darin ist von Kinderarbeit und von gefälschten Ausweisen die

Rede, in denen Arbeiter älter gemacht werden, als sie sind. Für acht Stunden Arbeit erhalten die Beschäftigten etwa 2,90 Mark (1,49 Euro). Doch normalerweise müssen sie sogar 15 Stunden am Tag arbeiten, von sieben Uhr morgens bis zehn Uhr abends. Wenn es genügend Aufträge gibt, erhalten sie nicht einmal einen freien Tag.

McDonald's bestritt zunächst alle Vorwürfe.

Als aber nachgewiesen wurde, dass mehr als 100 Kinder im Alter zwischen 12 und 13 Jahren in der Fabrik arbeiteten, und das zwölf Stunden am Tag, und als sich überregionale Medien für die Sache interessierten, schickte McDonald's ein Untersuchungsteam in die Fabriken.

Danach musste der Konzern zugeben, dass es »Probleme mit Löhnen, Arbeitszeiten und Aufzeichnungen« gegeben habe. Statt seine Macht für eine Verbesserung der Lebensumstände der Arbeiter und der Kinder einzusetzen, stoppte der Konzern alle Aufträge für die Fabrik, die die Kinder beschäftigt hatte, und vergab sie an andere Firmen (siehe 184 ff.).

1997 trat in der »KeyHinge Toys«-Fabrik in Vietnam, die ebenfalls »Happy-Meals«-Figuren herstellte, eine Massenvergiftung mit dem Lösungsmittel Aceton auf. 220 der 1.000 Beschäftigten waren davon betroffen. 25 Arbeiterinnen brachen zusammen, drei wurden ins Krankenhaus eingeliefert. Die Fabrik weigerte sich, die Kosten für die Behandlung zu übernehmen, obwohl die Arbeiterinnen nur magere 12 Pfennige pro Stunde (0,06 €) verdienten. Und das bei einem durchschnittlichen Arbeitstag von zehn Stunden, an sieben Tagen in der Woche.

Der damalige Pressesprecher von McDonald's, Walt Riker, erklärte:»Diese Berichte sind total übertrieben. Es gab gar keine Vergiftungen.« (Siehe Seite 186 f.)

Was Sie tun können

Protestieren Sie bei McDonald's Deutschland Inc., Pressestelle, Drygalski-Allee 51, D-81477 München

Weitere Infos

http://www.mcspotlight.org Die Internetseite der »McLibel«-Kampagne, die im Rahmen des Prozesses von McDonald's gegen britische Aktivisten errichtet wurde, bietet umfangreiche Informationen und aktuelle Medienberichte.

http://members.hknet.com Umfassende Infos über die Zustände in Fabriken, die »Happy-Meals«-Figuren herstellen.

http://www.mcunion.de Infos über die Arbeitsbedingungen der Beschäftigten bei McDonald's.

Siegfried Pater: Zum Beispiel McDonald's. Lamuv Verlag, Göttingen 2000, handliches Taschenbuch über die »McDonaldisierung der Gesellschaft« (Zitat).

Mercedes-Benz (DaimlerChrysler AG)

»Ein wirklich globales Unternehmen«

Mercedes-Benz

Produkte, Marken	Autos und Nutzfahrzeuge der Marken Chrysler, Dodge, Jeep, Mercedes-Benz, Setra, Smart u. a.
Homepage	http://www.daimlerchrysler.com http://www.mercedes-benz.com
Firmendaten	Umsatz (2000): 312,5 Milliarden DM (160 Mrd. €) Gewinn vor Steuern (2000): 8,6 Milliarden DM (4,4 Mrd. €)[1] Beschäftigte: 416.501 Sitz: Stuttgart
Vorwürfe	**_Handel mit Atomwaffen und Antipersonenminen durch Tochterfirma_** Der deutsche PKW-Multi Daimler-Benz fusionierte 1998 mit dem amerikanischen Autokonzern Chrysler zum »Weltkonzern« DaimlerChrysler. Dieser geriet wegen der Milliardenverluste von Chrysler im Jahr 2000 in die Schlagzeilen. Vorstandschef Jürgen Schrempp verkündete daraufhin den Abbau von 26.000 Stellen bei Chrysler und 9.500 Stellen bei der japanischen Konzerntochter Mitsubishi, an der DaimlerChrysler mit 37,3 Prozent beteiligt ist (ebenso wie an Hyundai in Korea). Die Absatzzahlen sind dennoch rekordträchtig: 4,2 Millionen Personenwagen, davon mehr als 1 Million Mercedes und 100.000 Mini-PKW der Marke Smart wurden 2000 verkauft. Dazu kamen 549.000 Nutzfahrzeuge. Allein im März 2001 wurden weltweit insgesamt 108.800 Autos der Marke Mercedes-Benz ausgeliefert – 71.200 davon in Westeuropa. Der Konzern verkauft aber nicht nur Autos. Daimler ist mit 33 Prozent Hauptaktionär der European Aeronautic Defence and Space Company (EADS), die vom französischen Verteidigungsministerium den Auftrag zur Entwicklung des so genannten »M51-Programms« bekommen hat. Dieses ist nach Angaben von Rüstungsexperten Teil der französischen Nuklearstreitkräfte, die sich auf U-Boot-Raketen stützen. In einer Werbeanzeige heißt es: »Die M-51 ist eine Dreistufenrakete mit einem Gesamtgewicht von über 50 Tonnen. Das System trägt der Evolution auf dem Gebiet der Bedrohung sowie den neuen Verteidigungsarten Rechnung. Die Rakete M-51 wird mit zahlreichen Sprengköpfen ausgerüstet sein.« Atomsprengköpfen, wie der Text weiter ausführt. Noch vor zehn Jahren verfasste der Konzern Richtlinien, die Daimler-Mitarbeitern die Beteiligung an der Herstellung von atomaren Massenvernich-

tungswaffen verbieten. Mit M-51 aber wird Deutschland als deklarierter Nicht-Atomwaffenstaat in die Herstellung atomarer Flugkörper einbezogen werden.

In Prospekten, die auf Rüstungsmessen verteilt wurden, werden auch die Landminen »Muspa« und »Miff« beworben, die Kritikern zufolge als Antipersonenminen einzustufen sind. Laut der »German Initiative to ban Landmines« steht die Muspa-Mine, deren Sensorsystem auf Geräusche oder Kontakt reagiert, im Widerspruch zu den Bestimmungen internationaler Verträge gegen die Verwendung dieser extrem unmenschlichen Waffenart. Das Nato-Land Italien hat diese Mine deshalb ausgemustert und die Bestände zerstört.[2]

Im Bereich Umwelt setzt der Konzern, dessen Fuhrpark zum Großteil aus extrem treibstoffintensiven Fahrzeugen besteht, seit Jahren auf die Entwicklung der so genannten Brennstoffzelle. Umweltexperten bezeichnen deren angeblichen ökologischen Vorteile als Wunschdenken. Der für den Treibhauseffekt relevante CO_2-Ausstoß sei bei der Brennstoffzelle sogar höher als bei einem Dieselmotor. Damit vernachlässige Daimler-Chrysler wirksame Beiträge zum Klimaschutz wie zu einer Senkung des Spritverbrauchs, so die Kritiker.

Nach Angaben des Tübinger Anwalts Holger Rothenbauer trägt DaimlerChrysler auch Mitschuld am Verschwinden von 13 Gewerkschaftern in der Zeit der argentinischen Militärherrschaft. Der langjährige Chef des Werkschutzes einer Mercedes-Fabrik in Argentinien soll ein ehemaliger Polizeikommandant gewesen sein, der Zeugen zufolge mit Schergen der Militärjunta eng kooperiert habe. Er soll Namen von im Werk beschäftigten Gewerkschaftern an das Militärregime weitergegeben haben, die 1976 und 1977 gefoltert und umgebracht wurden, berichtete die »Frankfurter Rundschau« im April 2001.[3]

Was Sie tun können

Die beste Wahl ist der Umstieg auf andere Verkehrsmittel oder die Beteiligung an Carsharing-Projekten (gemeinsame Nutzung von Kfz). Die zweitbeste der Umstieg auf eine andere Marke.

Weitere Infos

http://www.kritischeaktionaere.de/Konzernkritik/ DaimlerChrysler/daimlerchrysler.html Die »Kritischen Aktionäre« prangern die unethischen Geschäftspraktiken des Konzerns an. Reichhaltiges Informationsarchiv. Kontakt: Tel. +49/711/60 83 96

http://www.landmine.de Deutsche Initiative für die Ächtung von Landminen

http://www.icbl.org Internationale Anti-Landminen-Kampagne

Mitsubishi Corporation

»Verantwortung für die Gesellschaft«

Produkte, Marken	Es gibt mehrere Dutzend voneinander unabhängige Firmen, die das Mitsubishi-Logo verwenden. Bekannte Mitsubishi-Marken sind Mitsubishi Autos, Nikon Fotoapparate und Fotozubehör
Homepage	http://www.mitsubishi.co.jp
Firmendaten	Umsatz (2000): 246 Milliarden DM (125,98 Mrd. €) Gewinn vor Steuern (2000): 4,90 Milliarden DM (2,50 Mrd. €)[1] Sitz: Tokio
Vorwürfe	

Zerstörung von Regenwäldern

Mitsubishi wurde 1870 als Speditionsfirma gegründet und entwickelte sich bis Mitte des 20. Jahrhunderts zu einem riesigen Konzern. 1947 wurde Mitsubishi in viele Einzelfirmen aufgespalten, die finanziell mehr oder weniger voneinander unabhängig sind. Es gibt keine Dachgesellschaft aller Mitsubishi-Firmen und keine zentrale Steuerung der Aktivitäten, jedoch finanzielle Beteiligungen untereinander. Eine dieser Firmen ist zum Beispiel die Mitsubishi Corporation, die 7,99 Prozent aller Aktien an der Mitsubishi Motors Corporation hält (Mitsubishi Autos). Der deutsche Konzern Mercedes-Benz ist ebenfalls mit 37,3 Prozent an der Mitsubishi Motors Corporation beteiligt.

Die Mitsubishi Corporation ist ein riesiger, internationaler Mischkonzern, der vor allem im Bereich Kapitalinvestitionen, Elektronik, Telekommunikation, Maschinen, Chemikalien, Metalle und im Ölgeschäft tätig ist.[2]

Mitsubishi Heavy Industries wird im »World Nuclear Industry Handbook« 1997 als bedeutender Zulieferbetrieb für die Atomindustrie aufgelistet.[3]

Die Marke Nikon (Fotoapparate und Fotozubehör) gehört zu einem anderen Mitsubishi-Konzern.

Amerikanische Umweltaktivisten vom »Rainforest Action Network« begannen 1989 einen Boykott von Mitsubishi-Produkten.[4] Sie warfen der Mitsubishi Corporation vor, in großem Stil an der Zerstörung von Regenwäldern in Südostasien, Südamerika, Nordamerika und Sibirien verantwortlich zu sein. Weil aber die Mitsubishi Corporation selbst keine Konsumwaren herstellt oder vertreibt, nahmen die Umweltaktivisten andere Mitsubishi-Konzerne wie »Mitsubishi Motor Sales of America« und »Mitsubishi Electric America« aufs Korn, um auf diesem Umweg Druck auf den Verursacher auszuüben. Die beiden Firmen büßten dafür, dass sie dasselbe Logo verwendeten wie die Mitsubishi Corporation.

1998 wurde der Boykott beendet. Mitsubishi Motor Sales of America und Mitsubishi Electric America erklärten sich bereit, generell umweltfreundlicher zu produzieren.

Die verantwortliche Mitsubishi Corporation ließ sich jedoch auf keine Diskussionen mit den Regenwald-Aktivisten ein.[5] Es gibt Hinweise, dass inzwischen auch dieser Konzern zu umweltverträglichen Formen der Holzgewinnung übergegangen ist.[6]

Was Sie tun können

Protestieren Sie bei Mitsubishi Electronics Europe B.V., Gothaerstr. 8, D-40880 Ratingen
http://www.mitsubishi.de/index-d.html

Weitere Infos

http://www.ethicalconsumer.org Das englische Magazin »Ethical Consumer« liefert alle zwei Monate kritische Hintergrundinformationen über Konzerne und verfügt über eine (allerdings kostenpflichtige) Online-Datenbank.

Nestlé S.A.

»Good Food – Good Life«

Produkte, Marken	Nahrungs- und Genussmittel der Marken After Eight, Alete, Aquarel, Bärenmarke, Beba, Bübchen, Buitoni, Caro, Choco Crossies, Herta, KitKat, LC1, Lion, Maggi, Milkybar, Motta, Nescau, Nescafé, Nespresso, Nesquik, Perrier, San Pellegrino, Smarties, Thomy, Vittel, Yoco, Yes u. a. Friskies Tierfutter Anteile an der Kosmetikmarke L'Oreal
Homepage	http://www.nestle.com
Firmendaten	Umsatz (2000): 104 Milliarden DM (53 Mrd. €) Gewinn vor Steuern (2000): 10,6 Milliarden DM (5,4 Mrd. €)[1] Beschäftigte: 230.000 Sitz: Vevey (Schweiz)
Vorwürfe	***Anwendung international geächteter Vermarktungs-methoden im Handel mit Babynahrung, Ausbeutung von Agrararbeitern durch Rohstofflieferanten*** Nestlé ist der größte Industriekonzern der Schweiz und mit mehr als 500 Fabriken das größte Lebensmittelunternehmen der Welt. Der Konzern bezieht viele seiner Ausgangsprodukte aus Ländern, in denen die Lebensmittelproduktion durch extrem niedrige Menschenrechtsstandards gekennzeichnet ist. Vor allem bei der Produktion von Kakao und Kaffee werden in den meisten dieser Länder Menschen finanziell und gesundheitlich ausgebeutet (siehe Kapitel »Lebensmittel«). An der Elfenbeinküste, wo ein Großteil der Weltkakaoernte angebaut wird, arbeiten nach Schätzungen der Menschenrechtsorganisation »Terre des Hommes« rund 20.000 Kindersklaven auf den Kakaoplantagen. Natürlich heißt das nicht automatisch, dass Nestlé seine Kakaobohnen von Kindersklaven ernten lässt. Nestlé hat aber als Marktführer großen Einfluss auf die extrem schwankenden und niedrigen Weltmarktpreise. Da der Multi für seine Rohstoffe keine fairen Preise bezahlt, ist er für das Elend der Kleinbauern und Landarbeiter auf jeden Fall mit verantwortlich. Nestlé besitzt auch zwei Lebensmittelfabriken an der Elfenbeinküste. In einer davon beschwerten sich im Jahr 1999 lokale Angestellte, dass sie trotz gleicher Qualifikation erheblich weniger Lohn erhielten als ihre europäischen Kollegen, die in derselben Fabrik arbeiteten. Sie fühlten sich diskriminiert und sprachen von »finanzieller Apartheid«.[2]

Besonders kritisiert wird Nestlé für seine Politik im Zusammenhang mit der Vermarktung von Babynahrung. Vor allem in ärmeren Ländern hat der Konzern immer wieder versucht, durch Werbung und die Abgabe von Gratisproben Schwangere und junge Mütter davon abzubringen, ihre Kinder selbst zu stillen. Ohne »Nachfrage« hört der Körper auf, Muttermilch zu produzieren, und nach einiger Zeit müssen die Mütter die Kindernahrung teuer kaufen. Laut WHO sterben jährlich 1,5 Millionen Kinder, weil sie nicht gestillt werden. Die Ursache dafür ist vor allem, dass das Pulver in Ländern ohne Zugang zu sauberem Trinkwasser oft mit infiziertem Wasser vermischt werden muss. Nach internationalen Konsumentenboykotten (»Nestlé tötet Babys«) und Protesten durch UNO-Organisationen verpflichtete sich auch Nestlé zu strikten Werbebeschränkungen, die aber immer wieder umgangen wurden. Doch vor kurzem hat der Konzern einen neuen Anlauf gestartet: Um die Ansteckungsgefahr von Säuglingen durch HIV-positive Mütter zu mindern, soll Nestlés Milchersatzpulver vor allem in Afrika zu neuen Ehren kommen. Das Kinderhilfswerk Unicef und andere halten dieses Argument jedoch für einen Marketinggag (mehr auf Seite 165 ff.).

Was Sie tun können

Umsteigen: Kaffee sowie Schokolade und andere Kakaoprodukte gibt es auch im Fairen Handel – mittlerweile auch in einer Reihe von Supermärkten. Achten Sie auf das TransFair-Gütesiegel Seite 173 f.).
Proteste bei: Nestlé S.A., Avenue Nestlé 55, Case postale 353, CH-1800 Vevey, Tel. +41/21/924 21 11,
http://www.nestle.ch/de/contact/default.asp

Weitere Infos

http://www.babynahrung.org Seite der Aktionsgruppe Babynahrung, unübersichtlich, aber informativ
http://www.babymilkaction.org, http://www.ibfan.org Internationale Seiten mit aktuellen Infos
»Hintergrundinformationen Schokoladenindustrie«, Broschüre der österreichischen Gewerkschaft Agrar/Nahrung/Genuss (Wien 2000), zu bestellen unter Tel. +43/1/40 1 49 bzw.
ang@ang.oegb.or.at
Ekkehard Launer: Nestlé, Milupa ... Babynahrung in der Dritten Welt. Lamuv Verlag, Göttingen 1991

Nike Inc.

»Just Do It!«

Produkte, Marken	Sportschuhe, Sportbekleidung, Sportartikel der Marke Nike
Homepage	http://www.nikebiz.com
Firmendaten	Umsatz (1999): 18,7 Milliarden DM (9,5 Mrd. €)[1] Sitz: Beaverton, Oregon (USA)
Vorwürfe	*Ausbeutung, Kinderarbeit, sexuelle Belästigung und andere Missstände in Zulieferbetrieben*

Nike verkauft keine Sportschuhe, sondern Sportsgeist. »Nike nutzt die tiefe emotionale Verbindung, die die Leute zu Sport und Fitness haben«, sagt Ex-Marketingchef Scott Bedbury, der den Slogan »Just Do It!« eingeführt hat.[2] Die jährlichen Werbeausgaben in US-Dollar nähern sich der Milliardengrenze. Nikes Werbeträger Nummer eins, der Basketballspieler Michael Jordan, ist mittlerweile selbst zur Marke geworden. Wenn in den eigens inszenierten Einkaufszentren, den »Nike-Towns«, ein neues Sportschuhmodell angeboten wird, campieren Jugendliche in Schlafsäcken vor der Türe, um als Erste die begehrten Sneakers zu ergattern. Doch während Nike-Geschäftsführer Phil Knight längst Dollar-Milliardär ist, verdient eine Näherin etwa im Nike-Zulieferbetrieb »Wellco« in China rund 34 Pfennig (0,17 €) in der Stunde.

Der Weltmarktführer unter den Sportartikelmarken ist deshalb zum Lieblingsgegner von Menschenrechtsgruppen und Globalisierungskritikern geworden. Das ist zwar nicht hundertprozentig gerecht, weil Nikes Hauptkonkurrenten um nichts besser sind und weil Nike tatsächlich die eine oder andere Verbesserung in seinen Zulieferbetrieben vorgenommen hat. Aber es trifft dennoch nicht den Falschen, wie jüngere Berichte zeigen.

So musste sich Nike im Januar 2001 Vorwürfe gefallen lassen, weil es in der mexikanischen Fabrik »Kukdong« zu Strafmaßnahmen und illegalen Massenkündigungen gegen Angestellte gekommen war, die gegen die Arbeitsbedingungen demonstrierten. Im Jahr 2000 wurden dort etwa eine Million Sweatshirts für Nike und 40.000 Kleidungsstücke für Reebok hergestellt. Eine von Nike aufgrund internationaler Proteste initiierte Untersuchungskommission zitiert Arbeiter, die behaupten, dass auch 13- und 14-Jährige bei Kukdong tätig seien. Außerdem sei es zu sexuellen Übergriffen gekommen. Das Management bestreitet diese Behauptungen.[3]

Nike, von uns auf die Beschuldigungen angesprochen: »Viele der Vorwürfe sind unbegründet.« Aber: »Keine Fabrik ist perfekt, und wir glauben an eine stetige Verbesserung unserer Arbeitsstätten.« Deshalb habe man sich in den letzten zwei Jahren um Verbesserungen hinsichtlich des Alters der Arbeiter, der Löhne und der Luftqualität in den Betrieben bemüht, schreibt der Manager für globale Angelegenheiten.[4] Mittlerweile haben die Proteste dazu geführt, dass endlich eine unabhängige Gewerkschaft zugelassen und Kündigungen zurückgenommen wurden.

Im Februar 2001 kam Nike erneut in die Schlagzeilen: Eine Untersuchung in neun indonesischen Zulieferbetrieben berichtet von massiven Vorwürfen wegen sexueller Belästigung und physischer Missbräuchen, denen die Arbeiterinnen ausgesetzt seien.[5] Auch dieser Bericht wurde von Nike selbst in Auftrag gegeben. Ein lobenswertes Zeichen von Transparenz? »Wenn der öffentliche Druck nachlässt«, fürchtet Christian Mücke von der österreichischen Clean-Clothes-Kampagne, »lässt auch das Engagement nach.«

Was Sie tun können Nike-Produkte zu boykottieren, macht wenig Sinn, da die Konkurrenz um nichts besser ist. Die einzige – und nicht die schlechteste – Alternative ist gezügelte Kaufwut. Man kann aber auch Druck auf diese Firmen ausüben, indem man etwa die Händler mit den Zuständen in den Nähfabriken konfrontiert. Am angreifbarsten ist Nike nämlich dort, wo seine größte Stärke liegt: beim Image. So nahmen amerikanische Kids den Slogan »Just Do It!« offenbar beim Wort, als sie ihre gesammelten ausgelatschten Turnschuhe in Müllsäcke verpackten und vor den Türen der New Yorker »Nike-Town« abluden. »Nike, wir haben dich gemacht«, grinste ein 13-Jähriger aus der Bronx in die Kameras. »Wir können dich auch vernichten.« Für Nike war diese Kampfansage aus der Hauptzielgruppe vermutlich bedrohlicher als jede Menschenrechtskampagne.

Weitere Infos http://www.cleanclothes.org Clean-Clothes-Kampagne für faire Arbeitsbedingungen in der Bekleidungsindustrie
http://www.sweatshopwatch.org »Sweatshop Watch«, US-Kampagne gegen Missstände in den Nähbatterien
http://www.saigon.com/~nike Nike-Boykottseite, etwas veraltet

Novartis

»Verantwortung für nachhaltige Entwicklung«

Produkte, Marken	Medikamente für Menschen: Briserin, Calcium Sandoz, Codiovan, Corangin, Estraderm, Fenistil, Foradil P, Insidon, Lemocin, Magnesium Sandoz, Neda Früchtewürfel, Nicotinell, Optalidon N, Otriven, Rhinomer, Ritalin, Spasmo Cibalgin, Tegretal, Venoruton, Voltaren, Zymafluor D Medikamente für Haustiere: clomicalm, program u. a. Lebensmittel der Wander AG: Ovomaltine, Isostar, Ocléa Aviva
Homepage	http://www.novartis.com
Firmendaten	Umsatz (2000): 43,94 Milliarden DM (22,47 Mrd. €) Gewinn vor Steuern (2000): 8,85 Milliarden DM (4,52 Mrd. €)[1] 67.000 Beschäftigte in 142 Ländern Sitz: Basel
Vorwürfe	*Finanzierung unethischer Medikamentenversuche, Behinderung eines Entwicklungslandes bei der Herstellung und Vermarktung lebenswichtiger Medikamente* Im Jahr 1996 schlossen sich die beiden Schweizer Firmen Ciba Geigy und Sandoz zum Novartis-Konzern zusammen. Dieser zählt zu den führenden Firmen im Pharmabereich, aber auch zu den ganz Großen bei pharmazeutischen Erzeugnissen für Haustiere und bei diversen Ernährungsprodukten. Eines der bekanntesten Markenprodukte des Novartis-Konzerns ist der Malzextrakt Ovomaltine, der bereits 1909 entwickelt wurde und von der Tochterfirma Wander vertrieben wird. Gängige Marken sind außerdem die Medikamente Voltaren, Otriven und Calcium Sandoz. Anfang der 80er Jahre geriet Sandoz in die Schlagzeilen, weil aufgedeckt wurde, dass die Firma mithilfe umfangreicher finanzieller Zuwendungen Ärzte bei ihren medizinischen Entscheidungen zu beeinflussen versuchte.[2] Anfang Mai 2001 erwarb Novartis 20 Prozent der Aktien des Konkurrenten Roche.[3] Novartis South Africa klagte im Frühjahr 2001 gemeinsam mit 38 anderen Pharmafirmen die südafrikanische Regierung wegen Verletzung des Patentrechts (siehe Aventis, Seite 226). Novartis finanzierte am Nyirő Gyula Krankenhaus in Budapest eine Studie mit der Testsubstanz Iloperidone (Zomaril), bei der viele schizophrene Patienten kein wirksames Medikament erhielten (siehe Seite 94). Laut Deklaration von Helsinki des Weltärztebundes ist es verboten, schwere Erkrankungen mit

einem Placebo zu behandeln, wenn es bereits erprobte Medikamente gibt.[4] Iloperidone soll noch im Jahr 2001 auf den Markt kommen.[5]

Was Sie tun können

Protestieren Sie bei: Dr. Daniel Vasella, Chairman and CEO, Novartis AG Headquartes, Postfach, CH-4002 Basel. Schicken Sie leere Schachteln von Novartis-Medikamenten mit der Aufforderung: Schluss mit unethischen Medikamentenversuchen! Oder: Billige Medikamente für arme Länder!

Weitere Infos

http://www.epo.de/bukopharma Die BUKO Pharma-Kampagne beobachtet seit 15 Jahren die Aktivitäten der Pharmaindustrie in der Dritten Welt. Diese Gruppe hat zahlreiche Missstände aufgedeckt und Veränderungen bewirkt.
http://www.arznei-telegramm.de Die kritische Berliner Fachzeitschrift arznei-telegramm berichtet laufend über unsaubere Praktiken von Pharmafirmen.

OMV AG

»Offen für mehr Verantwortung«

Produkte, Marken	Treibstoffe und andere Erdölprodukte sowie Tankstellen der Marke OMV
Homepage	http://www.omv.at
Firmendaten	Umsatz (2000): 14,58 Milliarden DM (7,45 Mrd. €) Sitz: Wien

Vorwürfe

Kooperation mit repressivem Militärregime

Die österreichische Mineralölverwertungsgesellschaft OMV gehört mit einer Tagesproduktion von rund 20 Millionen Barrel im internationalen Vergleich zu den kleineren Erdölgesellschaften. Dennoch spielt der Konzern, der auch in Deutschland und der Schweiz vertreten ist, eine nicht unbedeutende Rolle, was die humanitären Aspekte der Erdölgewinnung betrifft.

Die OMV ist seit 1997 an einem Konsortium beteiligt, das in einem Gebiet von der Größe Belgiens im zentralafrikanischen Sudan nach Erdölvorkommen forscht. Auf ihrer Homepage rühmt sich die OMV AG, dass ihre »100%ige Tochterfirma OMV (Sudan) Exploration GmbH einen bedeutenden Ölfund im Sudan getätigt hat«. Bereits jetzt würden benachbarte Ölfelder mehr als 200.000 Fass Öl am Tag liefern. »OMV Exploration hat in den letzten Monaten eine beeindruckende Serie neuer Ölfunde getätigt. Thar Jath jedoch hat das Potenzial, der bei weitem größte Fund zu sein«, freut sich Vorstandsdirektor Dr. Gerhard Roiss.[1]

Was nicht auf der Homepage steht: Im Südsudan führt das radikalislamische sudanesische Regime mithilfe der Erdölindustrie einen »heiligen« Krieg gegen die eigene Bevölkerung, vornehmlich gegen schwarzafrikanische Christen und Anhänger traditioneller Religionen. Ganze Dörfer in der Nähe der Ölfelder wurden zerstört und die Bewohner mit unvorstellbar grausamen Methoden hingerichtet (siehe Bericht auf Seite 137 ff.). Das Regime in der sudanesischen Hauptstadt Khartum sieht die Südsudanesen nicht als gleichwertige Menschen, sondern als »Hunde« und Sklaven an. Auch der Bau einer im August 1999 in Betrieb genommenen Erdölpipeline hat zu anhaltenden Menschenrechtsverletzungen geführt. Unmittelbare Folge war die Vertreibung und die entschädigungslose Landenteignung der Bevölkerung.[2] Finanziert wird der Krieg, der bisher weit über zwei Millionen Menschenleben gekostet hat, aus den Erdöleinnahmen.

In diesem Licht erscheint eine schriftliche Stellungnahme der OMV-Geschäftsleitung mehr als naiv, der zufolge »die OMV keinerlei Hinweise hat, dass Zivilbevölkerung durch Regierungstruppen oder verbündete Milizen in diesem Gebiet vertrieben wurde, um dem Explorationsgebiet zu weichen«.[3] Zur Bestätigung dieser These zitiert die OMV ihren schwedischen Partner, die Erdölfirma Lundin: »Wir möchten kategorisch feststellen, dass wir keine solche Vorfälle bezeugt haben und auch nicht tolerieren würden, dass solche Vorfälle zu unseren mutmaßlichen Gunsten stattfinden.«

Die Stellungnahme nimmt auch Bezug auf die Zerstörung des Ortes Kwosh, an dem vorbei das Konsortium eine Straße errichtet hat. Die Schuld für die Zerstörung gibt die OMV einem Konflikt innerhalb des dort lebenden Stammes der Nuer: »Unseren Informationen zufolge handelt es sich definitiv nicht um einen Konflikt, der aufgrund der Explorationsarbeiten ausgebrochen ist oder von diesen auch nur indirekt beeinflusst wurde.«

Was Sie tun können

Proteste an: OMV AG, Vorstandsdirektor Dr. Gerhard Roiss, Otto-Wagner-Platz 5, A-1090 Wien, Tel. +43/1/40 4 40-0, Fax +43/1/40 4 40-91, gerhard.roiss@omv.com

Weitere Infos

http://www.amnesty.org/ai.nsf/Index/AFR540012000?Open Document&of=COUNTRIES/SUDAN Sudan-Report von Amnesty International

Otto-Versand

Versand GmbH

Produkte, Marken

Otto, Heine, Bon Prix, Alba Moda, Sport Scheck, Eddie Bauer, Schwab u. a. Versandhäuser
Hermes Versandservice
Hanseatic Bank
Actebis-Gruppe mit Computern der Marke Targa
Shopping24 Internethandel
CosmosDirekt Versicherungen
Streif Fertighäuser

Homepage

http://www.otto.de

Firmendaten

Umsatz (2000): 45,8 Milliarden DM (23,4 Mrd. €)[1]
Sitz: Hamburg

Vorwürfe

Ausbeutung, sexuelle Belästigung und andere Missstände in Zulieferbetrieben

Die Otto-Handelsgruppe ist als größtes Versandunternehmen der Welt mit 83 Handelsunternehmen in 24 Ländern Europas, Nordamerikas und Asiens vertreten. 65 Millionen Kataloge versendet der Otto-Versand jährlich allein in Deutschland. Mit durchschnittlich 530 DM (270 €) pro Jahr sind die Deutschen Weltmeister im Katalogeinkauf. Täglich gehen in den Callcentern des Konzerns mehr als 200.000 Anrufe ein. Mit einem globalen Online-Umsatz von 2,1 Milliarden Mark (1,1 Mrd. €) ist die Otto-Gruppe hinter Amazon weltweit die Nummer zwei im Internet-Kundenhandel.

Der Otto-Versand bietet seit 1996 neben herkömmlich produzierten Teppichen auch Teppiche mit dem »Rugmark«-Gütesiegel an, das die Herstellung ohne Kinderarbeit garantiert. Im Angebot finden sich auch Produkte der Gesellschaft zur Förderung der Partnerschaft mit der Dritten Welt (GEPA). 1997 publizierte Otto erstmals seine »Handlungsgrundsätze für einen sozialverantwortlichen Handel«. Der Kodex garantiert jedoch Gewerkschaftsfreiheit nicht generell, sondern nur dort, wo diese gesetzlich verankert ist, womit sich der Konzern in Ländern wie China aus der Verantwortung stiehlt. Trotz relativ weit gehender Bekenntnisse des Konzerns kommt es zu massiven Missständen in Zulieferbetrieben.

So stieß ein Expertenteam in Indonesien auf einen Betrieb, in dem Arbeiterinnen unter Strafe zu Überstunden gezwungen, wegen Protestaufrufen eingesperrt und sexuell belästigt wurden. Nach dem Schwangerschaftsurlaub wurden Näherinnen schlechter bezahlt als zuvor. Gezahlt wurde nicht einmal der ohnehin zu niedrige gesetzliche Mindestlohn, sondern nur 1,56 DM (0,80 €) pro Tag. Die Wochenarbeitszeit betrug bis zu 80 Stunden. Jugendliche zwischen 14 und 15 Jahren mussten dieselbe Arbeitszeit ableisten, obwohl das indonesische Gesetz erst ab 15 eine Höchstarbeitszeit von vier Stunden täglich (bis zum 18. Lebensjahr) erlaubt. Darüber hinaus wurde auf die Arbeiter psychischer und physischer Druck ausgeübt, etwa durch Schläge aufs Gesäß und Am-Ohr-Ziehen.

In einer Reaktion auf die Studie weist der Otto-Versand darauf hin, dass die untersuchte Firma nach einer internen Untersuchung bereits aus der Lieferantenliste gestrichen wurde. Ohne unabhängige Kontrolle durch Gewerkschaften und Nichtregierungsorganisationen bleiben solche Untersuchungen aber nicht nachvollziehbar.[2]

Was Sie tun können

Unter der Adresse Wandsbeker Straße 3–7, D-22179 Hamburg (Tel. +49/40/6461, presse@otto.de) kann man den Otto-Versand auffordern, in seinen Zulieferbetrieben unabhängige Kontrollen durch Nichtregierungsorganisationen und Gewerkschaften zu institutionalisieren sowie die Bezahlung menschenwürdiger Löhne zu garantieren.

Weitere Infos

Die Broschüre »Das Kreuz mit dem Faden. Indonesierinnen nähen für deutsche Modemultis« ist beim Südwind e.V. erhältlich: Lindenstraße 58–60, D-53721 Siegburg, Tel. +49/2241/53 6 17, Fax 51 3 08, suedwind.institut@t-online.de, http://www.suedwind-institut.de

Pfizer Inc.

Produkte, Marken	Medikamente von Pfizer: Accuzide, Celebrex, Codipront, Diflucan, Dilzem, Gelonida, Norvasc, sab, Sortis, Valoron N, Viagra, Zithromax, Zoloft Medikamente der Tochterfirma Warner Lambert: Anusol, Benadryl, Gelusil, Hexoral, Kompensan, Olynth, Rhinopront, Rhinitussal, Yxin Rasiermesser und -zubehör von Wilkinson Kaugummis der Marke Trident Medikamente für Haustiere: z. B. der Marke Revolution (gegen Fliegen und Würmer)
Homepage	http://www.pfizer.com
Firmendaten	Umsatz (2000): 59,54 Milliarden DM (30,44 Mrd. €) Nettogewinn (2000): 13,08 Milliarden DM (6,69 Mrd. €)[1] Beschäftigte: 95.000 Sitz: New York
Vorwürfe	***Unethische Medikamentenversuche und Beteiligung beim »Beschönigen« von Testergebnissen*** Zwei deutsche Auswanderer aus Ludwigsburg gründeten 1849 in New York die Pfizer & Comp. Diese Firma wurde gegen Ende des 2. Weltkriegs weltweit führend in der Herstellung von Penizillin. Die Schwerpunkte des Konzerns liegen heute in der Entwicklung und Vermarktung von Arzneimitteln für Menschen, aber auch im Bereich der Tiergesundheit und bei Körperpflegemitteln. Im Juni 2000 erwarb Pfizer die Pharmafirma Warner-Lambert und wurde damit zum größten Pharmakonzern der Welt. Schlagzeilen machte Pfizer 1998 durch die Entwicklung des Erektionsmittels Viagra. In den neunziger Jahren war Pfizer an mindestens einem Dutzend Medikamentenversuchen mit dem Antipilzmittel Fluconazol beteiligt (Handelsname Diflucan), bei denen die Ergebnisse trickreich manipuliert wurden. Man wollte herausfinden, ob Fluconazol Pilzinfektionen wirksamer verhindert als das Konkurrenzmittel Amphotericin B des Konzerns Bristol-Myers Squibb (Handelsname Ampho-Moronal). Das Ergebnis: Fluconazol war eindeutig besser. 1999 fanden Forscher jedoch heraus, dass diese Medikamentenversuche »geschönt« waren und mehrere gravierende Fehler unterlaufen waren:[2] Unter anderem hatten die Versuchspatienten das Konkurrenzmittel Amphotericin B schlucken müssen — ein medizinisch haarsträubender Fehler,

denn wirksam ist es nur, wenn es gespritzt wird. Kein Wunder, dass Fluconazol besser abschnitt. Als die beteiligten Mediziner von den Forschern zur Rede gestellt wurden, verweigerten sie entweder die Antwort oder erklärten, sie besäßen keine Unterlagen mehr. Pfizer nahm ebenfalls nicht Stellung.[3] Diflucan ist heute weltweit das meistverschriebene Antipilzmittel und bringt Pfizer jährlich mehr als zwei Milliarden DM (1 Mrd. €) ein.

1996 trat in Nigeria eine Epidemie von Meningitis bei Kindern auf. Pfizer bereitete zu diesem Zeitpunkt die Zulassung des neuen Antibiotikums Trovafloxacin vor. Weil Gehirnhautentzündungen in den USA sehr selten sind, nahm der Konzern die Gelegenheit wahr, flog eine Gruppe von Medizinern nach Nigeria und benützte die erkrankten Kinder als Versuchskaninchen. Elf starben. Evaristi Lodi von der Hilfsorganisation »Ärzte ohne Grenzen«, der am selben Krankenhaus mit bewährten ärztlichen Mitteln versuchte, die Kinder zu behandeln, erklärte der Tageszeitung »Washington Post« zum Tod eines Mädchens, das mit dem neuen Pfizer-Antibiotikum Trovafloxacin behandelt worden war: »Es könnte als Mord gelten.«[4] Und er fügte hinzu: »Patienten und Angehörige erklärten, dass sie nie darüber informiert wurden, Teilnehmer eines Medikamentenversuchs zu sein. Wenn ich die Macht hätte, würde ich diesen Ärzten ihre Arzt-Lizenz wegnehmen.«

Im Dezember 1997 wurde Trovafloxacin in den USA und kurz darauf in der EU zugelassen – allerdings nur zur Behandlung von Erwachsenen, nicht jedoch von Kindern. Das Medikament wurde in kurzer Zeit ein Bestseller. Als jedoch nach und nach Nebenwirkungsberichte über Leberschäden mit Todesfällen bekannt wurden, schränkte die US-Gesundheitsbehörde die Anwendungsmöglichkeiten 1999 stark ein.[5] Die europäische Zulassungsbehörde empfahl im Juni 1999 eine generelle Marktrücknahme, worauf Pfizer das Medikament vom europäischen Markt zog.

Was Sie tun können
Protestieren Sie bei: Pfizer GmbH, Pfizerstr. 1, D-76139 Karlsruhe. Schicken Sie leere Schachteln von Pfizer-Medikamenten mit der Aufforderung: Schluss mit unethischen Medikamentenversuchen in der Dritten Welt!

Weitere Infos
http://www.epo.de/bukopharma Die BUKO Pharma-Kampagne beobachtet seit 15 Jahren kritisch die Praktiken der Pharmaindustrie in der Dritten Welt.
http://www.arznei-telegramm.de Die kritische Berliner Fachzeitschrift arznei-telegramm berichtet laufend über unsaubere Praktiken von Pharmafirmen.

Procter & Gamble Company

Procter&Gamble

Produkte, Marken	Lebensmittel: Punica, Pringles, Wick Hygieneartikel: Always, Blend-a-med, Bounty, Ellen Betrix, Helmut Lang, Hugo Boss, Laura Biagiotti, Oil of Olaz, Pampers, Pantene Pro-V, Tempo u. a. Reinigungsmittel: Ariel, Dash, Fairy, Lenor, Mr. Proper, Fébrèze, Vizir
Homepage	http://www.pg.com
Firmendaten	Umsatz (2000): 85 Milliarden DM (43,4 Mrd. €) Gewinn vor Steuern (2000): 11,8 Milliarden DM (6 Mrd. €)[1] Beschäftigte: 110.000 Sitz: Cincinnati (Ohio, USA)
Vorwürfe	**Ausbeutung in Rohstoff-Lieferbetrieben, Handel in Militärdiktatur, Umweltverschmutzung** Procter & Gamble wurde bereits 1837 von einem Seifen- und einem Kerzenfabrikanten gegründet. Der Mischkonzern verkauft heute insgesamt ungefähr 300 Marken in mehr als 140 Ländern. Rund 20 Prozent des weltweiten Umsatzes werden in Deutschland erwirtschaftet. Neben dem Schwerpunkt Ernährung, Hygiene und Reinigung vermarktet P&G gemeinsam mit dem Pharmakonzern Aventis das Osteoporose-Medikament Actonel. Am 21. Februar 2001 kündigte der Konzern die gemeinsame Produktion und Vermarktung der Marke Pringles sowie der Fruchtsäfte Cappy, Minute Maid, Punica u. a. mit Coca-Cola an. Vor allem die Fruchtsaftproduktion (in erster Linie Orangensaft) muss wegen der Herkunft der Orangen kritisch gesehen werden. Ein Großteil des in Europa verarbeiteten Orangensaftkonzentrats kommt aus Brasilien. Dort verdienen Plantagenarbeiter oft weniger als 23 Mark (11,63 €) pro Tag. Damit liegen die meisten um rund ein Drittel unter dem lokalen Existenzminimum, das für die Ernährung einer Familie notwendig wäre. Deshalb müssen in vielen Fällen auch Kinder mitarbeiten. Sie tragen oft schwere und dauerhafte Gesundheitsschäden davon. Natürlich versichern die Konzerne, dass ihre Lieferanten keine Kinder beschäftigen. Doch kontrollieren lässt sich das nur schwer (siehe Seite 156 f.). Dem Konzern wurde von Menschenrechtsgruppen auch seine Präsenz in Myanmar, dem ehemaligen Burma vorgeworfen.

Dort stützt seit 1988 eine Militärdiktatur ihre Macht auf die systematische Anwendung von Zwangsarbeit und Folter. Der Textilkonzern Levi Strauss, der deshalb das Land verlassen hat, sagte, es sei »nicht möglich, in Burma Geschäfte zu machen, ohne die Militärregierung und ihre schweren Menschenrechtsverletzungen direkt zu unterstützen«. Die britische Tageszeitung »The Guardian« berichtete im November 2000, dass »P&G noch immer in Burma Handel treibt, während sich viele andere zurückgezogen haben«.[2]

In Irland wurde Procter & Gamble 1996 vorgeworfen, durch ein Leck in einer Produktionsanlage, in der Kosmetikartikel der Marke Oil of Olaz hergestellt wurden, das Trinkwasser dauerhaft verschmutzt zu haben, sodass die Bevölkerung auf Wassertanks zurückgreifen musste. Im Juni 1999 beschuldigte die US-Tierschutzgruppe PETA den Konzern der Verwendung von Produkten, für die ohne gesetzliche Notwendigkeit Tierversuche durchgeführt worden waren.[3]

Was Sie tun können

Kaufen Sie Orangensaft nur aus Fairem Handel. Bezugsquellen auf Seite 333, Anmerkung 67 (für Deutschland) bzw. unter http://www.transfair.or.at/produkte.htm (Österreich, Tel. +43/1/533 09 56) oder http://www.maxhavelaar.ch (Schweiz, Tel. +41/61/2717500).
Proteste an: Procter & Gamble Service GmbH, Tel. +49/6196/89 01, E-Mail info@procter.de

Weitere Infos

http://www.ethicalconsumer.org Das englische Magazin »Ethical Consumer« liefert alle zwei Monate kritische Hintergrundinformationen über Konzerne und verfügt über eine (allerdings kostenpflichtige) Online-Datenbank.

Reebok International Ltd.

»Human rights at the center of our corporate culture«

Produkte, Marken	Sportschuhe, Sportbekleidung und Equipment der Marke Reebok The Rockport Company Greg Norman Collection Ralph Lauren Footwear
Homepage	http://www.reebok.com
Firmendaten	Nettoumsatz (2000): 6,1 Milliarden DM (3,12 Mrd. €) Nettoeinkommen (2000): 175 Millionen DM (90 Mio. €)[1] Sitz: Canton (Massachusetts, USA)
Vorwürfe	***Ausbeutung und Missstände bei Zulieferbetrieben*** Reebok verleiht jährlich einen Menschenrechtspreis für Engagement gegen Kinderarbeit und repressive Regime in aller Welt. Mit seiner Selbstvermarktung als »ethische Alternative zu Nike« sei der Konzern jedoch »der größte Heuchler«, urteilt die kanadische Journalistin Naomi Klein: »Das ist alles ziemlich scheinheilig, denn Reebok lässt seine Schuhe in genau denselben Betrieben herstellen wie Nike und war selbst an mehr als genug Menschenrechtsverletzungen beteiligt; sie wurden nur weniger bekannt.«[2] Bekannt wurde etwa eine Untersuchung, die der Konzern selbst bei zwei seiner indonesischen Zulieferer durchführen ließ. Arbeiter klagten über extreme Hitze und unzureichende Ventilation. Schwangere Frauen mussten unter anderem in unmittelbarer Nähe gefährlicher Chemikalien arbeiten. Viele gingen davon aus, dass Überstunden verpflichtend abzuleisten wären und kannten weder ihre sozialen Rechte noch das Recht auf Schutz vor sexueller Belästigung. Reebok beseitigte zwar viele der Missstände, etwa im Bereich der völlig unzureichenden Sicherheitseinrichtungen. Menschenrechtsgruppen beklagten aber vor allem die weiterhin beschämend niedrigen Löhne und die Tatsache, dass die Studie kein Augenmerk auf das Recht zur Selbstorganisation geworfen habe.[3] Ähnliche Vorwürfe führten sogar in einer Fabrik in Los Angeles, die unter anderem für Reebok produzierte, zu Konflikten. Lateinamerikanische Immigrantinnen beschwerten sich über Gehälter unter dem gesetzlichen Mindestlohn und die routinemäßige Nichtbezahlung von Überstunden bei Arbeitszeiten von bis zu 14 Stunden am Tag sowie über massive Einschüchte-

rungen und Belästigungen. Wer offen über solche »Sweatshop-Verhältnisse« sprach, sei gekündigt worden.[4]

Das Wirtschaftsmagazin »Business Week« berichtet über den indonesischen Zulieferbetrieb »Tong Yang«, wo Reebok zwar Verbesserungen, etwa im Bereich der Sicherheit, vorgenommen habe. Die Löhne lagen dort jedoch lediglich bei 50 Pfennig (0,26 €) in der Stunde. »Die (Reebok, Anm.) suchen sich Lieferanten aus, die zum billigsten Preis verkaufen«, wird der Manager zitiert. »Wenn wir nicht billig genug sind, gehen sie nach Vietnam oder sonst wo hin.«[5]

Aus Firmen etwa in Taiwan und Südkorea, in denen die Arbeiter Gewerkschaften gebildet haben und endlich bescheidene Löhne verdienten, hat sich der angebliche Spitzenreiter in Sachen Menschenrechte hingegen zurückgezogen.[6] Das Thema Gewerkschaften gehört laut »Business Week« zu den »härteren Nüssen, die auch Firmen wie Reebok noch nicht in Angriff genommen haben«.

Ein dem Konzern offenbar peinlicher Vorfall betrifft Österreich: Anfang 2000 wurde bekannt, dass Reebok ein Werbevideo für den Führer der extremen Rechten Jörg Haider unterstützt hatte. Hier agierte die Konzernzentrale prompt und zwang den österreichischen Geschäftsführer zum Rücktritt.[7] Das Image schützt Reebok aber auch auf andere Weise. So enthielten Sponsorverträge mit amerikanischen Universitäten eine Klausel, die es Angestellten einschließlich Sporttrainern verbot, »durch eine Äußerung den Ruf von Reebok und Reebok-Produkten« zu schädigen.[8]

Auf der Homepage von Reebok gibt es eine Rubrik für »häufig gestellte Fragen«. Wenn man dort das Thema »Menschenrechte« und als Subthema »Produktionsstandards« anklickt, erhält man als Ergebnis: »Für Ihre Kriterien wurden keine Lösungen gefunden.«

Was Sie tun können Siehe Nike, Seite 289

Weitere Infos http://www.cleanclothes.org Clean-Clothes-Kampagne für faire Arbeitsbedingungen in der Bekleidungsindustrie
http://www.sweatshopwatch.org »Sweatshop Watch«, US-Kampagne gegen Missstände in den Nähbatterien

Samsung Group

»Contributing to a better global society«

Produkte, Marken	Mobil- und Schnurlostelefone, Notebooks, Drucker, Monitore und Zubehör, TV- und Hifi-Geräte, Haushalts- und Bürogeräte
Homepage	http://samsung.com
Firmendaten	Umsatz (1999): 172 Milliarden Mark (87,7 Mrd. €)[1] Beschäftigte: 54.000 Sitz: Seoul
Vorwürfe	

Illegale Praktiken in mexikanischen Zulieferbetrieben, keine Skrupel vor Bürgerkriegsfinanzierung

Die Samsung-Gruppe deckt die Bereiche Telekommunikation, Informationsverarbeitung, Haushaltsgeräte und Produktion von Halbleitern ab. Die Samsung Electronics Co. ist einer der führenden Hersteller elektronischer Geräte mit einem Umsatz von 45 Milliarden Mark (23 Mrd. €). Der Umsatz von Samsung Deutschland beträgt rund 930 Millionen Mark (475 Mio. €). Der Konzern ist aber auch in der chemischen und der Textilindustrie tätig.

So betreibt das Unternehmen etwa Textilfabriken in Mexiko – so genannte »Maquiladoras«, in denen Arbeiterinnen für extrem niedrige Löhne Kleidungsstücke für westliche Konzerne nähen (siehe Seite 190). Laut dem Wirtschaftsmagazin »The Economist« lässt Samsung in Mexiko auch Fernseher zu Hungerlöhnen zusammenbauen.[2]

Im Dezember 1998 veröffentlichte die internationale Menschenrechtsorganisation »Human Rights Watch« einen Report, demzufolge dort Frauen systematisch illegalen Schwangerschaftstests unterworfen wurden. War eine Frau schwanger, wurde sie nicht eingestellt. Nach mexikanischem Recht ist diese Form sexueller Diskriminierung verboten. Ein solches Verbot gilt selbstverständlich auch in fast allen Industrieländern. Die Frauen mussten intime Fragen über ihr Sexualleben, Verhütungsmethoden und ihren Menstruationszyklus beantworten und sich Urintests unterziehen. Um ganz sicherzugehen, wurde auch der Unterleib abgetastet. »Die Frauen hatten die Wahl, ihre Würde oder ihren Job zu verlieren«, so ein Mitarbeiter von Human Rights Watch. Zu den Firmen, die diese Praxis in ihren Betrieben anwandten, zählten neben Samsung auch Siemens, Panasonic-Matsushita und Sanyo.[3]

Dass Samsung auch heute noch beide Augen zudrückt, wenn es darum geht, Rohstoffe aus fragwürdigen Quellen zu beziehen, konnten wir bei Undercoverrecherchen im März 2001 feststellen. Wir gaben uns per E-Mail als Verkäufer von kongolesischem Tantalerz aus. Im Kongo wird mit diesem extrem wertvollen Metall ein grausamer Krieg finanziert. Samsung verarbeitet Tantal unter anderem für den Einsatz in Mobiltelefonen, die Bezugsquellen sind allerdings nicht bekannt. Jedenfalls war man im Konzern hochgradig daran interessiert, mit uns ins Geschäft zu kommen, obwohl wir darauf hinwiesen, dass der Verkauf des Erzes durch die kongolesischen Rebellen kontrolliert wird. Der Londoner Samsung-Manager sicherte uns auch zu, das schmutzige Geschäft geheim zu halten, falls es zustande käme: »Keine Sorge, das Material wird auf dem Markt nicht wieder auftauchen. Es wird direkt für den Eigenbedarf von Samsung in der Elektronikindustrie verarbeitet« (siehe Seite 74 ff.).

Was Sie tun können

Fragen Sie bei Samsung Deutschland, wie der Konzern zu solchen Praktiken steht: Am Kronberger Hang 6, D-65824 Schwalbach, Tel. +49/6196/66 55 00, Fax +49/6196/66 55 66, webmaster@samsung-germany.de

Weitere Infos

http://www.hrw.org Human Rights Watch ist eine der größten Menschenrechtsorganisationen
http://www.un.org/Docs/sc/letters/2001/357e.pdf Der UNO-Bericht über die illegale Ausplünderung der Rohstoffe des Kongo zeigt, wie internationale Firmen mit dem Tantalhandel den Bürgerkrieg finanzieren.

Schering AG

SCHERING

*»Schering gibt Fremdenfeindlichkeit und
Ignoranz keine Chance«*

Produkte, Marken	Medikamente: Betaferon, Climem, Diane, Femovan, Gynodian Depot, Microgynon, Miranova, Yasmin
Homepage	http://www.schering.de
Firmendaten	Umsatz (2000): 8,79 Milliarden DM (4,49 Mrd. €) Gewinn (2000): 657,20 Millionen DM (336 Mio. €)[1] Beschäftigte: 23.700 Sitz: Berlin
Vorwürfe	**Behinderung eines Entwicklungslandes bei der Herstellung und Vermarktung lebenswichtiger Medikamente, Vermarktung riskanter Antibabypillen** 1851 eröffnet der Chemiker Ernst Schering in Berlin eine Apotheke und beginnt mit der Herstellung chemischer Produkte. Die Firma entwickelt sich rasch zum Industrieunternehmen. 1929 wird als Tochterfirma die Schering Corporation in den USA gegründet. Diese wird nach dem Kriegseintritt der USA 1942 enteignet. Der US-Pharmakonzern Schering Plough steht heute in keinerlei Verbindung mit dem deutschen Konzern Schering AG. Die Schering AG produziert hauptsächlich Produkte im Bereich der Hormon- und Hormonersatztherapien sowie gegen Erkrankungen der Haut. 1961 bringt Schering unter dem Namen Anovlar seine erste Antibabypille in Deutschland auf den Markt. Die Schering AG hält eine 24-prozentige Beteiligung an der Firma AventisCropScience – einem führenden Unternehmen im Bereich des Pflanzenschutzes und der Gentechnik. Eine Tochterfirma der Schering AG, die Schering Proprietary Limited Boehringer Ingelheim, klagte im Frühjahr 2001 gemeinsam mit anderen Pharmafirmen die südafrikanische Regierung wegen Verletzung des Patentrechts (siehe Aventis, Seite 226). Die Berliner Fachzeitschrift »arznei-telegramm« berichtete mehrfach über das erhöhte Risiko von schweren Nebenwirkungen bei der Schering-Pille Femovan. 1995 schränkte das Bundesinstitut für Arzneimittel und Medizinprodukte die Anwendung dieser und ähnlicher Pillen ein. Die Hersteller klagten vor dem Berliner Verwaltungsgericht gegen diese Entscheidung und bekamen merkwürdigerweise recht. Die Einschränkungen wurden aufgehoben. Das »arznei-telegramm« sprach von »Manipulationen« der Gutachter, die für die Hersteller tätig

waren.[2] Im Dezember 2000 – die medizinischen Mühlen mahlen langsam – stellten englische Forscher ohne jeden Zweifel fest, dass bei Pillen à la Femovan das Thromboembolierisiko doppelt so hoch ist wie bei normalen Pillen.[3] Das »arznei-telegramm« forderte deshalb das Gesundheitsministerium auf, solche Pillen endlich zu verbannen. Das ist bis heute – bis zum 15. Mai 2001 – nicht passiert!

Was Sie tun können   Protestieren Sie bei: Dr. Hubertus Erlen, Vorstandsvorsitzender, Schering AG, D-13342 Berlin. Schicken Sie leere Schachteln von Schering-Medikamenten mit der Aufforderung: Billige Medikamente für arme Länder! Oder: Verbot von riskanten Antibabypillen!

Weitere Infos   http://www.epo.de/bukopharma Die BUKO Pharma-Kampagne beobachtet seit 15 Jahren die Aktivitäten der Pharmaindustrie in der Dritten Welt. Diese Gruppe hat zahlreiche Missstände aufgedeckt und Veränderungen bewirkt.
http://www.arznei-telegramm.de Die kritische Berliner Fachzeitschrift arznei-telegramm berichtet laufend über unsaubere Praktiken von Pharmafirmen.
http://ourworld.compuserve.com/homepages/ critical_shareholders/schering.htm Die kritischen Schering-Aktionäre berichten jedes Jahr über Vorkommnisse bei Schering.

Royal Dutch/Shell

*»Aufrichtigkeit, Integrität sowie Achtung
und Respekt vor den Menschen«*

Produkte, Marken	Treibstoffe und andere Erdölprodukte, Tankstellen In Deutschland gemeinsames Tankstellennetz der Marken Shell und DEA, außerdem bietet Shell seit kurzem auch elektrischen Strom an
Homepage	http://www.shell.com
Firmendaten	Umsatz (2000): 317 Milliarden DM (162 Mrd. €) Gewinn vor Steuern (2000): 51 Milliarden DM (26 Mrd. €)[1] Beschäftigte: 95.000 Sitz: Den Haag und London
Vorwürfe	***Finanzierung von Bürgerkrieg und Waffenhandel, Zerstörung der Lebensgrundlagen in Ölfördergebieten, Kooperation mit Militärregimes*** Die Royal Dutch/Shell-Gruppe ist eine der größten Unterneh- mensgruppen der Welt. Sie ist in 130 Ländern vertreten und mit knapp 50.000 Tankstellen und täglich mehr als 20 Millio- nen Kunden weltweit einer der größten Vertreiber von Kraft- und Schmierstoffen. Shell ist an Explorations- und Förderpro- jekten in über 45 Ländern beteiligt und fördert etwa sechs Pro- zent der Öl- und Gasvorkommen der Welt. Laut einer in fast hundert Ländern durchgeführten Marktstudie ist Shell die beliebteste Marke unter allen Ölgesellschaften.[2] Dieses Image nahm im Jahr 1995 schweren Schaden: Die Umweltschutzorganisation Greenpeace verhinderte in einer groß angelegten Kampagne ein Umweltdesaster, das durch die Versenkung der Ölplattform »Brent Spar« in der Nordsee gedroht hätte, und brachte den Konzern damit in schwere Nöte: Millionen von Autofahrern mieden fortan die Tankstellen mit dem gelben Muschel-Logo. In Nigeria, wo Shell die Erdölproduktion dominiert, exekutierte im selben Jahr das Militärregime unter Diktator Sani Abacha neun Angehörige des Volkes der Ogoni, darunter den inter- national angesehenen Schriftsteller und Menschenrechtsakti- visten Ken Saro Wiwa. Die Ogoni hatten jahrelang gegen die schweren Umweltschäden protestiert, die Shell und andere Erdölkonzerne wie Elf, Agip, Mobil und Chevron im südnige- rianischen Nigerdelta verursacht hatten. Saro Wiwas Ange- hörige und internationale Menschenrechtsorganisationen werfen Shell die Mitschuld an der Hinrichtung vor. Außerdem soll der Konzern die Militärs, die regelmäßig Gräueltaten an der

Bevölkerung verübten, mit Waffen versorgt haben. Im Januar 2001 gestand Shell, tatsächlich Waffen für den Schutz seiner Anlagen an die lokale Polizei weitergegeben zu haben. Mittlerweile gibt sich der Ölkonzern in millionenteuren Anzeigen als Vorreiter in Sachen Umweltschutz und Menschenrechte. Doch in Nigeria hat sich wenig geändert: Ölaustritte aus veralteten Shell-Pipelines und die technologisch überholte Verbrennung von Erdgas machen große Mengen Ackerland im Nigerdelta auf Jahrzehnte unfruchtbar, verschmutzen Luft und ehemals fischreiche Gewässer und stehlen den Bewohnern damit Lebensgrundlagen und Gesundheit. Was Shell im Gegenzug an Arbeitsplätzen, Investitionen und sozialer Unterstützung schafft, ist geradezu zynisch wenig. Eine Wiedergutmachung lehnt der multinationale Konzern ab, dessen Umsatz etwa gleich hoch ist wie das gesamte Jahresbudget von Nigeria mit seinen 120 Millionen Einwohnern (siehe Seiten 117–132).

Shell ist auch in Angola aktiv, wo die Erdölindustrie einen Bürgerkrieg samt Waffenhandel mit finanziert, der seit mehr als 25 Jahren das Land verwüstet und bereits Hunderttausenden das Leben gekostet hat (siehe Seiten 133–136). Eine Beteiligung an Ölförderprojekten im Sudan, wo Ölfirmen ebenfalls in unfassbare Gräueltaten verwickelt sind (siehe Seiten 137–139), bestreitet der Konzern.

In Deutschland betreibt Shell sein Tankstellennetz seit Anfang 2001 gemeinsam mit der RWE-Tochter DEA. Zusammen verfügen die beiden Marken über 3.200 Tankstellen im Bundesgebiet. Damit ist die Shell & DEA Oil GmbH deutscher Marktführer. Die DEA betreibt gemeinsam mit Agip, Elf, Total und Ruhroel die ostdeutsche Raffinerie Schwedt und verarbeitet dort russisches Rohöl, das auf seinem Weg durch völlig veraltete Pipelines Tausende Quadratkilometer Landschaft verseucht und für die Bildung riesiger Ölseen verantwortlich ist (siehe Seite 141).

Was Sie tun können

1995 musste Shell aufgrund von Boykotten durch Autofahrer Umsatzeinbußen von bis zu 80 Prozent in Kauf nehmen. Die Folge war ein internationales Verbot der Versenkung von Ölplattformen. Vor allem in afrikanischen Ländern operiert der Konzern noch immer nicht mit westlichen Standards. Proteste unter: http://www.shell.com/de-de/email/ 0,4647,email,00.html oder Tel. +49/40/6324-5290

Weitere Infos

http://www.essentialaction.org/shell/report »Essential Action« aus Washington ruft zum Boykott gegen Shell auf und bietet hier einen umfassenden Report.
http://www.greenpeace.de/GP_DOK_3P/HINTERGR/ C12HI12.HTM Greenpeace-Studie über die Umweltauswirkungen der Ölförderung in Nigeria

Siemens AG

SIEMENS

*»Mit unserem Wissen und unseren
Lösungen leisten wir einen Beitrag für
eine bessere Welt«*

Produkte, Marken	Siemens Telefone, Telefonanlagen und Handys, Bosch Handys Fujitsu Siemens Computer und Notebooks samt Zubehör Osram Leuchten, Bosch und Siemens Haushaltsgeräte
Homepage	http://www.siemens.de
Firmendaten	Umsatz (2000): 153 Milliarden Mark (78 Mrd. €) Gewinn vor Steuern (2000): 10,2 Milliarden Mark (5,2 Mrd. €)[1] Beschäftigte: 460.000 Sitz: München
Vorwürfe	**Massenvertreibung und Zerstörung der Lebensgrundlagen durch Staudammprojekte, Beteiligung am Bau gefährlicher Atomreaktoren** Siemens ist ein weltweit führendes Unternehmen auf dem Gebiet der Elektrotechnik und Elektronik. Die Betätigungsfelder umfassen Automation und Fertigung, Beleuchtung, Finanzdienstleistungen, medizinische Geräte, Transport und Kommunikationstechnik. Auf dem Mobilfunkmarkt besetzt Siemens den dritten Platz nach Nokia und Motorola. Unter dem Titel »Siemens Power Generation« ist Siemens außerdem ein führender Anbieter von Atomreaktoren und Kraftwerkssystemen. Über die Beteiligung an Voith Siemens liefert der Konzern Generatoren und Turbinen für zahlreiche Staudammprojekte in ärmeren Ländern. Der ökologische Standard dieser Projekte wäre in Mitteleuropa undenkbar. Das weltweit größte Wasserkraftprojekt ist der Drei-Schluchten-Damm in China. Er soll den Jangtse auf einer Länge von rund 650 Kilometern aufstauen und 18.000 Megawatt Strom erzeugen. Dafür werden zwischen 1,3 und 1,9 Millionen Menschen zwangsumgesiedelt. Die Betroffenen behaupten, dass zugesagte Entschädigungszahlungen weitgehend veruntreut worden seien. Auch das Kraftwerksprojekt Maheshwar in Indien erregt die Gemüter. Hier verlieren rund 50.000 Menschen ihre Lebensgrundlage und werden nur unzureichend entschädigt. Gegen Proteste der Bevölkerung werden brutale Polizeimaßnahmen eingesetzt, bei denen es sogar Tote gab. Tausende Menschen wurden verhaftet (siehe Seite 205). Ein anderer Schwerpunkt ist der Bau von Atomkraftwerken. Siemens hat alle deutschen Reaktoren konstruiert. Während das österreichische AKW Zwentendorf aufgrund von Bürgerprotesten nie fertig gestellt wurde, ist im bayrischen Isar der

gleiche Reaktortyp noch immer in Betrieb, obwohl er als hoch gefährlich gilt. Auch das deutsche AKW Biblis A ist wegen seiner Sicherheitsmängel heftig umstritten.

In den siebziger und achtziger Jahren kooperierte Siemens mit Militärregimes in Argentinien, Brasilien und dem Iran, um dort Atomreaktoren zu bauen, deren Nutzung auch militärisch motiviert war. Während das persische AKW aus politischen Gründen nie gebaut wurde, werden in Argentinien und Brasilien mithilfe deutscher Bankkredite seit Jahrzehnten Milliarden für den Fertigbau aufgewendet – zum Schaden der Länder, die ohnehin hoch verschuldet sind (siehe Seite 213 ff.).

Als Riesenflop erwies sich laut Nuklearexpertin Antonia Wenisch vom Österreichischen Ökologie-Institut der so genannte Hochtemperaturreaktor, der in Deutschland gleich nach dem Probebetrieb seinen Geist aufgab. Jetzt startet Siemens einen zweiten Anlauf in der »Dritten Welt«: Als »Entwicklungshilfe« darf der Konzern in China eine Miniversion des Reaktortyps mit nur 10 Megawatt Leistung bauen.

Dazu kommen zahlreiche fertige und halb fertige Schrottreaktoren in Osteuropa. Auf der Homepage des Unternehmens heißt es dazu: »Schwerpunkt unseres nuklearen Geschäfts sind heute der Kraftwerkservice sowie die Modernisierung und Sicherheitsertüchtigung. Wir sind maßgeblich an der Entwicklung des Europäischen Druckwasserreaktors (EPR) beteiligt. Der EPR wird den hohen Sicherheitsstandard westeuropäischer Kernkraftwerke noch einmal deutlich verbessern.«[2]

Was Sie tun können | Proteste an: Siemens, Wittelsbacherplatz 2, D-80333 München, Tel. +49/89/636-33 0 32

Weitere Infos | http://www.siemens-boykott.de Die »Internationalen Ärzte für die Verhütung des Atomkrieges« rufen zum Siemens-Boykott auf. Infos über Atomprojekte, leider nicht sehr aktuell.
http://www.jxj.com/index.html Umfassendes Informationsarchiv über weltweite Staudammprojekte
http://www.snf.se/pdf/rap-vattenkraft-dams-inc.pdf Die Studie »Dams incorporated – The Record of Twelve European Dam Building Companies« über fragwürdige Staudammprojekte.
Hans Heinrich Krug: Unternehmen Kernenergie. Siemens und die Entwicklung der Nukleartechnologie. Piper Verlag, München 2000.

Tommy Hilfiger Corporation

*»Dedicated to living the spirit of the
American dream«*

Produkte, Marken	Bekleidung, Parfums und Accessoires von Tommy Hilfiger
Homepage	http://www.tommy.com
Firmendaten	Umsatz (2000): 3,98 Milliarden DM (2,04 Mrd. €) Gewinn vor Steuern (2000): 347 Millionen DM (177 Mio. €)[1] Sitz: New York
Vorwürfe	***Missstände in Zulieferbetrieben*** Die Tommy Hilfiger Corporation wurde 1989 gegründet. Der trendige Designermode-Konzern verkauft vor allem Bekleidung für junge Leute. Es gibt Niederlassungen und Lizenznehmer in mehr als 50 Ländern der Welt. »Mithilfe lokaler Fabrikanten hat (…) Tommy Hilfiger USA Inc. bewusst, fahrlässig oder rücksichtslos ein System unfreiwilliger Knechtschaft aufgebaut.« Das stand in der Sammelklage, die ein amerikanischer Rechtsanwalt im Januar 1999 gegen den Konzern einreichte.[2] Mindestens 25.000 Näherinnen aus Thailand, China und den Philippinen wurden mit falschen Versprechungen auf die Pazifikinsel Saipan gelockt, um dort unter schrecklichen Arbeitsbedingungen Kleidungsstücke für so honorige Firmen wie Tommy Hilfiger, Gap, Ralph Lauren, Donna Karan und andere zu nähen. Warum ausgerechnet nach Saipan? Die Insel hat den Vorteil, dass sie ein Protektorat der USA ist. Alles, was dort hergestellt wird, darf den Aufdruck »Made in USA« tragen. Das ist verkaufsfördernd und erspart den Firmen Einfuhrzölle in die USA. Arbeiterinnen berichteten über folgende Schikanen und Missstände:[3] Frauen wurden bei der Ankunft auf Saipan zu Hormontests gezwungen, denn Schwangere waren unerwünscht. Eine Schwangere wurde von Managern gezwungen, eine Abtreibungspille zu schlucken. Wer dreimal auf die Toilette ging, wurde gefeuert. Manchen Frauen wurde noch auf dem Flughafen der Pass abgenommen, damit sie nicht auf die Idee kamen zu flüchten. Schläge waren an der Tagesordnung. Es gab Unterkünfte, in denen zwölf Frauen auf 20 Quadratmetern leben mussten. Andererseits liest man auf der Homepage von Tommy Hilfiger den stolzen Satz:»Wir haben in den vergangenen fünf Jahren in viele Hilfsorganisationen investiert.«[4] Nachdem die Sammelklage veröffentlicht wurde, erklärten sich

1999 einige amerikanische Warenhausketten sofort bereit, Löhne in Millionenhöhe nachzuzahlen. Tommy Hilfiger brauchte dazu ein bisschen länger. Zunächst einmal wurden Verträge mit Zulieferbetrieben aufgelöst. Die wahrscheinlichen Folgen kann man sich gut ausmalen: weniger Arbeit in den Betrieben, Arbeitslosigkeit für die Frauen.

Am 28. März 2000 gab der Hilfiger-Konzern eine Presseerklärung ab.[5] Man werde zur Finanzierung einer unabhängigen Kontrolle der Arbeitsbedingungen in den Zulieferbetrieben beitragen und außerdem dafür sorgen, dass die ausstehenden Löhne bezahlt werden. Der Konzern verpflichtete sich darüber hinaus, bestimmte Mindeststandards in den Fabriken rigoros einzuhalten.

Man wird sehen, ob sich Hilfiger daran hält. Denn einen konzerneigenen Sozialkodex (»Code of Conduct«) gab es in der Firma schon lange, bevor die Zustände in Saipan bekannt wurden.

Was Sie tun können

Wenn Sie die Möglichkeit dazu haben, ziehen Sie Bekleidungsfirmen vor, bei denen Sie die Herkunft der Produkte überprüfen können. Oder protestieren Sie in der Firmenzentrale: Tommy Hilfiger Corporation, 25 West 39th Street, New York, NY, USA, Fax: 001-212-548 19 65

Weitere Infos

http://www.sweatshopwatch.org/swatch/marianas/help.html
Infos über den Saipan-Prozess
http://www.nlcnet.org/saipan/complaint.htm Text der Sammelklage gegen Tommy Hilfiger und andere

TotalFinaElf S.A.

»Partner im täglichen Leben«

Produkte, Marken	Treibstoffe und andere Erdölprodukte, Tankstellen der Marken Total, Fina und Elf Zu TotalFinaElf gehört auch der Kunststoffkonzern Hutchinson, dessen Tochterfirma Mapa Babyartikel der Marke Nup sowie Kondome der Marken Blausiegel, Fromms, R3, Big Ben und Billy Boy herstellt
Homepage	www.totalfinaelf.com
Firmendaten	Umsatz (2000): 224 Milliarden DM (114 Mrd. €) Gewinn vor Steuern (2000): 26,6 Milliarden DM (13,6 Mrd. €)[1] Beschäftigte: 130.000 Sitz: Paris
Vorwürfe	***Kooperation mit Militärdiktaturen in Afrika und Asien, Finanzierung von Bürgerkrieg und Waffenhandel, Zerstörung der Lebensgrundlagen in Ölfördergebieten*** TotalFinaElf ist ein Zusammenschluss der Erdölunternehmen Total, PetroFina und Elf Aquitaine und der viertgrößte Ölkonzern der Welt. Die Konzerngruppe verfügt über Reserven von geschätzten 10 Milliarden Barrels Öl in 40 Ländern der Welt, was eine Fördermenge von etwa 2,1 Millionen Fässern pro Tag ermöglicht. Fast überall dort, wo gröbere Menschenrechtsverletzungen im Zusammenhang mit der Erdölproduktion bekannt wurden, ist auch TotalFinaElf mit von der Partie. Der französische Konzern dürfte nicht einmal dort Skrupel haben, wo sich andere Weltfirmen aufgrund der skandalösen Verhältnisse im Hintergrund halten. So ist Total etwa noch immer in Myanmar (ehemals Burma) aktiv. Dort herrscht eine Militärdiktatur, die ihre eigene Bevölkerung dermaßen grausam behandelt, dass sich sogar der amerikanische Ölmulti Texaco aus dem Land zurückgezogen hat. Im Ölfördergebiet kam es etwa zu Zwangsumsiedelungen, die mit Waffengewalt durchgesetzt wurden, außerdem wird von Zwangsarbeit und willkürlichen Hinrichtungen berichtet. Die burmesische Oppositionsführerin und Friedensnobelpreisträgerin Aung San Suu Kyi bezeichnet Total mittlerweile als »beste Stütze« des Militärregimes.[2] Auch im Sudan greift das dortige Militärregime in den Ölfördergebieten im Süden des Landes hart durch, um den ausländischen Konzernen das Leben zu erleichtern. Menschenrechtsgruppen bezichtigen die dort agierenden Mineralölkonzerne

wie TotalFinaElf, Agip und die Österreichische OMV der Komplizenschaft mit den radikalislamischen Militärs, die einen Krieg gegen ihre eigenen Landsleute führen, den sie mit den Öleinnahmen finanzieren.

Ähnliches gilt für Angola, wo die französische Elf ebenso wie die Crème de la Crème korrupter französischer Politiker den Krieg des autokratischen Präsidenten José Eduardo dos Santos finanziert (siehe Seite 134 ff.).

Als wahrer Großmeister der Korruption wurde Anfang Februar 2001 der ehemalige Direktor von Elf Aquitaine und Millionenjongleur Alfred Sirven verhaftet. Er verteilte bei der Privatisierung der ostdeutschen Raffinerie Leuna reichlich Provisionen, womöglich auch an deutsche CDU-Politiker. Leuna ging an Elf. Verarbeitet wird dort Rohöl aus russischen Pipelines, die so undicht sind, dass sich laut Greenpeace jedes Jahr 15 Millionen Tonnen des »schwarzen Goldes« in riesige Ölseen ergießen (siehe Seite 141).

Was Sie tun können	Menschenrechtsgruppen aus Myanmar fordern zum Boykott auf. Proteste bei: TotalFinaElf Deutschland GmbH, Thomas F. Schalberger (Unternehmenskommunikation), Schützenstraße 25, 10117 Berlin, Tel: +49/30/20 27 62 31, thomas.schalberger@tfed.de
Weitere Infos	http://www.zensiert-durch-elf.de Greenpeace-Kampagne gegen Elf http://www.oneworld.org/globalwitness Erdöl und der Krieg in Angola http://www.freeburma.org Infos und Links der Opposition gegen das Militärregime in Myanmar

Triumph International

»Fashion and so much more«

Produkte, Marken	Unterwäsche, Schlaf- und Badebekleidung
Homepage	http://www.triumph-international.ch
Firmendaten	Umsatz (2000): 2,93 Milliarden DM (1,5 Mrd. €) Beschäftigte: 35.634[1] Sitz: Zurzach
Vorwürfe	***Kooperation mit Militärdiktatur, Ausbeutung und Repressionen in Zulieferbetrieben*** Das Schweizer Unternehmen ist in Europa führender Produzent für Unterwäsche und Bademoden. Es entstand 1886 als Korsett-Hersteller in Süddeutschland, wo heute noch ein großer Teil der Modelle entworfen werden. Nach dem 2. Weltkrieg errichtete Triumph Tochterfirmen in ganz Westeuropa und später auch in Asien und in Lateinamerika. Mittlerweile wurde der Hauptsitz mit 140 Verwaltungsangestellten in die Schweiz verlegt. Triumph hat keinen Verhaltenskodex, was die Einhaltung von Menschenrechten betrifft, sondern lediglich ein »Leitbild«, das aber in puncto Recht auf Gewerkschaften, menschenwürdige Löhne und Arbeitszeiten als unzureichend angesehen wird.[2] Der Hauptvorwurf richtet sich gegen die Tatsache, dass Triumph eine Fabrik in Myanmar (Burma) besitzt. Das Gelände hat der Konzern vom burmesischen Militärregime gemietet. (Zur politischen Situation in Myanmar vgl. Procter & Gamble, Seite 298.)[3] Auf den Philippinen kam es laut Schweizer Clean-Clothes-Kampagne im Februar 2000 zur gewaltsamen Beendigung eines Streiks durch Schlägertrupps des Managements und durch die Polizei, nachdem der Konzern nicht bereit war, Gehälter zur Deckung der minimalen Lebenshaltungskosten zu zahlen. Dabei wurden an die hundert Gewerkschafter verletzt und acht von ihnen festgenommen. Aus Angst, ihre Arbeitsplätze zu verlieren, kehrten die Beschäftigten Anfang März an ihre Arbeitsplätze zurück. Trotzdem wurde nun allen 21 Mitgliedern der Gewerkschaftsführung gekündigt.[4]
Was Sie tun können	Solange die Firma von der katastrophalen Situation in Myanmar profitiert, ist auch der Boykott von Triumph-Produkten als letzte Konsequenz sinnvoll, da der Rückzug aus den Produk-

tionsgebieten auch von lokalen Menschenrechtsgruppen be-
fürwortet wird.
Proteste an: Triumph International, Promenadenstraße 24,
CH-5330 Zurzach

Weitere Infos

www.cleanclothes.ch/d/triumph.htm Schweizer Clean-Clothes-
Kampagne
http://www.cleanclothes.org/companies/triumph.htm Clean
Clothes International über Triumph
http://www.freeburma.org Infos und Links der Opposition
gegen das Militärregime in Myanmar

Unilever Group

Unilever

»Wir begleiten Ihren Tag ...«

Produkte, Marken	Nahrungsmittel der Marken BiFi, Becel, Bresso, Calvé, Colman's, Du darfst, Iglo, Knorr, Langnese, Lätta, Lipton, Magnum, Rama, Tchaé u. a. Wasch- und Reinigungsmittel der Marken Cif, Coral, Domestos, Omo, Sunil, Viss u. a. Körperpflege- und Kosmetikmarken wie Axe, Calvin Klein, Dove, Elizabeth Arden, Lagerfeld, Lux, Mentadent, Organics, Rexona, Signal, Timotei, Vaseline u. a.
Homepage	http://www.unilever.com
Firmendaten	Umsatz (2000): 92 Milliarden DM (47 Mrd. €) Gewinn vor Steuern (2000): 5,2 Milliarden DM (2,7 Mrd. €)[1] Beschäftigte: 246.000 Sitz: London und Rotterdam
Vorwürfe	***Zerstörung lokaler Handelsstrukturen in Afrika und Asien, Ausbeutung durch Rohstofflieferanten***

Unilever entstand 1930 aus einer Fusion der niederländischen Margarinefirma Unie mit der englischen Seifenfabrik Lever Brothers. »Alles aus einem Grundstoff« galt lange Zeit als das Motto des Konzerns. Abfallprodukte wie Ölkuchen wurde zu Viehfutter verarbeitet. Glycerin, ein Nebenprodukt der Seifenherstellung, fand Verwendung in der Sprengstoffindustrie. Schon ab 1911 war der Konzern an der kolonialen Ausbeutung Afrikas beteiligt. Im belgisch besetzten Kongo wurden der lokalen Bevölkerung große Flächen Land für die Palmölgewinnung zum Zweck der Seifenproduktion für Lever weggenommen. Später kamen Plantagen in zahlreichen afrikanischen Ländern hinzu.[2] Dem Konzern wurde auch die Kooperation mit dem südafrikanischen Apartheid-Regime vorgeworfen.[3] Unilever gilt als der größte Plantagenbetreiber Afrikas. Dort verfolgt der Konzern einen beinharten Verdrängungswettbewerb und ist damit für die Zerstörung zahlreicher lokaler Betriebe und die Ausbeutung von Landarbeitern verantwortlich. So hat Unilever einen enormen Preisdruck auf die Teeindustrie in Kenia und Tansania (aber auch in Indien) ausgeübt, die zum Großteil in der Hand des britischen Konzerns ist. Die Folge dieses Preisdrucks sind extrem niedrige Löhne und schlechte Arbeitsbedingungen.[4] Im März 2001 machten Aktivisten der Umweltorganisation Greenpeace auf lebensbedrohende Umweltverschmutzungen durch eine Unilever-Konzerntochter in Indien aufmerksam. Im Ferienort Kodaikanal protestierten die Umweltschützer mit Gasmasken und Gummihandschuhen vor dem von ihnen abgeriegelten Gelände, auf dem eine Tochterfirma des Reinigungs- und Nahrungsmittelmultis Quecksilberabfälle und zerbrochene Thermometer in offenen Tonnen und Säcken illegal entsorgt hatte.[5]

Was Sie tun können Protestieren Sie bei Unilever: Tel. +49/40/34 93-0 bzw. verbraucherservice@unilever.com

Weitere Infos http://www.mcspotlight.org/beyond/companies/unilever.html
Zusammenstellung einer Reihe größtenteils älterer Vorwürfe gegen den Konzern
Verein Partnerschaft 3. Welt (Hrsg.): Einkaufen verändert die Welt. Die Auswirkungen unserer Ernährung auf Umwelt und Entwicklung. Schmetterling Verlag, Stuttgart 2000 (zu bestellen unter Tel. +49/6151/21 9 11)

Wal-Mart Stores Inc.

WAL★MART

Produkte, Marken	Wal-Mart-Einzelhandelsgeschäfte und Supermärkte mit den Handelsmarken »Great Value« und »Smart Price«
Homepage	http://www.walmartstores.com
Firmendaten	Umsatz (2000): 385 Milliarden DM (197 Mrd. €) Gewinn (2000): 12,7 Milliarden DM (6,5 Mrd. €)[1] Beschäftigte: 1.240.000 Sitz: Bentonville (Arkansas, USA)

Vorwürfe

Ausbeutung in Zulieferbetrieben, Geschäftsbeziehungen in einer Militärdiktatur

1962 eröffnete Sam Walton sein erstes Wal-Mart-Geschäft in den USA. Die Firma entwickelte sich zur größten Supermarktkette der Welt, mit mehr als 3.000 Geschäften in den USA und über 1.000 außerhalb der USA. Wal-Mart erwarb 1998 in Deutschland 74 Geschäfte von der Spar Handels AG und beschäftigt inzwischen 17.400 Menschen in 94 Supermärkten. Die Firmenphilosophie des Gründers Sam Walton: »Wir arbeiten alle zusammen; das ist unser Geheimnis.« Was das bedeutet, wird in einem firmeninternen »Handbuch für das Management deutlich:[2]

»Sie sind als Mitglied des Managementteams von Wal-Mart unsere erste Verteidigungslinie gegen eine gewerkschaftliche Organisierung. Es ist wichtig, dass Sie (…) beständig auf der Hut sind vor Versuchen einer Gewerkschaft, Ihre MitarbeiterInnen zu organisieren.«

In Deutschland hält sich Wal-Mart jedoch an die gesetzlichen Bestimmungen, die eine gewerkschaftliche Organisierung in Betrieben erlauben.

Eines der Erfolgsgeheimnisse von Wal-Mart sind die niedrigen Löhne, die der Konzern gering qualifizierten Beschäftigten in den USA zahlt.[3] Es gibt zahlreiche Beispiele dafür, dass in Wal-Mart-Zulieferbetrieben in der so genannten Dritten Welt Mindeststandards für die Entlohnung von Beschäftigten nicht eingehalten und Menschenrechtsverletzungen toleriert wurden:

In der »Beximco«-Fabrik in Bangladesch, die auch Produkte für Wal-Mart herstellt, mussten Beschäftigte 1999 unter folgenden Bedingungen arbeiten:[4] tägliche Arbeitszeit von 12,5 Stunden, an sieben Tagen in der Woche. Freie Tage waren extrem selten. Die Bezahlung lag zwischen 18 und 40 Pfennig pro Stunde

(0,09 bis 0,21 €) und damit um 40–70 Prozent unterhalb des
gesetzlich vorgeschriebenen Mindestlohns.
Der »Beximco«-Zulieferbetrieb genoss so wie alle anderen
Firmen der Freihandelszone in Bangladesch das Privileg,
keine Steuern zahlen zu müssen. Bangladesch, eines der
ärmsten Länder der Welt, hat rund 125 Millionen Einwohner.
Das Bruttoinlandsprodukt betrug 1999 rund 93 Milliarden
Mark (47 Mrd. Euro). Wal-Mart erzielte 1999 mit damals
knapp 1 Million Beschäftigten weltweit einen Umsatz in der
Höhe von 336 Milliarden Mark (172 Mrd. Euro).[5]
Zahlreiche internationale Konzerne haben alle Geschäftsbeziehungen mit Myanmar (ehemals Burma) abgebrochen, so etwa
der Textilkonzern Levi Strauss (siehe Seite 143). Dessen
Begründung: »Es ist nicht möglich, in Burma Geschäfte zu
machen, ohne die Militärregierung und ihre schweren Menschenrechtsverletzungen direkt zu unterstützen.«[6]
Im August 2000 wurde Wal-Mart dabei ertappt,[7] Waren aus
der Militärdiktatur Myanmar nach Kanada zu importieren,
obwohl die kanadische Regierung wegen der ständigen Menschenrechtsverletzungen alle Firmen aufgefordert hatte, die
Geschäftsbeziehungen mit Burma einzustellen.[8]
Noch im Juni 2000 hatte ein Pressesprecher von Wal-Mart
versichert, dass der Konzern keine Waren aus Myanmar impor-
tiere und dies auch in Zukunft nicht geplant sei.[9]
Im Mai 2000 forderten Arbeiter eines Zulieferbetriebs in Nicaragua eine Lohnerhöhung von 0,16 Mark pro Stunde. Daraufhin wurden 700 Arbeiter gefeuert, auch alle Gewerkschafter.
Nach einem langen Rechtsstreit erklärte sich die Firma am
10. Mai 2001 bereit, vier Gewerkschafter und 17 Arbeiter
wieder einzustellen.[10]

Was Sie tun können

Protestieren Sie bei Kai Hafner, Präsident und Vorsitzender
der Geschäftsführung, Wal-Mart Germany GmbH + Co. KG,
Friedrich-Engels-Allee 28, D-42103 Wuppertal,
i1kotsc@wal-mart.com

Weitere Infos

http://www.nlcnet.org Diese US-Menschenrechtsgruppe
»National Labor Committee« kümmert sich um international
gerechte Handelsbeziehungen und um die Rechte von Arbeitern.

Anhang

Anmerkungen

Markenmacht & Menschenrechte

1 »Nigeria protests prompt development moves«, Financial Times, 22. 2. 2001; Betrag in US-Dollar: 53 Millionen. Wegen der starken Wechselkursschwankungen haben wir in diesem Buch einheitlich den Durchschnittskurs von 0,92 Dollar pro Euro im Jahr 2000 verwendet.
2 »Whose Globe?«, Business Week 45/2000
3 »Ogoni Wars: Arms Were Sponsored By Shell«, This Day, Lagos, 25. 1. 2001
4 »Brücken bauen«, Wirtschaftswoche 48/2000
5 »Eine Mine ist (k)eine Mine«, http://www.dfg-vk.de/abruestung/abrmine2.htm
6 Siehe http://www.kritischeaktionaere.de/Konzernkritik/DaimlerChrysler/DCagb01/DCagb01f/dcagb01f.html
7 Naomi Klein: No Logo! Der Kampf der Global Players um Markenmacht. Bertelsmann Verlag, München 2001, S. 380
8 Ebda., S. 384
9 »Brücken bauen«, Wirtschaftswoche 48/2000
10 Ebda.
11 Ikea-Katalog 2001, S. 19
12 Siehe z. B. »Wieder Kritik an Ikea wegen Kinderarbeit«, Berliner Zeitung, 24. 12. 1997
13 Interview mit Klaus Werner am 11. 12. 2000
14 Interview mit Klaus Werner am 11. 12. 2000
15 ILO-Pressemeldung vom 18. 6. 1998
16 »Kämpfer an globaler Front«, Die Zeit 28/2000
17 »The Stars of Europe«, Business Week, 6. 12. 2000
18 »Kämpfer an globaler Front«, Die Zeit 28/2000
19 Ulrich Beck: »Die Macht der Ohnmacht«, Stern 6/2001
20 Amartya Sen: Ökonomie für den Menschen. Wege zu Gerechtigkeit und Solidarität in der Marktwirtschaft. Carl Hanser Verlag, München/Wien 2001
21 Das Ausmaß dieser Korruption und ihre regionale Verteilung dokumentiert die Organisation »Transparency International«, http://www.transparency.org
22 »Gute Geschäfte mit der Ware Mensch«, Format 17/2001
23 Kevin Bales: Die neue Sklaverei. Kunstmann Verlag, München 2001
24 »Blutiger Kakao«, Der Spiegel 17/2001
25 Interview mit Klaus Werner am 6. 12. 2001

26   John Le Carré: Der ewige Gärtner. List-Verlag, München 2001
27   Deutsches Grundgesetz, Abschnitt: Die Grundrechte, Artikel 14
28   »Abiti Benetton cuciti in Turchia da bimbi«, Corriere della Sera, 12. 10. 1998
29   Jeremy Rifkin: Access. Das Verschwinden des Eigentums. Campus Verlag, Frankfurt/New York 2000, S. 230
30   Ebda., S. 231
31   Klein, No Logo, S. 44.
32   Ebda., S. 16
33   »An alle Aktivisten: Zieht euch warm an«, die tageszeitung, 13. 1. 2001
34   http://www.ips-dc.org/downloads/Top_200.pdf
35   »DaimlerChrysler besitzt die teuersten Marken in Deutschland«, Financial Times Deutschland, 12. 10. 2000

Elektronikindustrie

1   Name geändert.
2   »Preliminary Findings Indicate Some Two and a Half Million Deaths in Eastern Congo Conflict«, Pressemeldung des »International Rescue Committee« vom 30. 4. 2001
3   Ebda.
4   Bulletin hebdomadaire d'information 48 pour l'Afrique Centrale et de l'Est. UN Ocha Integrated Regional Information Network for Central and Eastern Africa (IRIN-CEA), 1. 12. 2000
5   Sixth report of the Secretary-General on the United Nations Organization Mission in the Democratic Republic of the Congo, 12. 2. 2001
6   UN Security Council Report SC/6962, 28. 11. 2000
7   Report of the Panel of Experts on the Illegal Exploitation of Natural Resources and Other Forms of Wealth of the Democratic Republic of the Congo, Sicherheitsrat der Vereinten Nationen, 12. 4. 2001, siehe http://www.un.org/Docs/sc/letters/2001/357e.pdf
8   »Etappensieg für den Abenteurer«, Der Spiegel 52/2000
9   Der Umsatz stieg von 1999 bis 2000 von 435 auf 665 Millionen Euro. »Die erfreuliche Umsatzausweitung ist im Wesentlichen auf die gute Konjunktur im Bereich der Kommunikationselektronik, aber auch auf die Wechselkurse von US-Dollar und japanischem Yen zurückzuführen«, heißt es dazu auf der Homepage des Konzerns (http://www.hcstarck.de).
10   Interview mit Klaus Werner am 30. 1. 2001
11   Dominic Johnson: »Ein Minister will sich bilden«, die tageszeitung, 21. 11. 2000
12   Dominic Johnson: »Erzfeinde im Coltan-Rausch«, die tageszeitung, 22. 12. 2000.
13   Auch Philipp Mimkes von der »Coordination gegen BAYER-Gefahren«, einer Organisation, die den Konzern wegen dessen nationalsozialistischer Vergangenheit und wegen der Herstellung lebensgefährlicher Chemikalien kritisch beäugt, bekommt keine Antwort, als er Genaueres über die Herkunft des mysteriösen Materials erfahren möchte – angeblich »aus Wettbewerbsgründen«. Verraten wird ihm lediglich, »dass die wichtigsten Tantal-Rohstoffquellen nicht in Afrika liegen«. (Fax von H. C. Starck an die Coordination gegen BAYER-Gefahren vom 5. 12. 2000.)

14   Interview mit Klaus Werner am 30. 1. 2001
15   Interview mit Klaus Werner am 23. 1. 2001
16   Interview mit Klaus Werner am 31. 1. 2001; sein Institut wies zuletzt für 1994 eine Tonne Tantalerz aus – im globalen Vergleich eine minimale Menge. Danach gar nichts mehr. Auf der Tabelle für Ruanda, die deshalb relevant ist, weil die Ruander als Besatzungsmacht des Ostkongo die eigentlichen Nutznießer sind, scheinen jährlich rund 25 Tonnen auf – auch das keine aufregende Zahl. Quellen: US Geological Survey: The Mineral Industry of Congo (Kinshasa), The Mineral Industry of Rwanda.
17   Die derzeitige Weltproduktion liegt bei rund 2.500 Tonnen Tantaloxyd (Ta_2O_5) im Jahr. Tantalerz aus dem Kongo (Coltan) hat im Schnitt einen Reinheitsgrad von 20 Prozent, d. h. man kommt mit monatlich 200 Tonnen Coltan auf etwa 480 Tonnen Ta_2O_5 im Jahr. Aus Australien, das laut offizieller Zahlen das mit Abstand führende Produktionsland ist, wird auch nicht mehr exportiert.
18   Interview mit Klaus Werner am 31. 1. 2001
19   Zum Beispiel: http://www.cbn.co.za, http://www.goldseek.com, http://tradezone.com oder http://www.emb.com
20   Siehe http://www.equatorialsafaris.co.tz
21   http://www.cbn.co.za/tradeenquiries/trd_evaporating_tantalite.htm
22   http://www.emb.com/bbs/messages/386.html
23   E-Mail-Adressen kann man z. B. unter http://www.gmx.net oder http://www.hotmail.com gratis einrichten.
24   »Deutsches Geld für Kongos Krieg«, die tageszeitung, 4. 4. 2001
25   Pierre Lumbi, Observatoire Gouvernance-Transparence (OGT):»Guerre en Rdc: ses enjeux économiques, intérêts et acteurs», April 2000
26   Report of the Panel of Experts on the Illegal Exploitation of Natural Resources and Other Forms of Wealth of the Democratic Republic of the Congo, Sicherheitsrat der Vereinten Nationen, 12. 4. 2001
27   Der»tageszeitung« wird Born zwei Monate später (am 4. 4. 2001) erzählen:»Mir ist nicht bekannt, dass die Somigl in die Minen investiert. Die verdienen eine Höllenkohle und es gibt keinen Rückfluss.« Seiner Meinung nach, so die taz, stehen Tantalimporteure in der Pflicht, zur Verbesserung der Lebensverhältnisse in Fördergebieten wie denen des Kongo beizutragen.
28   »Deutsches Geld für Kongos Krieg«, die tageszeitung, 4. 4. 2001
29   Interview mit Klaus Werner am 18. 2. 2001
30   Pressemeldung von»Refugees International« vom 24. 4. 2001
31   Interview mit Klaus Werner am 17. 2. 2001
32   UN Office for the Coordination of Humanitarian Affairs (OCHA), DRC Monthly Humanitarian Bulletin, Mai/Juni 2000
33   Interview Klaus Werner mit dem RCD-Sprecher Jean-Pierre Lola Kisanga am 17. 2. 2001
34   Die Gesellschaft für Elektrometallurgie (GfE) ist eine Tochterfirma des amerikanischen Metallurgiekonzerns. Laut dem UNO-Bericht über die illegale Ausbeutung der Rohstoffe im Kongo ist der Partner von Karl-Heinz Albers in der Somikivu der kongolesische Geschäftsmann und ehemalige Finanzchef der RCD-Rebellen Emmanuel Kamanzi.

35 In Diplomatenkreisen ist Albers kein Unbekannter – vor allem wegen eines anhängigen Streits mit dem österreichischen Glücksritter Michael Krall. Der Name Krall, dessen Träger über gute Kontakte sowohl zum österreichischen Honorarkonsul als auch zu höchsten Regierungskreisen in Uganda verfügt, wird immer wieder in Berichten über Waffengeschäfte in Zentralafrika erwähnt. Mit Krall liegt Albers deswegen im Clinch, weil beide behaupten, die Rechte an der Niobmine in Lueshe zu besitzen. Krall wurde die Konzession angeblich vom verstorbenen kongolesischen Präsidenten Laurent Kabila zugesichert. Eine wertlose Erklärung, da Lueshe seit Ausbruch des Krieges von den Alliierten Ruandas kontrolliert wird. Damit ist die skurrile Situation eingetreten, dass sich eine österreichische und eine deutsche Firma um ihre Vorherrschaft an der Rohstoffausbeutung im Kongo streiten. Eines steht für einen ehemals in der Region stationierten Botschafter, der nicht genannt werden möchte, jedenfalls fest: »Da passieren die unvorstellbarsten Gaunereien. Da gibt's europäische Firmen, die in schwerste Verbrechen involviert sind.«

36 Alle folgenden Zitate stammen aus Telefoninterviews mit Klaus Werner vom 28. Februar und vom 2. März 2001.

37 Die Masingiro ist seit April 1996 als GmbH im Handelsgericht Nürnberg eingetragen und hat ihren Sitz in einem Einfamilienhaus im deutschen Burgthann, wo auch deren Geschäftsführerin Rita Breyl wohnt. Als Geschäftszweck nennt das Handelsregister »technische Hilfsmittel zur Gewinnung von Bodenschätzen«.

38 Albers spricht von 200 Tonnen Vorkonzentrat mit einem Reinheitsgrad von durchschnittlich 20 Prozent Ta_2O_5.

39 Laut »UNO-Bericht über die illegale Ausbeutung der Rohstoffe im Kongo« sollen allein von November 1998 bis April 1999 zwischen 1.000 und 1.500 Tonnen Coltan aus der Region ausgeführt worden seien.

40 Preis für ein Kilogramm Coltan durchschnittlicher Güte laut »UNO-Bericht über die illegale Ausbeutung der Rohstoffe im Kongo«; bis März 2001 sank der Preis allerdings wieder auf etwa 100 US-Dollar pro Kilo.

41 Die »Washington Post« vermutet, dass rund die Hälfte des kongolesischen Coltans bei H. C. Starck landet (»Vital Ore Funds Congo War«, 19. 3. 2001).

42 Damit bestätigt Albers Gerüchte, die sich zumindest seit Juni 1999, also fast ein Jahr nach Ausbruch des Krieges, halten: Ein amerikanischer Journalist behauptete damals, H. C. Starck, Tochterfirma des Aspirin-Herstellers Bayer, sei an einer Joint Venture zur Ausbeutung eines Metalls involviert, das eine große Bedeutung für westliche Technologien besitze (siehe http://www2.minorisa.es/inshuti/businb.htm). Unter den genannten Firmen befand sich auch eine ruandische Bank sowie der Schweizer Ableger der Banque National de Paris und eine amerikanische Firma namens Kenrow. Diese Firma findet auch Erwähnung in einer viel beachteten Analyse der Zusammenhänge zwischen den Bodenschätzen und dem Kongokrieg, die im Oktober 1999 in »Le Monde Diplomatique« veröffentlicht wurde (Colette Braeckman: »Carve-up in the Congo«, Le Monde Diplomatique 10/1999). Der Artikel räumt auch den Coltanvorkommen im Kongo große Bedeutung ein: 80 Prozent der Weltreserven lägen in Afrika, von denen wiederum 80 Prozent in der DRC zu finden seien. Die Verfasserin des Artikels weiß auch, dass die auf Tantalförderung spezialisierte ruandische Gesellschaft Sogermi ein Joint Venture mit westlichen Firmen angestrebt habe. »Wir hatten mal die Idee, mit denen was zusammen zu machen«,

325

sagt Albers, »die produzieren zwischen fünf und zehn Tonnen im Monat.« Kenrow spiele dagegen schon seit längerem keine Rolle mehr.

43 »Electronics, superalloys markets fuelling tantalum demand growth«, American Metal Market, 18. 9. 2000
44 »Erkis seeking partner for Zaire tantalum«, American Metal Market, 9. 1. 2001
45 Metallurg International ist der Mutterkonzern der deutschen Gesellschaft für Elektrometallurgie (GfE), die 70 Prozent an der Niob-Mine Lueshe im Kongo hält. Deren Geschäftsführer ist Karl-Heinz Albers.
46 Report of the Panel of Experts on the Illegal Exploitation of Natural Resources and Other Forms of Wealth of the Democratic Republic of the Congo, Sicherheitsrat der Vereinten Nationen, 12. 4. 2001
47 UN OCHA Integrated Regional Information Network for Central and Eastern Africa: Bulletin quotidien d'information No. 1205 pour la région des Grands Lacs, 21. 5. 2001

Medikamente

1 Deutsche Fassung der Deklaration des Weltärztebundes von Helsinki, Erstvorlage 1964, revidierte Fassung Edinburgh, Oktober 2000
2 Sandoz hat sich 1996 mit dem Konzern Ciba Geigy zusammengeschlossen. Der neue Konzern heißt heute Novartis.
3 Kurt Langbein, Hans-Peter Martin, Hans Weiss: Gesunde Geschäfte. Die Praktiken der Pharma-Industrie. Kiepenheuer und Witsch, Köln 1981
4 Ebda., S. 143-148
5 http://www.trasylol.com
6 Langbein/Martin/Weiss, Gesunde Geschäfte, S. 149–151
7 arznei-telegramm 12/1998, S. 109–110
8 Einen guten Überblick mit zahlreichen Beispielen bieten: Thomas Bodenheimer, in: NEJM, Vol. 342, No. 20, 18. 5. 2000; Thomas Bodenheimer, in: Transcript of the Conference on Human Subject Protection and Financial Conflicts of Interest, 15. 8. 2000, veröffentlicht unter: http://ohrp.osophs.dhhs.gov/coi/8-15.htm; David J. Rothman: »The Shame of Medical Research«, in: The New York Review of Books, 30. 11. 2000; Peter Lurie & Sidney M. Wolfe: Clinical Trials and Patient Safety; Testimony before the Committee on Government Reform and Oversight, U.S. House of Representatives, 22. 4. 1998, unter: http://home.kscable.com/ madpride/bioethics/placebo.htm; Editorial, in: NEJM, Vol. 337, No. 12, 18. 9. 1997, S. 847–849; British Medical Journal, Vol. 321, 12. 8. 2000, S. 442–445; »Drug Trials Hide Conflicts for Doctors«, in: New York Times, 16. 5. 1999; »Medical Journal Cites Misleading Drug Research«, in: New York Times, 10. 11. 1999; Benjamin Djulbegovic und andere: »The uncertainty principle and industry-sponsored research«, in: The Lancet, Vol. 356, No. 9230, 19. 8. 2000; »Education and Debate: Clinical equipoise and not the uncertainty principle is the moral underpinning of the randomised controlled trial«, in: British Medical Journal, 23. 9. 2000
9 Beispiele für die Vorgangsweise der Konzerne:
– Man sucht sich Forscher aus, die von der Firma finanziell abhängig sind.

– Die Honorare sind so hoch, dass eine kritische Haltung erschwert wird.

– Man verlagert die Forschung von unabhängigen Universitäten zu privaten For-schungsorganisationen, die von Firmenprojekten abhängig sind (so genannte Contract Research Organisations/CROs oder Site Management Organizations/SMOs).

– Die Medikamentenversuche werden in Länder verlagert, in denen es weniger strenge Vorschriften als in den USA oder in manchen Ländern Westeuropas gibt.

– Im Versuch wird das Medikament mit anderen Medikamenten verglichen, deren Wirksamkeit fraglich ist.

– Man verwendet eine wesentlich höhere Dosis als üblich.

– Man verwendet nur besonders gesunde Versuchspatienten im mittleren Lebensalter, obwohl das Medikament vorwiegend für ältere Menschen mit Mehr-facherkrankungen gedacht ist.

– Man führt die Analyse der in den Versuchen gewonnenen Daten in der Firma durch. So lassen sich unliebsame Ergebnisse leicht korrigieren. Negative Ergeb-nisse wandern in den Panzerschrank und werden nie veröffentlicht.

– Die Veröffentlichung der Versuchsergebnisse in Fachzeitschriften wird bis ins letzte Detail in der Firma vorbereitet. Die Forscher, die als Autoren aufscheinen, geben nur ihren Namen her, haben jedoch nichts selbst geschrieben.

– Forscher, die dagegen aufmucken und unliebsame Ergebnisse veröffent-lichen wollen, werden mit allen Mitteln – von Hinhalten bis zu Verleumdungs-kampagnen – zum Schweigen gebracht.

10 Philip Joos: Explaining Cross-sectional Differenes in Unrecognizes Net Assets in the Pharmaceutical Industry; Working Paper, Stanford University, 13. 1. 2000

11 The New York Times, 16. 5. 1999; »The Body Hunters«, The Washington Post, 17.–22. 12. 2000

12 »The Body Hunters«, The Washington Post, 18. 12. 2000

13 http://www.google.com

14 Der Wortlaut im Original:»It is a good feeling that you contacted us. Naturely we would like to take part in clinical trial of this very promising new antidepressant. We are in contact with other sites (in- and outpatients services) with clinical expe-riences. Of course we handle the details confidentially.«

15 http://w3.datanet.hu/~psych/Metodikaindex.htm (inzwischen geändert in: http://www.tebolyda.hu/fontos/Metodikaindex.htm)

16 Wenn man sich beispielsweise den Tätigkeitsbericht der Psychiatrischen Abtei-lung am Allgemeinen Krankenhaus in Wien ansieht (http://www.akh-wien.ac.at/ generalpsychiatry/JB96.pdf), stellt man fest, dass alle Forschungszuschüsse von öffentlichen Stellen penibel aufgelistet sind, aber kein einziger Hinweis auf Zah-lungen der Pharmaindustrie aufscheint. Ausdruck schlechten Gewissens?

17 http://www.google.com. Suchbegriffe: aripiprazole research usa volunteers

18 Universität von Kalifornien, Donald M. Hilty, Medical Doctor: zwei Studien, eine davon Placebo-kontrolliert, für die er als Honorar 190.000 Dollar (= 416.000 DM bzw. 213.000 Euro) und 103.000 Dollar (= 218.000 DM bzw. 115.000 Euro) erhielt. Universität von Southern Illinois, D. McManus: eine Placebo-kontrollierte Studie für ein Honorar von 232.000 Dollar (= 510.400 DM). Universität von Texas, Dr. Alexander Miller: vier Studien gegen ein Honorar von insgesamt 420.250 Dollar (= 924.500 DM).

Universität Mercer in Atlanta, Dr. Michael W. Jann: zwei Placebo-kontrollierte Studien gegen ein Honorar von 594.000 Dollar (= 1.306.800 DM).
Manche Ärzte oder Kliniken suchen auch ganz offen im Internet Patienten, die an solchen Studien teilnehmen, und weisen darauf hin, dass man unter Umständen nicht mit einem wirksamen Medikament, sondern nur mit Placebo behandelt wird. Am Hartford Hospital im Bundesstaat Connecticut nördlich von New York führt ein Arzt namens J. W. Goethe drei Aripiprazol-Versuche durch, zwei davon sind Placebo-kontrolliert.

19 »A Strategy For Growth«. Unter: http://www.bms.com/static/growth//index.html
20 Michael F. Mee, in: Investment Community Meeting, http://www.bms.com/static/growth//index.html
21 Der Standard, 7. 3. 2001 und 10./11. 3. 2001
22 Ch. H. Stuppäck: »Risperidon in der Behandlung akuter und chronischer Schizophrenie«, Neuropsychiatrie, Bd. 13, 1/1999, S. 18–22
23 Ch. H. Stuppäck: »Eine Anwendungsbeobachtung mit Milnacipran«, Jatros Neurologie/Psychiatrie 5/2000
24 The Washington Post, 12. 12. 1999, S. A1
25 Ebda.
26 TRIPS ist die Abkürzung für »Trade Related Intellectual Property Rights«
27 Bartolomäus Grill: »Theater um HIV«, Die Zeit 51/2000; Helen Epstein: »The Mystery of AIDS in South Africa«, The New York Review of Books, 20. 7. 2000, S. 50
28 Helen Epstein: »The Mystery of AIDS in South Africa«, The New York Review of Books, 20. 7. 2000, S. 50–55
29 »World Trade Organization Evil Triumphs in a Sick Society«, Guardian of London, 12. 3. 2001
30 Zitiert in: Financial Times, 18. 4. 2001
31 Helen Epstein: »The Mystery of AIDS in South Africa«, The New York Review of Books, 20. 7. 2000, S. 50-55
32 »Mbeki Questions HIV Testing«, unter: http://www.worldaidsnews.com, 24. 4. 2001
33 »Protests against Mbkei government«, unter: http://www.rsa-overseas.com
34 Laut http://www.unaids.org/hivaidsinfo/statistics/june00/
35 Peter Lurie, Sidney M. Wolfe: »Unethical Trials«, NEJM, Vol. 337, No. 12, 18. 9. 1997, S. 853–855; Helen Epstein: »The Mystery of AIDS in South Africa«, New York Review of Books, 20. 7. 2000, S. 50–55; Rothman, D. J.: »The Shame of Medical Research«, New York Review of Books, 30. 11. 2000
36 Whalen u. a.: »A trial of three regimens to prvent tuberculosis in Ugandan adults infected with the human immuno-deficiency virus«, NEJM, Vol. 337, No. 12, September 1997, S. 801-808
37 Heimlich H. J. u. a.: »Malariatherapy for HIV-patients«, Mechanisms of Ageing and Development, Vol. 93, 1997, S. 79-85; Chen Xiaoping u. a.: »Phase-1-Studies of Malariatherapy for HIV Infection«, Chinese Medical Sciences Journal, Vol. 14, No. 4, 1999
38 Peter R. Breggin: »Recent FDA decision highlights ethical issues in drug research on children«, 21. 4. 1998, unter: http://www.sightings.com/health/drugchildren.htm

39   J. A. Staessen u. a.:»Randomised double-blind comparison of placebo and active treatment for older patients with isolated systolic hypertension«, The Lancet, Vol. 350, No. 9080, 13. 9. 1997, S. 757–764; J. G. Wang u. a.:»Long term blood pressure control in older Chinese patients with isolated systolic hypertension«, Journal of Human Hypertension, Vol. 10, November 1996, S. 735–742; J. G. Wang u. a.:»Chinese Trial on Isolated Systolic Hypertension in the Elderly«, Archives of Internal Medicine, Vol. 160, 24. 1. 2000, S. 211–220;»The HOPE Investigators«, NEJM, 2000, Vol. 342, S. 145–153, S. 154–160
40   arznei-telegramm 2/2000, S. 21 f.
41   arznei-telegramm 1/2001, S. 2

Erdöl

1   Interview mit Klaus Werner am 19. 3. 2001
2   Ein Barrel fasst 159 Liter. Der Weltmarktpreis dafür lag im Jahr 2000 im Schnitt bei 28,5 US$ (60 DM/31 €). In einem Interview mit der »Zeit« sagt Shell-Spitzenmanager Jeroen van der Veer:»Unser weltweiter Ölabsatz beträgt täglich mehr als fünf Millionen Fass à 159 Liter; wir selbst holen aber nur rund 2,3 Millionen Fass aus dem Boden. Das heißt: Mehr als die Hälfte des Öls, das wir verkaufen, müssen wir selbst zu Weltmarktpreisen einkaufen.« (Aus:»Wir machen gute Gewinne«, Die Zeit 39/2000)
3   Die SPDC steht an der Spitze einer Joint Venture der staatlichen »Nigerian National Petroleum Corporation« (NNPC), an der diese mit 55 Prozent beteiligt ist. Shell hält 30 Prozent, der Rest entfällt auf die französische Ölgesellschaft Elf (10 %) und die italienische Agip (5 %).
4   »Des banques suisses accusées d'avoir accepté des fonds détournés au Nigeria«, Le Monde, 6. 9. 2000
5   »Some things never change«, The Guardian, 8. 11. 2000
6   Ebda.
7   »Mutiger Kämpfer für Menschenrechte«, Rhein-Zeitung, 13. 11. 1995
8   Hakeem Jimo:»Am Schauplatz des Verbrechens«, die tageszeitung, 14. 3. 2001
9   »Some things never change«, The Guardian, 8. 11. 2000
10   »Supreme Court Rejects Shell Appeal in Rights Case«, Reuters, 26. 3. 2001
11   »Erdöl, Menschenrechte und Geschäftsmoral«, Le Monde Diplomatique 12/2000
12   The Guardian, Kurzmeldung, 27. 9. 2000
13   »US Supreme Court Clears Way for Relatives to Sue Shell over Saro-Wiwa's Death«, The Independent, 27. 3. 2001
14   Ebda.
15   Details unter http://www.greenpeace.de/GP_DOK_3P/BROSCHUE/AKTION/C12IA02.HTM
16   »Das Auge der Multis«, Berliner Tagesspiegel, 10. 12. 2000
17   Gespräch mit Klaus Werner im Herbst 1996
18   »Das Auge der Multis«, Berliner Tagesspiegel, 10. 12. 2000
19   Aus einem Inserat im Magazin »Newsweek«
20   »Some things never change«, The Guardian, 8. 11. 2000
21   http://www.shellnigeria.com

22 Interview mit Klaus Werner am 19. 3. 2001
23 Susanne Geissler:»Shell in Nigeria«, Energiewende 1/2001 (zu finden unter http://www.ecology.at/magazin/energiewende.php)
24 »Some things never change«, The Guardian, 8. 11. 2000
25 Jan Rispens:»Das Nigerdelta: Ein zerrüttetes Ökosystem. Die Rolle von Shell und anderen Ölkonzernen«, Studie im Auftrag von Greenpeace, 11/1996
26 »Oil Spillage in Ugbomron Village«, Amateurvideo vom 10. 7. 2000
27 »Nigeria protests prompt development moves«, Financial Times, 22. 2. 2001
28 »Ogoni Wars: Arms Were Sponsored By Shell«, This Day, Lagos, 25. 1. 2001
29 »Nigeria fines Shell £ 26 m for 1970 spill«, The Guardian, 27. 6. 2000
30 »Shell's Oil Spillage Victims Demand N 700 m«, P. M. News, Lagos, 30. 10. 2000
31 Nigerianische Zeitungen findet man z.B. unter http://www.postexpresswired.com, http://www.ngrguardiannews.com, http://www.thisdayonline.com, http://www.cometnews.com.ng und http://www.vanguardngr.com/vag.htm
32 »Shell Acknowledges Arms Purchases«, Associated Press, 2. 2. 2001
33 »Ogoni Wars: Arms Were Sponsored By Shell«, This Day, Lagos, 25. 1. 2001
34 »Clinton puts pressure on Nigeria over drugs and oil«, Observer, 27. 8. 2000
35 »Some things never change«, The Guardian, 8. 11. 2000
36 »Shell-Pipeline explodiert«, die tageszeitung, 11. 1. 2000
37 »Am Schauplatz des Verbrechens«, die tageszeitung, 14. 3. 2001
38 »Eine Geschichte von Blut und Öl«, Die Zeit 11/2001
39 »Schmutzige Saubermänner«, Die Woche 4/2001
40 Report und Presseaussendungen von »Global Witness« unter http://www.oneworld.org/globalwitness
41 »Völkermord im Südsudan«, Gesellschaft für Bedrohte Völker, http://www.gfbv.de/dokus/memo/sudoel.htm
42 AFP, 30. 4. 1999
43 »Sudan: Oil Firms Accused of Fueling Mass Displacement and Killing«, The Guardian, 15. 3. 2001
44 »The human price of oil«, Amnesty International, 3. 5. 2000
45 »Sudan: Oil Firms Accused of Fueling Mass Displacement and Killing«, The Guardian, 15. 3. 2001
46 »Öl macht arm«, Pressemitteilung von Amnesty International und der AG Erdöl-projekt Tschad/Kamerun, Hannover, 29. 9. 2000
47 »Russland versinkt im Öl – Ölmultis schauen zu«, Greenpeace-Pressemitteilung vom 22. 6. 2000
48 »Indonesia: What did Mobil know?«, Business Week, 28. 12. 1998
49 »Erdöl, Menschenrechte und Geschäftsmoral«, Le Monde Diplomatique 12/2000

Lebensmittel

1 Sönke Giard:»Alles hört auf ›de Gaulles‹ Kommando«, Der Standard, 7. 10. 2000
2 »Schutz vor Schleppern«, Terre des Hommes, 9/2000
3 Zitiert nach »Alles hört auf ›de Gaulles‹ Kommando«, Der Standard, 7. 10. 2000

4   Kakao Nachrichtenbrief 9/1999 der Gewerkschaft Agrar/Nahrung/Genuss, Wien 1999

5   Verein Partnerschaft 3. Welt (Hg.): Einkaufen verändert die Welt. Die Auswirkungen unserer Ernährung auf Umwelt und Entwicklung. Schmetterling Verlag, Stuttgart 2000, S. 44

6   In Ghana, laut »Hintergrundinformationen Schokoladenindustrie«, Gewerkschaft Agrar/Nahrung/Genuss, Wien 2000

7   Gerhard Riess: »Ein internationales Programm für Arbeitnehmer im Kakaosektor«, Österreichische Gewerkschaft Agrar/Nahrung/Genuss

8   »Hintergrundinformationen Schokoladenindustrie«, Gewerkschaft Agrar/Nahrung/Genuss, Wien 2000

9   Henriette Gupfinger, Gabi Mraz, Klaus Werner: Prost Mahlzeit! Essen und Trinken mit gutem Gewissen. Wien, Deuticke Verlag 2000, S. 157

10 Gerhard Riess: »Ein internationales Programm für Arbeitnehmer im Kakaosektor«, Österreichische Gewerkschaft Agrar/Nahrung/Genuss

11 »Die Bananenseuche«, die tageszeitung, 11. 1. 2001

12 J. Knirsch: »Exportierte Unfruchtbarkeit«, BUKO Agrar Dossier 22: »Bananen«, Februar 2000, zu bestellen unter http://www.bukoagrar.de/banane.htm (siehe auch http://es.epa.gov/techinfo/research/turapest.html sowie »Economic, social and cultural rights. Adverse effects of the illicit movement and dumping of toxic and dangerous products and wastes on the enjoyment of human rights«, Economic and Social Council of the United Nations, 11. 1. 1999)

13 »Mil barriles que contenían pesticida nemagón fueron enterrados sin protección por bananera«, La Prensa, 18. 4. 1998, http://www.laprensahn.com/natarc/9804/n18001.htm

14 »Die Bananenseuche«, die tageszeitung, 11. 1. 2001

15 »Tödliche BAYER-Pestizide im Bananenanbau«, Coordination gegen BAYER-Gefahren 7/2000

16 Ebda.

17 »Economic, social and cultural rights. Adverse effects of the illicit movement and dumping of toxic and dangerous products and wastes on the enjoyment of human rights«, Economic and Social Council of the United Nations, 21. 12. 2000

18 Folidol: http://www.bayer-agro.com/index.cfm?PAGE_ID=132, Nemacur: http://uscrop.bayer.com/nemacur.html, Baycor: http://www.bayer-agro.com/index.cfm?PAGE_ID=138

19 »Endlich alles Banane«, die tageszeitung, 12. 4. 2001

20 »Neue Bananenordnung der EU eine Bedrohung für die Bananenarbeiter in aller Welt«, Internationale Union der Lebensmittel-, Landwirtschafts-, Hotel-, Restaurant-, Café- und Genussmittelarbeiter-Gewerkschaften (IUL), Genf, 28. 2. 2001

21 »Kommt es zur Einhaltung globaler Gewerkschaftsrechte?«, Internationale Union der Lebensmittel-, Landwirtschafts-, Hotel-, Restaurant-, Café- und Genussmittelarbeiter-Gewerkschaften (IUL), 4. 12. 2000

22 Ebda.

23 »Fünf Familienclans dominieren«, Der Standard, 26. 11. 1999

24 »Bittere Orangen«, Broschüre hrsg. von der Südwind-Agentur, Wien 1997

25 Gupfinger/Mraz/Werner: Prost Mahlzeit! Wien 2000, S. 100

26 Der »Verein Partnerschaft 3. Welt« spricht in »Einkaufen verändert die Welt« (Schmetterling Verlag, Stuttgart 2000, S. 44) sogar davon, dass mehr als ein Viertel der Orangenarbeiter Kinder seien.
27 Siegfried Pater: Zum Beispiel McDonald's. Lamuv Verlag, Göttingen 2000
28 Siehe http://www.mcspotlight.org
29 Zahlen aus: Siegfried Pater, McDonald's, Göttingen 2000 und Gupfinger/Mraz/Werner, Prost Mahlzeit! Wien 2000
30 Schlussbericht der Enquete-Kommission »Schutz der Erdatmosphäre« des Deutschen Bundestages, Economica Verlag, Bonn 1995
31 »Happy hen, happy meal – McDonald's chicks fix«, U.S. News & World Report, Business & Technology, 4. 9. 2000 sowie http://www.meatstinks.com/mcd/index.html
32 »Burger King to audit animal treatment«, Reuters, 2. 4. 2001
33 Auf rund 4,7 Milliarden DM (2,4 Mrd. Euro) im vierten Quartal 2000; Quelle: BBC News vom 31. 1. 2001
34 »Appetites Waning for McDonald's«, CNBC.com, 3. 4. 2001
35 »BSE-Verdacht bei Zulieferbetrieb von McDonald's«, Netzeitung (http://www.netzeitung.de), 16. 1. 2001
36 »Will Mad Cows kill the BigMac?«, Salon News, 26. 3. 2001
37 Ebda.
38 Greenpeace-Presseaussendung vom 14. 11. 2000
39 Interview mit Klaus Werner am 26. 3. 1997 (erschienen in »Politische Ökologie«, Heft 53, 1997)
40 Bernhard Huber: »Jäger der verlorenen Akzeptanz«, Kontexte 3/2000
41 Detaillierte Infos unter http://www.ibfan.org sowie http://www.babynahrung.org und http://www.babymilkaction.org
42 Siehe auch »Formula for Disaster«, Wall Street Journal, 6. 12. 2000
43 »Breaking the Rules, Stretching the Rules 2001« unter http://www.ibfan.org/english/codewatch/btr01/index-en.htm
44 »Todbringende Rezeptschlacht«, Stern 50/1999
45 »Angekündigt, aber nie gesendet. Warum das ZDF einen Beitrag über Nestlé kippte«, Berliner Zeitung, 10. 12. 1999
46 »Riskante Mischung«, Facts 51/1999
47 Liste der Unterstützer der Muttermilchkampagne unter http://www.waba.org.br/ilopage.htm
48 »Formula for Disaster«, Wall Street Journal, 6. 12. 2000
49 Siehe http://www.unicef.org/programme/hiv/mtct/mtct_int.htm
50 Siehe http://www.unicef.org/newsline/00breastfeeding.htm
51 Interview mit Klaus Werner am 12. 12. 2000
52 »Eiserne Sparer – Wegen seiner Arbeitsbedingungen gerät Aldi in Frankreich unter Beschuss«, Die Zeit, 2. 11. 2000
53 Interview mit Klaus Werner am 18. 10. 2000
54 Europäisches Bürgerforum: »z. B. El Ejido – Anatomie eines Pogroms«, Basel 2000, S. 35
55 Ebda., S. 29
56 Prospekt der Firma Billa, Februar 2001
57 »z. B. El Ejido«, S. 49

58 Ebda., S. 123
59 Ebda., S. 62
60 »Jagdszenen aus Südspanien«, die tageszeitung, 10. 2. 2000
61 »Migros droht Südspanien«, die tageszeitung, 29. 1. 2001
62 »z. B. El Ejido«, S. 100
63 »Verordnung (EWG) Nr. 2092/91 des Rates vom 24. Juni 1991 über den ökologi-
    schen Landbau und die entsprechende Kennzeichnung der landwirtschaftlichen
    Erzeugnisse und Lebensmittel«, siehe http://europa.eu.int/eur-lex/de/lif/dat/1991/
    de_391R2092.html
64 Adressen von Infostellen und Bioshops in Deutschland, Österreich und der
    Schweiz unter http://www.ecology.at/projekt/detail/buch_serviceteil.html
65 »Sauber ausgebeutet«, Die Zeit, 22. 4. 1999
66 Informationen unter http://www.transfair.org bzw. bei TransFair, Verein zur Förde-
    rung des Fairen Handels mit der »Dritten Welt« e.V., Remigiusstr. 21, D-50937
    Köln; in Österreich: http://www.fairtrade.at, Wohllebengasse 12–14, 7. Stock,
    A-1040 Wien, Tel. +43/1/533 09 56
67 In diesen Handelsketten wird mindestens ein Produkt mit dem TransFair-Siegel
    angeboten: Allfrisch, Bolle, Budnikowsky, Citti, Comet, Coop-Märkte, Deutscher
    Supermarkt, Die 2, Dixi, Edeka aktiv, Edeka Neukauf, Edeka/Super 2000, Edeka-
    Märkte, Eurospar, Extra, Famila, Famka, Globus/Maxus, Grosso, Gubi, Ha-we-ge-
    Center, Hertie/Alsterhaus, Hill, Hit, HL, Horten, Jumbo, KaDeWe, Kafu, Kaiser's,
    Karstadt, Kaufhalle/Multistore, Kaufhof, Kaufland, Kaufmarkt, Kaufpark, Kontra,
    Magnet, Markant, Marktfrisch, Marktkauf, Metro, Minimal, Otto Mess, Pro, real,
    Reichelt, Rewe-Märkte, Safeway, Schätzlein-Filialen, Sky-Verbrauchermärkte,
    Spar-Märkte, Spinnrad, die sanfte Drogerie, Stüssgen, Tengelmann, toom,
    Wal-Mart, Wandmaker, Wertheim, Wertkauf; Liste für Österreich unter
    http://www.fairtrade.at

Spielzeug

1 Die wesentlichen Fakten dieser Geschichte stammen aus:
   http://www.essential.org/monitor/hyper/issues/1994/09/mm0994_10.html
   http://www.hrichina.org/crf/english/00winter/00W14_Zhili%20Fire.html
   Sarah Cox: »The Secret Life of Toys«, The Georgia Straight, Nov. 5–12, 1998,
   abrufbar unter http://www.maquilasolidarity.org/campaigns/toy/scox.htm
   Der Name des Mädchens wurde geändert, alle anderen Namen sind echt.
2 South China Morning Post, 15. 12. 1999, Artikel abrufbar unter
   http://members.hknet.com/~hkcic/hist-back.htm
3 Auf eine E-Mail-Anfrage von Hans Weiss vom 7. Juni 2001 kam keine Antwort
   vom Konzern.
4 Linda Yang: »The tragic Chinese toy story«, South China Morning Post,
   15. 12. 1999, Artikel abrufbar unter http://members.hknet.com/~hkcic/
   hist-back.htm
5 DGB-Materialien Nr. 53, »Toys«, Düsseldorf 1998
6 http://www.cleanclothes.org/companies/disney00-02-29.htm
7 http://www.cleanclothes.org/companies/disney01-01-10.htm

8   »Beware of Mickey - Disneys Sweatshops in South China« (2/2001), abrufbar unter http://members.hknet.com
9   Laut Forbes Top CEO's: Corporate America's Most Powerful People 2001
10   http://www.cleanclothes.org/companies/disney00-02-29.htm
11   http://www.cleanclothes.org/companies/disney01-01-10.htm
12   http://www.cleanclothes.org/companies/disney00-02-29.htm
13   http://www.cleanclothes.org/urgent/99-6-20-disney.htm und http://www.cleanclothes.org/companies/disney15-7-98htm12
14   http://www.geocities.com/mc_shame/re1.htm
15   http://www.mcspotlight.org/campaigns/countries/chi/statemen.html
16   Child Labour News Service, 1. September 2000, Artikel aus »South China Morning Post«, abrufbar unter http://www.globalmarch.org/clns/clns-01-09.html
17   http://www.mcspotlight.org/campaigns/countries/chi/statemen.html
18   http://www.globalmarch.org/clns/clns-01-09.html
19   http://www.uri.edu/artsci/wms/hughes/catw/mhvglo.htm
20   http://corpwatch.org/trac/corner/alert
21   Sarah Cox: »The Secret Life of Toys«, The Georgia Straight, Nov. 5-12, 1998, abrufbar unter http://www.maquilasolidarity.org/campaigns/toy/scox.htm
22   Ebda.
23   Thai Labour Campaign, http://www.thailabour.org/campaigns/mastertoy
24   Monitoring Mattel in China, http://www.amrc.org.hk/alu/ALU37/013701.htm

Sport & Bekleidung

1   »Testimony of Julia Esmeralda Pleites«, nachzulesen unter http://www.nlcnet.org/nike/julia.htm
2   Freihandelszonen sind abgegrenzte Industriegebiete, in denen ausschließlich für den Export produziert wird und in denen besondere steuerliche und finanzielle Vergünstigungen für Unternehmen gelten. Weltweit gibt es rund 500 bis 700 solcher Zonen, vor allem in Entwicklungs- und Schwellenländern. Länder wie Hongkong, Singapur und Mauritius sind quasi zur Gänze Freihandelszonen.
3   Interview mit Klaus Werner am 30. 5. 2000
4   Interview mit Klaus Werner am 10. 10. 2000
5   »Fünf Schilling sichern die Ausbildung«, Der Standard, 18. 5. 2000
6   »1:0 für saubere Kleidung«, Aktuell, Kampagne für saubere Kleidung, Düsseldorf 2000
7   »Die Sklaven der Mode«, Stern 43/1999
8   »Labour Rights in Indonesia: What is Menstruation Leave?« Clean Clothes Campaign Newsletter 13, November 2000
9   »Six Cents an Hour«, Life 6/1996
10   »A World of Sweatshops«, Business Week 45/2000
11   »Nike Shoe Plant in Vietnam Is Called Unsafe for Workers«, New York Times, 8. 11. 1997
12   Interview mit Klaus Werner am 30. 5. 2000

Export- & Finanzwirtschaft

1 Interview mit Klaus Werner am 16. 1. 2001
2 Interview mit Klaus Werner am 16. 1. 2001
3 Zitiert nach:»Dams incorporated – The Record of Twelve European Dam Building
Companies«, Swedish Society of Nature Conservation, Februar 2000
4 Ebda.
5 Ebda.
6 Interview mit Klaus Werner am 27. 4. 2001
7 Interview Klaus Werner mit der Pressestelle des BMWT am 27. 4. 2001
8 Interview mit Klaus Werner am 27. 4. 2001
9 Die»World Commission on Dams« ist eine Initiative der Weltbank und der Vertreter verschiedener Interessensgruppen von Umweltschützern bis hin zu Industriellen, die im konstruktiven Dialog ökologische, soziale und wirtschaftliche Kriterien
zur Nutzung der Wasserkraft festlegen will.
10 »Hermesreform wird zum Flop«, die tageszeitung, 20. 3. 2001; »Hermes-Reform
erneut diskutiert«, ebda., 7. 4. 2001
11 Karin Astrid Siegmann: Deutsche Großbanken entwicklungspolitisch in der
Kreide? Südwind e.V., Siegburg 2000, S. 110
12 Ebda., S. 97
13 »Atomkraft aus der Mottenkiste«, Die Zeit 6/2000
14 Siegmann, Großbanken, S. 95
15 »Hermes auf Abwegen«, Die Zeit 50/1999
16 »Atomkraft trotz Erdbebengefahr«, die tageszeitung, 18. 7. 2000
17 Siegmann, Großbanken, S. 134
18 Ebda., S. 15
19 Ebda.
20 Ebda., S. 84
21 Ebda., S. 85
22 Ebda., S. 19
23 Siegburg 2000, zu bestellen unter http://www.suedwind-institut.de
24 Klaus Werner:»Der Blick in den Abgrund«, Der Standard, 7. 10. 2000
25 Ebda.
26 Siegmann, Großbanken, S. 112
27 Mehr Informationen über die Tobin-Steuer beim »Netzwerk zur demokratischen
Kontrolle der internationalen Finanzmärkte Attac«, http://www.attac-netzwerk.de

Anmerkungen Firmenblätter

Adidas-Salomon AG
1 Presseaussendung vom 8. 3. 2001
2 Naomi Klein: No Logo! Bertelsmann, München 2001, S. 492–493
3 Newsletter der Clean Clothes Campaign 13, November 2000
4 Ingeborg Wick u. a.: Das Kreuz mit dem Faden. Indonesierinnen nähen für deutsche Modemultis. Südwind-Institut, Siegburg 2000

Agip (Eni-Gruppe)
1 Laut Financial Times, 10. 5. 2001
2 Presseaussendung von Eni, 5. 4. 2001

Aldi/Hofer
1 Da Aldi keine Firmeninformationen veröffentlicht, beruft sich diese Zahl auf Medienberichte. Quelle: Hoovers online, http://www.hoovers.com/de/co/capsule/0/0,3575,54910,00.html
2 »Die Top-Marken in Deutschland«, Young & Rubicam 2001
3 Aus: Hannes Hintermeier: Die ALDI-Welt. Nachforschungen im Reich der Discount-Milliardäre. Karl Blessing Verlag, München 1998, zitiert nach MAX 5/1998, S. 25
4 Verein Partnerschaft 3. Welt (Hrsg.): Einkaufen verändert die Welt. Die Auswirkungen unserer Ernährung auf Umwelt und Entwicklung. Schmetterling Verlag, Stuttgart 2000, S. 87
5 Labournet Germany: Aufruf für Unterstützung der gekündigten Aldi-Arbeiter und -Arbeiterinnen in Dublin, http://www.labournet.de/branchen/dienstleistung/aldi.html
6 »Eiserne Sparer – Wegen seiner Arbeitsbedingungen gerät Aldi in Frankreich unter Beschuss«, Die Zeit, 2. 11. 2000
7 »Untergang der Mangroven«, Robin Wood Magazin 1/1997

Aventis
1 Aventis-Geschäftsbericht 1999
2 Siehe deutsche Fassung der Deklaration des Weltärztebundes von Helsinki, Erstvorlage 1964, revidierte Fassung Edinburgh, Oktober 2000
3 http://www.aventis.com/main/news/0,1003EN-XX-10630-31240--,FF.html

Bayer AG
1 Bayer-Kennzahlen zum Geschäftsbericht 2000, unter http://www.bayer.de
2 STICHWORT BAYER Extra 5/2000, herausgegeben von der Coordination gegen BAYER-Gefahren
3 Coordination gegen BAYER-Gefahren, 30. April 1999, unter: http://ourworld.compuserve.com/homepages/critical_sharholders/bayerall.htm
4 STICHWORT BAYER Extra 4/2000, herausgegeben von der Coordination gegen BAYER-Gefahren, S. 5
5 Uwe Friedrich, in: Stichwort BAYER, 4/2000, S. 6

Boehringer Ingelheim GmbH

1 http://www.boehringer-ingelheim.com/corporate/home/summaryreport2000.pdf
2 Laut IMS Health, DPM-Report
3 Bittere Pillen 1999–2001. Nutzen und Risiken von Arzneimitteln,
  Kiepenheuer & Witsch, Köln 1999
4 arznei-telegramm 9/99, S. 89–90

BP Amoco p.l.c.

1 Laut Financial Times, 10. 5. 2001
2 Siehe http://www.oneworld.org/globalwitness
3 »Für den Westen ist Erdöl wichtiger als Menschenrechte«, Pressemeldung der
  Internationalen Gesellschaft für Menschenrechte, 9. 4. 2001
4 »Tell BP Amoco to Stop Funding Destruction of Tibet!«, Aufruf von Corporate
  Watch und International Campaign for Tibet, 9. 6. 2000
5 »Erdöl, Menschenrechte und Geschäftsmoral«, Le Monde Diplomatique 12/2000

Bristol-Myers Squibb Company

1 http://www.bms.com/news/press/data/fg_press_release_1288.html
2 Siehe deutsche Fassung der Deklaration des Weltärztebundes von Helsinki,
  Erstvorlage 1964, revidierte Fassung Edinburgh, Oktober 2000

C&A

1 Laut http://www.c-and-a.com/euro/about/companyinfo/default.asp
2 Jochen Overmayer (C&A Europe): Ethical Sourcing – Conditio sine qua non of a
  holistic approach in sustainable development. Berlin 1999
3 Ingeborg Wick u. a.: Das Kreuz mit dem Faden. Indonesierinnen nähen für deutsche Modemultis. Südwind-Institut, Siegburg 2000

Chicco (Artsana S. p. A.)

1 http://www.artsana.com/ita/pdf/Artsana_2.pdf
2 http://www.artsana.com/eng/html/home.htm

Chiquita Brands International Inc.

1 Pressemeldung vom 13. 2. 2001 (Umsatz in US$: 2,3 Milliarden)
2 Einen guten Überblick über die Vorgänge mit zahlreichen Quellenhinweisen findet
  man unter http://www.newspoetry.com/1999/991226.html
3 »Wegweiser durch den Supermarkt«, Broschüre der Arbeitsgemeinschaft Dritte
  Welt Läden, Darmstadt 1992, S. 31
4 »Chiquita im Brennpunkt: Gewerkschaften und IUL protestieren gegen Verletzung
  der Gewerkschaftsrechte in Costa Rica«, http://www.iuf.org/german/agriculture/
  03.htm
5 »Bittere Bananen – Auf Bananenplantagen in Costa Rica«, Matices 18, Köln 1998
  (http://www.matices.de/18/18pcosta.htm)
6 »Chiquita: Millionenklage gegen die EU«, Financial Times Deutschland,
  25. 1. 2001
7 »Endlich alles Banane«, die tageszeitung, 12. 4. 2001

Heinrich Deichmann-Schuhe GmbH & Co. KG

1 Quelle: Deutsche Standards, http://www.deutsche-standards.de
2 Zitiert nach:»Gift ist im Schuh«, die tageszeitung, 10. 4. 2001
3 ebda.
4 »Fall Deichmann: Report Mainz verwendete kein falsches Bildmaterial«, Pressemeldung des Südwestrundfunks vom 19. 4. 2001
5 »Deichmann weist Unterstellungen des SWR zurück«, Deichmann-Pressemeldung vom 19. 4. 2001
6 »Etikettenschwindel beim Schuhkauf«, Norddeutscher Rundfunk, 26. 2. 1998

Fresh Del Monte Produce Inc.

1 Laut Presseaussendung vom 15. 2. 2001 (Umsatz in US$: 1.859 Millionen)
2 »USA: Going Bananas«, AlterNet, 6. 2. 2001 (http://www.igc.org/trac/headlines/2001/0033.html)
3 »Urgent Guatemala banana alert«, Pressemeldung des U.S./Labor Education in the Americas Project, 21. 10. 1999, http://bananas.agoranet.be/News_991021.htm
4 »Konflikt bei Del Monte Guatemala«, http://www.iuf.org/german/agriculture/03.htm

Deutsche Bank AG

1 Quelle: http://group.deutsche-bank.de/ir/deu/ir_annual_reports/ir_reports/ir_results2000
2 Karin Astrid Siegmann: Deutsche Großbanken entwicklungspolitisch in der Kreide? Südwind e.V., Siegburg 2000, S. 78
3 http://ourworld.compuserve.com/homepages/critical_shareholders/deutsche.htm

The Walt Disney Company

1 http://disney.go.com/investors/annual00/index.html

Dole Fod Company Inc.

1 Pressemeldung vom 31. 1. 2001 (Umsatz in US$: 4.763 Millionen)
2 http://bananas.agoranet.be/Mitch.htm und http://www.iuf.org/german/bananas/01.htm
3 »Wegweiser durch den Supermarkt«, Broschüre der Arbeitsgemeinschaft Dritte Welt Läden, Darmstadt 1992, S. 42
4 »USA: Going Bananas«, AlterNet, 6. 2. 2001 (http://www.igc.org/trac/headlines/2001/0033.html)
5 Siehe http://www.bananalink.org.uk/companies/companies.htm

Donna Karan International Inc.

1 http://www.donnakaran.com/main.html
2 Center for Economic & Social Rights (Hg.): »Treated like Slaves: Donna Karan Inc. Violates Women Workers' Rights«, 12/1999, unter: http://www.cesr.org/dkny.htm

3   http://www.nmass.org/Nmass1/htm/fight/stories.htm (zu finden im
    Google-Archiv)
4   http://www.nmass.org/Nmass1/htm/fight/girlcott.htm
5   Vgl. Anm. 2
6   http://www.cnn.com/2000/LAW/06/07/rights.dkny.02/

Dresdner Bank AG
1   Laut Pressemeldung vom 5. 4. 2001
2   »Eine freundliche Übernahme«, die tageszeitung, 30.3.2001
3   Ebda., S. 97
4   »Der Fluch des Goldes«, die tageszeitung, 1. 2. 2001
5   Fian-Presseerklärung vom 16. 2. 2000
6   Quelle: http://www.kritischeaktionaere.de/Kampagnen/BankenU/bankenu.html
7   Karin Astrid Siegmann: Deutsche Großbanken entwicklungspolitisch in der
    Kreide? Südwind e.V., Siegburg 2000, S. 93

Exxon Mobil Corporation
1   Laut Financial Times, 10. 5. 2001
2   Presseaussendung vom 30. 1. 2001
3   Nähere Infos über das Projekt unter http://www.esso.com/eaff/essochad
4   »Indonesia: What did Mobil know?«, Business Week, 28. 12. 1998
5   »Mithilfe bei Folter«, die tageszeitung, 23. 6. 2001
6   Website der Industrielobby »Global Climate Coalition«:
    http://www.globalclimate.org
7   http://www.esso.de/umwelt/energiesteuer/index.html
8   http://www.exxon.mobil.com/em_newsrelease/bush_response.html

Ford Motor Company
1   http://www.ford.com/2000annualreport/consolidated1.html
2   Ken Silverstein: »Ford and the Führer«, The Nation, 24. 1. 2000, abrufbar unter
    http://past.thenation.com/cgi-bin/framizer.cgi?url=http://past.thenation.com/
    issue/000124/0124silverstein.shtml
3   Ebda.
4   Multinational Monitor, Juli/August 1998, abrufbar unter
    http://www.essential.org/monitor/mm1998/98july-aug/names.html
5   Ethical Consumer, April/Mai 2000
6   FAZ, 25. 5. 2001 und SZ, 23./24. 5. 2001, S. 30.

Gap Inc.
1   Laut Financial Times, 10. 5. 2001
2   »Lives Held Cheap in Bangladesh Sweatshops«, New York Times, 15. 4. 2001
3   »Labor Standards Clash With Global Reality«, New York Times, 24. 4. 2001

General Motors Corp.
1   Laut Financial Times, 10. 5. 2001
2   Ethical Consumer, April/Mai 2000
3   Ebda.

4 »Double Standards. U.S. Manufacturers Exploit Lax Occupational Safety and Health Enforcement in Mexico's Maquiladoras«, Multinational Monitor, November 2000
5 »Überwachen und Strafen«, die tageszeitung, 18. 7. 2001

GlaxoSmithKline
1 http://corp.gsk.com/about/about.htm
2 Siehe deutsche Fassung der Deklaration des Weltärztebundes von Helsinki, Erstvorlage 1964, revidierte Fassung Edinburgh, Oktober 2000
3 arznei-telegramm, Mai 2001, S. 56
4 arznei-telgramm März 2001, S. 35

Hennes & Mauritz AB
1 Laut Financial Times, 10. 5. 2001
2 Presseaussendung vom 25. 1. 2001
3 »100 H&M-Kontrollore überwachen 1.600 Zulieferer«, Der Standard, 18. 5. 2000
4 http://www.cleanclothes.org/companies/henm.htm
5 »Made in Eastern Europe«. Clean Clothes Campaign, Amsterdam 1998
6 »Tirupur exporters body flays European agent over labour standard remarks«, Indian Express, 28. 3. 2000

Bayerische Hypo- und Vereinsbank AG
1 Quelle: http://www.hypovereinsbank.de/?Category=/KonzernundKarriere/InvestorRelations/Zahlen/Geschaeftsbericht2000
2 Karin Astrid Siegmann: Deutsche Großbanken entwicklungspolitisch in der Kreide? Südwind e.V., Siegburg 2000, S. 110
3 »Indische Banken helfen Siemens«, die tageszeitung, 29. 8. 2000
4 Interview Klaus Werner mit Knut Hansen, Pressesprecher der Hypo Vereinsbank, am 26. 4. 2001

KarstadtQuelle AG
1 Laut Financial Times, 10. 5. 2001
2 Kampagne für saubere Kleidung, Rundbrief Nr. 1/2001
3 Kampagne für saubere Kleidung, Rundbrief Nr. 3/2000
4 Ingeborg Wick u. a.: Das Kreuz mit dem Faden. Indonesierinnen nähen für deutsche Modemultis. Südwind-Institut, Siegburg 2000

Knoll GmbH
1 http://abbott.com/investor/2000annualreport/index_flash.html
2 Siehe arznei-telegramm 4/99, S. 41
3 Ebda, S. 42

Kraft Foods International Inc.
1 Laut Financial Times, 10. 5. 2001
2 »Schutz vor Schleppern«, Terre des Hommes, 9/2000

3 Zitiert nach »Alles hört auf ›de Gaulles‹ Kommando«, Der Standard,
7. 10. 2000
4 »Cocoa Criteria and Conditions of Fairtrade Labelling Organizations International«,
siehe http://www.fairtrade.net/cocoa.html
5 gemessen an Umsatz bzw. Bruttonationalprodukt

Levi Strauss & Co.

1 Laut Levis-Presseaussendung vom 10. 1. 2001
2 »Die Top-Marken in Deutschland«. Young & Rubicam 2001
3 »Die Arbeitskosten einer Jeans betragen im Schnitt ein Prozent«, Der Standard,
18. 5. 2000
4 http://www.cleanclothes.org/publications/jeans.htm

Maisto

1 Laut einer Untersuchung des Asia Monitor Resource Center (Hongkong), E-Mail an
Hans Weiss, 17. 5. 2001
2 Chronology of Master Toy Campaign, unter http://www.thailabor.org/campaigns/
mastertoy

McDonald's Corporation

1 http://www.mcdonalds.com/corporate/press/financial/2001/01242001/index.html
2 Greenpeace-Presseaussendung vom 14. 11. 2000

Mercedes-Benz

1 Laut Financial Times, 10. 5. 2001
2 Siehe http://www.kritischeaktionaere.de/Konzernkritik/DaimlerChrysler/DCagb01/
DCagb01f/dcagb01f.html
3 Frankfurter Rundschau, 11. 4. 2001

Mitsubishi Corporation

1 http://www.mitsubishi.co.jp/En/investor/results/r200003.html
2 http://www.mitsubishi.co.jp/En/investor/fact.html
3 ethical consumer, April/May 2000, Stichwort Mitsubishi Group/Environment
4 http:/www.euroburma.com/asia/euro-burma/action-alert/ct66d-4.html
5 http://www.abcnews.go.com/sections/science
6 http://www.greenpeace.org/~forests/forests_new/html/content/news/
010402.html

Nestlé S.A.

1 Laut Financial Times, 10. 5. 2001
2 »Nestlé-Côte d'Ivoire: Le malaise… salarial«, Le jour, 6. 10. 1999,
http://www.africaonline.co.ci/AfricaOnline/infos/lejour/1401SOC1.HTM

Nike Inc.

1 Laut Financial Times, 4. 5. 2000
2 Zitiert nach Klein 2001, S. 41
3 Comprehensive Factory Evaluation Report, 5.–7. 2. 2001

4 E-Mail an Klaus Werner vom 19. 1. 2001
5 »Nike's Indonesian workers ›encouraged to date bosses‹«, Financial Times, und »Nike Factory Report Cites Violations«, Wall Street Journal, beide 22. 2. 2001

Novartis

1 http://www.novartis.com/annualreport2000/overview.html
2 Gesunde Geschäfte – Die Praktiken der Pharma-Industrie, Kiepenheuer & Witsch, Köln 1981
3 Pressemeldung auf der homepage: http://www.novartis.com
4 Siehe deutsche Fassung der Deklaration des Weltärztebundes von Helsinki, Erst-vorlage 1964, revidierte Fassung Edinburgh, Oktober 2000
5 t. Medline Abstract for Iloperidone: Expert Opin Invest Drugs 2000 Dec; 9 (12): 2935–43

OMV AG

1 Pressemeldung der OMV vom 5. 3. 2001
2 »Für den Westen ist Erdöl wichtiger als Menschenrechte«, Pressemeldung der Internationalen Gesellschaft für Menschenrechte, 9. 4. 2001
3 Stellungnahme der OMV AG vom 30. 3. 2001

Otto-Versand

1 Otto-Presseinformation vom 29.3.2001
2 Ingeborg Wick u. a.: Das Kreuz mit dem Faden. Indonesierinnen nähen für deut-sche Modemultis. Südwind-Institut, Siegburg 2000

Pfizer Inc.

1 http://www.pfizer.com/pfizerinc/investing/annual/earnings/2000Q4earnpr.html
2 Journal of the American Medical Association, 1999, Nov. 10, Vol. 282 (18), S. 1752–9
3 »Misleading Drug Research«, The New York Times, Nov. 10, 1999
4 Joe Stephens: »Where Profits and Lifes Hang in Balance«, The Washington Post, 17. Dezember 2000
5 arznei-telegramm 7/99, S. 77

Procter & Gamble Company

1 Laut Financial Times, 10. 5. 2001
2 »Social report spin attacked«, The Guardian, 9. 11. 2000
3 Quelle: Ethical Consumer Research Supplement 66, 8/2000

Reebok International Ltd.

1 Laut Reebok-Presseaussendung vom 1. 2. 2001 (Umsatz in US$: 2,87 Milliarden)
2 Naomi Klein: No Logo! Der Kampf der Global Players um Markenmacht. Bertelsmann Verlag 2001, S. 434

3   »Reebok admits problems at Indonesian factories«, Associated Press,
    18. 10. 1999
4   http://www.corpwatch.org/trac/action/2000/1.html
5   »A World of Sweatshops«, Business Week 45/2000
6   Naomi Klein: »Philippines: Trying to Feel Good About Nike«, Toronto Star,
    2. 4. 1999
7   »Haider race to power was helped by Reebok«, The Guardian, 10.2.2000
8   Klein, No Logo!, S. 112

Samsung Group

1   Quelle: http://www.samsung.com/about/financial/financial_data.html
2   »The Tijuana triangle«, The Economist, 20. 6. 1998
3   Pressemeldung vom 28. 12. 1998,
    http://www.hrw.org/hrw/press98/dec/mxwmn.htm

Schering AG

1   http://www.schering.de/investorrelationsforum/datenundfakten/finanzdaten.htm
2   arznei-telegramm 1/98, S. 1; zu Femovan siehe auch
    http://ourworld.compuserve.com/homepages/critical_shareholders/schering.htm
3   arznei-telegramm 12/2000, S. 101

Royal Dutch/Shell

1   Laut Financial Times, 10. 5. 2001
2   Laut Eigenangaben unter http://www.shell.com/de-de/content/
    0,4645,28510-53304,00.html

Siemens AG

1   Laut Financial Times, 10. 5. 2001
2   Quelle: http://w4.siemens.de/kwu/d/unternehmen/index.htm

Tommy Hilfiger Corporation

1   http://www.tommy.com/media/downloads/TH00.pdf
2   »Die Sklaven der Mode«, Magazin »Stern«, 21.10.1999, abrufbar unter
    http://www.stern.de/
3   Ebda.
4   http://www.tommy.com/media/downloads/TH00.pdf
5   http://www.tommy.com/biz/pressDynamic_ind_idx.jhtml?announcementId=
    700918&categoryId=700045&section=statements

TotalFinaElf S.A.

1   Laut Financial Times, 10. 5. 2001
2   »Erdöl, Menschenrechte und Geschäftsmoral«, Le Monde Diplomatique
    12/2000

Triumph International

1   Laut Schweizer Handelszeitung, Swiss Top 500
2   http://www.cleanclothes.ch/d/triumph.htm

3   »NGOs fordern Rückzug von Triumph aus Burma«, Presseaussendung der
     Erklärung von Bern, 19. 1. 2001
4   http://www.cleanclothes.ch/d/infotriumph.htm

Unilever Group

1   Laut Financial Times, 10. 5. 2001
2   »Wegweiser durch den Supermarkt«, Broschüre der Arbeitsgemeinschaft Dritte
     Welt Läden, Darmstadt 1992, S. 16
3   http://www.corporatewatch.org.uk/magazine/issue9/cw9cm2.html
4   »Wegweiser durch den Supermarkt«, S. 16
5   Greenpeace-Pressemeldung vom 7. 3. 2001

Wal-Mart Stores Inc.

1   http://www.walmartstores.com/newsstand/news_spl_ds.shtml
2   http://www.labournet.de/diskussion/gewerkschaft/walmart-gew.html
3   Laut National Labor Committee, siehe http://www.nlcnet.org
4   Ebda.
5   Laut Fortune/Weltbank, abrufbar unter http://www.ips-dc.org/download/
     Top_200.pdf
6   »NGOs fordern Rückzug von Triumph aus Burma«, Presseaussendung der
     Erklärung von Bern, 19. 1. 2001
7   Siehe Social Investment Solutions KLD&Co.Inc., http://www.kld.com/benchmarks/
     walmart.html
8   http://www.maquilasolidarity.org/campaigns/wal-mart/index.htm
9   Ebda.
10   Siehe National Labor Committee
     http://www.nlcnet.org/sweatingforkohls/history.htm

Lektüreliste

Amnesty International (Hrsg.): Menschenrechte. Herausforderung und Verpflichtung für
die Wirtschaft. Eigenverlag, Bonn 2000

Bales, Kevin: Die neue Sklaverei. Kunstmann Verlag, München 2001

DGB-Bildungswerk (Hrsg.): Toys: The World Market in The Children's Room, Bd. 53 der
Materialien des Deutschen Gewerkschaftsbundes, Düsseldorf 1998

Forrester, Viviane: Die Diktatur des Profits. Carl Hanser Verlag, München 2001

Gupfinger, Henriette/Mraz, Gabriele/Werner, Klaus: Prost Mahlzeit! Essen und Trinken mit
gutem Gewissen. Deuticke, Wien 2000

Klein, Naomi: No Logo! Der Kampf der Global Players um Marktmacht. Bertelsmann,
München 2001

König, Johann-Günther: Alle Macht den Konzernen. Das neue Europa im Griff der
Lobbyisten. Rowohlt, Reinbeck bei Hamburg, 1999

Langbein, Kurt/Martin, Hans-Peter/Weiss Hans: Bittere Pillen 1999–2001 – Nutzen und
Risiken der Arzneimittel, Kiepenheuer & Witsch, Köln 1999

Le Carré, John: Der ewige Gärtner. List Verlag, München 2001

Mies, Maria: Globalisierung von unten. Der Kampf gegen die Herrschaft der Konzerne.
Rotbuch Verlag, Hamburg 2001

Musiolek, Bettina: Gezähmte Modemultis. Brandes u. Apsel Verlag, Frankfurt 1999

Pater, Siegfried: Zum Beispiel McDonald's. Lamuv Verlag, Göttingen 2000

Rifkin, Jeremy: Access. Das Verschwinden des Eigentums. Campus, Frankfurt/New York
2000

Sen, Amartya: Ökonomie für den Menschen. Wege zu Gerechtigkeit und Solidarität in der
Marktwirtschaft. Carl Hanser Verlag, München/Wien 2001

Südwind e.V. (Hrsg.): Deutsche Großbanken entwicklungspolitisch in der Kreide?
Entwicklungsverträglichkeit deutscher Bankgeschäfte am Beispiel Brasiliens und
Indonesiens. Eigenverlag, Siegburg 2000

Verein Partnerschaft 3.Welt (Hrsg.): Einkaufen verändert die Welt. Die Auswirkungen
unserer Ernährung auf Umwelt und Entwicklung. Schmetterling-Verlag, Stuttgart
2000

Firmen- und Produktindex

ABB 206, 269
Abbott (siehe Knoll)
Adidas **220 f.**, 31, 43, 189 f., 193 f., 196
After Eight 148, 286
Agfa 228
Agip **222 f.**, 118, 131, 135, 139, 141
Aldi **224 f.**, 31, 168
Alete 286
Alka Seltzer 228
Allianz Versicherungen 42, 254
Altoids 274
Always 298
Aral 232
Ariel 298
Asics 190
Aspirin 30, 52, 228
Astra Zeneca 116, 163, 227
Autan 228
Aventis **226 f.**, 94, 106, 116, 163
Axe 316

Balisto 148
Barbie 175, 179, 188
Banjo 148
Bank Austria 268
BASF 149, 163, 226, 228, 272
Bayer **228 f.**, 34, 45, 52 f., 57 ff., 61 f., 70,
        72, 80–84, 87, 106, 116 f., 149,
        152 f., 226
Becel 316
Bensdorp 148, 274
BiFi 316
Billa 168, 170
Billy Boy 312
Blausiegel 312
Blend-a-med 298
Boehringer Ingelheim **230 f.**, 87, 90, 106, 304
Bon Prix 294
Bonfire 220
Bosch 308
Bounty 150, 298
BP/Amoco **232 f.**, 42 f., 124, 135 f., 139

Bresso 316
Bristol-Myers Squibb **234 f.**, 94 ff., 106, 164,
        296
Buitoni 286
Burger King 159

C&A **236 f.**,
Cadillac 262
Calvin Klein 237, 316
Camel 244
Cappy 155, 298
Carte Noire 274
Chesterfield 274
Chevrolet 262
Chevron 135, 140, 306
Chicco **238 f.**, 31, 176 ff., 188
Chiquita **240 f.**, 152 ff., 250
Christian Dior 252
Chrysler 262, 282
Ciba Geigy 290
Cif 316
Citibank 43, 215
Coca-Cola 30, 43, 155, 168, 224, 298
Colehaan 242
Commerzbank 207
Creditanstalt 268

Daim 148, 274
Danone 164
Dash 298
De Beers 50
DEA 141, 306 f.
Deichmann **242 f.**,
Del Monte **244 f.**, 152, 154, 250
Deutsche Bank **246 f.**, 42, 207, 214 f., 217
Diesel 39
Die Cast 187, 278
Disney **248 f.**, 43, 180–184
Dole **250 f.**, 152, 154
Donna Karan (DKNY) **252 f.**, 194, 310
Dove 316
Dow Chemical 151 f.

Dr. Best 264
Dr. Koch 155
Dresdner Bank **254 f.**, 207, 210, 212, 247
Du darfst 316
Duplo 148
Dupont 163

Eckes 155
Eddie Bauer 294
Elf (siehe TotalFinaElf)
Ellen Betrix 298
Ericsson 43, 74
Erkis 73
Esso (siehe Exxon-Mobil)
Exxon Mobil (Esso, Mobil) **256 f.**, 42, 135, 140, 142

Fendi 252
Fenistil 290
Ferrero 148
Fiat 42, 262
Fila 190, 194
Finessa 148, 274
Fluoretten 226
Ford **258 f.**, 42 f., 262 f.
Friskies 286
Fruchttiger 155
Fujitsu 42, 308

Gameboy 50
Gap **260 f.**, 43, 190, 194, 237, 310
General Motors **262 f.**, 42
Givenchy 252
GlaxoSmithKline **264 f.**, 94, 106
Granini 155

H&M **266 f.**, 225
Hanuta 148
Happy Meals 184, 186, 280
Hasbro 179, 187
Heineken 143
Heinz 43, 164
Helmut Lang 298
Hertie 270
Hertz 43, 258
Hilfiger (siehe Tommy Hilfiger)
Hipp 164

Hoechst 94, 106, 116, 149, 226 ff.
Hohes C 155
Hugo Boss 298
Hypo Vereinsbank **268 f.**, 209, 218
Hyundai 282

IBM 39, 42 f.
Iglo 316
Ikea 22, 43, 101
Isostar 290
Isuzu 262

Jaguar 258
Jeep 282

KaDeWe 270
Kaffee Hag 274
KarstadtQuelle **270 f.**
Kenzo 252
KitKat 148, 286
Knoll (Abbott) **272 f.**
Knorr 316
Kraft Jacobs Suchard **274 f.**, 148

L'Oreal 286
Lagerfeld 316
Landrover 242
Langnese 316
Laura Biagotti 298
Levi Strauss (Levi's) **276 f.**, 143, 299, 319
Lipton 316
Lux 316

M&Ms 148
Maggi 286
Magnum 316
Maisto **278 f.**, 187 f.
Mannesmann 139
Marlboro 43, 274
Mars 148
Mattel 179, 188
Mazda 101, 258
McDonald's **280 f.**, 16, 26 f., 41, 43, 101, 157–161, 168, 184 ff., 240, 280 f.
Mentadent 316
Mercedes (DaimlerChrysler) **282 f.**, 19, 42 f., 284

Micky Maus 175, 181 f., 248 f.
Microgynon 304
Microsoft 30, 43
Migros 171, 200
Milka 148, 274
Milky Way 148, 286
Milupa 164, 287
Minute Maid 155, 298
Mitsubishi **284 f.**, 42, 282
Mitsui 42, 73 f.
Mobil (siehe Exxon-Mobil)
Moët & Chandon 43, 252
Mon Chérie 148
Monopoly 179
Monsanto 149, 162 f.
Motorola 43, 74, 143, 308
Mr. Proper 298

Nestlé **286 f.**, 16, 24, 42, 145, 148,
        163–166, 168
Nicotinell 290
Nike **288 f.**, 19 ff., 38 f., 41, 43, 189 f., 193
        f., 196 ff., 218 f., 237, 242, 260, 300
Nikon 284
Nintendo 50
Nokia 43, 74, 308
Novalgin 226
Novartis **290 f.**, 89, 94, 104, 106, 163 f.
Nup 312
Nutella 148

Odol 264
Oil of Olaz 299
Omo 316
OMV **292 f.**, 139, 313
Opel 262
Oreo 274
Organics 316
Osram 308
Otto-Versand **294 f.**,
Ovomaltine 290

Pampers 298
Pantene Pro-V 298
Pepsi Cola 43, 101, 143
Petronas 40
Pfizer **296 f.**, 90

Philadelphia 274
Philip Morris 42, 148, 272 f.
Playstation 50
Pokémon 175, 179, 187
Polo/Ralph Lauren 194, 237, 300, 310
Prénatal 238
Pringles 298
Procter & Gamble **298 f.**, 155, 314
Puma 190
Punica 155, 298

Quelle (siehe KarstadtQuelle)

Rama 316
Rauch 157
Reebok **300 f.**, 38, 190, 194, 196, 198, 288
Rewe 168, 170, 225
Rexona 316
Rolls-Royce 139
RWE 141, 307

Saab 262
Sabena 76 f.
Salamander 242
Salomon 220
Samsung **302 f.**, 43, 74 ff.
Sandoz 80, 290
Schering **304 f.**, 106
Shell **306 f.**, 15 f., 24, 42 f., 117–125,
        127–131, 135, 139, 149, 151 f., 222
Siemens **308 f.**, 16, 18, 24, 42, 74, 203, 205,
        207–210, 212, 269, 302
Signal 316
Sioux 242
Smart 282
Smarties 148, 286
Snickers 148
Sony 42 f., 50, 73 f.
Sunil 316
Suzuki 262
Syngenta 163

TAG Heuer 252
Targa 294
Taylormade 220
Tchaé 316
Teletubbies 175, 179

Tempo 298
Texaco 135, 143, 312
Thomapyrin 230
Thomy 286
Timberland 190
Timotei 316
Toblerone 148, 274
Tommy Hilfiger **310 f.**, 194 f.
Tonka 187, 276
TotalFinaElf (Elf, Total) **312 f.**, 42, 118, 134 f., 139, 141 ff., 222, 306 f.
Treibacher 57
Trident 296
Triumph **314 f.**
Twix 148

Unilever **316 f.**, 168
Unocal 35, 142

Vaseline 316
Veba 141
Veillon 200
Veuve Cliquot 252
Viagra 296
Voltaren 290
Volvo 258

Wal-Mart **318 f.**, 42, 187
Walt Disney (siehe Disney)
Wertheim 270
Wick 298
Wilkinson 296
Winston 244

Zovirax 264
Zyban 264 f.

Bildnachweis

Greenpeace/Melanie Kemper: S. 17
Daniel Schwartz/LOOKAT: S. 23
aus: Newsweek, 10.7.2000, S. 10: S. 28
Nando Neves: S. 37
Klaus Werner: S. 46, 47, 64, 68, 219
Michaël Zumstein: S. 52, 53
ullstein bild: S. 27, 65, 161, 217
W. & D. McIntyre/Science/CONTRAST: S. 81, 85
K. Edward/Science/CONTRAST: S. 84
Verlagsarchiv Deuticke: S. 89, 103
Hartmut Schwarzbach/Endangered/CONTRAST: S. 111
Greenpeace/Lambon: S. 119, 123
Transfair: S. 147, 173
Messe Berlin: S. 151
Harald Gruber/Transfair: S. 150
Baby Milk Action: S. 167
Hans Weiss: 181, 185
Hermann Warth: S. 207
Frauensolidarität: S. 195, 199
Greenpeace/Ott: S. 211

*Die Rechtslage bezüglich der reproduzierten Bilder wurde – soweit möglich –
sorgfältig geprüft; eventuelle berechtigte Ansprüche werden vom Verlag in
angemessener Weise abgegolten.*

5. Auflage
© 2001 Franz Deuticke Verlagsgesellschaft m. b. H., Wien–Frankfurt/M.
Alle Rechte vorbehalten.

www.deuticke.at

Gestaltung, Produktion: typic®/wolf

Umschlaggestaltung: Studio Hollinger

Druck: Manz Crossmedia GmbH & Co. KG, 1051 Wien

Printed in Austria

ISBN 3-216-30592-9